Rettendes Wissen

Studien zum Fortgang weisheitlichen Denkens
im Frühjudentum und im frühen Christentum

Herausgegeben von
Karl Löning
unter Mitwirkung von
Martin Faßnacht

Veröffentlichungen
des Arbeitskreises zur Erforschung
der Religions- und Kulturgeschichte
des Antiken Vorderen Orients
und des Sonderforschungsbereichs 493
Band 3

Alter Orient und Altes Testament

Veröffentlichungen zur Kultur und Geschichte des Alten Orients
und des Alten Testaments

Band 300

Herausgeber

Manfried Dietrich • Oswald Loretz

2002
Ugarit-Verlag
Münster

Rettendes Wissen

Studien zum Fortgang weisheitlichen Denkens
im Frühjudentum und im frühen Christentum

Herausgegeben von
Karl Löning
unter Mitwirkung von
Martin Faßnacht

Veröffentlichungen
des Arbeitskreises zur Erforschung der
Religions- und Kulturgeschichte
des Antiken Vorderen Orients
und des Sonderforschungsbereichs 493
Band 3

2002
Ugarit-Verlag
Münster

Die Deutsche Bibliothek - CIP-Einheitsaufnahme

Rettendes Wissen : Studien zum Fortgang weisheitlichen Denkens im Frühjudentum und im frühen Christentum / hrsg. von Karl Löning unter Mitw. von Martin Faßnacht. - Münster : Ugarit-Verl., 2002
 (Veröffentlichungen des Arbeitskreises zur Erforschung der Religons- und Kulturgeschichte des Antiken Vorderen Orients und des Sonderforschungsbereichs 493 ; Bd. 3)
 (Alter Orient und Altes Testament ; Bd. 300)
 ISBN 3-934628-28-1

© 2002 Ugarit-Verlag, Münster

Herstellung: Weihert-Druck GmbH, Darmstadt

Printed in Germany

ISBN 3-934628-28-1

Printed on acid-free paper

Inhaltsverzeichnis

Vorwort

Die in diesem Sammelband unter dem Titel »*Rettendes Wissen*« publizierten Studien gehen zurück auf ein interdisziplinäres Oberseminar, das unter dem Thema »*Erlösendes Wissen*« im Wintersemester 2000/2001 an der Westfälischen Wilhelms-Universität Münster stattgefunden hat. Die Autorinnen und Autoren dieses Sammelbandes haben in der Mehrzahl als Lehrende, teils aber auch als Studierende an diesem Seminar teilgenommen und die Fragestellungen und thematischen Ideen für die gemeinsame Arbeit entwickelt, deren Resultate in diesem Sammelband präsentiert werden. Darüber hinaus hat Ruth Scoralick ihre Antrittsvorlesung als Privatdozentin an der Katholisch-Theologischen Fakultät als Beitrag zu diesem Sammelband beigesteuert, einen besonders wichtigen Baustein, für den ich ihr meinen besonderen Dank ausspreche.

»*Erlösendes Wissen*« ist zugleich der Titel eines Themenschwerpunktes in dem von mir geleiteten Teilprojekt B3 (*Neubegründung religiöser Kultur in der Krise*) im Rahmen des SFB 493 *Funktionen von Religion in antiken Gesellschaften des Vorderen Orients*. Das Oberseminar gleichen Titels diente als Verständigungsplattform für die Realisierung dieses SFB-Teilprojekts und bot zugleich die Basis für die Erweiterung des Kreises der in diesem Sammelband mit ihren Beiträgen erscheinenden Autorinnen und Autoren über die kleine Gruppe der am SFB-Teilprojekt Beteiligten hinaus. Diese Form der kontinuierlichen Zusammenarbeit von Vertretern benachbarter Disziplinen (Altes Testament, Neues Testament, Kirchengeschichte, indogermanische Sprachwissenschaft und Ägyptologie / Koptologie) vor Ort hat sich außerordentlich gut bewährt.

Das Seminar und der Themenschwerpunkt »*Erlösendes Wissen*« standen unter der Leitperspektive des SFB 493. Die Erforschung der »*Funktionen von Religion*« bezog und bezieht sich hier vor allem auf einen signifikanten Funktions*wandel*, dem die Religion seit frühhellenistischer Zeit im Bereich des Frühjudentums und des frühen Christentums unterworfen war. Seit der Konfrontation des Frühjudentums mit der hellenistischen Bildungskonzeption ist auf frühjüdischer Seite das Bemühen erkennbar, gegenüber dieser kulturellen Herausforderung mit Antworten zu bestehen, die dem hellenistischen Bildungs- und Wissenskonzept etwas Adäquates entgegenzusetzen haben. Es gibt mehrere solcher Gegenentwürfe sowohl im Frühjudentum als auch im frühen Christentum. Ihr gemeinsames Merkmal ist, daß sich *Religion* dort primär weisheitlich artikuliert und damit als eine Form von *Wissen* in Erscheinung tritt, während andere klassische Funktionen von Religion in den Bereichen von Kult, Politik und Recht gegenüber der Funktion der Identitätsstiftung durch Wissen in den Hintergrund treten. In dieser Entwicklung liegen die Voraussetzungen für die spätere Entstehung solcher Ausprägungen von Religion, die nicht mehr an einen Staat, einen Tempel oder an eine durch ein religiöses Gesetz formierte religiöse Kultur gebunden sind.

Dieser Sachverhalt ist an der Entwicklung weisheitlichen Denkens im Frühjudentum und im frühen Christentum abzulesen. Die Beiträge in diesem Sammelband sollen diese Entwicklung an einigen Punkten exemplarisch beleuchten. Wesentlich sind dabei zwei Einschätzungen: Die erste besagt, daß »erlösendes Wissen« als Idee nicht erst in der Gnosis auftritt, sondern eine wesentlich längere Vorgeschichte hat, die mindestens bis in die sogenannte ältere Weisheit im Alten Testament zurückreicht. (Um diesen Zusammenhang zu verdeutlichen und allzu enge Assoziationen mit dem alten Thema »*Gnosis und Neues Testament*« zu vermeiden, ist für diesen Sammelband – abweichend von der Themenformulierung des Seminars und des Themenschwerpunktes im SFB 493 – der Titel »*Rettendes Wissen*« gewählt worden.) Die zweite Einschätzung besagt, daß die frühjüdische Linie des Fortgangs weisheitlichen Denkens das Neue Testament nicht nur an seiner Peripherie berührt, sondern daß die Texte des *Neuen Testaments* – neben bestimmten zeitgenössischen jüdischen Texten – für einen der Hauptströme dieser Entwicklung in ihrer Zeit *repräsentativ* sind, nämlich für die *apokalyptische Weisheit*.

Die Beiträge dieses Sammelbandes können diese Zusammenhänge nur schlaglichtartig beleuchten. Mein eigener Beitrag soll zunächst die inhaltliche Konzeption des Projekts »Rettendes Wissen« in nuce entwickeln. Die Studien von Ruth Scoralick und Franz-Josef Backhaus beziehen sich auf

Konzeptionen alttestamentlicher Weisheit in hellenistischer Zeit. Sie zeigen insbesondere Beispiele der frühjüdischen Auseinandersetzung mit dem hellenistischen Paideia-Konzept und Phänomene seiner Rezeption. Zwei weitere Beiträge beziehen sich mit unterschiedlicher Schwerpunktsetzung auf die Apokalyptik. Marie-Theres Wacker behandelt die verschiedenen Varianten apokalyptischer Weisheit im äthiopischen Henochbuch. Desmond Durkin-Meisterernst stellt einen mittelpersischen Text vor, der – trotz des großen chronologischen Abstands dieses Textes von der frühjüdischen Apokalyptik – interessante Vergleichsmöglichkeiten mit Geschichtsdeutungen in der frühjüdischen Apokalypsen ermöglicht. Von den vier neutestamentlichen Studien beziehen sich zwei auf Paulus und den Paulinismus. Martin Faßnacht entwickelt das Wissenskonzept des Paulus der authentischen Paulusbriefe, mit dem Paulus sich radikal vom klassischen pharisäischen Verständnis religiöser Kultur absetzt. Iris Maria Blecker untersucht am Beispiel der Pastoralbriefe den Wandel von der radikal kulturkritischen authentischen Paulusliteratur zu einer paulinistischen Wissenskultur. Die Studie von Andreas Leinhäupl-Wilke befaßt sich mit der Rahmenkonzeption des Johannesevangeliums, der wohl prominentesten Konzeption narrativer apokalyptischer Weisheit im Neuen Testament. Sylvia Hagene zeigt an der Variation des Motivs der eschatologischen Sabbatruhe in zwei neutestamentlichen und einem gnostischen Text einige wesentliche Unterscheidungsmerkmale zwischen neutestamentlichen und gnostischen Auffassungen von «rettendem« bzw. »erlösendem Wissen«. Der Band schließt ab mit einem generell orientierten Beitrag zum Verhältnis von Gnosis und Christentum von Barbara Aland.

Das Thema »*Rettendes Wissen*« ist damit bei weitem nicht erschöpft, die Fachdiskussion darüber aber, wie ich hoffe, zumindest neu angestoßen. (Außerhalb des Geheges seriöser akademischer Forschung hat das Thema in fundamentalistischen Kreisen stets Konjunktur, besonders seit dem 11. September 2001.)

Als Herausgeber dieses Sammelbandes danke ich allen, die an dessen Realisierung beteiligt waren. Dieser Dank gilt außer den Autorinnen und Autoren vor allem meinem Mitarbeiterteam, ohne dessen kompetenten Einsatz die Endredaktion für die Drucklegung nicht hätte bewerkstelligt werden kön-

nen: Christine Berberich, Iris Maria Blecker, Martin Faßnacht, Katharina
Jambor, Alexandra Lason, Stefan Lücking, Anne Müller, Cornelia Pieper,
Karin Vieth und Anne-Dominique Wolfers. Als Leiter des in diesem Sammelband dokumentierten Forschungsprojekts danke ich der Deutschen For-
schungsgemeinschaft für dessen Förderung durch Drittmittel.

Münster, im August 2002

Karl Löning

Karl Löning

Die Konfrontation des Menschen mit der Weisheit Gottes

Elemente einer sapientialen Soteriologie

Der Titel des Sammelbandes »Rettendes Wissen« kann mißverstanden werden. Deshalb beginne ich mit einigen Klarstellungen zum Gegenstand und zur Hauptthese des *Projekts* »Rettendes Wissen«. Es geht in diesem Projekt nicht in erster Linie um die Idee der Selbsterlösung durch Selbsterkenntnis und auch nicht um die Konstruktion einer traditionsgeschichtlichen »Tendenz der Weisheit zur Gnosis«[1] mit einer entsprechenden Einordnung weisheitlicher Konzepte des Frühjudentums und des Urchristentums, sei es als vorgnostisch oder die Gnosis voraussetzend, sei es als tendenziell gnostisch

---

[1] So der Titel des Beitrags von Hans-Martin Schenke zur Festschrift für Hans Jonas aus dem Jahre 1978. Schenke unternimmt darin den Versuch, das Phänomen der Gnosis unter dem Aspekt seiner religionsgeschichtlichen Beziehung zur altorientalischen Weisheit zu erfassen. »Der eigentliche scopus unserer Betrachtungsweise zielt ... auf das dynamische Phänomen der *Entstehung* gnostischer Weisheitsformen aus den ihnen vorausliegenden eigentlichen bzw. ursprünglicheren Weisheitsformen« (vgl. SCHENKE, *Tendenz*, 356). Das Anliegen ist berechtigt. Die Studie ignoriert auch keineswegs die (»noch« nicht gnostischen) frühjüdischen und urchristlichen Entwicklungen weisheitlichen Denkens und bietet durchaus gute Ansätze zur Erfassung des Phänomens eines »weisheitlichen Christentums« im Neuen Testament. Allerdings wird ein wesentliches Element der Christologie dieses »weisheitlichen Christentums« unter dem Aspekt der angeblichen »Tendenz der Weisheit zur Gnosis« dann doch wieder in anachronistischer Weise an das Phänomen Gnosis herangerückt, wenn es heißt, »daß die Beziehung der mythologischen Weisheitsspekulation auf Jesus schon die unter *gnostischem* Einfluß entstandene Präexistenz-Christologie oder wenigstens Präexistenz-Konzeption voraussetzt, bzw. daß die auf den präexistenten Jesus übertragene Weisheitsspekulation schon gnostisch ist« (363).

oder antignostisch. Eine solche Fixierung der traditionsgeschichtlichen Perspektive auf das Phänomen Gnosis wäre anachronistisch. Die Formen weisheitlichen Denkens im Neuen Testament setzen nicht die Gnosis voraus,
sondern die frühjüdische Form der apokalyptischen Weisheit.[2]

Erlösung durch Wissen ist ein Thema, das nicht erst in der Gnosis begegnet,
sondern das die griechische Philosophie seit Platon beschäftigt und das vor
allem in der Zeit des Hellenismus an Bedeutung gewinnt. Die Zeit des Hellenismus ist weit mehr als die Epoche der griechischen Polis durch das Prinzip der Bildung bestimmt. Der Begriff der Paideia, ursprünglich Ausdruck
der griechischen Überlegenheit gegenüber den Barbaren, wird bereits in
klassischer Zeit kulturanthropologisch so verallgemeinert, daß der humani-
täre Standard des Hellenentums nicht mehr primär als ethnische Errungenschaft, sondern als universell durch Erziehung vermittelbar verstanden wird.
Ob jeder Mensch zur Tugend und damit zu wahrer Humanität erzogen werden kann, ist zwar umstritten, aber es gilt: Was einen Menschen zum Menschen macht, wird ohne Erziehung nicht erreicht. Dieses anthropologisch
verallgemeinerte hellenische Kulturideal der durch Paideia vermittelten
Humanität wird im Zeitalter des Hellenismus zu einem Instrument der Hel-
lenisierung des Alten Vorderen Orients einschließlich Ägyptens. Daß die
Konfrontation der Kulturen dieser Region mit dem Hellenismus nach der

---

[2] Grundlegend für diese Einordnung ist die Dissertation von Max KÜCHLER, *Weisheitstraditionen*, in der das Konzept der apokalyptischen Weisheit als frühjüdisches Phänomen erstmals in seiner Bedeutung adäquat erfaßt wird. Die erhellende Gegenüberstellung von Tora-Weisheit und apokalyptischer Weisheit (vgl. 31–113) hat in der Forschung Anerkennung gefunden (vgl. THEIßEN, *Weisheit*, 194–196; EBNER, *Jesus*, 21).
Bezeichnend ist jedoch, daß dieser Ansatz bei V. LIPS, *Traditionen*, für die traditionsgeschichtliche Einordnung neutestamentlicher Weisheitsformen nicht übernommen wird.
Vielmehr geht V. LIPS weiterhin von dem »Nebeneinander von weisheitlich und prophe-
tisch geprägten Texten« in der Jesustradition der Synoptiker aus (241). Aber auch bei
THEIßEN / MERZ, *Jesus*, 338, wird das Verhältnis von Weisheit und Apokalyptik in der
Ethik Jesu als Nebeneinander verschiedener Komponenten bestimmt: »Die Spannung
zwischen weisheitlichen und eschatologischen Motiven löst sich insofern auf, als die
weisheitlichen sich auf Vergangenheit und Gegenwart beziehen, die eschatologischen
aber auf die Zukunft.« Dieses Nebeneinander ist forschungsgeschichtlich zuvor als ein
Entweder-Oder aufgefaßt worden, wie vor allem die spektakulär inszenierte Kontroverse zwischen KLOPPENBORG, *Formation*, und SATO, *Prophetie*, über den traditionsgeschichtlichen Ansatz der Interpretation der Logienquelle gezeigt hat. Gibt es für diese
Einmütigkeit eine Erklärung? Ja, es gibt sie. Vgl. BULTMANN, *Geschichte*, 73ff. 113ff.
Was Rudolf Bultmann getrennt hat, soll der Exeget nicht verbinden. Die Alternative
Weisheit oder Prophetie verstellt aber gerade den Blick auf das Phänomen der apokalyptischen Weisheit im Neuen Testament.

Etablierung der Diadochenreiche als ein zutiefst traumatischer Prozeß verlaufen ist, beruht u. a. darauf, daß sich der Hellenismus nicht zuletzt als kulturelle Macht im Alten Vorderen Orient hat durchsetzen können, und zwar über das politische Instrument der hellenistischen Bildung.[3]

Die Gegenwehr gegen die kulturelle Überfremdung durch den Hellenismus und der Kampf um die Bewahrung der bedrohten Identität haben in den mit dem Hellenismus konfrontierten Kulturräumen (einschließlich des griechischen) zu unterschiedlichen Antworten geführt, von denen besonders solche Konzepte geeignet waren, eine bedrohte kulturelle Identität neu zu formulieren und für die Zukunft zu sichern, welche der hellenistischen Bildungsidee und ihren politischen Implikationen ein alternatives Wissenskonzept mit entsprechender sozialer Konstruktivität bzw. Sprengkraft entgegenzusetzen wußten. In diesem Kontext hatte Religion sich vor allem als eine Wissensform mit identitätssichernder bzw. identitätsstiftender Kraft zu bewähren bzw. neu zu formieren. Es ist, um das bekannteste religionsgeschichtliche Paradigma für diesen Zusammenhang zu wählen, kein Zufall, daß für die Bewahrung bzw. Neubegründung der kulturellen Identität des palästinischen Judentums in hellenistischer Zeit vor allem spezifische religiöse *Wissenskonzepte* (Tora-Weisheit und Apokalyptik) Bedeutung erlangt haben.[4] Die Konfrontation mit dem Hellenismus und die Wirkungsgeschichte dieser Konfrontation über die Epoche des Zweiten Tempels hinaus bis in die Spätantike sind daher ein aufschlußreiches Paradigma für die Funktion von Religion in der Krise. Daß die Konfrontation des palästinischen Judentums mit dem Hellenismus die jüdische Religion in diesem Sinne tiefgreifend beeinflußt hat[5] und daß auch das Urchristentum in den Kontext dieser Entwicklung eingeordnet werden kann, ist eine wesentliche Voraussetzung des Projekts »Rettendes Wissen«.

Damit steht auch die These im Raum, daß neutestamentliche Theologien als weisheitliche Konzeptionen verstanden werden können. Da neutestamentliche Theologien in ihrem Zentrum eine Soteriologie formulieren, ist die Interpretation dieser Theologien als weisheitliche Konzeptionen nur plausibel, wenn es gelingt, den Zusammenhang zwischen Erkenntnis und Erlösung in solchen Entwürfen zu erfassen und eine entsprechende Offenheit

---

[3] Vgl. HENGEL, *Judentum*, 120–143.

[4] Ausführlicher dazu LÖNING, *Frühjudentum*.

[5] Grundlegend dazu HENGEL, *Judentum*.

weisheitlichen Denkens für soteriologische Vorstellungen aufzuweisen. Auf
den ersten Blick klingt dies wenig überzeugend. Die Weisheit wendet sich
an Menschen, die lernen wollen, wie man durch selbstverantwortliches kluges Handeln sein Glück macht.

> Bist du weise, so bist du weise zum eigenen Nutzen;
> bist du ungezügelt, so mußt du allein es tragen. (Spr 9,12)

Dies scheint mit der Vorstellung von Erlösung und Rettung nichts zu tun zu
haben. Kann der homo educandus, den die weisheitliche Pädagogik anspricht, *zugleich* als homo salvandus gelten? Geht man allerdings von der
Unvereinbarkeit dieser anthropologischen Ansätze aus, verfehlt man gerade
die Form weisheitlichen Denkens, die z. B. für Texte wie diesen charakteristisch ist:

> Denn erschienen ist die Gnade Gottes zur Rettung (σωτήριος) allen Men-
> schen, uns erziehend (παιδέυουσα), daß wir ... besonnen, gerecht und fromm
> in diesem Äon leben ... (Tit 2,11f.)

Rettung und Erziehung werden hier parallelisiert.[6] Dies geschieht in diesem
Textbeispiel auf der Folie eines spezifischen Zeitverständnisses, dessen
Herkunft aus der Apokalyptik am Sprachgebrauch (»Äon«) zu erkennen ist.
Diese Motiv-Verbindung, in der weisheitliche und apokalyptische Merkmale im Zusammenhang einer soteriologischen Aussage miteinander ver-
knüpft sind, begegnet in neutestamentlichen Texten nicht nur punktuell und
passim, sondern ist Bestandteil einer Denkform, die für neutestamentliche
Theologien charakteristisch bzw. konstitutiv ist. Dies an exemplarischen
Texten aufzuweisen, ist das Anliegen der neutestamentlichen Beiträge in
diesem Sammelband. Die Beiträge zur frühjüdischen Weisheit, zur Apokalyptik und zur Gnosis beleuchten traditions- und wirkungsgeschichtliche
Knotenpunkte, die eine religionsgeschichtliche Orientierung ermöglichen
sollen.

Im folgenden Beitrag werde ich versuchen, meine eigenen Vorstellungen
zur Fragestellung des Projekts und zur Relevanz seiner Ergebnisse in nuce
zu entwickeln. Dabei wird sich kaum verhehlen lassen, daß dies Ideen sind,
die im Kopf eines *Neutestamentlers* umgehen, dem daran gelegen ist, das
Neue Testament im Zusammenhang der weisheitlichen Tradition des Alten
Orients, speziell des Frühjudentums in hellenistisch-römischer Zeit, zu interpretieren. Sie sind jedenfalls nicht als dogmatische Spielregeln für die

---

[6] Vgl. dazu den Beitrag von Iris Maria BLECKER in diesem Sammelband.

Autorinnen und Autoren der übrigen Beiträge in diesem Sammelband gedacht, wie der fachkundige Leser unschwer auch erkennen wird. Das Maß
an Übereinstimmung unter den neutestamentlichen Beiträgen erklärt sich
sehr einfach damit, daß diese sämtlich im Zusammenhang mit Dissertati-
onsprojekten entstanden sind, die ich betreue oder betreut habe.

Ich werde im folgenden in drei Schritten vorgehen. Der Ausgangspunkt ist
die frühjüdische Weisheit. Im ersten Teil werden einige charakteristische
Instrumente weisheitlicher Wirklichkeitserschließung behandelt. Dabei geht
es vor allem um die Frage, wo im weisheitlichen Denkmodell Ansatzpunkte
für soteriologische Vorstellungen zu finden sind. Der zweite Teil stellt das
apokalyptische Wissenskonzept vor, in dem das soteriologische Motiv der
Rettung aus der eschatologischen Krise von zentraler Bedeutung ist. Hier
wird es umgekehrt um die Frage gehen, in welchem Verhältnis die apokalyptische Wissensform zur (Schul-)Weisheit steht. Der dritte Teil behandelt
das Phänomen der apokalyptischen Weisheit im Neuen Testament. Dabei
soll deutlich werden, daß die neutestamentlichen Konzeptionen bei aller
theologischen Pluralität bestimmte gemeinsame Merkmale aufweisen, die
ich als Elemente einer sapientialen Soteriologie auffasse. Letztlich soll also
die Soteriologie neutestamentlicher Texte im Modell der apokalyptisch-
weisheitlichen Denkform bestimmt werden.

1. Die Tendenz der Weisheit zur Soteriologie

Das Grunddogma weisheitlicher Daseinsinterpretation besagt, daß es zwischen dem Tun des Menschen und seinem Ergehen einen Zusammenhang
gibt.[7] In zahllosen Sentenzen wird dieses Dogma nach der positiven und
nach der negativen Seite hin konkretisiert.

> Lässige Hand bringt Armut; fleißige Hand macht reich. (Spr 10,4)

> Wer im Sommer sammelt, ist ein kluger Mensch; in Schande gerät, wer zur
> Erntezeit schläft. (Spr 10,5)

Der handelnde Mensch ist demnach für sein Wohlergehen und Ansehen
ebenso selber verantwortlich wie für sein Unglück und seine Schande. Eine
solche Auffassung setzt ein bestimmtes Menschenbild und ein bestimmtes

---

[7] Grundlegend dazu V. RAD, *Weisheit*, 165–181; zur aktuellen Diskussion vgl. HAUS-
MANN, *Weisheit*, 9–19.

Verständnis der Stellung des handelnden Menschen in der (gesellschaftlichen) Welt voraus.

Der Mensch ist darauf angewiesen, durch Vorsorge (»sammeln«) sein eigenes Dasein zu sichern.[8] Die Ressourcen zur Befriedigung seiner primären Bedürfnisse fallen ihm nicht von Natur aus zu, sondern müssen erarbeitet werden. Dies verlangt Kenntnisse und Einstellungen, die man als Heranwachsender lernen muß.

> [6] Geh hin zur Ameise, du Fauler, sieh an ihre Wege und lerne von ihr!
> [7] Wenn sie auch keinen Anführer noch Aufseher noch Herrn hat,
> [8] so bereitet sie doch ihr Brot im Sommer und sammelt ihre Nahrung in der Ernte.
> [9] Wie lange willst du, Fauler, noch liegen? Wann willst du aufstehen von deinem Schlaf?
> [10] Noch ein wenig Schlaf, noch ein wenig Schlummer, noch ein wenig die Hände zusammenlegen, um auszuruhen,
> [11] und schon kommt deine Armut zu dir wie ein Landstreicher und dein Mangel wie ein zudringlicher Bettler. (Spr 6,6–11)

Entsprechendes gilt von der Sicherung der sozialen Existenz. Was der Mensch als soziales Wesen eigentlich sein kann und soll, ist nicht ohne weiteres durch seine menschliche Natur und seine soziale Herkunft und die damit gegebene Zugehörigkeit zu einer Familie oder Ethnie definiert und

---

[8] Das Thema (Vor-) Sorge als Lebenssicherung ist unsterblich und bestens geeignet, die großen Stationen der Entwicklung weisheitlichen Denkens zu illustrieren. Für die Entwicklung, die von der sogenannten älteren Weisheit auf das Neue Testament hinführt, scheinen mir folgende Positionen von Interesse zu sein: Das Thema Sorge tritt in der sogenannten älteren Weisheit überwiegend als Implikation der Grundalternative Klugheit – Torheit auf, vor allem in den Antithesen Faulheit – Fleiß, Armut – Reichtum, Schande – Ehre (vgl. Spr 10,4f.; 19,15.24; 20,4; 24,30–34; 30,24–28). In der sogenannten jüngeren Weisheit wird das Thema Sorge zunehmend explizit thematisiert. Die Sorglosigkeit ist das Verderben der Toren; sicher sind dagegen, die auf die Weisheit hören (vgl. Spr 1,32f.). Im weiteren zeichnen sich zwei Tendenzen ab. Einerseits wird die Bedeutung von Vorsorge kritisch hinterfragt und relativiert. Vor allem die Unvereinbarkeit von Wissen und Lebensgenuß läßt die Anstrengungen zur Erreichung eines hohen Lebensstandards als nichtig erscheinen (vgl. Koh 2,12–23). Andererseits wird der Zusammenhang von Angewiesensein auf Sorge und Angewiesensein auf Wissen anthropologisch verallgemeinernd reflektiert. König Salomo, in Windeln und mit Sorgen aufgezogen wie jeder Mensch, erlangt königliches Wissen dadurch, daß er die Weisheit als Lebensgefährtin gewinnt (vgl. Weish 7,1 – 8,18). Im Neuen Testament verbinden sich beim Thema Sorge radikale Kritik und anthropologische Grundsätzlichkeit unter apokalyptischen Vorzeichen. Der Mensch steht in der eschatologischen Krise vor der Entscheidung zwischen dem Weg der törichten Sorge für das Überleben und dem Weg der Suche nach dem wahren Schatz apokalyptischer Weisheit (vgl. Lk 12,13–21.22–34).

garantiert, sondern umgekehrt bringt ein unerzogener Mensch seiner Familie Kummer.

> Ein kluger Sohn macht dem Vater Freude; ein dummer Sohn ist der Kummer seiner Mutter. (Spr 10,1b)

Auch hier gilt also, daß der Mensch seinen Weg zu einem sinnerfüllten Leben entsprechend den Wertvorstellungen seiner sozialen Umwelt erst finden muß. Dazu bedarf es erst recht der Erziehung.[9]

Das weisheitliche Denkmodell betrachtet den Menschen also als ein durch seine Natur und Herkunft noch nicht endgültig festgelegtes und noch nicht mit den zu einem gelingenden Leben erforderlichen Kenntnissen und Fähigkeiten ausgestattetes Individuum, das erst auf dem Weg der Erziehung die Möglichkeit erlangt, durch kluges, eigenverantwortliches Handeln zu Wohlstand und Ansehen zu kommen. Reichtum (das bonum utile) und Ehre (das bonum honestum) sind die Früchte klugen Handelns, welche die Weisheit ihren Schülern als Glück verheißt. Die weisheitliche Tradition zeigt wenig Neigung, das Glück des Menschen allein über das sittlich Gute zu definieren. Sie bekennt sich ohne Vorbehalte gerade auch zur Geltung der außermoralischen Werte.[10] Daß der Mensch ein Mangelwesen ist, verurteilt ihn also nicht notwendig zum Elend. Wer sich der Weisheit als Erzieherin anvertraut, wird in die kulturelle Welt der Erwachsenen so eingeführt, daß ihm kein Mangel und keine Schande drohen. Der Mensch ist auf Kultur angewiesen, aber er ist auch entsprechend bildungsfähig. Das Glück des Menschen hängt also entscheidend davon ab, ob er sich bilden lassen will oder nicht. Dem Ungebildeten allerdings droht das Unglück, z. B. in Gestalt des vorzeitigen Todes.[11]

Dieser Bildungsoptimismus, der das Glück des Menschen von der Bildungswilligkeit des einzelnen abhängig sieht, rechnet im Prinzip mit einer

---

[9] Vgl. HAUSMANN, *Studien*, 113–118.168–178. Zu diesem in hellenistischer Zeit besonders hervortretenden Aspekt von Weisheit vgl. HENGEL, *Judentum*, 120–152. Der Zusammenhang von Weisheit und Erziehung ist aber ein Merkmal der gesamten Tradition der »väterlichen Weisheit«. Zum Begriff »väterliche Weisheit« vgl. ASSMANN, *Weisheit*, 32–39. Die Breite des Spektrums der »väterlichen Weisheit« wird in Teil II des von A. Assmann herausgegebenen Sammelbandes eindrucksvoll entfaltet.

[10] Vgl. HAUSMANN, *Studien*, 280–291.331–335.

[11] Auch dieser Aspekt begegnet schon in der älteren Weisheit. Vgl. HAUSMANN, *Studien*, 312–322.

geordneten natürlichen und sozialen Welt,[12] in der ein durch Klugheit gelei-
tetes gerechtes Verhalten nach dem Tun-Ergehen-Prinzip belohnt wird,
Torheit bzw. Bosheit dagegen nach demselben Prinzip heimgezahlt werden.
Daß die Verantwortung für Unglückserfahrungen bei demjenigen selbst
gesucht wird, der diese Erfahrungen macht, und nicht primär in Ordnungs-
mängeln der Welt, sozialen Mißständen oder kultischen Verfehlungen der
Gemeinschaft, liegt in der Konsequenz der pädagogischen Intentionalität
weisheitlicher Lehre. Die Kritik an der Welt der Erwachsenen, in die durch
Erziehung ja eingeführt werden soll, gilt nicht als ein geeignetes pädagogisches Instrument, um dieses Ziel zu erreichen. Vielmehr gilt umgekehrt:

> Den Weg zum Leben geht, wer Zucht annimmt; wer Mahnung mißachtet,
> geht in die Irre. (Spr 10,17)

Dies besagt aber keineswegs, daß die weisheitliche Tradition bezüglich des
reibungslosen Funktionierens des Tun-Ergehen-Zusammenhangs unkritisch
ist und über die Erfolgsaussichten vernunftgeleiteten Handelns Erwartungen
weckt, die mit der Realität nichts zu tun haben. Der Grundüberzeugung, daß
der Mensch sein »Schicksal«[13] durch sein eigenes (un-)verantwortliches
Handeln selbst heraufführt als die Aura der irreversiblen sozialen Folgen
seines eigenen Tuns, steht die Einsicht gegenüber, daß das Erkennen des
Menschen und damit auch die Möglichkeiten seiner Selbstbestimmung
durch erkenntnisgeleitetes Handeln begrenzt sind. Diese im weisheitlichen
Denken selbst ansetzende und in der weisheitlichen Tradition verwurzelte
Frage nach den Grenzen der Weisheit und den Grenzen der Tragfähigkeit
ihrer Handlungsanweisungen für ein glückliches Leben ist im Zusammenhang des Projekts »Rettendes Wissen« von grundlegendem Interesse, weil
sie den Ausgangspunkt der Entwicklung darstellt, in deren Verlauf es zur
Ausbildung einer Soteriologie auf weisheitlicher Grundlage kommt.

Die folgenden Überlegungen beziehen sich zunächst noch auf das traditionelle Potential weisheitlichen Denkens. Ein typisch weisheitliches Instrument zur Auslotung des Spielraums menschlicher Selbstbestimmung und

---

[12] Grundlegend dazu ASSMANN, Ma´at.

[13] Zur Diskussion um die Theorie der »schicksalwirkenden Tatsphäre« (Klaus Koch)
vgl. JANOWSKI, Tat, 168–186. Nach Janowski liegt der Kern des Tun-Ergehen-Prinzips
bzw. des Vergeltungsdenkens in der »Idee der Gegenseitigkeit (Reziprozität)« (177,
Hervorhebung im Original). Jan Assmann erfaßt den Sachverhalt unter dem Begriff
»konnektive Gerechtigkeit«. (ASSMANN, Ma´at, 58–91). Damit wird vor allem die soziale Dimension menschlichen Handelns betont.

damit zugleich der Disziplinierung unrealistischer Glückserwartungen ist die Lehre von der richtigen Zeit.[14] Daß es für alles eine bestimmte Stunde gibt und für jedes menschliche Vorhaben eine Zeit (vgl. Koh 3,1–8), besagt, wenn man es konstruktiv-pädagogisch interpretiert, daß es zur Klugheit gehört, den gegebenen richtigen Zeitpunkt für sein Tun zu ergreifen und nicht die falsche Zeit für sein Handeln zu wählen.

> Goldene Äpfel in silbernen Schalen, (das ist) ein Wort, gesprochen zur rechten Zeit. (Spr 25,11)

Dies setzt voraus, daß der Mensch auch fähig ist, den rechten Augenblick für ein Vorhaben zu *erkennen*. Die Fähigkeit zur Beurteilung der Zeit ist deshalb ein typisches Ziel weisheitlicher Erziehung.

> Mein Sohn, beachte die rechte Zeit. (Sir 4,20)

Die Lehre vom rechten Augenblick besagt aber auch, daß die Zeit eine dem Menschen vorgegebene Größe ist, die nicht durch den Menschen bestimmt wird, sondern die umgekehrt die Chancen für glückliches Gelingen und damit den Spielraum klugen Handelns bestimmt und begrenzt.

> Bis zur rechten Zeit hält der Geduldige aus; doch dann erfährt er Freude. Bis zur rechten Zeit hält er seine Worte zurück; doch dann werden viele seine Klugheit preisen. (Sir 1,23f.)

Eine Handlung zur Unzeit ist zum Scheitern verurteilt, nicht immer nur deshalb, weil sie an sich schädlich ist, sondern in vielen Fällen allein aus dem Grund, weil sie zur Unzeit nicht gelingen kann.

> Pflügt denn der Bauer jeden Tag, um zu säen;
> bricht er immer nur um und eggt sein Ackerland?
> Ist es nicht so: Wenn er die Flächen geebnet hat, streut er Dill und sät Kümmel;
> er wirft Weizen und Gerste, und an den Rändern den Dinkel.
> So unterwies ihn sein Gott zu richtigem Tun;
> sein Gott belehrte ihn. (Jes 28,23–26)

Es sind also nicht nur die irreversiblen *Folgen* selbstverantworteten klugen oder törichten Handelns, die das Ergehen des Menschen bestimmen, sondern es gibt für das Gelingen oder Scheitern menschlichen Handelns bestimmte *Voraussetzungen*, die nicht in der freien Verfügung des Menschen liegen, sondern *gegeben* sind oder nicht.

---

[14] Vgl. SCHMID, *Wesen*, 33f.; V. RAD, *Weisheit*, 182–188; HAUSMANN, *Studien*, 247–252.

> Am Tag des Glücks sei guter Dinge!
> Und am Tag des Unglücks bedenke:
> Auch diesen hat Gott gemacht, ebenso wie jenen, so daß der Mensch über-
> haupt nichts herausfinden kann von dem, was nach ihm kommt. (Koh 7,14)

Daß mit der Lehre von der gegebenen Zeit ein besonders sensibler Punkt der weisheitlichen Weltsicht berührt ist, zeigt Kohelet, wenn er die Fähigkeit des Menschen zur *Erkenntnis* der rechten Zeit in Frage stellt und in diesem Kontext auch den Zusammenhang von Tun und Ergehen in Zweifel zieht.

> Ferner sah ich unter der Sonne:
> Nicht die Schnellen gewinnen den Lauf
> und nicht die Helden den Krieg
> und auch nicht die Weisen das Brot
> und auch nicht die Verständigen den Reichtum
> und auch nicht die Tüchtigen die Anerkennung,
> sondern Zeit und Geschick treffen sie alle.
> Außerdem: Es kennt der Mensch seine Zeit nicht.
> Wie die Fische, die im todbringenden Netz gefangen werden,
> wie Vögel, die in die Falle geraten sind,
> wie sie werden die Menschenkinder verstrickt in die Zeit ihres Unglücks,
> wenn es plötzlich über sie fällt. (Koh 9,11-12)

Dieses kritische Hinterfragen der Grundpostulate weisheitlicher Daseins-orientierung in der jüdischen Weisheitsliteratur aus frühhellenistischer Zeit wird in der Ijob-Dichtung um einen weiteren Schritt vorangetrieben, der für die Frage nach den soteriologischen Implikationen der Weisheit zu einem höchst bedeutsamen Ergebnis führt.

Die Rahmenerzählung des Buches Ijob erklärt dem Leser die fiktive Ver-suchsanordnung für ein radikales Gedankenexperiment: Aufgrund einer willkürlichen Vereinbarung zwischen Gott und dem Satan wird in einem Ausnahmefall die Weltordnung außer Kraft gesetzt, um die Belastbarkeit der Gottesfurcht eines exemplarischen Weisen zu erproben. Gegen alle Re-geln der von der Schulweisheit vorausgesetzten gerechten Weltordnung wird das Glück eines Gerechten zerstört und er selbst, mit Krankheit ge-schlagen, der Todesgewalt ausgesetzt. Wenn dieser schuldlos leidende Wei-se dann (Ijob 3,1) seinen Mund auftut, um seiner unerhörten Leidenserfah-rung in der Klage Ausdruck zu geben, steht ihm, wie der Leser weiß, das traditionelle Instrumentarium der weisheitlichen Lebensorientierung zur Deutung seiner irregulären Situation nicht mehr zur Verfügung, zumal der leidende Ijob im Unterschied zum Leser des Buches Ijob die in der Rah-menhandlung für den Fall Ijob veränderten Spielregeln für Tun und Ergehen gar nicht kennt. Erst recht gilt dies für Ijobs Freunde, die aus dem Erfahrungsschatz der Weisheit Ijobs Schicksal zu deuten versuchen.

Ijob eröffnet die Redegänge mit seinen weisen Freunden damit, daß er den Tag seiner Geburt verflucht (3,1–12) und die Totenwelt als den idealen Ort der Ruhe preist (3,13–19). Der Verkehrung der Weltordnung setzt Ijob also eine Philosophie entgegen, in welcher die weisheitlichen Präferenzen für Licht und Leben, Ordnung und Segen auf den Kopf gestellt werden und letztlich weisheitliches Erkennen als Unglück beklagt wird (vgl. 3,20–26). Der Leser kann diese radikale Absage an die Grundlagen weisheitlichen Verstehens aber nicht sozusagen als Krankheitssymptom, als Wahnsinn abtun, weil diese Klage nicht nur objektiv der vorausgesetzten Situation entspricht, sondern weil der klagende Ijob eine Hellsichtigkeit zeigt, die der Deutung seines eigenen Schicksals gegenüber den Reden der traditionsgläubigen Freunde von vornherein das größere Gewicht verleiht. Ijob spricht von sich selbst als »dem Mann, dem sein Weg verborgen ist und den Gott von allen Seiten eingeschlossen hat« (3,23), deutet seine eigene Situation also durchaus adäquat. Zu dieser im Verhältnis zur Rahmenerzählung kongenialen Analyse gehört es dann auch, daß Ijob sein Leiden gerade nicht als exzeptionell und singulär auffaßt, sondern als exemplarisch für alle Mühseligen und Verbitterten, die vergeblich auf den Tod warten (vgl. 3,21f.). Damit ist die Richtung der philosophischen Debatte in der Ijob-Dichtung festgelegt und angezeigt: Es geht um die Neubestimmung der Reichweite weisheitlichen Erkennens angesichts einer kritischeren Wahrnehmung seiner anthropologischen Bedingungen.

Das Ergebnis[15] der drei Redegänge Ijobs mit seinen Freunden (Ijob 4 – 14; 15 – 21; 16 – 26) wird auf zwei Ebenen formuliert, zuerst auf der Ebene der *Erkenntnistheorie* im Zusammenhang der Rede Ijobs, in der dieser Gott zum

---

[15] Zum Verlauf dieser Redegänge vgl. SCHWIENHORST-SCHÖNBERGER, *Buch,* 299f. Meines Erachtens ist es von grundsätzlicher Bedeutung für die Einschätzung der Tragfähigkeit menschlicher Weisheit, daß der letzte Redebeitrag von Seiten der Freunde der Sache nach nicht ins Abseits führt, sondern sich sehr wohl der Einsicht *annähert,* welche die Ijob-Dichtung insgesamt anzielt (Ijob 25,4: »Wie könnte ein Mensch gerecht sein vor Gott?«), daß andererseits die Rede, mit der Ijob Gott zum Streit herausfordert, trotz der Distanzierung Ijobs von seinen Freunden *keine Absage an die weisheitliche Interpretation der Wirklichkeit* darstellt (vgl. bes. Ijob 27,11–23). Beides zusammen deutet darauf hin, daß die im Buch Ijob angezielte Einsicht das weisheitliche Erkenntnisvermögen des Menschen nicht als obsolet erscheinen lassen soll, sondern dessen Möglichkeiten auslotet.

Streitgespräch herausfordert (Ijob 27 – 28), und zweitens auf der Ebene der
Schöpfungstheologie und *Soteriologie* in den beiden Gottesreden (Ijob 38 –
39; 40 – 41), welche Gottes Antwort auf Ijobs Herausforderung enthalten.
Auf die Verknüpfung dieser Aspekte kommt es mir in diesem Zusammenhang besonders an.

Integriert in Ijobs Herausforderungsrede ist ein Lehrgedicht (Ijob 28), welches das eigentliche Ziel und die tatsächliche Reichweite menschlicher Suche nach Weisheit beschreibt. Dem Menschen wird bestätigt, daß er im
Unterschied zu den Tieren fähig ist, sich in seiner Suche weit über seinen
natürlichen Lebensbereich hinaus (vgl. 28,4) zu orientieren und sich die
sagenhaften Schätze verborgener Tiefen anzueignen, aber auch vor Augen
geführt, daß »die« Weisheit selbst und ihr Fundort für ihn unauffindbar
sind.

> Die Weisheit aber, wo ist sie zu finden, und wo ist denn der Fundort der Ein-
> sicht? (28,12)

Durch die Parallelisierung »der« Weisheit mit den Schätzen, die dem Menschen zugänglich sind, wird das umfassende Erkennen der Wirklichkeit als
der vom Menschen eigentlich gesuchte »Schatz« vorgestellt, der innerhalb
der Schöpfung (vgl. 28,12–13.24) nicht auffindbar ist, weil er kein Gegenstand ist, sondern das intelligente Prinzip, dem die Wirklichkeit ihre Ordnung verdankt. Die weisheitliche Suche des Menschen richtet sich demnach
auf etwas dem Menschen an sich Unzugängliches. Sie ist nur deshalb nicht
zum Absturz in Chaos und Unwissen verurteilt, weil Gott die Stätte der
Weisheit gefunden und »die« Weisheit nicht nur »gesehen«, sondern als
Schöpfer der Welt auch »verkündet« hat (28,27). Die Suche des Menschen
nach »der« Weisheit ist nicht vergeblich, soweit sich diese Suche auf die
Begegnung mit der in der Schöpfung »verkündeten« Weisheit *Gottes* rich-
tet. Damit erhält die philosophische Suche nach Erkenntnis ein religiöses
Korrelat: »Und zu dem Menschen sprach er: Siehe, die Gottesfurcht, sie ist
Weisheit …« (28,28).

Damit ist der zuerst nur fiktiv entworfene Fall Ijob zum Modell eines Ge-
dankenganges geworden, an dessen vorläufigem Ende eine Erkenntnistheorie steht, die allgemeine Geltung beansprucht. Die theologischen Implikationen dieser Erkenntnistheorie werden in den beiden Gottesreden expliziert. In der ersten (38 – 39) wird das Thema Schöpfung entfaltet unter dem
Aspekt der dem Menschen unzugänglichen grandiosen Vielfalt der Natur-
phänomene. Dabei wird der Bezug zu Ijob 28 besonders in den Wo-Fragen

deutlich: »Wo warst du, als ich die Erde gründete?« (38,4). »Wo ist denn der Weg dahin, wo das Licht wohnt?« (38,19; vgl. 38,24 jeweils im Kontext). Die zweite Gottesrede führt über diese schöpfungstheologischen Argumente und über das hinaus, was dazu im Lehrgedicht Ijob 28 bereits angelegt ist. Sie entfaltet das Thema Schöpfung unter dem Aspekt der Chaosbegrenzung und der Rettung der Schöpfungsordnung durch die Gerechtigkeit Gottes. Wieder geht es um die Stellung des nach Weisheit suchenden Menschen in einer Welt, deren Ordnung in Frage zu stellen dem Menschen verwehrt ist, weil er den Kampf mit dem Chaosdrachen Leviathan, den zu reizen am Beginn seiner Reden Ijobs Wunsch zu sein scheint (vgl. 3,8), zu führen nicht imstande ist. Der über unschuldig erfahrenes Leid klagende Mensch könnte die Gerechtigkeit des Schöpfers der Welt nur in Frage stellen, wenn er selbst einen Standort gegenüber der Welt beziehen könnte, einen archimedischen Punkt, von dem aus er über Chaos und Ordnung wissend urteilen und machtvoll entscheiden könnte. Da es so nicht ist (»Wo warst du, als ich ...?«), muß er, auch als leidendes Geschöpf, hinnehmen, daß er für eine Diskussion über Chaos und Ordnung aufgrund seines Standortes in der Schöpfung Gottes nicht kompetent ist, und er hat zu akzeptieren, daß sich die Garantie des Schöpfers für das Bestehen der gerechten Weltordnung nicht am Maßstab individueller Glückserwartung eines Menschen orientiert. So ergibt sich schließlich die Einsicht, daß die Suche des Menschen nach umfassender Erkenntnis nicht von der Frage der Theodizee zu trennen ist.[16]

Die weisheitliche Selbstkritik – das Bestimmen und das Transzendieren der Grenzen weisheitlichen Erkennens – als Anzeichen einer Krise[17] der Weisheit zu deuten, ist nur dann berechtigt, wenn man Krise nicht mit Schwäche

---

[16] Der Beitrag von Martin FAßNACHT in diesem Sammelband zeigt, in welcher Form dieser Zusammenhang im Wissenskonzept des Römerbriefes vorausgesetzt ist.

[17] Die im Blick auf die Bücher Hiob und Kohelet oft konstatierte »Krise der Weisheit« (vgl. u. a. SCHMID, *Wesen*, 173ff.) betrachtet PREUß, *Einführung*, als deren »Scheitern«. »Dieses Scheitern aber ist vor allem das Scheitern der Grundvoraussetzung weisheitlichen Denkens, nämlich des Denkens und Glaubens im Tun-Ergehen-Zusammenhang ... Es scheiterte die optimistische Auffassung eines Ordnungsdenkens im Tun-Ergehen-Zusammenhang sowohl an der Empirie wie an JHWH, der sich so nicht verrechnen ließ« (175f.). Die eigentliche Bedeutung der alttestamentlichen Weisheitsliteratur liegt nach Preuß darin, daß sie mit ihrem Scheitern ein indirektes Christuszeugnis ablegt (vgl. 191). Diese Auffassung hat lebhaften Widerspruch ausgelöst; vgl. HAUSMANN, *Weisheit*, 9–19.

oder Niedergang gleichsetzt, sondern Krise als den über den guten oder
schlechten Ausgang entscheidenden Wendepunkt im Prozeß der Auseinandersetzung der Weisheit um ihre eigenen Möglichkeiten versteht. Gerade in
der Herausforderung durch die Konkurrenz der hellenistischen Eudämono-
logie[18] kommt die frühjüdische Weisheit zu bahnbrechenden Einsichten.
Eine davon ist die im Buch Ijob geleistete genauere Erfassung der religiösen
bzw. theologischen Implikationen der Weisheit. Als menschliche Suche
nach dem, was die Welt im Innersten zusammenhält, sieht sich die Weisheit
auf ein höheres Wissen, auf die sich mitteilende Weisheit Gottes als Gegenüber angewiesen, um nicht selbst ins Bodenlose abzustürzen. Wenn die
menschliche Suche nach Weisheit an ihr Ziel gelangen will, »die« Weisheit
zu finden, ist sie auf ein schöpfungstheologisch begründetes religiöses
Grundvertrauen (»Gottesfurcht«) als ihr eigenes Korrelat verwiesen. Einen
archimedischen Punkt außerhalb der Welt, von dem aus die Konstruktion
der Welt erkannt werden könnte, kann der suchende Mensch selbst nicht
einnehmen.

Von dieser kritischen Einsicht her sind die weiteren Entwicklungen der
frühjüdischen Weisheit nachzuvollziehen. Nach dem Motto: »Nichts ist
verborgen außer dazu, daß es offenbar werde, und nichts verhüllt außer
dazu, daß es ans Licht komme« (Mk 4,22) folgt auf die skeptische These
von der Unauffindbarkeit »der« Weisheit deren soteriologische Umkehrung:
Die dem Menschen verborgene präexistente Weisheit ist unter den Menschen erschienen. Die von den Menschen vergeblich Gesuchte kommt in die
Lebenswelt der Menschen und sucht nun ihrerseits nach den Menschenkindern, um sich ihnen mitzuteilen.[19] Die klassische Konkretisierung dieser
Vorstellung auf frühjüdischer Seite ist die Identifikation der erschienenen
Weisheit Gottes mit der Tora im tora-weisheitlichen Denkmodell (Sir 24,23;
Bar 4,1).[20] Danach ist das Studium der Tora ein menschliches Denken, dem
die in der Tora sich mitteilende Weisheit Gottes zum Gegenüber geworden
ist. Eine für das Urchristentum charakteristische Identifikation der Weisheit
ist die Identifikation mit dem Christus, in dem Gottes χάρις als Erzieherin
des christlichen Glaubens erschienen ist, bzw. mit dem Christus, dessen

---

[18] Vgl. SCHWIENHORST-SCHÖNBERGER, *Menschen*, 274–332.

[19] Vgl. Spr 8 und die davon ausgehende Traditionslinie. Zur sapientialen Christologie im
Neuen Testament vgl. CHRIST, *Jesus Sophia*; SCHIMANOSWKI, *Weisheit*; BENNEMA,
Power.

[20] Vgl. MARBÖCK, *Weisheit*, 73–87.

Parusie erwartet wird. Den Text haben wir am Anfang dieses Aufsatzes zitiert (Tit 2,11f.). Er setzt das apokalyptische Wissenskonzept voraus, um das es im nächsten Schritt geht.

2. Apokalyptik als Wissensform

Das prominenteste Zeugnis der frühjüdischen Apokalyptik, das Buch Daniel, enthält eine Fülle zeitgeschichtlicher Anspielungen auf die Herrschaft der Diadochen in Palästina, insbesondere auf Antiochos IV. Epiphanes und die während seiner Regierung durch die hellenistischen Reformversuche in Jerusalem ausgelösten Wirren (167–164 v. Chr.). Dabei handelt es sich vor allem um allegorisch verschlüsselte Darstellungen bereits eingetretener oder für die nahe Zukunft erwarteter Ereignisse. Mit dem allegorischen Detail der aus Ton und Eisen bestehenden Zehen des Kolosses auf tönernen Füßen wird z. B. in Dan 2,42 auf die gescheiterte Heiratspolitik der ptolemäischen und seleukidischen Herrscherhäuser unter Seleukos II. und Ptolemäus III. in der Mitte des 3. Jahrhunderts Bezug genommen.[21] In der Tierallegorie Dan 7 werden der Tod des Antiochos IV. Epiphanes und das Ende der übrigen Diadochenreiche visionär antizipiert. Das 11. Kapitel breitet das entsprechende Endzeitszenarium aus.

Diese Bezugnahmen auf die Zeitgeschichte sind keine Akzidentien, sondern gehören zu den konstitutiven Elementen der apokalyptischen Formensprache. Die allegorische Darstellung geschichtlicher Abläufe ist, wie am Beispiel des Danielbuches deutlich wird, die Form der Bewältigung einer Krise durch das Verstehen dieser Krise als epochales Ende im Rahmen eines periodisierten Geschichtsbildes. Die apokalyptische Allegorie dient der Bewältigung der Krise, die sie als endzeitliches Geschehen darstellt. Daß apokalyptisches Wissen vor allem soteriologische Bedeutung hat, ist also viel offenkundiger als auf der Seite der Schul-Weisheit bzw. der »väterlichen« Weisheit.

Den Allegorien in Dan 2 und 7 liegt ein Schema zugrunde, das die Geschichte aus der Sicht des nachexilischen palästinischen Judentums als eine Abfolge von vier Weltreichen inszeniert, deren Bestand durch die endzeit-

---

[21] Vgl. Ios. ant. 12,4, allerdings mit anachronistischer Einordnung und unzutreffender Benennung des Seleukiden (»Antiochos«).

liche Aufrichtung der ewigen Gottesherrschaft über das erwählte Volk beendet wird. Die jüdische Geschichte, soweit sie hier in den Blick genommen
ist, wird damit als antagonistischer Prozeß verstanden, dessen Verlauf durch
den Gegensatz von Fremdherrschaft und Gottesherrschaft strukturiert ist.
Ein heuristischer Vergleich mit anderen Apokalypsen, z. B. dem von Desmond Durkin-Meisterernst in diesem Sammelband untersuchten sehr viel
jüngeren Textbeispiel aus der mittelpersischen Apokalyptik (*Zand ī Wahman Yasn*), macht auf einige Besonderheiten der Geschichtsabrisse im Buch
Daniel aufmerksam, die nicht als typisch apokalyptisch verallgemeinert
werden dürfen. Daß in Dan 2 und 7 nur ein verhältnismäßig kurzer Zeitraum
– vom babylonischen Exil bis zur Krise unter Antiochus IV. – überblickt
wird, ist für einen apokalyptischen Geschichtsabriß ungewöhnlich. Die zoroastrische Apokalyptik veranschlagt für die Geschichte eine Gesamtdauer
von zwölf bzw. neun Millennien.[22] Im *Zand ī Wahman Yasn* wird ein bestimmtes Millennium, das des Stifters der zoroastrischen Religion, periodi-
siert dargestellt, und zwar in Kapitel 1 in einem (älteren) Vier- und in Kapitel 3 in einem (jüngeren) Sieben-Epochen-Schema. Geht man davon aus,
daß ein apokalyptischer Geschichtsabriß nicht notwendig das Ganze der
geschichtlichen Zeit zu erfassen beansprucht, wird man auch nicht genötigt
sein, die Geschichtsabrisse im Buch Daniel als Neuinterpretationen der gesamten jüdischen Geschichte im Rahmen der Universalgeschichte zu verstehen. Dan 2 und 7 – 12 sind also nicht als alternative Entwürfe zum kanonischen Geschichtsbild des Pentateuch aufzufassen und stellen keine Relativierung von Exodus und Sinaioffenbarung dar.[23] Das für apokalyptisches
Denken charakteristische Moment der Universalität ist hier ausnahmsweise

---

[22] Vgl. HUTTER, *Religionen*, 210–212; PANAINO, *Cronologia*.

[23] Nach Bedenbender basieren die Geschichtsabrisse der frühjüdischen Apokalyptik auf
der Rezeption des deuteronomistischen Geschichtsbildes. Die Synthese von Geschichts-
deutung und kosmischer Eschatologie in der frühjüdischen Apokalyptik seit Dan 7 – 12
ist nach Bedenbender das Ergebnis einer ideologischen Verständigung zwischen mindestens zwei verschiedenen Gruppierungen, die sich im Widerstand gegen die Religions-
politik der hellenistischen Kreise um die Hohenpriester Jason und Menelaos verbündet
haben, nämlich zwischen den Anhängern des älteren Typs der Henochliteratur (Apokalypsen mit politisch / kosmischer Eschatologie, aber ohne Geschichtsabriß) und den am
Jerusalemer Tempel orientierten Tradenten der kanonischen biblischen Schriften (vgl.
BEDENBENDER, *Mose*, 188). Eine apokalyptische Geschichtsdarstellung in der Form von
Dan 7 sei ursprünglich zwar für ein am Sinaibund orientiertes Denken irritierend gewe-
sen, die weitere Entwicklung der apokalyptischen Literatur zeige aber die Tendenz, die
Autorität des Mose als Offenbarungsempfänger zu erhöhen (vgl. 203).

nicht auf die Gesamtdauer der Geschichte bezogen, sondern im Aspekt der Weltherrschaft impliziert.

Daß in Dan 2 ausgerechnet die Periode der neubabylonischen Herrschaft als das goldene Zeitalter gedeutet wird, erscheint auf den ersten Blick als eine Ungereimtheit,[24] die sich auf dem Hintergrund der Geschichtsabrisse im *Zand ī Wahman Yasn* aber gut erklären läßt. Der Anfang, das goldene Zeitalter, wird dort als die Zeit der *Stiftung des Wissens* der Religionsgemeinschaft und seiner ersten Förderung durch einen Herrscher bestimmt. Dieses Motiv liegt auch in Dan 2 vor, ist dort allerdings leicht verfremdet und vor allem dann nur schwer zu erkennen, wenn der Leser die Figur des Großkönigs Nebukadnezar primär mit dem Ende des Südreichs Juda und der Zerstörung der Stadt Jerusalem und des Tempels assoziiert. Für eine solche Interpretation bietet Dan 2 aber keinen textlichen Anhaltspunkt. Vielmehr erscheint Nebukadnezar als der Empfänger allegorisch verschlüsselten Offenbarungswissens und die gesamte Episode vom Traum des Königs und seiner Deutung durch den jüdischen Weisen Daniel als die Ätiologie des Wissens, das dem Leser des Buches Daniel zur Bewältigung der Krise in seiner Gegenwart angeboten wird.[25] Insofern ist Dan 2 ein typisches Beispiel für eine apokalyptische Wissensätiologie, die mit der Genese des Wissens einer Gruppe zugleich dessen soteriologische Qualität beschreibt.

Die entsprechenden Aussagen über Offenbarung und Wissen in Dan 2 bilden die erkenntnistheoretische Metaebene, auf der die Qualität und Relevanz des allegorischen Geschichtsabrisses reflektiert werden. Diese semantische Ebene ist hier besonders stark ausgeprägt. Die erste Aussage dazu wird von den inkompetenten Konkurrenten des weisen Daniel formuliert, die sich dazu bekennen, daß ihnen das vom König verlangte Wissen nicht zugänglich sei. Was der König fordere, sei »zu hoch« und den Göttern vorbehalten, wobei sie die Unüberbrückbarkeit der Distanz zwischen menschli-

---

[24] Hinzuweisen ist natürlich auch auf Jer 27,5–7. Der Satz »und ich gebe sie, wem ich will« bezieht sich in Jer 27,5 auf die Übertragung der Weltherrschaft auf Nebukadnezar durch Gott. In der lukanischen Versuchungsgeschichte wird dieser Satz vom Teufel gesprochen (Lk 4,6). Aber auch nach dieser apokalyptisch transformierten Version der Vorstellung von Machtübertragung geht alle Macht letztlich von Gott aus (»denn mir ist sie *gegeben worden*«).

[25] Die an der Darstellung der Urgeschichte im Buch Genesis orientierte Henochliteratur ordnet die Stiftung des Wissens einer idealen Gestalt aus der Zeit vor der großen Flut zu und läßt mit der Flut die antagonistische Geschichte beginnen.

cher und göttlicher Sphäre betonen (vgl. 2,10–11). Vor allem in den programmatischen Reden der Hauptfigur Daniel wird der Relevanzanspruch apokalyptischen Wissens formuliert. Dieses Wissen offenbart das »Geheimnis« der geschichtlichen Zukunft (vgl. 2,27.30). Mit dem Begriff »Geheimnis«[26] wird der Inhalt des den Menschen verborgenen göttlichen Plans, nach dem die kommende Geschichte ablaufen wird, bezeichnet. Wenn demnach Geschichte die Realisierung eines göttlichen Plans ist, dann ist sie als auf der Ebene göttlichen Wissens präfigurierter Verlauf auch auf der Ebene des durch göttliche Offenbarung gegebenen besonderen Wissens als »Geheimnis« kommunikabel. Diesem Verständnis von Geschichte entspricht die Form der Allegorie. Inhaltlich ist dabei vor allem der Aspekt der zeitlichen Befristung von menschlicher Herrschaft wesentlich:[27] »Er (Gott) ändert Zeit und Stunde, er setzt Könige ab und setzt Könige ein« (2,21) ist ein Satz, der die Perioden der Weltherrschaften durch das Motiv der gesetzten Fristen in ihre Schranken weist. Die pragmatische Bedeutung des Motivs der gestundeten Zeit für verliehene Macht wird vor allem in Dan 7 deutlich, wo es nicht primär um den Aspekt der Stiftung des Wissens, sondern um die soteriologische Qualität des Gewußten geht. Der Tod des Antiochos Epiphanes und das Ende der Diadochenherrschaften werden kommentiert mit dem Satz: »Denn es war ihnen Zeit und Stunde bestimmt ...« (7,12). Die soteriologische Relevanz apokalyptischen Offenbarungswissens liegt demnach weniger darin, daß es den Trägern dieses Wissens möglich ist, Endzeitszenarien zu entwerfen und sich auf die bevorstehenden Schrecken der Endzeit einzurichten, sondern sie liegt in der Gewißheit der Befristung der gegenwärtigen Krise durch eine von Gott bestimmte Zukunft. Die Partizipation am »Geheimnis« des göttlichen Plans hat soteriologische Relevanz vor allem als *Wissen* um die *Macht* Gottes, seinen chaosbegrenzenden Geschichtsplan durchzusetzen.

Nach dem bisher Gesagten könnte man versucht sein, die apokalyptische Wissensform als den Antipoden der »väterlichen Weisheit« bzw. der Schulweisheit einzuschätzen. Gibt denn nicht nach apokalyptischem Verständnis der Herr den Seinen das rettende Wissen im Schlaf, während die pädagogisch engagierte »väterliche Weisheit« ihre Kinder zum Lernen auf

---

[26] Zur Herkunft des Begriffs aus dem Persischen und seinen frühesten Belegen in der frühjüdischen Apokalyptik vgl. KÜCHLER, *Weisheitstraditionen*, 69.

[27] Vor allem J. B. Metz hat mit Recht auf diesen zentralen Aspekt apokalyptischer Geschichtsinterpretation wiederholt hingewiesen. Vgl. etwa METZ, *Gott*, 36–40.

die Schulbank setzt? Mit dieser simplen Gegenüberstellung von Apokalyptik und Weisheit hätte man allerdings die Selbsteinschätzung der Apokalyptik gegen sich. Nach Dan 2,21 ist das von Gott in Nachtgesichten »*gegebene*« Wissen eine (höhere) Art von »*Weisheit*«. In der Einleitung der Zehn-Wochenapokalypse qualifiziert Henoch seine Rede, in der er seinen Kindern sein Wissen über die Zukunft mitteilt, als *Offenbarungswissen* »entsprechend dem, was mir in der Vision des Himmels erschienen ist und (was) ich durch die Rede der heiligen Engel weiß und durch die Tafeln des Himmels erkannt habe« (1 Hen 93,2). Andererseits wird der als »Henochs Epistel« überschriebene Teil des äthiopischen Henochbuches, der die Zehn-Wochen-Apokalypse und weisheitliche Mahn- und Wehereden enthält, im Proömium als »die ganze *Unterweisung der Weisheit*« bezeichnet, die Henoch als der von allen Menschen gepriesene »Richter der ganzen Erde« allen seinen Kindern, die auf der Erde wohnen werden, als Lehrbuch der Rechtschaffenheit und des Friedens übergibt (1 Hen 92,1). Zu dem von Henoch als dem idealen Weisen der Urzeit vermittelten apokalyptischen Wissen gehört nicht zuletzt enzyklopädisch umfassendes Wissen über die Schöpfung. Das Buch, welches auch die astrologischen Geheimnisse des Himmels »*enthüllt*«, übergibt Henoch seinem Sohn und dessen Nachkommen als »*Weisheit*«, damit er es an die kommenden Generationen als Weisheitstradition »*überliefert*«. »Und die, die Verständnis haben, werden nicht schlafen, sondern ihre Ohren werden horchen, um diese Weisheit zu *erlernen ...*« (1 Hen 82,1–3).

Demnach ist die Wissensform der Apokalyptik, deren literarische Produktion sich ja keineswegs in periodisierten Geschichtsabrissen erschöpft,[28] als ein Typus von Weisheit[29] aufzufassen, der allerdings gegenüber der »väter-

---

[28] Zur Typologie apokalyptischer Gattungen vgl. COLLINS, *Apocalypses*.

[29] Vgl. KÜCHLER, *Weisheitstraditionen*, 66–71. Zu den weisheitlichen Elementen in der Henoch-Literatur vgl. den Beitrag von Marie-Theres WACKER in diesem Band. Die apokalyptische Weisheit läßt sich m. E. im »Weisheitskompaß« von Aleida Assmann (vgl. ASSMANN, *Weisheit*, 27f.) in wesentlichen Teilen dem Typus der »magischen Weisheit« zuordnen. »Darunter wollen wir die verschiedenen Varianten eines esoterischen Wissens verstehen, das nicht allein Einblick in die verborgene Weltordnung zu nehmen, sondern auch in sie einzugreifen vermag. Es handelt sich genauer um Mitwisserschaft am savoir faire des Schöpfers, also um ein operationales Wissen, das sich auf Nutzung und Manipulation kosmischer Kräfte versteht« (ebd., 31). Eine solche Zuordnung macht auf den besonderen Stellenwert des Themas Heilung in apokalyptisch-weisheitlichen Kontexten aufmerksam, vgl. 1 Hen 7,1; 8,3; Jub 10,10–14 – übrigens mit kontroverser Bewertung heilkundlichen Wissens. Besonders ausgeprägt ist der Verweis-

lichen Weisheit« bzw. der Schulweisheit besondere Merkmale aufweist.
Während diese von der ethischen Selbstverantwortung des handelnden
Menschen ausgehen, betont die apokalyptische Weisheit stärker die Vorbe-
stimmtheit menschlicher Existenz und die Bedingtheit menschlichen Handelns. Dem antagonistischen Verständnis von Geschichte entspricht ein
antagonistisches Welt- und Menschenbild. Zwar ist die Welt als die Schöpfung Gottes eine ungeteilte Wirklichkeit, die unveränderlich in ihren natürlichen Abläufen dem Schöpfungsplan entspricht. Zwar ist der Mensch darin
zur »Herrschaft über den Erdkreis« eingesetzt. Aber dennoch ist der Mensch
dem Einfluß numinoser Kräfte ausgesetzt, die miteinander im Streit liegen,
dem Einwirken der »Geister« der Wahrheit und des Lichtes auf der einen
und der Lüge und der Finsternis auf der anderen Seite. Diesem kosmologischen Dualismus, der kein ontologischer ist, entspricht es, daß die Menschen in der Menschenwelt zwei gegensätzliche Wege gehen, den der
Wahrheit und Tugend oder den der Lüge und des Frevels (vgl. 1QS III,13 –
IV,26). Die antagonistisch verlaufende Menschheitsgeschichte ist Schau-
platz der Austragung kosmischer Konflikte. Der freie, zur Herrschaft über
den Erdkreis bestimmte Mensch ist darin durch sein Handeln verwickelt und
kann, wenn er mit dem richtigen Wissen ausgestattet ist, Gut und Böse erkennen und in Liebe und Haß Gott nacheifern (vgl. 1QS I,1–11). Der ethische Dualismus der Apokalyptik ist also kein Fatalismus, sondern versucht
mit seinem Prädestinationsgedanken, die kosmologischen und anthropologischen Bedingungen verantwortlichen Handelns zu präzisieren. Die Zwei-
Geister-Lehre und die Zwei-Wege-Lehre betrachten menschliche Freiheit
unter dem Aspekt der antagonistischen Bedingungen freien Handelns in
befristeter Zeit.

Der Aspekt der Zeit als einer schicksalhaften Gegebenheit, durch welche die
Rahmenbedingungen verantwortlichen Handelns gesetzt sind, erweist sich
damit als ein Punkt, an welchem sich Schulweisheit und apokalyptische
Weisheit überraschend nahekommen.[30] Aber am jeweiligen Zeitverständnis
läßt sich gerade auch ablesen, worin sich die beiden Wissenskonzeptionen
in der Auffassung von der rettenden Qualität von Wissen unterscheiden. Für
die pädagogisch engagierte weisheitliche Schultradition gibt es gute und

---

zusammenhang von Heilung und Gottesherrschaft in der neutestamentlichen Wunder-
tradition. Eine gemeinsame Schnittmenge von »väterlicher Weisheit« und apokalyptischer Weisheit stellt die frühjüdische Testamentenliteratur dar.

[30] Vgl. v. RAD, *Weisheit*, 337–363.

schlechte, für bestimmte Vorhaben geeignete und ungeeignete Zeiten. Unglück droht immer, und von Zeit zu Zeit kommt es auch, und zwar ohne Zutun des Menschen. Dann trifft es den Ungebildeten, während der Gebildete von keinem Schrecken erfaßt wird (vgl. Spr 1,33). Entsprechend verheißt die personifizierte (Schul-)Weisheit in ihren werbenden Reden (προτρεπτικὸς λόγος) nicht nur den Freunden der Weisheit Leben und Lebensgenuß (vgl. Spr 8,2–21; Sir 24,19–22), sondern droht umgekehrt auch in ungehaltener Derbheit den Bildungsunwilligen ihren Untergang an (vgl. 1,24–31). So oder so gibt es dabei aber keine neutrale Ausgangssituation. Für alle gilt:

> Laßt ab von der Torheit, so bleibt ihr am Leben,
> und geht auf dem Weg der Einsicht! (Spr 9,6)

Damit ist Torheit eine anthropologische Ausgangslage, Unheil dagegen nicht. Die apokalyptische Sicht unterscheidet sich in dieser Hinsicht signifikant. Für das apokalyptische Verständnis ist Unheil nicht etwas, das irgendwann einzutreten droht und von Zeit zu Zeit auch kommt, sondern ein permanentes Element der Existenz des Menschen in der Zeit. Die einander widerstreitenden numinosen Prinzipien des Lichtes und der Finsternis hat Gott zu immerwährendem Streit Seite an Seite gesetzt. Der Mensch, auch der im apokalyptischen Sinn in die göttlichen Geheimnisse Eingeweihte, ist dem Einfluß *beider* ausgesetzt.

> Und durch den Engel der Finsternis kommt Verirrung [22] aller Söhne der Gerechtigkeit,
> und alle ihre Sünde, Missetaten und Schuld und Verstöße ihrer Taten kommen durch seine Herrschaft [23] entsprechend den Geheimnissen Gottes, bis zu seiner Zeit.
> Und alle ihre Plagen und die festgesetzten Zeiten ihrer Drangsal kommen durch die Herrschaft seiner Anfeindung.
> [24] Und alle Geister seines Loses suchen die Söhne des Lichts zu Fall zu bringen.
> Aber der Gott Israels und der Engel seiner Wahrheit hilft allen [25] Söhnen des Lichts. (1QS III, 21–25)

Der antagonistische Lauf der Geschichte führt von einem ursprünglich guten Zustand der Schöpfung (von einer idealen Zeit vor der großen Flut, von einem goldenen Zeitalter o. ä.) hin zu einer letzten Konfrontation der einander auf verschiedenen Ebenen widerstreitenden Kräfte. Das rettende Wissen wird am Anfang der geschichtlichen Zeit gestiftet und wird in Buchform

o. ä.[31] während der Dauer der Zeiten des Frevels und des Unwissens der Menschen bewahrt, um am Ende den Leser apokalyptischer Literatur mit dem auszustatten, was er braucht, um in der Gegenwart bestehen zu können. Dabei wird die Gegenwart als letzte Krise vor dem Erscheinen der Wahrheit der Welt verstanden, deren Hervortreten die endgültige Beendigung aller kosmischen, geschichtlichen und ethischen Antagonismen herbeiführt.

3. Sapientiale Soteriologie in neutestamentlichen Texten

Auf dem bisher skizzierten Hintergrund läßt sich die sapientiale Soteriologie in neutestamentlichen Texten religionsgeschichtlich nicht nur einordnen, sondern auch gegenüber ihrem kulturellen Kontext profilieren. Dazu muß zuerst auf das eingangs erwähnte Problem eingegangen werden, daß die von Rudolf Bultmann vorgenommene formgeschichtliche Trennung zwischen weisheitlichen Logien und prophetischen beziehungsweise apokalyptischen Worten in der synoptischen Jesustradition[32] zu der Einschätzung geführt hat, daß weisheitliche und »prophetische« Elemente der Jesustradition in Spannung zueinander stehen,[33] eine Auffassung, die bis in die gegenwärtige For-

---

[31] An Henochs Epistel lassen sich diesbezüglich zwei einander ergänzende Vorstellungen ablesen: Nach der einen wird die Distanz zwischen Anfang und Ende der Geschichte durch apokryphe Schriftlichkeit überbrückt. Nach der zweiten wird das Wissen durch die Leitfiguren der Geschichte Israels repräsentiert (in der zweiten Woche durch Noah, in der dritten durch Abraham, in der vierten durch Mose, in der fünften durch Salomo, in der sechsten durch Elija; vgl. 1 Hen 93,4–8). Dabei erscheinen diese Leitfiguren zumeist als in ihrem sozialen Umfeld angefochtene Einzelfiguren. So sind sie ideale Identifikationsfiguren für die Leser apokalyptischer Literatur, die ihre Identität über ihr spezifisches Wissen definieren (vgl. 1 Hen 93,9) und sich dadurch als kognitive Minderheiten innerhalb ihrer Leitkultur zu behaupten versuchen. Zur wissenssoziologischen Funktionsbestimmung der weisheitlichen Denkformen vgl. THEIßEN, *Weisheit*.

[32] Vgl. BULTMANN, *Geschichte*, 73ff.113ff.

[33] Vgl. besonders v. LIPS, *Traditionen*, der den Begriff »apokalyptische Weisheit« im religionsgeschichtlichen Teil seiner Arbeit zwar verwendet (169, aber in Anführungszeichen), im neutestamentlichen Teil dagegen konsequent vermeidet (vgl. bes. 212–214), vielmehr wie üblich zwischen Weisheit und Apokalyptik akribisch scheidet. Vgl. die Überschriften: »weisheitliche Mahnung«, aber »eschatologisch-apokalyptischer Kontext«; zu »weisheitlicher Begründung« zusätzlich »eschatologisch-apokalyptische Begründung«; »formal weisheitliche Struktur der Mahnung«, aber »eschatologisch-apokalyptische Motive«.

schung nachwirkt und die ich in erster Linie dafür verantwortlich mache, daß das Phänomen der apokalyptischen Weisheit im Neuen Testament viel zu wenig wahrgenommen wird.

3.1 Zum Zusammenhang von Weisheit und Eschatologie in der synoptischen Jesustradition

Ich gehe von einem prominenten Text aus, den ich als typisches Beispiel für das ansehe, was ich unter apokalyptischer Weisheit verstehe. In der lukanischen Feldrede wird das Gebot der Feindesliebe durch eine Reihe von weisheitlichen Mahnungen konkretisiert und das entsprechende Verhalten mit einer Sanktion im Tun-Ergehen-Schema verknüpft:

> [27] Aber euch sage ich, den Hörenden:
> Liebt eure Feinde; gut tut denen, die euch hassen!
> [28] Segnet, die euch verfluchen; betet für die, welche euch schmähen!
> [29] Dem, der dich auf die Wange schlägt, biete auch die andere; und dem, der dir das Obergewand wegnimmt, verweigere auch das Untergewand nicht
> [30] Jedem, der dich bittet, gib; und von dem, der das Deine wegnimmt, fordere es nicht zurück!
> [31] Und wie ihr wollt, daß euch die Menschen tun, so tut ihnen gleicherweise!
> …
>
> [35] Vielmehr liebt eure Feinde und tut Gutes und leiht, nichts zurückerhoffend.
> Und euer Lohn wird groß sein; und ihr werdet Söhne (des) Höchsten.
> Denn er ist gütig zu den Undankbaren und Bösen.
> (Lk 6,27–35)

Die ersten beiden der vier Konkretisierungen der geforderten Feindesliebe sind – wie das Gebot der Feindesliebe selbst – durch scharfe Gegensätze geprägt: Fluch und Schmähung sollen durch Segen und Gebet, Gewalt und Raub durch Darbieten der Wange und Fortgeben des Untergewandes beantwortet werden. Diejenigen, welche sich nach diesen Ratschlägen verhalten sollen, erscheinen hier in der Rolle von Opfern, die ihre Peiniger gewähren lassen. Dies mag man für töricht oder klug halten, klar ist jedenfalls, daß es sich bei diesen Forderungen um weisheitliche Mahnungen handelt. Die dritte Konkretisierung (V. 30) klingt bereits weniger provozierend als die beiden ersten, weil hier der Adressat der Mahnung nicht primär als ein Opfer von Schmähung, Gewalt und Raub, sondern als der Situationsmächtige erscheint, der das Geschehen dominieren kann. Er ist es, der einem Bedürftigen, der ihn um etwas bittet, seine Bitte gewähren soll; und er ist es, der

keine Rückforderung an den stellen soll, der ihn übervorteilt hat. Die vierte
Konkretisierung, die Goldene Regel (V. 31), geht einen weiteren Schritt in
dieselbe Richtung. In ihrer positiven Fassung macht sie sogar das eigene
Wünschen dessen, der hier unterwiesen wird, zum Maßstab für sein Verhalten gegenüber anderen Menschen. Dabei steht allerdings das Gewünschte
im Gegensatz zur Realität. Die Menschen verhalten sich eben gerade nicht
so, »wie ihr wollt«, sondern im Gegenteil so, wie es in den vorangehenden
Konkretisierungen gesagt wird. Die Mahnungen verlangen also, daß man in
ungerechten Verhältnissen selbst nach den Regeln der konnektiven *Gerechtigkeit* handelt, ja sogar nach den eigenen Wunschvorstellungen davon, wie
die Menschen handeln sollen, so als wäre die Welt nicht, wie sie hier dargestellt wird, ein Chaos aus Feindschaft, Fluch, Gewalt und Raub, sondern
eine gerechte Friedensordnung. Wer darin Feindesliebe praktiziert, trotzt
dem Chaos ein Stück Ordnung ab. Die Sanktion, der »große« Lohn dafür,
ist nach V. 35 die Gottessohnschaft. Auch dies ist als weisheitliches Motiv
zu verstehen. »Sohn« im weisheitlichen Sinn ist derjenige, der dem erzieherischen Beispiel des Vaters folgt. Das väterliche Vorbild ist hier das erbar-
mende Handeln Gottes an Undankbaren und Bösen. Dieses Erbarmen an
den Erbarmungslosen ist das chaosbegrenzende eschatologische Handeln
Gottes an der Menschenwelt, das von den weisheitlich belehrten Hörern
Jesu schon jetzt nachvollzogen werden kann und soll.

Dieses Beispiel soll zeigen und zeigt nach meiner Überzeugung auch eindeutig, daß es zwischen weisheitlichen Mahnungen und eschatologischen
Begründungen in der synoptischen Jesusüberlieferung keinen Gegensatz,
sondern im Gegenteil einen konstitutiven Zusammenhang gibt. Die Feindesliebe und die sie konkretisierenden Mahnungen sind nicht von ihrem apokalyptischen Wirklichkeitskalkül ablösbar. Es geht hier nicht darum, wie man
sich aus einer prekären *Alltags*situation durch Finten und Tricks, auf die der
Gegner nicht eingestellt ist, befreit. Ohne die sinngebende Überzeugung von
der *endzeitlichen* Zuwendung Gottes zur unerlösten Menschenwelt wären
diese Ratschläge tatsächlich Unsinn. In ihrem apokalyptisch-weisheitlichen
Motivationszusammenhang sind sie aber nicht weniger als die praktische
Antizipation der kommenden Welt.

3.2 Apokalyptische Weisheit und urchristliches Zeitverständnis[34]

Nach diesem ersten Blick auf ein prominentes Beispiel für apokalyptische Weisheit im Neuen Testament gilt es nun, dieses Phänomen in seiner Vielfalt und in seinem Formenreichtum zumindest andeutungsweise zu beschreiben. Dabei gehe ich bewußt nicht von solchen Texten aus, die unbestritten zum Repertoire der weisheitlichen Gattungen gehören,[35] z. B. von weisheitlichen Spruchformen, wie sie für die Jesustradition typisch sind, oder von christologischen Hymnen, die auf der sogenannten reflektiven Weisheit aufbauen wie der Prolog des Johannesevangeliums oder der Hymnus des Philipperbriefes. Ich gehe von drei formal und inhaltlich recht unterschiedlichen Textbeispielen aus, von einer Briefpassage, einer Redeeröffnung und einer Parabel, um zu zeigen, daß apokalyptisch-weisheitliche Wissens- und Kommunikationsformen nicht nur für einige wenige Texte und Textsorten des Neuen Testaments konstitutiv sind.

Zunächst ein Beispiel aus einem Brief. Der zentrale Teil des Briefes an die Galater wird eingeleitet mit einer Beschimpfung der Adressaten als Toren (Gal 3,1–5). Im Vergleich mit den scheltenden und drohenden Teilen der protreptischen Reden der personifizierten Weisheit in Spr 1 fällt auf, daß die Torheit der Galater nicht auf einen puren *Mangel* an Unterweisung zurückgeführt wird, sondern auf den verderblichen Einfluß *falscher* Lehrer. Diese werden dabei *dämonisiert:* »Wer hat euch *verhext?*« Bei den Konflikten zwischen Paulus und den judaistischen Konkurrenten, die der Galaterbrief voraussetzt, geht es demnach letztlich um den Widerstreit numinoser Prinzipien (vgl. Gal 1,8; 4,14), der als Konkurrenzkampf zwischen menschli-

---

[34] Vgl. ERLEMANN, *Naherwartung;* DERS., *Endzeiterwartungen.* Der Schwerpunkt dieser Studien liegt auf der Frage nach der kommunikativen Funktion apokalyptischer Endzeiterwartungen im Neuen Testament. Dabei wird die Apokalyptik als Bindeglied zwischen Altem und Neuem Testament betrachtet und die Verwurzelung frühchristlicher Endzeithoffnungen im frühjüdischen Traditionszusammenhang mit Recht hervorgehoben.

[35] V. LIPS, *Traditionen,* 193–196, macht für seine Textauswahl zur Bedingung, daß die Texte weisheitlichen Gattungen zugeordnet werden können. Gemeint sind dabei die Gattungen der alttestamentlichen und der frühjüdischen Weisheitstradition. Damit ist der Gedanke an die Möglichkeit, daß das Neue Testament selbst einen originären neuen Beitrag »zum Fortgang weisheitlichen Denkens im Bereich des frühjüdischen Jahweglaubens« (Max Küchler) und seiner literarischen Formen geleistet haben könnte, von vornherein ausgeschlossen.

chen Lehrautoritäten im Medium des Briefes auf der Wissensebene ausge-
fochten wird.

Ein ähnliches Motiv findet sich in der Eröffnung der Rede des Täufers Johannes, mit der die Logienquelle Q beginnt. Der Täufer Johannes be-
schimpft sein Publikum als »Schlangengezücht« (γεννήματα ἐχιδνῶν). Auch
hier wird der Grund für die Schelte in einem falschen Wissen gesehen, das
sich falschen Lehrern verdankt (»Wer hat euch gelehrt ...?«). Im Unterschied zu Gal 3,1 wird in Lk 3,7 (Q) aber das Publikum selbst dämonisiert.
Dies wiederum hat mit der ihm unterstellten Meinung zu tun, man könne
sich auf die Abstammung von Abraham berufen, um dem endzeitlichen
Gericht Gottes zu entgehen. Die Dämonisierung des Publikums unter dem
Aspekt seiner genealogischen Herkunft ist dabei aber nicht gegen Abraham
gerichtet – dem wird Gott aus Steinen Kinder erwecken, wenn es denn sein
muß –, sondern gegen die vom Redner unterstellte falsche Vorstellung von
der soteriologischen Relevanz genealogisch gegebener Identität. Gefordert
wird vielmehr »die Frucht des Umdenkens«. Das hellenistische Prinzip,
nach dem nicht Herkunft, sondern Bildung den Menschen zu dem macht,
was er werden kann und sein soll,[36] erscheint hier in seiner apokalyptischen
Transformation, wobei das soteriologische Moment besonders deutlich her-
vortritt.

Im dritten Beispiel, der Parabel vom großen Abendmahl (Lk 14,16–24),
deren Exposition meines Erachtens gezielt auf die Rede der Frau Weisheit
in Spr 9,1–6 anspielt, wird die vom Sklaven überbrachte Einladung aus-
nahmslos von allen Geladenen ausgeschlagen. Die dabei zur Entschuldi-
gung vorgebrachten drei Gründe zeigen, durch welches Denken dieses Verhalten hervorgerufen wird. Der Kauf eines Ackers, die Anschaffung von
Ochsen und die Heirat dienen dem Erhalt des bäuerlichen Familienbetriebes
(vgl. die Trias Schaf – Münze – Sohn in Lk 15) und entsprechen der ökonomischen Klugheit, zu der die familiale Erziehung anleitet. Daß der ökonomischen Sorge der Vorrang vor dem Feiern gegeben wird, bedeutet natürlich einen Affront, dessen Qualität im weiteren Gang der Handlung sichtbar
wird. Der blamierte Gastgeber reagiert auf die Entschuldigungen der ande-

---

[36] Das Dogma des Paideia-Prinzips wird bereits von Isokrates (436–338 v. Chr.) formuliert: »Die Bezeichnung der Hellenen scheint nicht mehr eine Sache der Abstammung,
sondern der Gesinnung zu sein, und es werden mit besserem Recht jene Hellenen genannt, die an unserer Erziehung teilhaben, als diejenigen, die mit uns eine gemeinsame
Abstammung besitzen« (orationes 4,50).

ren Hausherren mit Zorn. Aber erst durch das dadurch ausgelöste Handeln, die Einladung der Randexistenzen anstelle der Hausherren, erfüllt er die zuvor vom lukanischen Jesus empfohlenen Klugheitsregeln für Gastgeber (vgl. 14,12–14) und wird dadurch zu der Person, welche in dieser Parabel die Rolle der Weisheit so spielt, wie es der Weisheit Jesu entspricht. Der Schluß wird (vom Erzähler des Evangeliums) so konstruiert, daß sich Jesus, der Erzähler der Parabel, mit dem Gastgeber in der Parabel identifiziert: »Denn ich (Jesus) sage euch (den Hörern der Parabel): Keiner der Männer, die (vom Gastgeber in der Parabel) geladen waren, wird von *meinem* Mahl kosten.« Damit übernimmt Jesus vom Mahlherrn in der von ihm erzählten Parabel selbst die Rolle, die er auch sonst in der Logienquelle und besonders im lukanischen Reisebericht spielt, die des letzten Repräsentanten der Weisheit Gottes.[37]

Diese drei Beispiele aus dem Neuen Testament variieren Motive, die aus dem Repertoire der Gattung $\pi\varrho o\tau\varrho\varepsilon\pi\tau\iota\varkappa\grave{o}\varsigma$ $\lambda\acute{o}\gamma o\varsigma$ in der frühjüdischen Tradition stammen.[38] Dabei ist der Inhalt dessen, wofür die repräsentativen Sprecher der Weisheit werben, apokalyptisch definiert. Gefordert ist die Abkehr von *falschem* Denken, nicht nur der Entschluß, sich überhaupt auf Bildung einzulassen. Die Umkehrforderung ist motiviert durch die Erwartung des *endzeitlichen Gerichts* Gottes und lädt ein zu einem Denken, das seine Maßstäbe für kluges und törichtes Handeln von dem damit gegebenen *Zeitverständnis* her entwirft.[39] Der Gerichtserwartung entspricht eine Ethik, die

---

[37] Zur Ausgestaltung dieser Vorstellungen in der Logienquelle Q vgl. SEVENICH-BAX, *Konfrontation.* In Q wie im ersten Teil des Lukasevangeliums teilen sich der Täufer Johannes und Jesus die Funktion der letzten Boten Gottes, an der die von Jesus bevollmächtigten Boten partizipieren. Die Weisheit Gottes hat viele Gesandte. Sie wird nicht endgültig mit einer einzigen Botengestalt identifiziert. Es gibt also kein Monopol der Christologie in dieser Hinsicht. Der letzte Bote allerdings, »der Sohn«, an dessen Geschick der Antagonismus zwischen Gott und seinem Volk letztlich zum Austrag kommt, ist mehr als nur der Überbringer einer Botschaft. Er ist die Person, an der Gott seine Gerechtigkeit offenbart. Dies wird vor allem im Zentrum der paulinischen Theologie entwickelt. Vgl. dazu den Beitrag von Martin FAßNACHT in diesem Sammelband.

[38] Ein weiteres Beispiel behandelt Sylvia HAGENE in ihrem Beitrag zu diesem Sammelband.

[39] Der reiche Kornbauer in Lk 12,16–21 ist nicht deshalb ein Tor, weil seine Pläne nicht sozialethisch ausgerichtet sind, sondern weil sein Zeitkalkül falsch ist. Der Mann, der alles tut, um seiner »Seele« sagen zu können: »Seele, hier hast du viele Güter gelagert für viele Jahre«, muß sich sagen lassen: »In dieser Nacht wird man deine Seele von dir fordern«. Umgekehrt wird der betrügerische Hausverwalter in Lk 16,1–8 deshalb als

geradezu peinlich genau darauf achtet, daß richtiges Tun nicht schon nach dem traditionellen Tun-Ergehen-Zusammenhang vergolten wird, sondern durch das gerechte Gericht Gottes an der Welt seinen »Lohn« erhält, eine Ethik also, die darauf baut, daß Gott die Theodizeefrage definitiv beantworten wird.

Ist damit die Zuordnung solcher Texte zur apokalyptischen Weisheit geklärt, wird erst recht deutlich, wodurch sich die bisher hier behandelten vier Texte innerhalb der apokalyptisch-weisheitlichen Literatur von anderen unterscheiden. Das meines Erachtens wesentlichste *gemeinsame* Merkmal dieser Texte ist, daß die *Stiftung* des rettenden Wissens nicht in einer idealen Urzeit,[40] in einem goldenen Zeitalter stattfindet, sondern zu den *eschatologischen* Ereignissen gehört.[41] Dies bleibt nicht ohne Auswirkungen auf das Verständnis der Gegenwart als Krisenzeit. Die Gegenwart wird zwar in Übereinstimmung mit der apokalyptisch-weisheitlichen Tradition (vgl. 1 Hen 42,3) als eine besonders gefährliche Periode beurteilt. Vor allem gilt dies für die Zeit nach dem Tod des Wissensstifters.[42] Aber diese Zeit ist vor allem überhaupt die Zeit des rettenden Wissens. Gott hat, wie es am Ende der Areopag-Rede heißt, die »Zeiten der Unwissenheit« (Apg 17,30) beendet und durch sein Offenbarungshandeln, die Auferweckung Jesu, das neue Wissen allen Menschen angeboten πίστιν παρασχὼν πᾶσιν ἀναστήσας αὐτὸν ἐκ νεκρῶν (Apg 17,31).

Durch die Eschatologisierung des Zeitpunktes der Stiftung des rettenden Wissens entsteht das für neutestamentliche Texte charakteristische *Zeitschema*. Die Gegenwart erstreckt sich zwischen der Stiftung des Wissens als *Anfang* und dem manifesten In-Erscheinung-Treten des Gewußten als *Ende*

Beispiel für Klugheit gelobt, weil er die bis zu seiner Entlassung verbleibende kurze Zeit als letzte Frist zum Handeln nutzt.

[40] Vgl. VAN DER HORST, *Knowledge* mit umfassenden Überblick über den Befund zu diesem Thema.

[41] Vgl. ERLEMANN, *Endzeiterwartungen*, 174.

[42] Erkennbar wird dies vor allem an Texten, die zur Gattung Testament gehören. Mit der Passion Jesu ist nach Lk 22,35–38 die ideale (mangelfreie, sorgenfreie und deshalb zum Lernen optimale) Zeit der Anwesenheit des Wissensstifters beendet, und es beginnt die Zeit, in der man seinen (Philosophen-) Mantel gegen ein Schwert eintauschen soll. Nach Apg 20,29–30 tritt entsprechend nach dem »Fortgang« des Paulus aus Kleinasien eine Situation ein, in der die Gemeinden durch »reißende Wölfe« von außen und durch falsche Lehrer aus den eigenen Reihen bedroht werden.

der eschatologischen *Krise*.[43] Dafür ein charakteristisches Textbeispiel (Mk 4,26–29):

> [26a] Und er sagte:
> [26b] So verhält es sich mit der Königsherrschaft Gottes,
> [26c] wie wenn ein Mann den Samen auf die Erde streute
> [27a] und schliefe und aufstünde Nacht und Tag
> [27b] und der Same würde sprossen und lang werden,
> [27c] wie er selbst nicht weiß.
> [28] Von selbst bringt die Erde Frucht, zuerst den Halm, dann die Ähre, dann volles Korn in der Ähre.
> [29a] Sobald aber die Frucht es erlaubt,
> [29b] schickt er sofort die Sichel;
> [29c] denn die Ernte ist da.

Das Gleichnis geht, wie die Konjunktive in VV. 26c–27b anzeigen, von einem gedachten, d. h. allgemeinen Vorstellungen entsprechenden Vorgang aus. Es setzt als bekannt voraus, daß es für die saisonalen Arbeiten des Landwirts, das Säen und das Ernten, eine ganz bestimmte Zeit im Jahresablauf gibt und daß der Bauer in der dazwischen vergehenden Zeit (von Oktober bis Mai) zum Gelingen seiner Arbeit nichts beitragen kann, da das Wachstum dem Erkennen des Menschen verborgen ist (vgl. V. 27c). Die Zeit, welche die fruchtbringende Erde für den Wachstumsprozeß braucht (vgl. VV. 28–29b: zuerst – dann – dann – sobald), verstreicht *für den Bauern* als eine Folge von Tagen und Nächten (vgl. V. 27a), in denen seine Mitwirkung nicht möglich und nicht nötig ist. Dieselbe Zeit, die ohne Zutun des Menschen verstreicht, ist es aber, die mit dem Prozeß ausgefüllt ist, der die Frucht hervorbringt, die am Ende vom Bauern[44] geerntet wird. Dieses auf ökonomischer Erfahrung beruhende Wissen, das zugleich ein Wissen um die Begrenztheit menschlichen Wissens ist, wird im Gleichnis apokalyptisch transformiert zu einer Aussage über die Herrschaft Gottes. »Königsherrschaft Gottes« ist die Grundmetapher für das eschatologische Handeln Gottes. Dieses erstreckt sich nach Aussage des Gleichnisses als verborgener

---

[43] ERLEMANN, *Endzeiterwartungen*, erfaßt diesen Sachverhalt unter dem Begriff »revelatorische Zukunftserwartung«. »Sie gründet in der Vorstellung, daß die entscheidende Wende bereits vollzogen ist, wenn auch für uns Menschen unsichtbar. Von der Zukunft wird (lediglich) die Sichtbarwerdung bzw. Offenbarung der vollzogenen Wende erwartet« (61).

[44] Das Motiv der Sichel in V. 29 ist – im Unterschied zu Joel 4,13 und Apk 14,15 – nicht metaphorisch oder allegorisch. Das Subjekt in V. 29b ist identisch mit dem »Mann« in VV. 26c–27c, also mit dem Bauern, der am Anfang gesät hat und jetzt erntet oder ernten läßt.

Prozeß zwischen einem manifesten Anfang (Saat) und einem manifesten
Ende (Ernte).[45]

Dieses Schema, das auch in den beiden übrigen Wachstumsgleichnissen in
Mk 4 vorliegt, läßt sich aus der Zeitperspektive des Markusevangeliums
konkretisieren. Das Markusevangelium setzt drei Zeitebenen miteinander in
Beziehung: die im Evangelium erinnerte Zeit Jesu von Nazareth als anfängliche Zeit der Stiftung des Wissens (vgl. Mk 1,14f.), die mit der Parusie des
Menschensohnes am »Ende« manifest erscheinende Gottesherrschaft (vgl.
13,24–27) und die Gegenwart des Lesers, die zeitgeschichtlich mit der Zerstörung Jerusalems und des Tempels im Jüdischen Krieg in Verbindung
gebracht wird (vgl. Mk 13,1–4). Diese Zuordnung ist insbesondere an der
kompositorischen Stellung der markinischen Apokalypse (Mk 13) zwischen
den Jerusalemer Streitgesprächen und der Passion und an den zeitgeschichtlichen Anspielungen innerhalb der Passionserzählung[46] abzulesen.

---

[45] Die hier vorgeschlagene Interpretation betrachtet die Form der sogenannten Gleichnisse im engeren Sinn als apokalyptische Variante der weisheitlichen Analogie, einer
Denkfigur, die bei V. RAD, *Weisheit*, 153–165, unter den Instrumentarien weisheitlicher
Wirklichkeitsbewältigung an erster Stelle behandelt wird. In Jes 28,23–29 liegt ein
instruktives Beispiel dafür vor, wie eine weisheitliche Analogie aus dem Erfahrungsbe-
reich der Landwirtschaft die Plausibilität einer prophetischen Gerichtsaussage herstellt.
Ein formal ähnliches Darstellungsverfahren liegt den Gleichnissen in Mk 4 zugrunde.
Daß die neutestamentlichen Gleichnisse und Parabeln in der Gleichnisforschung nicht
primär als *weisheitliche* Gattungen betrachtet worden sind, ist ein kapitales Versäumnis.
Mitverantwortlich dafür ist auch die falsche Prämisse, daß Weisheit und Prophetie
nichts miteinander zu tun haben (vgl. Anm. 2 oben). Eine andere Konsequenz dieser
falschen Voraussetzung ist die auf Adolf Jülicher zurückgehende, nach wie vor übliche
(vgl. z. B. THEIßEN / MERZ, *Jesus*, 294–296; ERLEMANN, *Gleichnisauslegung*, 97f.)
Unterscheidung zwischen den sogenannten Parabeln im engeren Sinn und den sogenannten Beispielerzählungen. Indem die in weisheitlich analoger Form vom eschatologischen Handeln Gottes erzählenden Parabeln von den ethischen Beispielerzählungen
getrennt werden, verbaut man sich den Blick für die *ethische* Relevanz der *Parabeln*
und die *soteriologische* Begründung der Ethik der *Beispielerzählungen*.

[46] Die deutlichste Verknüpfung zwischen der Passion Jesu und dem Jüdischen Krieg
erfolgt durch die Barrabas-Szene (Mk 15,6–15). Sie stellt die Bevölkerung von Jerusalem vor die Wahl zwischen einem »Aufständischen« (15,7) und Jesus als »König der
Juden« (vgl. Mk 15,9.12). Der Jüdische Krieg erscheint damit als die Sanktion für das
falsche Begehren, mit welchem das irregeleitete Volk die Entscheidung für die Kreuzigung Jesu zwischen zwei »Räubern« (15,27) herbeiführt. Passion und Jüdischer Krieg
werden auf diese Weise nach dem weisheitlichen Tun-Ergehen-Schema miteinander
verknüpft. Einen Tun-Ergehen-Zusammenhang zwischen Passion und Jüdischem Krieg
sieht auch der lukanische Reisebericht, wobei die apokalyptisch-weisheitliche Qualität
dieser Interpretation besonders ausgeprägt ist: Die Stadt, die sich nicht unter den Schutz

Die Gegenwart des Lesers wird in Mk 13 von Jesus vorausgesagt als eine Zeit der Verfolgungen (vgl. 13,9–13). Dieses Schicksal, das die in Mk 13 angesprochenen Leser mit dem Jesus der Passionsgeschichte teilen (vgl. 13,9), ist die für einen Schüler Jesu (»um meinetwillen«) spezifische Form der Betroffenheit durch die endzeitliche Krise. Daß diese Krise sich phasenweise immer mehr zuspitzt, wird deutlich gesagt (vgl. 13,7f.). Aber es ist nicht möglich, die genannten Fristen zu berechnen.[47] Der Leser erfährt alles, was nach dem Text erforderlich ist, um die Krise zu bestehen. Die Zeiten und Fristen des göttlichen Plans jedoch, nach dem diese Krise abläuft, sind nicht einmal dem Stifter des Wissens, dem »Sohn«, bekannt (13,32).

Das Gleichnis von der fruchtbringenden Erde bekommt auf diesem Hintergrund, wenn man die Zeitdimensionen des Markusevangeliums mit der Perspektive des »impliziten« Lesers des Textes in Zusammenhang bringt, eine aktuelle Bedeutung. Was das Gleichnis als dem Verstehen des Menschen entzogenes, geheimnisvolles Wachstum darstellt, bezieht sich auf die Gegenwart des Lesers mit ihren katastrophalen Zügen, die durch das Gleichnis kontrafaktisch als Zeit des verborgenen Handelns Gottes interpretiert wird.[48] Die Gegenwart wird somit ambivalent beurteilt, negativ als Zeit der Verfolgungen und der undurchschaubaren Katastrophen, andererseits aber grundsätzlich als positiv qualifizierte Zeit der Bewahrung und Bewährung des Wissens in einer entscheidungsgesättigten Zeit.

3.3 Die Hauptaspekte einer soteriologisch zentrierten sapientialen Theologie

In neutestamentlichen Texten lassen sich im wesentlichen vier thematische Zentren ausmachen: Anthropologie, Soteriologie, Eschatologie und Ethik. Dazu einige Hinweise:

---

der Weisheit Gottes stellt, sondern ihre charismatischen Wissensträger tötet, wird von Gott verlassen (vgl. Lk 13,34.35a). Sie wird daran zugrunde gehen, daß ihr das zur Rettung erforderliche Wissen fehlt, weil sie die »Zeit« ihrer »Heimsuchung« (d. h. des Kommens des Wissensstifters) nicht erkennt (vgl. Lk 19,41–44). Zum weisheitlichen Motivhintergrund vgl. bes. Koh 9,13–18.

[47] Zu diesem charakteristischen Motiv apokalyptischer Texte vgl. ERLEMANN, *Endzeiterwartungen*, 45–49.

[48] Hinzuweisen ist auch auf die Kennzeichnung der gegenwärtigen Situation der Hörer / Leser als »Drangsal« bzw. »Verfolgung« in der Deutung des Gleichnisses vom Sämann (Mk 4,17).

Die *abgetane* Vergangenheit *vor* der Stiftung des Wissens wird in neutestamentlichen Texten – noch radikaler als in der apokalyptischen Tradition –
als Zeit des Nichtwissens verstanden, und Nichtwissen wird dabei als eine
Form dämonischer Verblendung aufgefaßt.[49] Das eschatologisch offenbarte
rettende Wissen gilt als der Schlüssel zu einer neuen Existenz, gegenüber
der die alte als dem Tode gleich geachtet wird. Nach Joh 9,1 ist der Mensch
ein Blindgeborener; die durch rettendes Wissen gegebene neue Existenz
»Wiedergeburt« bzw. »Geburt von oben« (Joh 3,3), Zeugung »aus Gott«
(Joh 1,13). Diese Herkunfts-*Metaphorik* ist charakteristisch für die apokalyptisch-weisheitliche *Anthropologie* in neutestamentlichen Texten.[50]

Charakteristisch für die apokalyptisch-weisheitliche *Soteriologie* ist das
Verständnis von Tod und Auferweckung Jesu als Wissensstiftung. Dabei
wird der Tod Jesu, eingebunden in die entscheidende Konfrontation der
antagonistischen kosmischen Gewalten in der Passion,[51] primär nicht positiv
interpretiert als heilsbedeutsam »für« Menschen (als »Sühne« wirkendes
»Opfer«, als stellvertretende Lebenshingabe, »Loskauf« o. ä.), sondern als
unheilvolles Ergebnis des Handelns verblendeter Menschen, deren Unwissenheit durch die Offenbarung der Gerechtigkeit Gottes in der Auferwek-
kung Jesu überwunden werden kann. Aber auch in den theologischen Konzeptionen, die eine positive Sinngebung des Todes Jesu als heilsbedeutsam
»für« Menschen formulieren, wird das soteriologische Geschehen als Of-

---

[49] Dies wird signifikant in der neutestamentlichen Briefliteratur, da dort die erzählende
Erinnerung an die Zeit Jesu als Wissensstifter keine Rolle spielt, sondern der epochale
Wandel an der Lebenswende jedes einzelnen Adressaten festgemacht wird. Näheres
dazu in dem Beitrag von Iris Maria BLECKER in diesem Sammelband, der die entsprechenden Schemata, das soteriologische Kontrastschema und das Revelationsschema,
und ihren Zusammenhang in den Pastoralbriefen beleuchtet.

[50] Vgl. z. B. das Thema der wahren Verwandten Jesu (Mk 3,31–35 par). Besonders
scharf arbeitet Paulus in Gal 3,26–29 den Gegensatz heraus zwischen der Existenz der
Adressaten des Briefes als »Söhne Gottes« bzw. »Nachkommenschaft Abrahams« im
metaphorischen Sinn und ihrer früheren Identität, die durch herkunftsbedingte Merkmale definiert war. Die Antithese Jude – Hellene bezieht sich dabei auf die religiös-
kulturelle Herkunft, die Antithese Sklave – Freier auf den mit der Herkunft gegebenen
Rechtsstatus, die Antithese Mann – Frau auf die von Geburt an bestimmte familiale
Rolle.

[51] Vgl. 1 Kor 2,7f. und dazu auf dem Hintergrund von Lk 22,53 (»denn dies ist eure
Stunde und die Macht der Finsternis«) die Rückblicke auf die Passion in
Apg 3,17;13,27.

fenbarung und Wissensstiftung verstanden und so auch explizit bezeichnet.[52]

Dem entspricht eine charakteristische Akzentuierung der *Eschatologie*.[53]
Die Gegenwart wird aufgrund des am *Anfang* gestifteten soteriologischen
Wissens als eschatologische *Krise* wahrgenommen. Das Gericht (die κρίσις)
des Menschensohnes ist das *Ende* der gegenwärtigen Krisenzeit, der Tag, an
dem das bisher »schon« beziehungsweise »nur« Gewußte manifest in Er-
scheinung tritt.[54] Diese Wahrnehmung der Gegenwart als Zeit zwischen der
Stiftung und der manifesten Bewahrheitung des rettenden Wissens beinhaltet eine ambivalente Beurteilung der Situation der Wissenden. Die Gegenwart ist einerseits positiv qualifiziert durch die Zueignung des rettenden
Wissens an die »Schüler« Jesu. Sie ist andererseits negativ qualifiziert als
Zeit nach dem Verschwinden des Wissensstifters (vgl. Lk 17,25; 22,35–38;
Apg 20,28–32). Diese Zeit gilt deshalb gleichermaßen als entscheidend und
als gefährlich, als Zeit der Verführbarkeit der Wissenden gerade bezüglich
der Erwartung der Parusie des Menschensohnes. In der Krise kommt es
darauf an, den gefährdeten Schatz des Wissens zu bewahren, mehr noch: ihn
zu mehren durch Wuchern mit den gegebenen »Talenten« (vgl. Lk 19,11–27
par Mt 25,14–30). Die verbleibende Zeit bis zum Ende hat den Sinn, dieses
Wissen allen Menschen zu vermitteln.[55]

Die apokalyptisch-weisheitliche *Ethik* im Neuen Testament, insbesondere in
der synoptischen Jesustradition, zeichnet sich aus durch die provozierende
Ironie, mit der die in der familialen Erziehung vermittelten Vorstellungen
von Klugheit und Torheit und die entsprechenden ökonomischen Sicher-

---

[52] Das prominenteste Beispiel dafür ist Röm 3,25f. Der öffentliche Kreuzestod Jesu
geschieht »zum Erweis« der Gerechtigkeit Gottes (εἰς ἔνδειξιν τῆς δικαιοσύνης αὐτοῦ).
Damit ist die »Zeit der Zurückhaltung« Gottes vorüber. Die Gegenwart ist durch diesen
öffentlichen Erweis der Gerechtigkeit Gottes eschatologisch qualifiziert als Zeit des
Wissens (vgl. V. 21). Ausführlicher zu dieser Interpretation LÖNING, *Kultmetaphorik*,
236–240.

[53] Vgl. ERLEMANN, *Endzeiterwartungen*, 103ff.171ff.

[54] Vgl. z. B. die sogenannte »kleine Apokalypse« (Lk 17,22–37 par). Hier wird der »Tag
des Menschensohnes« vor allem unter dem Aspekt des Offenbarwerdens der Gottesherrschaft (vgl. VV. 24.30.37) und der Rettung der Erwählten (vgl. VV. 33.34f.) gesehen.

[55] Vgl. ERLEMANN, *Endzeiterwartungen*, 117–129. Speziell zum lukanischen Ge-
schichtswerk vgl. demnächst die in der Reihe NTA erscheinende Dissertation von Sylvia HAGENE, *Zeiten der Wiederherstellung* (Apg 3,21). Studien zur lukanischen Ge-
schichtstheologie als Soteriologie.

heitsbedürfnisse kritisch in Frage gestellt werden.[56] Nicht an der fleißigen Ameise, sondern an Lilien und Raben, die für ihr Leben keinerlei Vorsorge treffen, soll man sich ein Beispiel nehmen. Man soll nicht den fürchten, der den Leib töten kann, sondern den, der in die Gehenna werfen kann (vgl. Lk 12,4f. par Mt 10,28). Besser als Krüppel in das Leben eingehen als unversehrten Leibes in die Gehenna geworfen werden (vgl. Mk 8,43–47 par Mt 18,8f.; vgl. 5,29f.). Dieses ironische Werben für die richtige Klugheit und die richtige Lebenseinstellung basiert auf dem Wissen um die schon erfahrene und in Zukunft weiterhin erfahrbare Barmherzigkeit, mit der Gott sich der Menschen als seiner Geschöpfe eschatologisch neu und definitiv annimmt.[57] Geworben wird hier also keineswegs für kontraproduktive Faulheit oder für zynische Verachtung von Kultur und Konvention,[58] sondern für das Handeln nach dem Maßstab der eschatologisch offenbar gewordenen Barmherzigkeit Gottes (vgl. Lk 6,36; Mt 6,48).[59] Die Imitatio der Barmherzigkeit Gottes wird in der lukanischen Feldrede ebenso wie in der matthäischen Bergpredigt als Feindesliebe gefordert (vgl. Mt 5,43–48; Lk 6,27–36). Das Handeln nach dem Maßstab der Vollkommenheit Gottes verlangt von den Adressaten das Durchhalten solidarischen Handelns gerade in einer von Gewalt und Raub gekennzeichneten, chaotischen gegenwärtigen Situation. Feindesliebe antizipiert den Zustand einer noch zu erwartenden gerech-

---

[56] Vgl. EBNER, *Jesus*, 399–403: »Umkehrung der bürgerlichen Weisheit«.

[57] Anders V. LIPS, *Traditionen*, 247–254. »Es ist der Schöpfergott, der seine volle Herrschaft in der Welt errichten wird. Daher stellt das Wirken des Schöpfers den positiven Anknüpfungspunkt für die eschatologische Verkündigung und ihren Erfahrungsbezug dar. … Weisheitliche Betrachtung kann daher der *gegenwärtigen* Erfahrung des Schöpferhandelns dem *Hinweis* auf das *eschatologische* Handeln dienen.« (251f.; Hervorhebungen K. L.). Die schöpfungstheologischen Aussagen werden damit konsequent enteschatologisiert.

[58] Die Warnung vor vergeblicher Sorge und die Mahnung zur Suche nach dem wahren »Schatz« (der Gottesherrschaft) mit den entsprechenden Aussagen über eschatologisch verstandene Klugheit und Torheit sind ein Leitthema im lukanischen Reisebericht, insbesondere in dessen erstem Hauptzyklus (Lk 10,38 – 13,21; vgl. bes. 12,1 – 13,9). Lukas, der die Konkurrenz der zeitgenössischen Philosophien explizit thematisiert (vgl. Apg 17,18), setzt sich hier m. E. mit stoischen Anschauungen auseinander, solchen etwa wie der Unterscheidung Epiktets zwischen den Dingen, die in unserer Verfügungsgewalt liegen, und denen, die nicht in unserer Verfügungsgewalt liegen; vgl. LÖNING / ZENGER, *Anfang*, 204–206).

[59] Zum Prinzip der (ethische Forderungen apokalyptisch-weisheitlich begründenden) *Imitatio Dei* im Neuen Testament vgl. SCHOEPS, *Imitatio*; SCHNEIDER, *Imitatio*; LÖNING / ZENGER, *Anfang*, 206–210.

ten Welt. Sie entspricht dem Handeln Gottes, der diese gerechte Welt durch seine Barmherzigkeit aufrichtet. Ethik als Nachahmung Gottes ist somit praktische Chaosbewältigung.

3.5 Statt einer Zusammenfassung:

Diese Ausführungen zur sapientialen Soteriologie können nicht mehr als eine Skizze sein. Es scheint mir daher sinnvoller, diese Ausführungen statt mit einer inhaltlichen Zusammenfassung mit einem kleinen Katalog zu schließen, der wesentliche Inhalte einer aus neutestamentlicher Sicht traditionellen *familialen* Weisheit (linke Spalte) mit entsprechenden Elementen der im Neuen Testament anzutreffenden *apokalyptisch-weisheitlichen* Konzeptionen (rechte Spalte) gegenüberstellt.

Welche Bedeutung hat Wissen?	
Weisheit ist der Schlüssel zu einem glücklichen Leben (z. B. im Sozialgefüge eines Familienbetriebes). Glück schließt Reichtum und Ehre ein.	Rettendes Wissen ist der Schlüssel zu einer neuen Existenz, gegenüber der die alte als dem Tode gleich geachtet wird.
Das wertvollste Gut ist die Weisheit, weil sie zu Wohlstand und Ansehen verhilft.	Der wahre Schatz ist das eschatologisch gegebene Offenbarungswissen. Alles andere wird hinzugegeben.

Inwiefern rettet Wissen?	
Es gibt gute und schlechte Zeiten.	Die Gegenwart ist die letzte Krisenzeit.
Unglück droht immer, und erfahrungsgemäß kommt es auch von Zeit zu Zeit.	Unheil ist die bisher ausnahmslos gegebene objektive Grundbefindlichkeit aller Menschen. Es besteht wesentlich im Nichtwissen.
Ohne Weisheit ist man dem Unglück ausgeliefert.	Daraus befreit das rettende Wissen.

Was muß man wissen?	
Man muß den Zusammenhang von Tun und Ergehen begreifen.	Man muß den Verblendungszusammenhang erkannt haben, der Unheil als Normalität erscheinen läßt.
Der Tun-Ergehen-Zusammenhang zeigt, welcher Spielraum für selbstbestimmtes Handeln zu gegebener Zeit besteht.	Man muß die gegenwärtige Zeit als die alles entscheidende letzte Frist zum Handeln angesichts der eschatologischen Krise begreifen.
Man muß aber auch wissen, daß man als Mensch die Bedingungen menschlichen Handelns nicht restlos durchschauen kann.	Unwissenheit ist vom Menschen her nicht aufhebbar.

Wie erlangt man Wissen?	
Wissen beruht grundsätzlich auf Erfahrung.	Rettendes Wissen ist der Erfahrung unzugängliches, gegebenes Wissen, das den Wert anderen Wissens als Unwert erscheinen läßt.
Erfahrungswissen wird vermittelt durch die älteren Generationen bzw. durch Lehrer als professionelle Träger von Traditionswissen. Erfahrungswissen wächst in lebenslangem Lernen. Der Schatz der Erfahrung der Älteren ist immer größer als die eigene Erfahrung. So lernt man vor allem aus der Tradition.	Es wird offenbart in der Begegnung mit einem Offenbarungsmittler und erschließt sich in der Beziehung zu diesem.
Erziehung zu klugem, selbstverantwortlichem Handeln macht tauglich für die Teilnahme am Leben einer solidarischen Gesellschaft.	Rettendes Wissen setzt eine Grenze gegenüber allen Zugehörigkeiten, die auf Herkunft und / oder traditioneller Bildung beruhen.
Grundsätzlich ist Wissen jedem Men-	Grundsätzlich ist rettendes Wissen ver-

schen zugänglich. Die Weisheit will aber gesucht werden. Sie läßt sich finden und sucht selbst nach denen, die sie lieben.	borgen. Aber nichts ist verborgen außer dazu, daß es offenbar wird dadurch, daß die rettende Weisheit Gottes inmitten der Menschen erscheint.

Wie muß man sein Wissen einsetzen?	
Weisheit bewährt sich in klugem, sozialgerechtem Handeln als konnektive Gerechtigkeit.	In der Krise zwischen der Stiftung des Wissens und dem endgültigen Erscheinen der Wahrheit gilt es, das Wissen zu bewahren und fruchtbar zu machen. Auf der Grundlage rettenden Wissens artikuliert sich ein alternatives Konzept von Klugheit und Torheit sowie von Gerechtigkeit (Barmherzigkeit).

Bibliographie

ASSMANN, Aleida, *Was ist Weisheit?* Wegmarken in einem weiten Feld, in: Assmann, Aleida (Hrsg.), Weisheit. Archäologie der literarischen Kommunikation III, München: Fink 1991, 15–44.

ASSMANN, Aleida / ASSMANN, Jan, *Exkurs: Archäologie der literarischen Kommunikation*, in: Pechlivanos, Miltos / Weitz, Michael (Hrsg.), Einführung in die Literaturwissenschaft, Stuttgart / Weimar: Metzler 1995, 200–206.

ASSMANN, Jan, *Ma´at*. Gerechtigkeit und Unsterblichkeit im Alten Ägypten, München: Beck 1999.

BEDENBENDER, Andreas, *Als Mose und Henoch zusammenfanden*. Die Entstehung der frühjüdischen Apokalyptik in Reaktion auf die Religionsverfolgung unter Antiochus IV. Epiphanes, in: Lichtenberger, Hermann / Oegema, Gerbern S. (Hrsg.), Jüdische Schriften in ihrem antik-jüdischen und urchristlichen Kontext (JSHRZ.Studien 1), Gütersloh: Gütersloher Verlagshaus 2002, 182–203.

BENNEMA, Cornelis, *The Power of Saving Wisdom.* An Investigation of Spirit and Wisdom in Relation to the Soteriology of the Fourth Gospel (WUNT II, 148), Tübingen: Mohr 2002.

BULTMANN, Rudolf, *Die Geschichte der synoptischen Tradition* (FRLANT 29), Göttingen: Vandenhoeck & Ruprecht [8]1970.

CHRIST, Felix, *Jesus Sophia.* Die Sophia-Christologie bei den Synoptikern (AthANT 57), Zürich: Zwingli 1970.

COLLINS, J. John, *The Jewish Apocalypses*, in: Ders. (Hrsg.), Apocalypse. The Morphology of a Genre (Semeia 14), Missoula: Scholars Pr. 1979, 21–59.

EBNER, Martin, *Jesus – ein Weisheitslehrer?* Synoptische Weisheitslogien im Traditionsprozeß (HBS 15), Freiburg u. a.: Herder 1998.

ERLEMANN, Kurt, *Naherwartung und Parusieverzögerung im Neuen Testament.* Ein Beitrag zur Frage religiöser Zeiterfahrung (TANZ 17), Tübingen / Basel: Francke 1995.

ERLEMANN, Kurt, *Endzeiterwartungen im frühen Christentum* (UTB 1937), Tübingen / Basel: Francke 1996.

ERLEMANN, Kurt, *Gleichnisauslegung.* Ein Lehr- und Arbeitsbuch (UTB 2093), Tübingen / Basel: Francke 1999.

HAUSMANN, Jutta, *Studien zum Menschenbild der älteren Weisheit (Spr 10ff.)* (FAT 7), Tübingen: Mohr 1995.

HAUSMANN, Jutta, *»Weisheit« im Kontext alttestamentlicher Theologie.* Stand und Perspektiven gegenwärtiger Forschung, in: Janowski, Bernd (Hrsg.), Weisheit außerhalb der kanonischen Weisheitsschriften (Veröffentlichungen der Wissenschaftlichen Gesellschaft für Theologie 10), Gütersloh: Gütersloher Verlagshaus 1996, 9–19.

HENGEL, Martin, *Judentum und Hellenismus.* Studien zu ihrer Begegnung unter besonderer Berücksichtigung Palästinas bis zur Mitte des 2. Jh.s v. Chr. (WUNT 10), Tübingen: Mohr [2]1973.

HUTTER, Manfred, *Religionen in der Umwelt des Alten Testaments I.* Babylonier, Syrer, Perser (Kohlhammer Studienbücher Theologie 4,1), Stuttgart: Kohlhammer 1996.

JANOWSKI, Bernd, *Die Tat kehrt zu ihrem Täter zurück.* Offene Fragen im Umkreis des »Tun-Ergehen-Zusammenhangs«, in: Ders., Die rettende Gerechtigkeit. Beiträge zur Theologie des Alten Testaments 2, Neukirchen-Vluyn: Neukirchener 1999, 167–191; erstveröffentlicht in: ZThK 91 (1994), 247–271.

KLOPPENBORG, John S., *The Formation of Q.* Trajectories in Ancient Wisdom Collections (Studies in Antiquity and Christianity), Philadelphia: Fortress Press [2]1989.

KÜCHLER, Max, *Frühjüdische Weisheitstraditionen.* Zum Fortgang weisheitlichen Denkens im Bereich des frühjüdischen Jahweglaubens (OBO 26), Freiburg (Schweiz): Universitätsverlag / Göttingen: Vandenhoeck & Ruprecht 1979.

LIPS, Hermann v., *Weisheitliche Traditionen im Neuen Testament* (WMANT 64), Neukirchen-Vluyn: Neukirchener Verlag 1990.

LÖNING, Karl, *Das Frühjudentum als religionsgeschichtlicher Kontext des Neuen Testaments*, in: Frankemölle, Hubert (Hrsg.), Lebendige Welt Jesu und des Neuen Testaments. Eine Entdeckungsreise, Freiburg u. a.: Herder 2000, 48–68.181–183.

LÖNING, Karl, *Kultmetaphorik im Neuen Testament*, in: Albertz, Rainer (Hrsg.), Kult, Konflikt und Versöhnung. Beiträge zur kultischen Sühne in religiösen, sozialen und politischen Auseinandersetzungen des antiken Mittelmeerraumes (Veröffentlichungen des AZERKAVO / SFB 493) (AOAT 285), Münster: Ugarit-Verlag 2001, 229–267.

LÖNING, Karl / ZENGER, Erich, *Als Anfang schuf Gott.* Biblische Schöpfungstheologien, Düsseldorf: Patmos 1997.

MARBÖCK, Johannes, *Gottes Weisheit unter uns.* Zur Theologie des Buches Sirach, hrsg. von Irmtraut Fischer (HBS 6), Freiburg u. a.: Herder 1995.

METZ, Johann Baptist: *Gott.* Wider den Mythos von der Ewigkeit der Zeit, in: Peters, Tiemo Rainer / Urban, Claus (Hrsg.), Die Provokation der Rede von Gott. Dokumentation einer Tagung mit Joseph Kardinal Ratzinger, Johann Baptist Metz, Jürgen Moltmann und Eveline Goodman-Than in Ahaus, Mainz: Matthias-Grünewald-Verlag 1999.

PANAINO, Antonio, *Cronologia e storia religiosa nell'Iran zoroastriano*, in: Gabba, E. (Hrsg.), Presentazione e scrittura di storia: storiografia, epigrafi, monumenti: atti del Convegno di Pontignano (aprile 1996) (Bibliotheca di Athenaeum 42), Como 1999, 127–143.

PREUß, Horst D., *Einführung in die alttestamentliche Weisheitsliteratur.* (Urban-Taschenbücher 383), Stuttgart u. a.: Kohlhammer 1987.

RAD, Gerhard v., *Weisheit in Israel*, Neukirchen-Vluyn: Neukirchener Verlag 1970, [2]1982.

SATO, Mikagu, *Q and Prophetie.* Studien zur Gattungs- und Traditionsgeschichte der Quelle Q (WUNT II, 29), Tübingen: Mohr 1988.

SCHIMANOWSKI, Gottfried, *Weisheit und Messias.* Die jüdischen Voraussetzungen der urchristlichen Präexistenzchristologie (WUNT II, 17), Tübingen: Mohr 1985.

SCHMID, Hans Heinrich, *Wesen und Geschichte der Weisheit.* Eine Untersuchung zur altorientalischen und israelitischen Weisheitsliteratur (BZAW 101), Berlin: Töpelmann 1966.

SCHNEIDER, Gerhard, *Imitatio Dei als Motiv der »Ethik Jesu«*, in: Merklein, Helmut (Hrsg.), Neues Testament und Ethik, FS Rudolf Schnackenburg, Freiburg u. a.: Herder 1989, 71–83.

SCHENKE, Hans-Martin, *Die Tendenz der Weisheit zur Gnosis*, in: Aland, Barbara (Hrsg.), Gnosis, FS Hans Jonas, Göttingen: Vandenhoeck & Ruprecht 1978, 351–372.

SCHOEPS, Hans Joachim, *Von der Imitatio Die zur Nachfolge Christi*, in: Ders., Aus frühchristlicher Zeit. Religionsgeschichtliche Untersuchungen, Tübingen: Mohr 1950, 286–301.

SCHWIENHORST-SCHÖNBERGER, Ludger, *Nicht im Menschen gründet das Glück (Koh 2,24).* Kohelet im Spannungsfeld jüdischer Weisheit und hellenistischer Philosophie (HBS 2), Freiburg u. a.: Herder 1994.

SCHWIENHORST-SCHÖNBERGER, Ludger, *Das Buch Ijob*, in: Zenger, Erich u. a., Einleitung in das Alte Testament (Kohlhammer Studienbücher Theologie 1,1), Stuttgart: Kohlhammer [4]2001.

SEVENICH-BAX, Elisabeth, *Israels Konfrontation mit den letzten Boten der Weisheit.* Form, Funktion und Interdependenz der Weisheitselemente in der Logienquelle (MthA 21), Altenberge: Oros 1993.

THEIßEN, Gerd, *Weisheit als Mittel sozialer Abgrenzung und Öffnung.* Beobachtungen zur sozialen Funktion frühjüdischer und urchristlicher Weisheit, in: Assmann, Aleida (Hrsg.), Weisheit. Archäologie der literarischen Kommunikation III, München: Fink 1991, 193–204.

THEIßEN, Gerd / MERZ, Annette, *Der historische Jesus*. Ein Lehrbuch, Göttingen: Vandenhoeck & Ruprecht 1996.

VAN DER HORST, Pieter W., *Antediluvian Knowledge*. Jewish Speculations About Wisdom From Before the Flood in Their Ancient Context, in: Lichtenberger, Hermann / Oegema, Gerbern S. (Hrsg.), Jüdische Schriften in ihrem antik-jüdischen und urchristlichen Kontext (JSHRZ.Studien 1), Gütersloh: Gütersloher Verlagshaus 2002, 163–181.

Ruth Scoralick

Salomos griechische Gewänder

Beobachtungen zur Septuagintafassung des Sprichwörterbuches

1. Ausgangslage und Problemstellung

Im zweiten Jahrhundert vor Christus übersetzte ein gebildeter Jude das hebräische Buch der Sprichwörter Salomos ins Griechische. Wahrscheinlich geschah das in Alexandrien.[1] Die Übersetzung gilt als eine der »freiesten« unter den Septuagintafassungen biblischer Bücher.[2] Sie weist zum Teil umfangreiche Zusätze gegenüber dem masoretischen Text (= MT) auf (z. B. Spr 6,8a–c LXX; 9,18a–d LXX; 24,22a–e) während zugleich einige Textstellen und -passagen des MT keine Entsprechung im Griechischen haben (z. B. Spr 1,16 MT; 4,7 MT; 20,14–19 MT u. a.); sie kennt die Zufügung von Bibelzitaten (z. B. Ps 110,10 LXX in 1,7) ebenso wie das Einflechten griechischer sprichwörtlicher Redewendungen (z. B. [*und er folgte ihr*] …

---

[1] Die Ansetzung im 2. Jh. v. Chr. ist relativ unstrittig. FOX, *Proverbs*, 362, schreibt zur Datierung: »Mid- to late-second century B. C. E. is generally accepted.« Alexandrien als Entstehungsort ist die gängigere Hypothese (siehe so unter Hinweis auf die bisherige Forschung und mit z. T. neuen Gründen die jüngste umfassende Bearbeitung der Septuagintafassung von D.-M. D'HAMONVILLE, *Proverbes*, bes. 21–25.133–141, der die von M. Hengel konstatierte zeitliche Nähe zu Aristobul nun zur Hypothese einer Verfasserschaft desselben ummünzt), auch wenn J. Cook (im Gefolge einer Hypothese von J. Gammie) mit Jerusalem als Entstehungsort rechnet, s. Anm. 7.

[2] CLIFFORD, *Observations,* 52: »The Greek translator renders his *Vorlage* in a free and sometimes paraphrastic style. On the LXX spectrum of free and literal, proverbs is near Isaiah and Job.«

wie ein Hund zur Leine[3] Spr 7,22 LXX) und Anspielungen auf (hellenisti-sches) Bildungsgut (z. B. im Lob der Biene Spr 6,8a–c)[4] und Vorstellun-gen.[5] Ein charakteristisches Merkmal ist die Umstellung ganzer Textblöcke in der griechischen Fassung gegenüber dem MT (näheres s. u.).[6]

Wie in der ganzen Septuagintaforschung, so war auch im Blick auf das Buch der Sprichwörter bis vor einiger Zeit der textkritische Blickwinkel vorherrschend. Der griechische Text wurde daraufhin befragt, ob er text-liche Varianten und evtl. ursprünglichere hebräische Fassungen gegenüber dem MT belegen konnte. Der Ertrag wurde meist als gering beurteilt. Das Interesse an der Septuagintafassung des Textes war daher nicht sehr ausge-prägt. Nur zwei Untersuchungen des 19. Jh. behandeln umfassend das ganze Buch (P. de Lagarde, 1863, und A. J. Baumgartner, 1890). Erst in jüngerer Zeit widmen sich auch Kommentatoren des Sprichwörterbuches wieder ausführlich diesen Fragen (so R. Clifford, M. Fox). Zugleich ist jedoch ein wichtiger Wandel in der Einschätzung der Septuagintatexte eingetreten. Sie werden nicht mehr nur unter Rücksicht ihrer textkritischen Verwertbarkeit gelesen, sondern als Zeugnisse der Interpretation der biblischen Texte in hellenistischer Zeit.[7] Eine so »freie« Übersetzung wie die griechische Fas-

---

[3] Spr 7,22 LXX weist einen für die sprichwörtliche Wendung ungewöhnlichen Plural auf. Die Wendung wird bei Zenobius als sprichwörtlich angeführt: κύων ἐπὶ δεσμά (s. dazu GERLEMAN, *Studies*, 33 und D'HAMONVILLE, *Proverbes*, 104). Der Sinn weist nach d'Hamonville auf Menschen »qui s'abandonnent aux châtiments«.

[4] GERLEMAN, *Studies*, 28–32, findet eine Reminiszenz an Homer (in Spr 30,19 – vgl. Od. XI 11), bezieht die Rede von ἀνδρογύναιον in Spr 19,15 auf Platon und vergleicht Spr 13,10 (»but they that know themselves are wise«) mit der Inschrift aus Delphi. Gegenüber diesen z. T. wenig überzeugenden Parallelen ist der Rückbezug der Rede von der Biene in Spr 6,8a–c auf Aristoteles Naturgeschichte 622B, 627A allgemein anerkannt.

[5] Siehe z. B. die Umdeutung von »rechts« und »links« im Sinne von gut (rechts) und böse (links) im LXX-Zusatz zu Spr 4,27 (4,27a–b LXX). Die Verbindung entspricht in diesem Kontext griechischem Denken, nicht biblischem (vgl. FOX, *Proverbs*, 387f. Fox hält 4,27a und b für spätere Schreiberergänzungen zur Deutung von V. 27 (MT).

[6] Ausführliche Listen der Zusätze und Auslassungen, lexikalischen Besonderheiten und Anspielungen geben BAUMGARTNER, *Étude*; GERLEMAN, *Studies* und D'HAMONVILLE, *Proverbes*. Der Vergleich der Listen zeigt, wie schwierig teilweise die Einschätzungen sind.

[7] Zur Forschungsgeschichte s. ausführlich COOK, *Septuagint*, 3–12. Cook selbst behan-delt – trotz des verheißungsvollen Titels seiner Studie – nur die Kapitel Spr 1–2; 6; 8–9 und Teile von Spr 31. Er plädiert für eine Entstehung der Schrift in konservativ-jüdischen Kreisen in Jerusalem, die trotz der stilistischen Anpassung an hellenistische

sung des Sprichwörterbuches, die zudem den Text in weiten Teilen anders
anordnet als der masoretische Text, könnte einen Einblick in gewandelte
Auffassungen von Weisheit bieten oder zumindest neue Akzentsetzungen
gegenüber dem hebräischen Text erkennen lassen. Der jüngst erschienene
Band der Bible d'Alexandrie zu den Proverbien von D.-M. d'Hamonville ist
seit den genannten Untersuchungen des 19. Jh. die erste umfassende Analyse des Textes und zugleich ein wichtiger Schritt in die genannte Richtung,
die Schrift als eigenständiges Weisheitsbuch zu lesen, unbeschadet der Tatsache, daß es sich deutlich zugleich auch um eine Übersetzung handelt.
Auch nach dieser Untersuchung steht die Forschung jedoch immer noch am
Anfang, die Aufgaben sind noch sehr vielfältig und umfangreich.

Im Kontext des vorliegenden Bandes legen sich einige spannende Fragen an
die Septuagintafassung des Sprichwörterbuches nahe. Das zweite Jahrhundert v. Chr. war für das Judentum eine höchst literaturproduktive Zeit. Die
Zeugnisse weisen darauf hin, daß die Begegnung mit hellenistischer Kultur
gerade auf dem Feld der Weisheitsliteratur ausgesprochen vielfältig und
kreativ war, sowohl in Palästina als auch in der Diaspora. Das Buch Jesus
Sirach beispielsweise (verfaßt ca. 175 v. Chr. in Jerusalem, 135 v. Chr. in
Alexandrien vom Enkel des Autors ins Griechische übersetzt, s. Prolog) ist
ein Zeugnis der produktiven Aufnahme zentraler hellenistischer Konzepte.
In ihm wird die schon aus dem Buch der Sprichwörter bekannte personifizierte Weisheit identifiziert mit der Tora, dem Israel von Gott gegebenen
Gesetz. So kann die für hellenistische Kultur zentrale Kategorie der Bildung
und Erziehung für jüdische Identitätssicherung nutzbar gemacht werden.
Ein Prozeß der Umprägung der Weisheit zu einem hermeneutischen Konzept, mit dessen Hilfe die eigene schriftliche Tradition interpretiert wird,
setzt ein, nicht zuletzt angestoßen durch hellenistische Konzeptionen von
Bildung und Weisheit.[8]

Lassen sich in der Übersetzung des Sprichwörterbuches aus dem 2. Jh.
v. Chr. Spuren vergleichbarer Vorgänge finden? In welcher Weise wird das
über lange Zeit gewachsene hebräische Buch der Sprichwörter in den Horizont griechischer bzw. hellenistischer Sprache und Kultur gestellt? Unter-

---

Standards doch inhaltlich der hellenistischen Kultur ablehnend gegenübergestanden
hätten.

[8] Dazu s. SHEPPARD, *Wisdom*. Zum Modell der sogenannten Tora-Weisheit und dem
zweiten, der apokalyptischen Weisheit, s. KÜCHLER, *Weisheitstraditionen*, 33–88.

streicht der Übersetzer die wenigen Elemente, die einen Bezug zu Israel herstellen? Oder verstärkt er den »internationalen« Charakter der Weisheit, wie sie das hebräische Sprichwörterbuch präsentiert? Wird Weisheit mit der Tora, dem »Gesetz« in Beziehung gesetzt? Oder beschränkt sich der Übersetzer darauf, die Weisheit des hebräischen Sprichwörterbuches in moderne griechische Gewänder zu kleiden?

Die Ergebnisse bisheriger Untersuchungen mahnen zur Vorsicht und zur Geduld bei der Antwort auf solche Fragen.[9] Offenbar stehen der Nachzeichnung großer Linien der inhaltlichen Akzentuierung durch die Übersetzung erhebliche Schwierigkeiten entgegen. Der Befund ist nicht leicht zu erfassen und bleibt nicht selten mehrdeutig. So spannend und drängend die Fragen daher auch sein mögen, so sehr ist ihre Aufklärung zunächst auf eine sorgfältige Detailarbeit angewiesen. Schritte auf diesem Weg sollen in der vorliegenden Studie gegangen werden.

Die Analyse des Septuagintatextes des Sprichwörterbuches in seinem Verhältnis zum hebräischen Text stößt auf drei prinzipielle Schwierigkeiten. Erstens legt sich für viele Exegeten die Vermutung nahe, daß der griechischen Übersetzung eine vom MT verschiedene Fassung eines hebräischen Sprichwörterbuches zugrundelag.[10] Über das Ausmaß der Abweichungen innerhalb der hebräischen Texttradition gehen die Meinungen auseinander. Jede Auswertung des Verhältnisses von LXX zu MT, um inhaltliche Akzentsetzungen zu ermitteln, muß sich selbstverständlich mit dieser Hypothese und ihren Gründen auseinandersetzen. Selbst bei einer Entscheidung für die Hypothese, daß der Septuagintafassung ein weitgehend mit der masoretischen Fassung übereinstimmender Text zugrundelag, werden in Einzelfällen immer wieder die Möglichkeiten textlicher Abweichung der Vorlage zu berücksichtigen sein. Zunächst stellt sich die Frage jedoch im Blick auf die abweichende Anordnung und spezifische Sachverhalte besonders in Spr 15f. Gab es dafür eine eigene hebräische Vorlage? Die Analyse von Spr 15f. soll

---

[9] Vgl. die bisherige Kontroverse über das Ausmaß griechisch-philosophischen Einflusses bzw. der Nähe zu jüdischen Traditionen (bes. bei G. Gerleman, J. Cook). Nicht zuletzt spielen dabei auch Definitionsfragen eine Rolle, so daß gegensätzlich formulierte Ansätze manchmal nicht so weit auseinanderliegen, wie es scheint.

[10] Diese Auffassung vertritt E. Tov in seinem einflußreichen Handbuch (Tov, *Criticism*, 337), basierend auf Tov, *Differences*. Auf ihn verweist zustimmend FOX, *Proverbs*, 364. CLIFFORD, *Proverbs*, 28 meint: »Evidently, a different Hebrew recension of Proverbs was the basis for the Greek translation of the second century B. C. E. ...«

die Diskussion voranbringen. Dabei ergeben sich zugleich wichtige Einblik-
ke in Vorgehensweise und Akzente der griechischen Fassung im Verhältnis
zur hebräischen (MT) Fassung.

Eine zweite Schwierigkeit der Interpretation erwächst aus Beobachtungen,
die darauf hindeuten, daß der uns vorliegende Septuagintatext nicht aus
einem Guß ist, sondern Spuren späterer Bearbeitungen, sogenannter Rezensionen, aufweist. Als deutliches Zeugnis dieser Textgeschichte des griechischen Textes gelten die sogenannten Doppelübersetzungen von Wörtern,
Phrasen, Stichen oder auch Versen, bei denen verschiedentlich eine der
Fassungen eine größere Nähe zum MT aufweist. Nach einer Faustregel von
P. de Lagarde gilt dabei die freiere Übersetzung als die ältere, die jüngere
stellt demgegenüber den Versuch der Angleichung oder Annäherung an den
MT dar. Im einzelnen ist dieses Phänomen strittig und bedarf erneuter
gründlicher Untersuchung.[11] Vielleicht wurde bislang der Umfang der Bear-
beitungstätigkeit(en) überschätzt, die Untersuchung von d'Hamonville deutet in diese Richtung. Welche Bedeutung die Frage nach der Textgeschichte
des griechischen Textes für die Gesamteinschätzung hat, läßt sich an dem
LXX-Zusatz (ohne MT-Vorbild) in Spr 9,10a verdeutlichen. τὸ γὰρ γνῶναι
νόμον διανοίας ἐστὶν ἀγαθῆς – »denn das Gesetz zu erkennen ist gute Einsicht«.[12] Für J. Cook spricht an dieser Stelle der Übersetzer einen Grundsatz
aus[13] – für D.-M. d'Hamonville in der Bible d'Alexandrie handelt es sich
um einen späten, inhaltlich und sprachlich isolierten Zusatz eines Rezensen-
ten.[14] In jedem Fall wird dabei an strukturell gewichtiger Stelle eine Verhältnisbestimmung von Weisheit und Gesetz / Tora ohne Vorlage im MT
eingefügt, die eine enge Beziehung beider Größen annimmt.[15] So unbefrie-
digend es ist, so möchte ich die Frage nach der Wertigkeit dieses Septuagin-
ta-Zusatzes hier doch offen lassen.

---

[11] So meint schon COOK, *Septuagint*, 13–16, s. dazu jetzt sehr kritisch auch
D'HAMONVILLE, *Proverbes*, 22.

[12] Der Zusatz folgt auf einen der herausgehobenen Sprüche zum Verhältnis von Gottesfurcht und Weisheit, trägt also einen starken Akzent, könnte jedoch gut eine spätere
Zufügung sein. Er ist auch in Spr 13,15 zu finden.

[13] COOK, *Septuagint*, 261–265.291f. und besonders 330.

[14] Schon TOY, *Commentary*, 196, hielt ihn für die Glosse eines »legalistic scribe«; FOX,
Proverbs, 418, bleibt unentschieden; D'HAMONVILLE, *Proverbes*, 214, meint: »il (le
stique, R. S.) ne semble pas en place ici et pourrait être attribué à un scribe ‚legaliste'.«
Ausführlicher schreibt er dazu S. 53f.

[15] FOX, *Proverbs*, 418, sieht eine Identifikation von Weisheit mit Torastudium gegeben.

Erschwerend kommt bei all diesen Überlegungen hinzu, daß es noch keine kritische Edition mit umfassender Aufarbeitung der Textüberlieferung des Septuagintatextes zum Sprichwörterbuch gibt. Die vorliegenden Beobachtungen beruhen auf der Ausgabe von Rahlfs als der einstweilen zuverlässigsten, die jedoch besonders im Bereich der Verszählung – und damit gerade auf dem Feld der Zusätze und Auslassungen – zu keiner sinnvollen Lösung gekommen ist, sondern in einigen Fällen (gerade auch im Bereich von Spr 15f. LXX) für erhebliche Verwirrung sorgt. In jedem Fall verbietet jedoch die komplexe Sachlage im Blick auf die Entstehungsgeschichte des Septuagintatextes allzu einfache Lösungen, wie die offene Diskussion um das genannte Beispiel Spr 9,10 LXX zeigen kann.

Eine dritte Schwierigkeit der Untersuchungen liegt in der Natur des hebräischen Textes begründet. Die Bedeutung der Einzelsprüche der Sammlungen im Korpus des Buches (Spr 10 – 29 MT) war nicht nur dem griechischen Übersetzer verschiedentlich unklar, sie ist es auch für uns heute hie und da. Es gehört zu den Eigenarten der Sprichwörterseptuaginta, daß bei manchen Sprüchen relativ freie Neuprägungen mit nur geringem – aber meist doch vorhandenem – Anhalt am Wort oder auch nur Konsonantenbestand des hebräischen Textes vorliegen, während in anderen (allerdings seltenen) Fällen nahezu Wort-für-Wort-Wiedergabe in schwer verständlichem Griechisch erfolgt. In der Konsequenz heißt das, daß in jedem einzelnen Fall abzuwägen ist, ob mit einer (geringfügig) abweichenden hebräischen Textvorlage zu rechnen ist (z. B. in Spr 14,32),[16] ob ein Mißverständnis des Hebräischen mitspielt (z. B. in Spr 13,17),[17] ob Änderungen aus stilistischen Gründen erfolgten (z. B. Umprägung zu einem antithetischen Spruch wie in Spr 13,14)[18] oder inhaltliche Akzentsetzungen mitspielen. Darüber hinaus ist mit einer bewußten Kompositionstechnik der Septuagintafassung zu rechnen, die auch mit Wiederholungen von Wörtern, Wendungen und gan-

---

[16] Spr 14,32b MT lautet: *Aber der Gerechte birgt sich in seinem Tod* (מותו) – der griechischen Fassung (*wer auf seine eigene Heiligkeit vertraut, ist gerecht*) könnte תומו (*seine Vollkommenheit*) vorgelegen haben.

[17] In Spr 13,17 hat die LXX vielleicht מלאך (*Bote*) als מלך (*König*) mißverstanden.

[18] Spr 13,14 lautet im Hebräischen: *Die Weisung eines Weisen ist ein Lebensquell, um den Fallen des Todes auszuweichen.* Die griechische Fassung ist antithetisch: *Das Gesetz des Weisen ist eine Quelle des Lebens, der Vernunftlose aber wird durch eine Falle sterben.*

zen Stichen arbeitet. Die Abwägung der Möglichkeiten ist verschiedentlich schwierig.

Die folgenden Ausführungen gehen zwei Fragen nach. Zum einen soll die Umordnung ganzer Textblöcke in der LXX gegenüber dem MT im Textbereich nach Spr 24,22 als gezielte Neugestaltung des Buches einsichtig werden, zu deren Einordnung in den Kontext der Begegnung mit hellenistischer Kultur sich Vermutungen anstellen lassen. Zum anderen sollen die erheblichen Abweichungen der beiden Textfassungen im Bereich von Spr 15,27 – 16,10 (MT-Zählung) als kreative Umgestaltung des MT durch die LXX verständlich gemacht werden. Damit entfällt eines der entscheidenden Argumente für die Annahme einer vom MT erheblich abweichenden Vorlage der Septuagintafassung. Zugleich kann diese neue Analyse eines zentralen Buchabschnitts[19] wesentliche Einsichten über die hebräische wie auch die griechische Fassung des Buches liefern. In beiden Fragestellungen wird so vorgegangen, daß sich die beiden Textfassungen gegenseitig beleuchten.

2. Die Textanordnung von MT und LXX im Vergleich

Das hebräische Sprichwörterbuch ist eine Zusammenstellung von ursprünglich teilweise selbständigen Sammlungen, also eine »Sammlung von Sammlungen«. Die Zuschreibung an Salomo in Spr 1,1; 10,1 und 25,1 ist nach allgemeinem Konsens nicht historisch auswertbar, sondern ist auf die Vorstellung von Salomo als dem paradigmatischen Weisen zurückzuführen. Das Buch vereint Texte aus dem 8. Jh. v. Chr. – worauf die Erwähnung der »Männer des Hiskija« in 25,1 hindeutet[20] – bis in die späte Perserzeit, wahrscheinlich sogar darüber hinaus noch in die frühhellenistische Zeit des 4. und 3. Jh. v. Chr.[21]

---

[19] Erste Ansätze dieser Analyse liegen vor in SCORALICK, *Einzelspruch*, 56–62.

[20] Mit älteren Sprüchen – oder älteren Vorformen von Sprüchen – ist zu rechnen, doch wird eine Identifizierung kaum gelingen.

[21] Immer wieder einmal wird in der Forschungsgeschichte erwogen und vorgeschlagen, die Personifizierung der Weisheit in Spr 8 in einen schon (früh)hellenistischen Zusammenhang zu setzen: KÜCHLER, *Weisheitstraditionen*, 36 (um 300 v. Chr.); FOX, *Proverbs*, 6 (»Some parts of Prov 1 – 9, especially chapter 8, seem to me to be a response to Greek philosophy ...«). Mit einer Endredaktion, die nach der Septuagintafassung des

Sieben Überschriften im Text des hebräischen Sprichwörterbuches stützen den Gedanken der Sammlung von Sammlungen.[22] Für den Vergleich mit der Septuagintafassung sind zwei Beobachtungen von Interesse. Das hebräische Sprichwörterbuch lädt in seiner Endgestalt dazu ein, über die Phänomene der Andersheit, der Fremdheit und der Vertrautheit nachzudenken. So werden einerseits erstaunlich problemlos Autoren sowie eine Autorin nicht-israelitischer Herkunft mit ihren Lehren präsentiert: Agur in Spr 30,1 stammt vermutlich aus Nordarabien, ebenso wie Lemuel, der König von Massa in Spr 31,1, wobei in 31,1–9 dann nicht seine eigenen Worte folgen, sondern die Lehre einer Frau, seiner Mutter nämlich. Man spricht in diesen Zusammenhängen gern vom internationalen Charakter der (altorientalischen) Weisheit.

Andererseits wird Fremdheit in der Gestalt der negativ gewerteten fremden und verführenden Frau in Spr 1 – 9 (אשה זרה, s. Spr 2,16; 5,3 u. a.) problematisiert und der Umgang mit ihr als direkter Weg zum Tod dargestellt. Die »Fremdheit« dieser negativ gezeichneten Frauengestalt schillert in ganz verschiedenen Farben und läßt sich nicht leicht erfassen.[23] In den Kapiteln 1 – 9 werden zwei Gruppen von Frauengestalten präsentiert. Zwischen den Gruppen herrscht ein perfekter Gegensatz, die einen (Ehefrau, Mutter, personifizierte Weisheit) bringen Leben und Glück, die anderen (fremde Frau, Frau eines anderen, Frau Torheit) Tod. In einer subtilen Reflexion auf Sein und Schein sowie das Thema Verführung werden die Gruppen jedoch auch mit parallelen Zügen ausgestaltet, so daß sie schlimmstenfalls verwechselbar werden. Das Spiel von Ähnlichkeit und Gegensatz gipfelt in der Gegenüberstellung der personifizierten Weisheit mit Frau Torheit in Spr 9, die teilweise mit identischen Worten jeweils zu sich einladen.[24]

In Verbindung damit läßt sich die große Bedeutung von Frauengestalten im Buchganzen auch auf einer strukturellen Ebene konstatieren. Frauengestalten rahmen die Einzelspruchsammlungen des Textkorpus Spr 10 – 29. Als

---

Buches stattfand, rechnen LELIÈVRE und MAILLOT, *Commentaire*, 22f.182f. (»à basse époque [par exemple aux abords de notre ère] ...«) und D´HAMONVILLE, *Proverbes*, 45f.

[22] Die Zahl sieben dürfte eine bewußte Stilisierung sein. Im neunten Kapitel des Buches baut die personifizierte Weisheit selbst ein Haus, in das sie einlädt. Dieses Haus hat sieben Säulen – somit bilden wahrscheinlich die sieben Überschriften die sieben Säulen des Hauses der Weisheit.

[23] Vgl. die Versuche von BOSTRÖM, *Proverbiastudien*, und MAIER, *Frau*.

[24] Siehe CAMP, *Wisdom*, und besonders die Beobachtungen von ALETTI, *Séduction*.

erste Indizien kann man auf Frau Weisheit (mit ihren Dienerinnen, Spr 9,3),
die fremde Frau sowie Frau Torheit in Spr 1 – 9 verweisen, im Gegenüber
zur lehrenden Königsmutter, die vor Frauen warnt (Spr 31,1–9), und der
»fähigen« Frau (mit ihren Dienerinnen Spr 31,15) in Spr 31,10–31. Sprachliche Wiederaufnahmen von Formulierungen über die Weisheit (aus Spr 1 –
9) in dem Gedicht auf die fähige Frau in 31,10–31 unterstreichen den Zusammenhang.[25] In jedem Fall handelt es sich jedoch um ein Gestaltungsprinzip, das bei Überlegungen zur Textfolge im Buchganzen der hebräischen Fassung zu berücksichtigen ist. Bleiben die Vielfalt der (auch) nicht-
israelitischen Stimmen und der Rahmen aus Frauengestalten in der griechischen Fassung des Buches erhalten?

In der Septuaginta sind nach Kapitel 24,22 zunächst einmal ganze Textblök-
ke umgeordnet. Das gilt immer schon als auffälligste Eigenheit der griechischen Fassung. *Tafel 1* gibt einen graphischen Überblick über die Textfolge
in der Septuaginta sowie die Umgestaltung der Überschriften des hebräischen Textes in der griechischen Fassung. Die großen Blöcke der Einzelspruchsammlungen sind grau unterlegt.

Die veränderte Folge im griechischen Text könnte auf einer von der masoretischen Fassung abweichenden hebräischen Vorlage beruhen oder das Ergebnis eines bewußten Umbaus der Buchgestalt des MT durch den Übersetzer sein.[26] Die Hypothese einer bewußten Umgestaltung möchte ich durch
Beobachtungen untermauern.

---

[25] Vgl. Spr 31,10b und 3,15; 8,11. Zugleich ist 31,1–9 gut mit 31,10ff. verbunden: V. 3
לנשים חיל – V. 10 אשת־חיל als Kontrastbild; עני ואביון V. 9 und V. 20; פתח־פיך
V. 8f. – פיה פתחה V. 26.

[26] Die Hypothese, sowohl die hebräische als auch die griechische Fassung des Sprichwörterbuches hätten unabhängig voneinander auf ganz genau dieselben noch getrennt
umlaufenden Einzelsammlungen von Sprüchen (und zufällig beide nur auf dieselben,
keine anderen) zurückgegriffen und sie nur jeweils verschieden angeordnet, ist höchst
unplausibel.

Tafel 1:

**Vergleich der Textfolge und der Überschriften von
Spr MT und Spr LXX**

LXX-Folge (Zählung nach MT)	LXX-Überschriften	MT-Überschriften (in LXX-Folge)	
1 – 9	*Sprüche Salomons, des Sohnes Davids, der König war in Israel*	*Sprüche Salomos, des Sohnes Davids, des Königs von Israel*	⎫
10,1 – 22,16		*Sprüche Salomos*	Folge
22,17 – 24,22	*Den Worten von Weisen nähere dein Ohr und höre <u>meine</u> Rede ...*	*... Worte von Weisen*	⎬ wie MT
30,1–14	*<u>Meine</u> Worte, Sohn, fürchte ...*	*Die Worte Agurs, des Sohnes von Jake, aus Massa*	⎭
24,23–34	*Dies aber rate <u>ich</u> euch, den Weisen, zu erkennen ...*	*Auch diese sind von Weisen*	
30,15–33		[Zahlensprüche]	
31,1–9	*<u>Meine</u> Worte sind von Gott mitgeteilt, Ausspruch eines Königs, den seine Mutter unterwies*	*Worte für Lemuel, den König von Massa, mit denen ihn seine Mutter belehrte*	
25 – 29	*Dies sind die Anweisungen Salomons, die vermischten(?), welche die Freunde Ezechias, des Königs von Judäa, niedergeschrieben haben*	*Auch dies sind Sprüche Salomos, die die Männer Hiskijas, des Königs von Juda, zusammengetragen(?) haben*	
31,10–31		[Lob der fähigen Frau]	

Das erste auffällige Phänomen bei der Betrachtung der Textfolge und der Gestaltung der Überschriften im Griechischen ist die Zuordnung des ganzen Buches zu Salomo als alleinigem Autor. Die Überschriften des Buches werden nach diesem Prinzip umgeformt.[27] Die anderen Eigennamen der hebräischen Fassung (außer David in 1,1) entfallen: Agur, Sohn des Jake (Spr 30,1), und Lemuel, König von Massa (Spr 31,1), fehlen in der Septuaginta. Dafür tritt im Bereich zwischen den beiden Einzelspruchsammlungen (Spr 10,1 – 22,26 und 25 – 29) ein Ich als Sprecher auf, das an einigen der Stellen keine Entsprechung im Hebräischen hat (Spr 22,17 LXX – noch mit Entsprechung; 30,1 LXX ohne; 31,1 LXX ohne).[28] Am auffälligsten ist die Umgestaltung im Fall von Spr 24,23. Dem hebräischen *Auch diese sind von Weisen ...* entspricht im Griechischen: *Dies aber rate ich (!) euch, den Weisen ...* Die Weisen sind nicht mehr Autoren, sondern Adressaten. Das sprechende Ich dieser Texte muß nach der Logik des Textverlaufs mit Salomo aus Spr 1,1 identifiziert werden. Der Ausfall der Zwischenüberschrift des hebräischen Textes in Spr 10,1 (*Sprüche Salomos*, MT) unterstreicht die Geltung von Spr 1,1 (*Sprüche Salomo[n]s*, MT und LXX) für das ganze Buch. Salomo ist also das textweltliche Zurechnungssubjekt dieser Weisheit.

Eine leichte Unsicherheit kann dabei im Bereich von Spr 31,1f. LXX entstehen. Die Überschrift in Spr 31,1 läßt Salomo als Sprechenden erwarten (*Meine Worte sind von Gott mitgeteilt; Ausspruch eines Königs, den seine Mutter unterwies*). Spr 31,2 könnte jedoch – wie im Hebräischen – als Rede der Mutter verstanden werden (*Was, Kind, bewahrst du? Was? Die Reden Gottes! Erstgeborener, ich sage dir, Sohn: Was? Kind meines Leibes, Was? Kind meiner Gebete?*)[29] Auf die Einheit Spr 31,1–9 folgt in der LXX die

---

[27] So meint auch FOX, *Proverbs*, 56f.

[28] Nach d'Hamonville entsteht so im Bereich der Septuagintafassung zwischen den beiden großen Einzelspruchsammlungen 10,1 – 22,16 und 25 – 29 ein zu Spr 1 – 9 analog gestalteter Teil. Damit würde die griechische Fassung eine zweimalige Folge von Lehrreden (vermischt mit anderen Kleintexten) eines Ich mit Anrede an einen Schüler und einer Einzelspruchsammlung bieten, abgeschlossen dann noch durch 31,10–31 (D'HAMONVILLE, *Proverbes*, 30–41).

[29] Der hebräische Text von V. 2 lautet: *Was, mein Sohn, und was, meines Leibes Sohn, und was, Sohn meiner Gelübde?* Zu ergänzen ist entweder: sollst du tun, oder: soll ich dir sagen. Für D'HAMONVILLE, *Proverbes*, 308f., wirkt Spr 31,2 LXX »comme la mise en scène de la *paideía* maternelle«. Er geht also davon aus, daß die Mutter Salomos, Batscheba, spricht. Zugleich spricht d'Hamonville jedoch auch von Salomo als »seul

Einzelspruchsammlung 25 – 29. In ihrer Überschrift wird Salomo zum zweiten Mal nach Spr 1,1 LXX als Urheber der Texte genannt (*Dies sind ... Anweisungen Salomos* Spr 25,1 LXX). Hat die Unsicherheit über den Sprecher in 31,1–9 etwas mit der Stellung direkt vor der erneuten Namensnennung zu tun? Das erscheint plausibel. Gleichzeitig verbindet auch die Kombination der Lexeme θεός, λόγος [30] und βασιλεύς Spr 31,1 mit dem in der griechischen Textfolge anschließenden Textblock Spr 25,(1)2 (25,2 δόξα θεοῦ κρύπτει λόγον δόξα δὲ βασιλέως τιμᾷ πράγματα).

Die Stichwortverbindung mit θεός kann unsere Aufmerksamkeit auf ein anderes Phänomen lenken. Im hebräischen Text ist in Spr 31,1–9 überhaupt keine Rede von Gott,[31] in der LXX-Fassung gibt es einen Rahmen, in dem die Lexeme λόγος und θεός kombiniert sind (Spr 31,1 οἱ ἐμοὶ λόγοι εἴρηνται ὑπὸ θεοῦ ... – *meine Worte sind von Gott gesprochen*, und 31,8 ἄνοιγε σὸν στόμα λόγῳ θεοῦ ... – *öffne deinen Mund für das Wort Gottes*), sowie die stark betonte Formulierung ῥήσεις θεοῦ in 31,2. Gibt es in der Septuagintafassung Indizien dafür, daß Salomos Weisheit theologisch interpretiert wird, daß beispielsweise eine Beziehung zu Worten Gottes entsteht oder ihre Gottgegebenheit betont ist?

Im Fall von Spr 31,1–9 spricht einiges dafür, daß der Übersetzer in Spr 31,1 wie auch in V. 8 im Hebräischen Wortbildungen mit אל (*Gott*) gelesen hat, wo im MT (wahrscheinlich) einmal ein Eigenname »Lemuel« erwähnt ist und im zweiten Fall deutlich vom Stummen (לאלם *für den Stummen*) die Rede ist (*Öffne deinen Mund für den Stummen ...* Spr 31,8a MT – *öffne deinen Mund für das Wort Gottes* LXX). So erhält der kleine Text im Griechischen eine theologische Dimension, die er so ausdrücklich im Hebräischen nicht hat. Werden dabei zusammenfassend die Worte Salomos, wie sie in 22,17 – 24,22; 30,1–14; 24,23–34 und 30,15–33, also im direkt vorangehenden Text gesammelt sind (vgl. Spr 2,17; 30,1 LXX) theologisch reflektiert in Beziehung zu Worten Gottes gesetzt? Oder ringt der Übersetzer vor allen Dingen mit einem ihm nahezu unverständlichen Text? Auf ein aktives Interesse der griechischen Fassung an einer theologischen Dimen-

---

auteur ... du début à la fin du livre« (ebd. 34). FOX, *Proverbs*, 57, geht auch hier von Salomo als sprechendem Subjekt aus (vgl. im Titel Spr 31,1 »Ausspruch des Königs«).

[30] θεός, λόγος s. auch in Spr 31,8. λόγος (Spr 31,1) stellt auch eine Stichwortverbindung zum vorangehenden Spr 30,33 LXX her.

[31] Zu den Stichwortverbindungen von Spr 31,1–9 MT zu 31,10–31 s. o. Anm. 25.

sion deutet der zweite Vers, Spr 31,2 LXX hin: τί τέκνον τηρήσεις τί ῥήσεις ϑεοῦ – *Was, Kind, bewahrst du? Was? Reden Gottes.* Die »Reden Gottes« haben keinen Anhaltspunkt im hebräischen Text. Die Zeile versucht vielleicht, das lautmalerische Element des hebräisch-aramäischen Textes in Spr 31,2[32] nachzubilden: τί ... τηρήσεις – τί ῥήσεις. Doch die Einführung der »Reden Gottes« ist eine eigene Leistung der griechischen Fassung. Der theologische Bezug von Spr 31,1–9 LXX wurde vom Übersetzer nicht nur (aufgrund eines möglichen Mißverständnis des Hebräischen) in Kauf genommen, sondern positiv mitgestaltet.

Zwei weitere Stellen unterstützen diese Auffassung. In Spr 30,3 sagt im hebräischen Text der Sprecher Agur, daß er die Weisheit nicht gelernt hat (ולא למדתי חכמה) – der Salomo der griechischen Fassung hingegen sagt an der gleichen Stelle, daß Gott ihn Weisheit gelehrt habe (ϑεὸς δεδίδαχέν με σοφίαν). Auch hier wieder läßt sich fragen, welchen Anteil die sprachliche Schwierigkeit des hebräischen Verses hat.[33] Hier könnten die narrativen Texte über den König Salomo in die Übersetzung hineingewirkt haben. Besteht darüber hinaus ein Interesse an Verbindungen zwischen den Weisheitsworten und Gott, das gegenüber dem hebräischen Text neu und spezifisch ist? In eine solche Richtung deutet die Umprägung von Spr 22,17–21 in der Septuaginta. Die Rede von den Worten der Weisen (und der Wahrheit, V. 21) sowie des Sprecher-Ichs bildet den Rahmen für eine theologische Zweckbestimmung, deren Formulierung vom hebräischen abweicht. Spr 22,19 LXX lautet: *damit deine Hoffnung auf dem Herrn sei und er dich seinen Weg wissen lasse.* Im Hebräischen heißt es: *damit dein Vertrauen auf JHWH sei, habe ich dich heute wissen lassen, sogar dich.* Auch an dieser Stelle ist der hebräische Text nicht völlig klar, Emendationen nach der LXX werden verschiedentlich – so auch im Apparat der BHS – vorgeschlagen. Der bisher vorherrschende textkritische Blickwinkel hat verhindert, daß diese Sprüche auf eine ihnen zugrundeliegende Tendenz befragt wurden. Eine Antwort ist trotzdem nur mit großer Vorsicht zu geben. Es gibt ein theologisches Interesse der Septuagintafassung des

---

[32] Spr 31,2 MT: ‏סה־ברי וסה־בר־בטני וסה בר־נדרי.

[33] Spr 30,3b ist eine positiv formulierte Aussage, die in Kombination mit V. 3a Probleme schafft. *Und nicht habe ich gelernt Weisheit, und / aber Wissen über Heiliges habe ich erkannt* – wäre eine mögliche, aber vom Sinn her schwierige Übersetzung. Vgl. im Einzelnen CRENSHAW, *Symbols*, 55f. und die Kommentare zur Stelle.

Sprichwörterbuches, das größer ist – oder zumindest expliziter – als dasjenige der hebräischen Fassung.[34]

Mit der Zuschreibung einzig an Salomo verändert das Buch seinen Charakter. Es ist nicht mehr eine Sammlung von Weisheit auch über die Grenzen Israels hinaus, sondern es präsentiert die Weisheit Salomons, »der König war in Israel« (Spr 1,1 LXX). Seine Worte werden in Spr 22,17 LXX parallelisiert mit »Worten von Weisen« einerseits, andererseits stellen die genannten Stellen (Spr 30,3; 31,2) in Anlehnung an die narrative Salomo-Tradition und ihre Nachwirkung einen Bezug zu Gott als dem Geber / Lehrer von Weisheit her. Max Küchler hat in seiner Untersuchung der frühjüdischen Weisheitraditionen neben der Tora-Weisheit und der apokalyptischen Weisheit auch einen »Typ« festgehalten, den er »salomonische Weisheit« nennt.[35] Das argumentative Grundmuster bildet dabei die Überbietung fremder Weisheit und der Rückgriff in die (eigene) Geschichte. Die Verbindung des Buches mit der spezifisch jüdischen Tradition und Vergangenheit wird durch die alleinige Zuschreibung an Salomo unterstrichen. Salomo ist Sprecher und Urheber einer Weisheit, die auch Elemente griechischer Bildung umfaßt. Ein Paradebeispiel dafür ist die Ergänzung des hebräischen Textes über den vorbildlichen Fleiß der Ameise in Spr 6,6–8 durch einen Zusatz im Griechischen, der auf Fleiß und Weisheit der Biene verweist.

---

[34] Das Interesse ist auch statistisch ablesbar: 111mal κύριος stehen 89 Stellen mit JHWH im Hebräischen gegenüber, s. D´HAMONVILLE, *Proverbes*, 123.

[35] KÜCHLER, *Weisheitstraditionen*, 128–139. Der gemeinsame Nenner dabei sei »In Israel, repräsentiert durch eine seiner großen Gestalten Abraham, Mose oder Salomo, ist übergroße Weisheit, zu der sich alle fremde Weisheit drängt und an der sie sich als zweitrangige und abgeleitete Weisheit erweist.« (128) Die Bezeichnung verdankt sich einer Analogie zur mosaischen Tora-Weisheit, zur henoch'schen apokalyptischen Weisheit, läßt sich jedoch nicht in gleicher Weise griffig umschreiben. Salomonische Weisheit ist »bei jenen jüdisch-hellenistischen Autoren zu finden, die sich in ihren Schriften ins Gespräch mit der hellenistischen Kultur einließen und diese mit den eigenen kulturellen Traditionen verglichen.« (154) Das Bestreben dabei war, Israel als die »Mutter aller Weisheit« zu erweisen. Ein apologetischer Grundzug (z. T. als Apologie nach innen, zur Ermutigung jüdischer Gruppen) liegt immer wieder vor. Die salomonische Weisheit ist nach Küchler jene Strömung, die »in selbstverständlicher Tradierung die alte Spruch- und Mahnweisheit weitertrug und in die hellenistisch-römische Zeit hinein weiterentwickelte.« (156) Dies zeigt sich auf den Gebieten der weisheitlichen Logientradierung und der Paränese.

Der hebräische Text lautet:

> [6] Geh zur Ameise, Fauler, sieh ihre Wege und werde weise! [7] Sie, die keinen Anführer, Vorgesetzten oder Herrscher hat: [8] Sie richtet im Sommer ihre Nahrung, sie hat zur Erntezeit ihr Futter gesammelt.

In der Septuagintafassung heißt es:

> [6] Geh zur Ameise, oh Fauler, und, ihre Wege sehend konkurriere (mit ihr) und werde weiser als sie! [7] Obwohl sie kein Feld besitzt, auch keinen hat, der sie zwingt, und unter keinem Herrscher ist, [8] sichert sie (doch) im Sommer ihre Nahrung, ja, zur Erntezeit macht sie Vorrat reichlich. [8a] Oder geh zur Biene, und lerne, wie fleißig sie ist, und wie ernst(haft) sie ihre Arbeit tut, [8b] sie, deren Ergebnis ihrer Mühen Könige und Privatleute für ihre Gesundheit zu sich nehmen, sie ist begehrt und geehrt von allen. [8c] Wenn sie auch schwach ist an Kraft, indem sie die Weisheit ehrt, tut sie sich hervor.

Eine hebräische Vorlage für den Zusatz über die Biene ist so gut wie ausgeschlossen, da im hebräischen Sprachbereich und in der palästinischen Lebenswelt die Biene eher negativ besetzt ist, als angriffslustiges Tier,[36] sie wird nicht mit Fleiß oder Nutzen in Zusammenhang gebracht. Positiv bewertet ist die Biene hingegen sowohl in Ägypten als auch in Griechenland. Ameise und Biene werden in der griechischen Literatur explizit im Blick auf Fleiß verbunden und gemeinsam behandelt in einem naturkundlichen Werk des Aristoteles (*Historia animalium* 622B). Dort findet sich auch das Wort ἐργάτις *arbeitsam, fleißig*, das in Spr 6,8 LXX verwendet wird und im Horizont der LXX ein Hapaxlegomenon ist. Mit einem Einfluß des Aristotelischen Werkes ist zu rechnen – ob direkt oder auf Umwegen, ist umstritten, aber auch nicht entscheidend.[37]

Die Texterweiterung in der LXX-Spr läßt also griechische Vorstellungen und Gelehrsamkeit anklingen. Darin zeigt sich das Bemühen, griechisches Bildungsgut in den Text des Sprichwörterbuches einzubauen. Die Biene ist dabei nur ein Beispiel unter anderen. Sowohl vom sprachlichen Niveau her als auch in einigen zusätzlichen, offenbar sprichwörtlichen Redewendungen verwendet der Übersetzer Elemente griechisch-hellenistischer Bildung. Salomo wird in elegante griechische Gewänder gekleidet.

Zusammenfassend läßt sich mit Blick auf die Textfolge der Septuaginta gegenüber dem MT sagen, daß die Systematik der neuformulierten Überschriften auf einen kreativen Umgang mit dem Text des hebräischen

---

[36] Vgl. Dtn 1,44; Ps 118,12; Jes 7,18.

[37] Vgl. FOX, *Proverbs*, 397f. und GIESE, *Strength*.

Sprichwörterbuches, wie er auch uns vorliegt, deutet.[38] Die Bedeutung der Frauengestalten des hebräischen Textes für die Struktur wird dabei nahezu völlig ausgeschaltet.[39] Eine abweichende hebräische Vorlage, die für uns heute in keiner Weise (außer durch die Septuaginta) mehr greifbar wäre, ist demgegenüber die unwahrscheinlichere Annahme. Schon die wenigen Beobachtungen zeigen, daß die Septuagintafassung ein Interesse an der Komposition des Textes aufweist. Die Weisheit des Buches ist an stilistische Bedürfnisse hellenistischer Literatur angepaßt, zugleich jedoch ausschließlich – und gegen den MT – Salomo, dem großen König aus Israels Frühzeit, zugeschrieben.

3. Ein Vergleich von Spr 15,27 – 16,9 MT und LXX

Schon rein rechnerisch liegen die Verse Spr 15,27 – 16,9 im Buch der Sprichwörter relativ zentral. Die Buchmitte wird von den Masoreten in Spr 16,17 angesetzt. In der exegetischen Literatur wird zur Septuagintafassung unseres Abschnitts angemerkt, daß dort die größte Umordnung gegenüber dem MT vorliegt, abgesehen von der Umstellung ganzer Textblöcke in der Buchfolge, die wir bereits betrachtet haben. Dabei gehen bislang alle Autoren davon aus, daß die Umordnung nur Unordnung produziert bzw. nur durch äußere Umstände verursacht ist.[40]

Der Befund ist in diesem Fall nicht leicht zu erheben, da Rahlfs teilweise die Entsprechungen zu hebräischen Versen nicht markiert hat und so eine verwirrende Zählung entstanden ist.[41] In *Tafel 2* sind die Zählweisen nach

---

[38] Vielleicht ist die Zuschreibung des ganzen Buches auch Folge einer Interpretation von Spr 1,1 als Überschrift für das ganze Buch.

[39] Zur Unterordnung der Gestalt der Weisheit in Spr 8 s. KÜCHLER, *Gott*; die signifikante Umgestaltung von Spr 31,28f. zur Abwertung der »fähigen Frau« vermerkt SCHROER, *Weisheit*, 36. Die Umgestaltung der auf Frauen bezogenen Sprüche und die Verstärkung misogyner Ansätze des Hebräischen ist augenfällig und vielleicht die deutlichste Tendenz der griechischen Fassung.

[40] Für TOV, *Differences*, 51f., ist Spr 15f. ein wichtiges Argument, eine andere Vorlage anzunehmen.

[41] So kommt es zu verwirrenden falschen Zahlenangaben in den jüngeren Kommentaren von MURPHY, *Proverbs*, und CLIFFORD, *Proverbs*, jeweils für den Bereich Spr 15,27 – 16,9.

dem MT und nach Rahlfs' Septuaginta nebeneinandergestellt, um einen Überblick zu verschaffen.

In der LXX wird, grob gesprochen, der Anfang des 16. Kapitels mit dem Ende des 15. ineinandergeschoben, zunächst fast wie bei einem Reißverschluß (in der Folge – bei Zählung nach dem MT – 16,6 – 15,28 – 16,7 – 15,29). Einige Sprüche des hebräischen Textes fehlen in der griechischen Fassung: 15,31; 16,1.(2b).3 MT. Dafür gibt es zwei griechische Sprüche ohne hebräische Vorlage: 16,7 LXX und 16,8 LXX.

Die Deutungsversuche von de Lagarde und Baumgartner rechneten mit einer Folge von Schreiberfehlern. Der erste Schreiber vergaß versehentlich den Anfang von Kap. 16, der nächste schrieb ihn an den Rand der Rolle, und der dritte rückte ihn falsch in den Text ein.[42] Nach dieser Hypothese gibt es in der Textanordnung nichts zu interpretieren oder zu verstehen, das Ganze beruht auf Zufall.

Jüngere Erklärungsversuche – etwa von E. Tov,[43] aber auch jüngst von d'Hamonville in der Bible d'Alexandrie – rechnen mit einer vom MT abweichenden hebräischen Vorlage für den Text der LXX. Die Septuaginta würde also einen hebräischen Text wiedergeben, der uns nicht erhalten ist. Für d'Hamonville handelt es sich dabei um ein älteres Stadium des hebräischen Textes. Die Gestaltung einer Buchmitte durch eine Spruchgruppe mit JHWH-Sprüchen (16,1–9) hält er für das Werk eines Endredaktors des hebräischen Textes, der erst nach der Übersetzung der Septuaginta arbeitete.[44] Die Qumrantexte belegen keine von der MT-Anordnung abweichende Textfassung in Spr 15f.[45]

Nach meiner Analyse sind sowohl der hebräische als auch der griechische Text planvoll angeordnet, sind also in diesem Sinne Kompositionen von Sprüchen. Der Septuagintatext weist dabei Gestaltungsprinzipien auf, die nur in der griechischen Fassung des Sprichwörterbuches möglich sind, insofern auf eine kreative Eigenleistung des Übersetzers hindeuten und die Annahme einer nicht überlieferten hebräischen Vorlage unwahrscheinlich machen.

---

[42] S. LAGARDE, *Anmerkungen*, 51; BAUMGARTNER, *Étude*, 150.

[43] TOV, *Differences*; auch CLIFFORD, *Observations*, 55, rechnet in Spr 15f. mit einer vom MT abweichenden Vorlage für LXX.

[44] S. D'HAMONVILLE, *Proverbes*, 45f., s. o. Anm. 21.

[45] Siehe dazu im einzelnen CLIFFORD, *Observations*, 48f.

Tafel 2: **Spr 15,27 – 16,9 LXX**

MT-Zählung	Rahlfs-Zählung	
16,6	27a	ἐλεημοσύναις καὶ πίστεσιν ἀποκαθαίρονται ἁμαρτίαι, τῷ δὲ *φόβῳ* κυρίου ἐκκλίνει πᾶς ἀπὸ κακοῦ.
15,28	28	καρδίαι δικαίων μελετῶσιν πίστεις, στόμα δὲ ἀσεβῶν ἀποκρίνεται κακά.
16,7	28a	δεκταὶ παρὰ κυρίῳ ὁδοὶ ἀνθρώπων δικαίων, διὰ δὲ αὐτῶν καὶ οἱ ἐχθροὶ φίλοι γίνονται.
15,29	29	μακρὰν ἀπέχει ὁ θεὸς ἀπὸ ἀσεβῶν, εὐχαῖς δὲ δικαίων ἐπακούει.
16,8	29a	κρείσσων ὀλίγη λῆμψις μετὰ δικαιοσύνης ἢ πολλὰ γενήματα μετὰ ἀδικίας.
16,9	29b	καρδία ἀνδρὸς λογιζέσθω δίκαια, ἵνα ὑπὸ τοῦ θεοῦ διορθωθῇ τὰ διαβήματα αὐτοῦ.
15,30	30	θεωρῶν ὀφθαλμὸς καλὰ εὐφραίνει καρδίαν, φήμη δὲ ἀγαθὴ πιαίνει ὀστᾶ.
15,32	32	ὃς ἀπωθεῖται παιδείαν, μισεῖ ἑαυτόν· ὁ δὲ τηρῶν ἐλέγχους ἀγαπᾷ ψυχὴν αὐτοῦ.
15,33	33	*φόβος θεοῦ* παιδεία καὶ σοφία, καὶ ἀρχὴ δόξης ἀποκριθήσεται αὐτῇ.
16,2a	2	πάντα τὰ ἔργα τοῦ ταπεινοῦ φανερὰ παρὰ τῷ θεῷ, οἱ δὲ ἀσεβεῖς ἐν ἡμέρᾳ κακῇ ὀλοῦνται.
16,5	5	ἀκάθαρτος παρὰ θεῷ πᾶς ὑψηλοκάρδιος, χειρὶ δὲ χεῖρας ἐμβαλὼν ἀδίκως οὐκ ἀθῳωθήσεται.
	7	ἀρχὴ ὁδοῦ ἀγαθῆς τὸ ποιεῖν τὰ δίκαια, δεκτὰ δὲ παρὰ θεῷ μᾶλλον ἢ θύειν θυσίας.
	8	ὁ ζητῶν τὸν κύριον εὑρήσει γνῶσιν μετὰ δικαιοσύνης, οἱ δὲ ὀρθῶς ζητοῦντες αὐτὸν εὑρήσουσιν εἰρήνην.
16,4	9	πάντα τὰ ἔργα τοῦ κυρίου μετὰ δικαιοσύνης, φυλάσσεται δὲ ὁ ἀσεβὴς εἰς ἡμέραν κακήν.

es fehlen MT 15,31; 16,1.3.

Auch eine Sprichwörterkomposition stellt noch keinen diskursiven Zusammenhang her. Die Prinzipien der Spruchverbindung wirken auf uns heute eher formal und äußerlich, es sind Stichwortverbindungen, Lautanklänge, chiastische Anordnungen u. ä. Wir lernen sozusagen gerade erst, Sprichwortkompositionen zu lesen, die Weise ihrer Textualität zu erfassen. Offenbar wollen die Texte zum Nachdenken führen, mal mehr und mal weniger spielerisch, in einem Hin und Her von Bedeutungen und Bezügen, das eine ganz eigene Faszination hat, wenn man sich darauf einläßt. Sie machen die Facettenhaftigkeit von Wirklichkeit und Wissen zum Gestaltungsprinzip und führen die Vielschichtigkeit von Aussagen und das Nicht-Festgelegt-Sein von Situationen vor Augen, ohne darum jedoch der Beliebigkeit zu verfallen.

3.1 Die hebräische Fassung von Spr 15,28 – 16,9 (MT)

In unserem Textbereich Spr 15,28 – 16,9 MT liegen zwei sorgfältig komponierte Spruchgruppen vor, 15,28–32 und 15,33 – 16,9.[46] Die zweite Spruchgruppe, 15,33 – 16,9, ist immer schon aufgefallen, weil sie bis auf 16,8 in jedem der 10 Sprüche den Gottesnamen JHWH aufweist. Das ist eine ungewöhnlich hohe Zahl von Versen, die über das gleiche Stichwort verbunden sind.

Die vorangehenden Verse 15,28–32 bilden den sorgfältig gestalteten Abschluß einer eigenen kleinen Spruchsammlung in Kapitel 10 – 15.[47] Formal fällt die dreifache Wiederholung der Rede vom »Herzen« auf (לב 15,28.30.32) sowie die vierfache Rede vom Hören (שמע 15,29–32).

---

[46] M. Buber hat in ausgezeichneter Weise die Wortwiederholungen der hebräischen Fassung bewahrt, so daß seine Wiedergabe im folgenden zugrundegelegt wird, um Entsprechungen augenfällig zu machen. M. Buber verwendet für den Gottesnamen das Personalpronomen »Er« etc. Ich habe dafür »JHWH« eingesetzt, um die Parallelität zum Hebräischen deutlicher zu machen.

[47] S. dazu SCORALICK, *Einzelspruch*, 233–237.

Tafel 3

Übersetzung von M. Buber

Spr 15,28 – 16,9 MT

#	Übersetzung von M. Buber	MT
28	Das Herz des Bewährten sinnt, wie zu antworten sei, aber der Mund der Frevler sprudelt das Böse.	לֵב צַדִּיק יֶהְגֶּה לַעֲנוֹת וּפִי רְשָׁעִים יַבִּיעַ רָעוֹת
29	Fern ist JHWH von den Frevlern, aber das Gebet der Bewährten erhört er.	רָחוֹק יְהוָה מֵרְשָׁעִים וּתְפִלַּת צַדִּיקִים יִשְׁמָע
30	Leuchten der Augen erfreut das Herz, was man Gutes zu hören kriegt, erquickt das Gebein.	מְאוֹר־עֵינַיִם יְשַׂמַּח־לֵב שְׁמוּעָה טוֹבָה תְּדַשֶּׁן־עָצֶם
31	Ein Ohr, das auf die Rüge des Lebens hört, im Bereich der Weisen darfs nächtigen.	אֹזֶן שֹׁמַעַת תּוֹכַחַת חַיִּים בְּקֶרֶב חֲכָמִים תָּלִין
32	Wer Zucht fahren läßt, verwirft seine Seele, wer auf die Rüge hört, erwirbt sich ein Herz.	פּוֹרֵעַ מוּסָר מוֹאֵס נַפְשׁוֹ וְשׁוֹמֵעַ תּוֹכַחַת קוֹנֶה לֵּב
33	JHWH fürchten ist Zucht zur Weisheit, voraus geht der Ehre das Hingebeugtsein.	יִרְאַת יְהוָה מוּסַר חָכְמָה וְלִפְנֵי כָבוֹד עֲנָוָה
16,1	Des Menschen sind die Entwürfe des Herzens, aber von JHWH her ist die Antwort der Zunge.	לְאָדָם מַעַרְכֵי־לֵב וּמֵיְהוָה מַעֲנֵה לָשׁוֹן
2	Sind in jemands Augen lauter all seine Wege, der Ermesser der Geister ist JHWH.	כָּל־דַּרְכֵי־אִישׁ זַךְ בְּעֵינָיו וְתֹכֵן רוּחוֹת יְהוָה
3	Wälze JHWH zu deine Taten, und aufgerichtet werden deine Pläne.	גֹּל אֶל־יְהוָה מַעֲשֶׂיךָ וְיִכֹּנוּ מַחְשְׁבֹתֶיךָ
4	Alles Ding wirkt JHWH für dessen Antwortgeben, so auch den Frevler, für den Tag, da es bös wird.	כֹּל פָּעַל יְהוָה לַמַּעֲנֵהוּ וְגַם־רָשָׁע לְיוֹם רָעָה
5	Ein Greuel JHWHs ist jeder hoffärtigen Herzens, Hand zu Hand: er bleibt straffrei nicht.	תּוֹעֲבַת יְהוָה כָּל־גְּבַהּ־לֵב יָד לְיָד לֹא יִנָּקֶה
6	Durch Holdschaft und Treue wird Verfehlung gedeckt, aber durch JHWH Furcht weicht man vom Bösen.	בְּחֶסֶד וֶאֱמֶת יְכֻפַּר עָוֹן וּבְיִרְאַת יְהוָה סוּר מֵרָע
7	Hat JHWH an den Wegen eines Mannes Gefallen, läßt er auch dessen Feinde Frieden schließen mit ihm.	בִּרְצוֹת יְהוָה דַּרְכֵי־אִישׁ גַּם־אוֹיְבָיו יַשְׁלִם אִתּוֹ
8	Besser wenig mit Bewährung, als viele Einkünfte mit Unrecht.	טוֹב־מְעַט בִּצְדָקָה מֵרֹב תְּבוּאוֹת בְּלֹא מִשְׁפָּט
9	Das Herz des Menschen plant seinen Weg, aber JHWH richtet dessen Schritt aus.	לֵב אָדָם יְחַשֵּׁב דַּרְכּוֹ וַיהוָה יָכִין צַעֲדוֹ

Vielleicht spielen diese Elemente (»Herz« + »hören«) auf die Bitte des Königs Salomo um ein »hörendes Herz« an (1 Kön 3,9), die dieser als Voraussetzung des Weisheitsempfangs äußert. Zudem handelt es sich bei der Vorstellung vom hörenden Herzen auch um einen Topos in ägyptischen Weisheitstexten: Das hörende Herz ist Voraussetzung von Weisheitsempfang und zugleich Ausdruck weiser Grundhaltung – eine kleine Spruchkomposition über dieses Thema ist insofern ein würdiger Abschluß einer Sammlung.[48]

Das prägende Thema der Sammlung Spr 10 – 15, die antithetische Gegenüberstellung von *Bewährten / Gerechten* (צדיקים) und *Frevlern* (רשעים), wird in 15,28 und 29 in chiastischer Anordnung der entsprechenden Wörter vorangestellt. Inhaltlich kreisen die Aussagen der Verse 15,28–32 um das Thema »Herz« im Sinn von Personmitte, Zentrum von Entscheidungen und Sitz von Haltungen. Der Grundzug der Spruchgruppe sei hier kurz angedeutet.

Das Herz, der Sinn der Bewährten ist auf die situationsangemessene und richtige Rede gerichtet, also auf Wahrheit in einem umfassenden Sinn (15,28a). Den Bewährten und ihren Bitten ist Gott nahe, sagt der nächste Vers (15,29b). Die Frevler sind als Kontrast dazu gezeichnet (15,28b.29a). In V. 30f. wird nicht mehr die Intentionalität, die Ausrichtung des Herzens betrachtet, sondern seine Empfänglichkeit für Eindrücke (*Leuchten der Augen* [eines freundlichen Anderen] *erfreut das Herz, was man Gutes zu hören kriegt, erquickt das Gebein* [stärkt sozusagen die Knochen] V. 30). Nach diesen positiven, stärkenden Eindrücken aus der menschlichen Umwelt folgt der Hinweis auf kritische Rückmeldungen. V. 31 unterstreicht die Bedeutung einer positiven Aufnahme solcher Erfahrungen: *Ein Ohr, das auf die Rüge des Lebens hört, im Bereich der Weisen darfs nächtigen.* 15,32 schließlich formuliert wieder antithetisch und stellt den Verlust an Leben durch Zurückweisung von Erziehung dem Gewinn durch Erziehbarkeit gegenüber (*Wer Zucht fahren läßt, verwirft seine Seele, wer auf die Rüge hört, erwirbt sich ein Herz*). Hören auf Erziehung kann gewissermaßen das Herz schaffen, mit dem man – so V. 28 – sich nach Wahrheit ausstreckt und in den Bereich der Erhörung durch Gott gerät. Die Spruchgruppe schildert so im Blick auf das Herz einen Kreislauf von Ausrichtung auf Wahrheit und

---

[48] Vgl. z. B. die Leitworttechnik (»hören«) und das Spiel mit dem zugehörigen »Gehorsam« und der rechten Rede im Epilog der Lehre des Ptahotep, BRUNNER, *Weisheit*, 128–132.

Hören auf erzieherische Mahnungen. Der Kreislauf ist formal ablesbar an
der Stellung des Wortes לב (*Herz*) im Vers: Es wandert vom Anfang
(V. 28) über die Mitte (V. 30) zum Ende des Verses (V. 32). Wer sich ein
Herz erworben hat (V. 32), kann sinnen, wie zu antworten sei (V. 28a). Die
Spruchgruppe reflektiert damit auch Sinn und Zweck sowie theologische
Relevanz von Erziehung. Liegt also in Spr 15,28–32 eine kleine, pädagogisch orientierte Anthropologie mit theologischem Einschlag vor, so führt
die nächste Spruchgruppe eine theozentrisch ausgerichtete Anthropologie –
im Sprichwortformat – vor Augen.

Die Theozentrik des nächsten Abschnitts ist zunächst ganz formal ablesbar:
Spr 15,33 – 16,9 MT haben bis auf 16,8 das Stichwort JHWH gemeinsam.
15,33 ist dabei ein Sonderfall, der Spruch ist ein Scharniervers zwischen
den Gruppen.[49] Er ist formal durch das Stichwort Zucht (מוסר) und die
Thematik Erziehung mit der vorangehenden Gruppe verbunden, durch den
Gottesnamen JHWH mit der folgenden. Er gehört jedoch weder einfachhin
zur ersten Gruppe VV. 28–32 (deren Geschlossenheit wir gerade betrachtet
haben) noch gehört er zur zweiten, die in 16,1 und 9 einen eigenen Rahmen
hat. 15,33 verweist in größere Buchzusammenhänge, nämlich zurück zu
zwei gewichtigen Sprüchen über den Zusammenhang von JHWHfurcht und
Weisheit in Spr 1 – 9 (1,7; 9,10) und gleichzeitig voraus auf das Ende in
Kap. 31, wo nochmals betont von JHWHfurcht gesprochen wird
(Spr 31,30). Der Spruch markiert gerade so die zentrale Bedeutung des Ab-
schnittes, in dem er steht. Er lautet nach M. Buber: *JHWH fürchten ist Zucht
zur Weisheit, voraus geht der Ehre das Hingebeugtsein.* ענוה (»Hingebeugtsein«) wird üblicherweise mit »Demut« wiedergegeben. Demut geht der
Ehre voraus.[50] Der Spruch mit seiner eigenen Akzentsetzung ist ein Schlußpunkt für die kleine Spruchgruppe, die wir eben betrachtet haben, und eine
Ankündigung für die folgenden Verse.

Die eigentliche Komposition umfasst nun die Sprüche 16,1–9 und bildet den
theologischen Kern der Einzelspruchsammlung der Kapitel 10,1 – 22,16.[51]
Das Thema Herz aus 15,28–32 wird fortgeführt und hat wiederum eine

---

[49] S. auch SCORALICK, *Einzelspruch*, 78–84.

[50] Das gilt im Blick auf die Annahme von Erziehung ebenso wie mit Bezug auf das in
den folgenden Sprüchen behandelte Anvertrauen des eigenen Tuns in Gottes Hand.

[51] Von den 55 Vorkommen des JHWH-Namens in Spr 10,1 – 22,16 (= 375 Sprüche)
finden sich neun in Spr 15,33 – 16,9.

Rahmenfunktion (16,1.9) sowie einen Zwischenschritt in der Mitte des Textes (16,5). Die allgemein anthropologische Dimension der Verse wird formal deutlich: Spr 16,1 und 9 bilden durch die Rede vom *Menschen* (אדם) einen Rahmen, die Sprüche 16,2 und 7 sprechen von den *Wegen eines Mannes / Menschen* (דרכי־איש), die Verse 16,2.4 und 5 sind durch כל (*alles / jeder*) verbunden, der Anfang von 16,3 ist dem lautlich nachgestaltet: גל.

Spr 15,28 hat vom Herzen des Bewährten gesprochen, das sinnt, wie zu antworten sei: 16,1 knüpft hier inhaltlich an und führt das Thema theologisch weiter. *Des Menschen sind die Entwürfe des Herzens, aber von JHWH her ist die Antwort der Zunge* (16,1). Die geglückte Antwort, das angemessene wahre Wort ist ein Geschenk Gottes. Noch umfassender formuliert der parallele Vers 16,9 am Ende der Spruchgruppe: *Das Herz des Menschen plant seinen Weg, aber JHWH richtet dessen Schritt aus*. Nicht nur die wahre Rede ist Gabe Gottes, auch die konkrete Entwicklung des Lebensweges ist nicht in der Hand des Menschen. »Der Mensch denkt, Gott lenkt« ist die gängige Form dieses Spruches im Deutschen. Zwischen Plan und Ausführung, Wollen und Tun kommt in diesen Sprüchen Gott hinein. Das Gelingen bzw. die konkrete Gestalt des Redens und Tuns hängen von ihm ab. Damit reflektiert das Sprichwörterbuch in seiner Mitte über die Grenzen der Weisheit und über die Grenzen der Machbarkeit von Erfolg und Glück im Leben.[52] Von einem naiven Optimismus der Weisen, von dem in der Literatur recht häufig die Rede ist, kann man hier wenig finden.

Zwei weitere Elemente verdienen besondere Aufmerksamkeit. War die vorangehende Spruchgruppe von Aussagen über das Kontrastbild zum Bewährten / Gerechten, die Frevler und die nicht auf Erziehung Hörenden gerahmt (15,28b.32a), so liegen in unserer jetzigen Gruppe vergleichbare Aussagen in der Mitte. 16,4 spricht vom Frevler, der nächste Vers vom Hochmütigen. Beide Negativgestalten bleiben nicht ungestraft. Der Hochmütige (גבה־לב) ist das genaue Gegenbild zur vertrauensvollen Haltung Gott gegenüber, wie sie diese Spruchgruppe fordert. Der einzige Imperativ, 16,3, verdeutlicht das: *Wälze zu deine Taten JHWH, und aufgerichtet werden deine Pläne*. Man kann diese Haltung des Anvertrauens der Taten an Gott auch als ענוה, als Demut interpretieren (15,33). In den Versen 16,6 und 7 kommen Bedrohungen und Beschädigungen menschlichen Lebens in den

---

[52] So meint auch V. RAD, *Weisheit*, 133–137.

Blick, sowohl durch Verfehlungen / Sünden (V. 6) als auch durch Feindschaft von außen (V. 7).

Zusammenfassend läßt sich sagen, daß in einer sorgfältig komponierten
Spruchgruppe die Grenze der Weisheit und der Machbarkeit des Glücks in
den Blick genommen wird. Diese Grenze ist unüberwindbar, es ist Gott
selbst, der zwischen Planen und Ausführen wirkt. Der Imperativ in 16,3 wie
auch das Kontrastbild des Hochmütigen stellen als richtige Haltung die ver-
trauensvolle Übergabe des eigenen Bemühens an Gott vor Augen. Weder
das Glück noch das Gute sind einfachhin machbar. Aufgerufen wird zum
Vertrauen auf das Wirken Gottes und zur Beharrlichkeit der Orientierung an
ihm. (In diesem Sinn läßt sich 16,8, der einzige Spruch ohne den Gottesnamen JHWH, im vorliegenden Kontext deuten: Ein widriges Schicksal, d. h.
Armut, ist möglich, entscheidend ist dann das Festhalten am Wert der Gerechtigkeit.)

Die Thematik dieser Spruchgruppe könnte – so läßt sich zunächst einmal
spekulativ vermuten – einem Juden im hellenistisch geprägten Alexandrien
des 2. Jh. v. Chr. wohlvertraut sein. Die Nicht-Machbarkeit eigenen Glücks,
die Entzogenheit der Bedingungen glücklichen Lebens gelten als ein gängi-
ges Thema hellenistischer Popularphilosophie in ihren verschiedenen Spiel-
arten. Man könnte sich vorstellen, daß dieser theologische Kern mit griechischen Stichwörtern aus der aktuellen Diskussion aufgefüllt würde. Das geschieht aber nicht.

3.2 Die griechische Fassung von Spr 15,27 – 16,9 (LXX)

Der Umgang der Septuaginta mit dem Text hat eine formale und eine inhaltliche Komponente. Formal schafft die Septuaginta eine eigene neue Spruchkomposition. Inhaltlich drängt sie das Thema der Angewiesenheit auf Gott
zurück und unterstreicht stattdessen sehr stark die Bedeutung von Gerechtigkeit als einem umfassenden Leitbegriff.

Tafel 4: **Arbeitsübersetzung für Spr 15,27 – 16,9 LXX**[53]

15,27a   *Durch Taten der Barmherzigkeit (Almosen) und der Treue* werden Sünden bereinigt / weggetragen,
durch die Furcht ¦des Herrn¦ aber wendet *jeder* sich vom Bösen ab.

15,28   Die Herzen *der Gerechten* sinnen auf *Treue,*
der Mund der Ehrfurchtslosen aber *antwortet* Böses (pl.).

15,28a   Die Wege *gerechter* Menschen *sind angenehm* vor ¦dem Herrn¦,   ⇐
durch sie werden sogar Feinde zu Freunden.

15,29   Gott hält sich *weit* entfernt von Ehrfurchtslosen,
Gebete von Gerechten aber hört er.

15,29a   Besser eine kleine *Gabe* (empfangen) mit Gerechtigkeit
als viele Erträge mit Ungerechtigkeit.

15,29b   Das Herz *eines Mannes erwäge, was gerecht ist,*   ⇐
damit seine Schritte von Gott gerade gemacht werden können.

15,30   Das Auge, *das Schönes schaut,* erfreut das Herz,
gute Nachricht (guter Ruf) aber sättigt / macht fett die Knochen.

15,32   Wer Erziehung zurückweist, haßt sich selbst,
wer aber Zurechtweisung beachtet, *liebt seine Seele.*

15,33   Die Furcht Gottes ist Erziehung *und* Weisheit,
und *der Anfang / Grund der Ehre wird ihr entsprechen.*

16,2   Alle Taten des *Demütigen* sind offenbar *vor* Gott,
die Ehrfurchtslosen aber werden am bösen Tag *zugrundegehen.*

16,5   *Unrein vor* Gott ist jeder »Hochmütige«,
wer ungerecht Hand in Hand *schlägt* (Garantie leistet?) wird nicht unbestraft bleiben.   ⇐

16,7   *Der Anfang des guten Weges (liegt im) Tun des Rechten,*   ⇐
das ist vor Gott *angenehmer als Schlachtopfer zu schlachten.*

16,8   *Wer* ¦den Herrn¦ *sucht, wird Erkenntnis mit Gerechtigkeit finden,*   ⇐
die ihn recht suchen, werden Frieden finden.

16,9   Alle Taten ¦des Herrn¦ - *mit Gerechtigkeit,*   ⇐
der Ehrfurchtslose aber wird *bewahrt* für den bösen Tag.

---

[53] Kursiv gesetzter Text zeigt Abweichungen gegenüber dem MT bzw. Neuschöpfungen
an. Die Pfeile verweisen auf griechische Zufügung des Gedankens vom Rechten / Gerechtigkeit bzw. dem Gegenteil.

Die Septuaginta ordnet die Sprüche des hebräischen Textes um und ergänzt sie. Der planvolle Gebrauch der Gottesbezeichnungen im griechischen Text läßt eine hebräische Vorlage als Möglichkeit ausscheiden. Gott wird in den Randversen des Textes als κύριος bezeichnet, nach der Zählung der Rahlfs-Septuaginta also in Spr 15,27a.28a und 16,8.9. Κύριος ist die übliche Wiedergabe für den Gottesnamen JHWH. Im Inneren der Komposition, im Bereich der Verse 15,29 – 16,7 LXX, wird jedoch in sechs Versen von θεός (Gott) gesprochen. Das hat keine Parallele im Hebräischen. Dort müßte אלהים stehen, das im ganzen Sprichwörterbuch nur an fünf Stellen gebraucht wird (in Spr 2,5.17; 3,4; 25,2 und 30,9), darunter kein einziges Mal in der Einzelspruchsammlung 10,1 – 22,16. Die griechische Übersetzung hat durch den Wechsel der Gottesbezeichnungen, der keinen Anhalt im MT hat, einen Rahmen und einen Innenteil im Bereich unserer Verse gestaltet.[54]

Weitere Wiederholungen lassen eine Zweiteilung erkennen: (1) *Furcht des Herrn* bzw. *Gottes* aus 15,27a LXX ist in 15,33 LXX aufgegriffen. (2) Noch deutlicher entsprechen sich 16,2 und 9: πάντα τὰ ἔργα + ἡμέρα κακή + οἱ ἀσεβεῖς / ὁ ἀσεβής. Die zwei Teile bestehen also aus 15,27a–33 LXX und 16,2a–9 LXX. Doppelte Stichwortverbindungen unterstreichen nochmals den Rahmen des Ganzen und damit die relative Geschlossenheit der Spruchgruppe insgesamt: VV. 27a.28 sowie 16,8.9 sind jeweils doppelt verbunden (πίστεσιν / πίστεις, κακοῦ / κακά – μετὰ δικαιοσύνης, τὸν κύριον / τοῦ κυρίου). Zwei Dreiergruppen von Versen fallen zudem besonders auf: Spr 15,28.28a.29 LXX verbindet das Stichwort δικαίων, Spr 16,2.5.7 LXX παρὰ (τῷ) θεῷ.[55]

Bei der Interpretation bleibt zu bedenken, daß der Septuaginta-Übersetzer offenbar verschiedentlich Schwierigkeiten hatte, den hebräischen Text zu verstehen. Solche Schwierigkeiten liegen beispielsweise in 15,33b (ענה *antworten*, anstelle von ענוה *Demut*, gelesen?)[56] und 16,2a (זך als איש als *Demütiger* verstanden) vor.

---

[54] Von den 34 Stellen der LXX-Spr, die θεός gebrauchen, steht im Bereich der Einzelsprüche 10,1 – 22,16 keines vor Spr 15,29 LXX, zehn davon jedoch von 15,29 LXX an. Könnte in der griechischen Fassung auch eine Verbindung der Gottesbezeichnungen innerhalb der Einzelspruchsammlung intendiert sein?

[55] Die Mitte, Spr 15,32f. LXX, ist durch zwei Stichwörter verbunden: παιδείαν / παιδεία und αὐτοῦ / αὐτῇ.

[56] In den Manuskripten gibt es zusätzliche Stichen, die näher an MT liegen. Zum Befund s. MEZZACASA, *Libro*, 152f.

Die Grundzüge der Umgestaltung im griechischen Text und ihre Bedeutung lassen sich in vier Punkten zusammenfassen.

1. Die beiden Spruchgruppen des hebräischen Textes (15,28–32 und 15,33 – 16,9 MT) sind ineinandergeschoben und mit einem Rahmen versehen worden. Das Vorgehen entspricht dem Verfahren der griechischen Version, die auch an anderen Stellen den Übergang zwischen Sammlungen und Sammlungsteilen abfedert und weniger abrupt gestaltet.[57] Ein solches Anliegen, das zur Verbindung der beiden Spruchgruppen führte, könnte hier gleichfalls vorliegen.

2. Es werden durch innere Rahmenbildungen zwei Teile unterschieden, mit einer Grenze zwischen 15,33 und 16,2. Etwas vergröbernd kann man den ersten Teil der griechischen Komposition bis zu Spr 15,33 eher anthropologisch orientiert nennen und den zweiten theologisch ausgerichtet, auch wenn beide Themenschwerpunkte sich durchdringen. Diese Grundausrichtungen der Teile sind an formalen Indizien ablesbar, so beispielsweise an den dominierenden Stichwortbezügen (im ersten Teil *die Gerechten* δικαίων, in der zweiten *vor Gott* παρὰ (τῷ) θεῷ, jeweils dreifach). Außerdem spricht sich die thematische Schwerpunktbildung programmatisch im ersten und letzten Vers aus. Spr 15,27a LXX: *Durch Taten der Barmherzigkeit und der Treue werden Sünden bereinigt / weggetragen, durch die Furcht des Herrn aber wendet jeder sich vom Schlechten ab*, akzentuiert menschliche Handlungen und Haltungen, und 16,9 LXX *Alle Taten des Herrn – mit Gerechtigkeit, der Ehrfurchtslose aber wird bewahrt für den schlechten Tag* formuliert eine allgemeine theologische Aussage.

3. Die Rahmenverse (Spr 15,27a LXX und 16,9 LXX) verdeutlichen inhaltliche Akzente der griechischen Fassung. Die Voranstellung von Spr 16,6 MT als 15,27a LXX in einer bedeutsamen Umformung (*Durch Taten der Barmherzigkeit und der Treue werden Sünden bereinigt, durch die Furcht des Herrn aber wendet jeder sich vom Schlechten ab* 15,27a LXX) bringt einen Spruch über barmherziges Verhalten in eine herausgehobene Position. Barmherzigkeit im Verhalten von Menschen ist ein durchgängiges und typisches Anliegen der Septuagintafassung.[58] Gemeint ist dabei vor allen Din-

---

[57] S. D'HAMONVILLE, *Proverbes*, 38.

[58] D'HAMONVILLE, *Proverbes*, 123: »Cette note de la miséricorde, de la compassion peut être considérée comme caractéristique du Proverbes LXX …« Zusätze in der griechischen Fassung, die dieses Thema behandeln, sind z. B. 12,13a; 12,26b; 13,9a; 22,9a, umformende Übersetzungen in diesem Sinn in 12,10; 17,27; 19,11.22; 21,26; 28,22.

gen die tätige Zuwendung zu den Armen, also ἐλεημοσύνη in der Bedeutung von »Almosen« (ohne die negativen Konnotationen, die das Wort im heutigen Sprachgebrauch hat). In diesem Sinn gehört Barmherzigkeit nach frühjüdischem Verständnis zu den Gestalten und Verwirklichungen von Gerechtigkeit. Die griechische Version bringt in diesem Sinn Zusätze an (z. B. in Spr 13,11; 17,5 und 22,9), und sie formt andere Sprüche dahingehend um (z. B. 12,10; 17,27 u. a.). Dieses Interesse ist nach allgemeinem Konsens ein Kennzeichen des jüdischen Ethos, das in dieser Intensität kein Gegenüber in der hellenistischen Welt hat. Die gleiche Tendenz, Gerechtigkeit vorrangig als Barmherzigkeit im Sinne tätiger Nächstenliebe auszulegen, findet sich auch in der kleinen Tobitschrift, die zeitlich in die Nähe unserer Sprichwörterseptuaginta gehört und zur Formulierung des Anliegens gerade auf Zitate aus dem Sprichwörterbuch zurückgreift (Tobit 4,10; 12,9 – Spr 10,2b // 11,4b).[59]

4. Einen klaren und vom hebräischen Text in diesem Umfang nicht gedeckten Schwerpunkt setzt die griechische Version auf die Rede von Gerechtigkeit und Rechtem. Sechs Sprüche der griechischen Komposition mit diesem Thema haben kein Äquivalent im hebräischen Text (15,28a.29b; 16,5b.7a.8a.9a LXX). Besonders interessant ist die Umgestaltung von MT 16,9 = 15,29b LXX, also eines theologischen Rahmenverses der MT-Komposition. Spannend ist der Fall, weil die LXX an dieser Stelle in die vierzehn Sprüche ihrer Komposition eine Aufforderung eingebaut hat. Das entspricht formal dem Sachverhalt im Hebräischen, nur war es dort 16,3 MT, der die Aufforderung enthielt, die Taten Gott zuzuwälzen. Dieser Spruch fällt in der LXX ganz aus. An seiner Stelle wurde MT 16,9 umgeformt. Im Hebräischen heißt es: *Das Herz eines Menschen plant seinen Weg, aber JHWH richtet dessen Schritt aus* (16,9 MT). Das Griechische lautet: *Das Herz eines Mannes erwäge, was gerecht ist, damit seine Schritte von Gott gerade gemacht werden können* (15,29b LXX). Bei der Ausrichtung auf Gerechtigkeit verhilft Gott zum weiteren Gelingen – das ist eine andere Aussage als im hebräischen Text von Spr 15,33 – 16,9, wo gerade die Unberechenbarkeit des Ausgangs im Blick ist (*wälze JHWH zu deine Taten ...* 16,3a MT). Der hebräische Text faßt die Grenzen der Weisheit ins

---

[59] Der Abstand manifestiert sich jedoch darin, daß in der Tobitschrift schon das hebräische צדקה als ἐλεημοσύνη wiedergegeben werden kann, eine Möglichkeit, die in der Sprichwörter-LXX nicht genutzt wird.

Auge, der griechische spricht von ihrer Mitte, der Gerechtigkeit.[60] Beide formulieren im theologischen Horizont. Vielleicht hat dieses Anliegen der griechischen Version zur Auslassung von 16,1 und 3 geführt.

Im abschließenden Rahmenspruch 16,9 LXX wird Gottes Gerechtigkeit betont. Der hebräische Spruch 16,4 MT (= 16,9 LXX) ist vieldeutig: Gott hat alles zu seinem Zweck gemacht, zum Antwortgeben, wie Buber übersetzt.[61] In der Septuaginta werden grundsätzlich alle Taten / Werke Gottes in Zusammenhang mit Gerechtigkeit gebracht: πάντα τὰ ἔργα τοῦ κυρίου μετὰ δικαιοσύνης. Angeschlossen wird die Aussicht auf das Scheitern der Gottlosen. Diese Thematik ist zugleich auch in 16,2b zugefügt und durch die kompositionelle Rahmenfunktion betont. Auch das entspricht einem Interesse der LXX an anderen Stellen, die den ethischen Dualismus der Menschentypen unterstreicht und das Scheitern der Ungerechten immer wieder betont (17,2.11; 20,29; 21,22; 28,22 LXX).

Zusammenfassend läßt sich sagen, daß die griechische Version in diesem Textbereich eine eigene Komposition erstellt hat. Während im hebräischen Text von 15,33 – 16,9 die Grenzen der Weisheit in den Blick genommen werden, spricht die griechische Komposition umfassend, also unter anthropologischem wie theologischem Blickwinkel, von dem, was für sie die Mitte der Weisheit ausmacht. Das ist zum einen die Gerechtigkeit Gottes, die mit dem Ende der Ungerechten zusammengedacht werden muß, und es sind die Gottesfurcht und Gerechtigkeit des guten Menschen, die sich in der tätigen Nächstenliebe (s. 15,27a LXX) ausdrücken und zeigen. Das Stichwort Gerechtigkeit ist einer der Schnittpunkte spezifisch jüdischer und hellenistischer Bemühungen: Nicht umsonst ist δικαιοσύνη eine der Kardinaltugenden. In welchem Sinn der griechische Text des Sprichwörterbuches dies aufgreift und ausbaut oder mit spezifischen Inhalten füllt, muß erst eine nähere Untersuchung auf Buchebene und unter Berücksichtigung der Entstehungsgeschichte der griechischen Fassung zeigen. Die neuen Schwerpunkte der griechischen Spruchkomposition in der Buchmitte (Gestaltung unter Berücksichtigung der Gottesbezeichnung, Schwerpunkt Gerechtigkeit, das

---

[60] Die Bedeutung der Gerechtigkeit auch für den hebräischen Text läßt sich an der Trias *Gerechtigkeit, Recht und Geradheit* als Zweckbestimmung des Buches im Prolog (unter einer Fülle von Termini für Wissen und Weisheit) ablesen, Spr 1,3.

[61] Siehe MEINHOLD, *Sprüche*, 263f.266f., der schon allein aufgrund der Variationsmöglichkeiten bei direktem und indirektem Objekt des hebräischen Spruches fünf Übersetzungen auflistet.

Ende des Frevlers und die Barmherzigkeit als Ideal) sind signifikante Anliegen der griechischen Fassung des Buches.

4. Zusammenfassung und Ausblick

Der Verfasser der griechischen Übersetzung tritt uns in all den genannten Beispielen als ein poetisch begabter Gelehrter gegenüber, der erstaunlich frei mit dem Text umgeht, gleichzeitig jedoch in den meisten Fällen die Aussagen und Orientierungen des hebräischen Textes zum Leitfaden nimmt. Selbst für die Zuschreibung des Ganzen an Salomo läßt sich ein Ansatz in der Gestaltung der hebräischen Bucheröffnung finden. Spr 1,1 wirkt wie eine Überschrift über das ganze Buch.

Mit der Konzentration auf Salomo könnte eine Betonung des Wertes jüdischer Weisheit (und Bildung) einhergehen. Zugleich wird auch die theologische Verankerung der Weisheit Salomos unterstrichen. Die Zentralwerte des hebräischen Sprichwörterbuches (Gerechtigkeit, JHWH-Furcht) sind in der Übersetzung erhalten, frühjüdische Spezifika (Betonung von Barmherzigkeit) sind in der griechischen Fassung klar hervorgehoben. Die stilistische Orientierung an Normen griechisch-hellenistischer Literatur ist deutlich zu erkennen.

Die vorgelegten Beobachtungen sind fragmentarisch und bedürfen der Ergänzung durch weitere übergreifende Untersuchungen zur Septuagintafassung des Sprichwörterbuches. Trotzdem legt sich nahe, in der griechischen Buchfassung das Bemühen zu sehen, den weisen König Salomo, einen der Großen aus Israels Geschichte, in elegante griechische Gewänder von *paideia* und *sophia* zu kleiden und zugleich für ihn Weisheit zu reklamieren, die von Gott selbst gelehrt wurde.

Bibliographie

ALETTI, Jean-Noel, *Séduction et parole en Proverbes I–IX*, in: VT 27 (1977), 129–144.

BAUMGARTNER, Anton J., *Étude critique sur l'état du texte du Livre des Proverbes d'après les principales traductions anciennes,* Univ. Diss., Leipzig 1890.

BOSTRÖM, Gustav, *Proverbiastudien.* Die Weisheit und das fremde Weib in Spr 1 – 9 (LUA.NF, Avd 1, 30,3), Lund: Gleerup 1935.

BRUNNER, Hellmut, *Altägyptische Weisheit.* Lehren für das Leben (Die Bibliothek der Alten Welt, Reihe der Alte Orient = BAW.AO), Zürich: Artemis 1988.

CAMP, Claudia V., *Wisdom and the Feminine in the Book of Proverbs* (Bible and Literature Series 11), Sheffield: Almond 1985.

CLIFFORD, Richard J., *Observations on the Text and Versions of Proverbs*, in: Barré, Michael L. (Hrsg.), Wisdom, You Are My Sister, FS Roland E. Murphy, Washington, DC: CBA 1997, 47–61.

CLIFFORD, Richard J., *Proverbs.* A Commentary (OTL), Louisville, KY: Westminster / J. Knox Press 1999.

COOK, Johann, *The Septuagint of Proverbs.* Jewish and/or Hellenistic Proverbs? Concerning the Hellenistic Colouring of LXX Proverbs (VT.S 69), Leiden: Brill 1997.

CRENSHAW, James L., *Clanging Symbols (Prov 30,1–14)*, in: Knight, Douglas A. und Paris, P. J. (Hrsg.), Justice and the Holy, FS Walter Harrelson, Atlanta, GA: Scholars Press 1989, 51–64.

D'HAMONVILLE, David-Marc, *Les Proverbes.* Traduction du texte grec de la Septante, Introduction et notes, avec la collaboration de Soeur E. Dumouchet pour la recherche patristique (La Bible d'Alexandrie 17), Paris: Cerf 2000.

FOX, Michael V., *Proverbs 1–9.* A New Translation with Introduction and Commentary (AncB 18A), New York: Doubleday 2000.

GERLEMAN, Gillis, *Studies in the Septuagint,* 3. Proverbs (LUA.NF 1, 52,3), Lund: Gleerup 1956.

GIESE, Ronald L., *Strength through Wisdom and the Bee in LXX-Prov 6,8a–c*, in: Bibl 73 (1992), 404–411.

KÜCHLER, Max, *Frühjüdische Weisheitstraditionen*. Zum Fortgang weisheitlichen Denkens im Bereich des frühjüdischen Jahweglaubens (OBO 26), Freiburg (Schweiz): Universitätsverlag / Göttingen:Vandenhoeck & Ruprecht 1979.

KÜCHLER, Max, *Gott und seine Weisheit in der Septuaginta (Ijob 28; Spr 8)*, in: Gnilka, Joachim / Klauck, Hans Josef (Hrsg.), Monotheismus und Christologie. Zur Gottesfrage im hellenistischen Judentum und im Urchristentum, FS K. Kertelge (QD 138), Freiburg: Herder 1992, 118–143.

LAGARDE, Paul de, *Anmerkungen zur griechischen Übersetzung der Proverbien*, Leipzig: Brockhaus 1863.

LELIEVRE, André / MAILLOT, Alphonse, *Commentaire des Proverbes, Chapitres 10 – 18*. Les Proverbes de Salomon (Lectio Divina, Commentaires 1), Paris: Cerf 1993.

MAIER, Christl, *Die »fremde Frau« in Proverbien 1 – 9*. Eine exegetische und sozialgeschichtliche Studie (OBO 144), Freiburg (Schweiz): Universitätsverlag / Göttingen: Vandenhoeck & Ruprecht 1995.

MEINHOLD, Arndt, *Die Sprüche*. Teil 1: Sprüche Kapitel 1 – 15; Teil 2: Sprüche Kapitel 16 – 31 (ZBK.AT 16.1/2), Zürich: TVZ 1991.

MEZZACASA, Giacomo, *Il Libro dei Proverbi di Salomone*. Studio critico sulle aggiunte greco-alessandrine (Scripta PIB), Rom: Istituto Biblico 1913.

MURPHY, Roland E., *Proverbs* (Word Biblical Commentary 22), Nashville: Th. Nelson 1998.

RAD, Gerhard von, *Weisheit in Israel*, Neukirchen-Vluyn: Neukirchener Verlag 1970.

SCHROER, Silvia, *Die Weisheit hat ihr Haus gebaut*. Studien zur Gestalt der Sophia in den biblischen Schriften, Mainz: Grünewald 1996.

SCORALICK, Ruth, *Einzelspruch und Sammlung*. Komposition im Buch der Sprichwörter Kapitel 10 – 15 (BZAW 232), Berlin: de Gruyter 1995.

SHEPPARD, Gerald T., *Wisdom as a Hermeneutical Construct*. A Study in the Sapientializing of the Old Testament (BZAW 151), Berlin: de Gruyter 1980.

TOV, Emanuel, *Recensional Differences between the Masoretic Text and the Septuagint of Proverbs*, in: Attridge, Harold W. u. a. (Hrsg.), Of Scribes and Scrolls. Studies on the Hebrew Bible, Intertestamental Judaism, and Christian Origins, FS J. Strugnell, Lanham, MD: University Press of America 1990, 43–56.

TOV, Emanuel, *Textual Criticism of the Hebrew Bible*, Minneapolis: Fortress Press / Assen/Maastricht: Van Gorcum 1992.

TOY, Crawford H., *A Critical and Exegetical Commentary on the Book of Proverbs* (ICC), Edinburgh: T & T Clark 1899 (repr. 1988).

Franz-Josef Backhaus

»Denn du hast Macht über Leben und Tod« (Weish 16,13)

»Rettendes Wissen« am Beispiel von Weish 16,5–14

Die vorliegende Studie ist dreigeteilt. In einem ersten Schritt wird der Begriff »rettendes Wissen« näher bestimmt, so daß er für die Textanalyse anwendbar ist. Eine inhaltliche Differenzierung des Begriffs erfolgt dann exemplarisch anhand von Weish 16,5–14.

Im Anschluß daran wird gefragt, ob sich Charakteristika des »rettenden Wissens«, die in Weish 16,5–14 vorliegen, auch in anderen Texteinheiten der dritten Teilkomposition Weish 11 – 19 wiederfinden, d. h. die Einzelbeobachtungen aus der Analyse von Weish 16,5–14 werden im Horizont von Weish 11 – 19 ausgewertet. Abschließend folgt ein kurzes Resümee.

1. Der Begriff »rettendes Wissen«

Der Soziologe Alois Hahn unterscheidet in seinem Aufsatz »Zur Soziologie der Weisheit« zwischen *Richtigkeits- und Wichtigkeitswissen*, um die Besonderheit des Weisheitswissens darstellen zu können.[1] Richtigkeitswissen meint Faktenwissen, zu wissen, was der Fall ist, zu wissen, wie etwas funktioniert. Ein solches Wissen ist eng mit Einzelsituationen verbunden, so daß

---

[1] Siehe HAHN, *Soziologie*, 47–57.

Wissen und Lebenssituation, Lehre und Leben eng zusammenhängen und eine unmittelbare Überprüfbarkeit der Lehre durch das Leben möglich ist.[2]

Im Unterschied dazu konstituiert sich Wichtigkeitswissen durch *kognitive Relevanzentscheidungen*, die aufgrund von vorliegendem Wissen getroffen werden können und sozial konsensfähig sind. Weisheit i. S. von Wichtigkeitswissen ist also nicht Belesenheit, Wissenschaftlichkeit, also Polymathie, sondern, dies alles voraussetzend, verhält sich Wichtigkeitswissen noch einmal dazu, indem es ein Wissen darstellt, welches weiß, wie man aus vorhandenem Wissen nach Wichtigkeitskriterien auswählt. Weisheit stellt somit nach Alois Hahn ein »Wissenswissen« (Metawissen) dar: »... Weisheit stellt also eine ganz eigentümliche Form von Wissen dar. Es geht nicht um ein Wissen von Sachverhalten, sondern um ein Wissen davon, wie man mit Wissen selbst umgeht. Man muß, um weise zu sein, wissen, wie man Wissen situativ und existentiell, individuell und kollektiv bewältigt, beherzt und kontrolliert, und zwar unter Gesichtspunkten der ethischen oder religiösen Triftigkeit. Es handelt sich um ein ‚Wissenswissen‘, um die Selbstreferentialität des Wissens ...«[3]

Für Alois Hahn gibt es soziologisch analysierbare Gründe, die eine solche Form von Wissen im Alltag erforderlich machen, denn die Wirklichkeit ist immer komplexer als alle Theorie, und es gibt Wirklichkeiten, die nicht schon prinzipiell in der Theorie vorgesehen sind und nur noch mechanisch subsumiert werden müßten (Stichwort »Inkommensurabilität des Wirklichen gegenüber aller Theorie und Gelehrsamkeit«). Neben dieser kognitiven Ebene gibt es nach Alois Hahn noch eine weitere Ebene, die Wichtigkeitswissen erforderlich macht. Unter historisch oder soziologisch näher zu umschreibenden Umständen kann es nämlich dazu kommen, daß der Mensch eine neue Wirklichkeit nicht nur kognitiv nicht auf den Begriff bringen kann, sondern die neue Wirklichkeit sein ganzes Dasein in Frage stellt, so daß der Mensch nicht nur ein kognitives, sondern ein »‚existentielles‘ Defizit« erfährt.[4] Weisheit wäre in diesem Zusammenhang ein Wissen,

---

[2] Eine solche Wissensform findet sich z. B. in Sprichwörtern, die der Einzelsituation verpflichtet sind. Sie liegen z. B. in Spr 10,1 – 22,16 und 25,1 – 29,27 vor. Siehe hierzu auch WESTERMANN, *Wurzeln*, 10.153f.

[3] HAHN, *Soziologie*, 52.

[4] HAHN, *Soziologie*, 51. Was hier individuell für den einzelnen Menschen formuliert ist, gilt auch für eine Gruppe innerhalb einer Großgruppe oder für die Großgruppe selbst.

welches plausible Antworten auf Sinnfragen gibt, die sozial konsensfähig sind.[5]

Ein weiterer Gedanke von Alois Hahn führt uns zum Themenfeld »erlösendes« bzw. »rettendes Wissen«. Sowohl die situative Konsistenzstiftung auf kognitiver Ebene (Lösung eines kognitiven Problems in einer Einzelsituation) als auch die existentielle Konsistenzstiftung auf der Sinnebene (Lösung eines existentiellen Defizits) stellen Entwürfe dar, die den Anspruch erheben, kollektiv verbindlich zu sein, »... denen also ein Moment von Vorbildlichkeit und Erhabenheit inhärent zu sein scheint ...«[6] Auch wenn für Alois Hahn Weisheit als Wichtigkeitswissen nicht notwendig religiös sein muß, so sieht er doch in dieser Wissensform eine Affinität zu heiligem Wissen oder zumindest zum Heilswissen vorliegen, denn im Unterschied zur Klugheit, die als Wissensform situativ aus vorliegendem Wissen utilitaristische Lösungen anbietet, geht es der Weisheit um *den sinnstiftenden Zusammenhang von Wissen, Leben und Handeln*.[7] Dieser letzte Aspekt zeigt, daß Weisheit

---

[5] Siehe HAHN, *Soziologie*, 51. Auch wenn Hahn in diesem Zusammenhang nicht das Wort »Krise« verwendet, so deuten die Begriffe »existentielles Defizit« oder »Sinn« als Selbstbeschreibungskategorie und damit als Selbstverständnis eines Individuums, einer Kleingruppe oder einer Großgruppe, die angesichts der neuen Situation samt ihren Konsistenzpostulaten zu zerbrechen drohen, auf dieses Wort »Krise« hin. Sie fordert vom Individuum bzw. der Gruppe die Schaffung neuer Konsistenzen. Ohne hier auf den schillernden und komplexen »Krisen«-Begriff näher einzugehen, ist aus wissenssoziologischer Sicht die Frage entscheidend, ab wann man von einem Krisenbewußtsein sprechen kann und wie man dies beim Individuum, bei der Klein- oder Großgruppe nachweisen will. Ein erster Hinweis könnte darin bestehen, daß ein Krisenbewußtsein dann vorliegt, wenn man als Individuum, Klein- oder Großgruppe über die »Krise« spricht, sie thematisiert, sie analysiert, sei es mündlich oder schriftlich. Ein weiterer Aspekt von Krisenbewußtsein ergibt sich, wenn Lösungsstrategien angeboten werden, die die Krise verarbeiten und sie somit im doppelten Sinn »aufheben«. Bewährt sich die Aufhebung des existentiellen Defizits im Alltag, dann können das Individuum, die Klein- oder Großgruppe wieder sinnvoll leben, da die neuen Selbstbeschreibungskategorien den Konsistenzpostulaten der neuen, komplexeren Wirklichkeit entsprechen. Weisheit als Wichtigkeitswissen ist also *not-wendig*, um eine neue Wirklichkeit, die auf der Grundlage der bisherigen Denkkategorien das Individuum, die Klein- oder Großgruppe in die Krise führt, als Herausforderung zu begreifen, so daß aus dem vorliegenden Wissen unter bestimmten durch die Krise bedingten Wichtigkeitskriterien ausgewählt, abgeändert oder sogar ergänzt wird und somit auf die durch die Krise hervorgerufene neue Wirklichkeit eine sinnvolle Antwort gegeben wird. Zum analytischen Krisenbegriff siehe VIERHAUS, *Problem*, 313–329. Zur Krise grundsätzlich siehe auch KOSELLECK, *Krise*, 1235–1240; SCHNURR, *Krise*, 61–65; CONDRAU, *Lebensphasen*, 80–83.

[6] HAHN, *Soziologie*, 51.

[7] So HAHN, *Soziologie*, 51.

als Wichtigkeitswissen nicht im Raum der bloßen Wissensvermittlung
bleibt, sondern auf eine Habitualisierung der Wissensinhalte abzielt:
»... Wissen kann man auch etwas, ohne sich danach zu richten, aber nicht
weise sein ...«[8]

Auf dem Hintergrund der bisherigen Überlegungen verstehe ich daher den
Begriff »rettendes Wissen« als eine besondere Ausprägung von Wichtigkeitswissen, welches durch kognitive Relevanzentscheidungen entsteht, die
sozial konsensfähig sind und damit für das Individuum oder für die Klein-
bzw. Großgruppe angesichts einer Krise Verbindlichkeit beansprucht.

Um den Begriff »rettendes Wissen« nun konkreter und damit operationali-
sierbar werden zu lassen, soll im folgenden das Buch der Weisheit mit in die
Überlegungen einbezogen werden.[9] Besondere hermeneutische Funktion

---

[8] HAHN, *Soziologie*, 52.

[9] Zur Einheitlichkeit des Weisheitsbuches siehe u. a. GRIMM, *Buch*, 9–15; FICHTNER,
Stellung, 113–32, und REESE, *Influence*, 122–152, die daraus schlußfolgern, daß Weish
von einem Autor stammt. Da ein übergreifendes Gesamtthema wie eine übergreifende
Gesamtkomposition auf den ersten Blick fehlen, stellt sich die Frage, wie man die relative Geschlossenheit des Buches angesichts der Vielgestaltigkeit von Inhalt und Stil zu
interpretieren hat. FICHTNER, *Weisheit*, 7, und OFFERHAUS, *Komposition*, 21–24, sehen
gerade im *funktionalen Zusammenspiel* des unterschiedlichen Textmaterials (bzw. Gattungen) und der einzelnen Teilkompositionen, die allesamt *eine Intention* verfolgen, die
Einheit des Weisheitsbuches begründet. Insofern ergibt sich aus der einen Intention, die
sich näher als protreptisch bezeichnen läßt, die Schlußfolgerung, daß dieses Werk von
einem Autor stammt. In Fortführung von GEORGI, *Weisheit*, 393, der in Weish ein
Schulprodukt vorliegen sieht, welches über mehrere Generationen fortgeschrieben wurde, sieht KEPPER, *Bildung*, 24, mit Weish auch ein Schulprodukt vorliegen, welches aber
aufgrund der großen sprachlichen und gedanklichen Einheitlichkeit durchaus von *einem*
Autor stammen kann. Für ENGEL, *Buch*, 26f., liegt die Einheit des Weisheitsbuches vor
allem in der fiktiven Person des Königs Salomo begründet, der in der 1. Person den
Leser anspricht, während der erzählende Verfasser im Hintergrund bleibt. Wie schon
OFFERHAUS, *Komposition*, 21, deutlich gemacht hat, muß man die Frage nach der
sprachlichen Einheitlichkeit des Buches, die sich nicht nur stilistisch bzw. kompositorisch, sondern auch inhaltlich durch bestimmte Leitthemen ergibt, noch einmal von der
Frage nach dem Autor bzw. nach den Autoren trennen. Erst durch die Zusammenschau
verschiedener Beobachtungen auf sprachlich-stilistischer, kompositorischer und inhaltlicher Ebene, wobei auch formkritische und gattungskritische Ergebnisse berücksichtigt
werden müssen, kann entschieden werden, ob weiterhin von einem Autor gesprochen
werden kann. Zu diesem »cumulative effect« siehe auch GRABBE, *Wisdom*, 24f. Da hier
keine ausführliche Analyse zur literarischen Eigenart des Weisheitsbuches vorgelegt
werden kann, wird somit unter Vorbehalt im weiteren Verlauf von »einem« Autor gesprochen. Eine Dreiteilung in Weish 1,1 – 6,21; 6,22 – 11,1 und 11,2 – 19,22 nehmen
u. a. GRABBE, *Wisdom*, 22f.; ENGEL, *Buch*, 19ff.; HÜBNER, *Weisheit*, 22f., und KAISER,
Apokryphen, 92, vor. Für eine Dreiteilung mit etwas anderer Abgrenzung – vor allem im

bekommt in diesem Zusammenhang der abschließende Vers Weish 19,22, der im Unterschied zu einer abschließenden Doxologie nicht nur ein Resümee des gesamten Buches zieht, sondern vor allem die in der dritten Teilkomposition thematisierten Erinnerungen an die Errettung durch Gott in die Gegenwart des Lesers hineinspricht:

19, 22a   Denn / fürwahr in allem hast du, Herr, dein Volk groß gemacht und verherrlicht

19, 22b   und du hast (es) nicht übersehen, zu jeder Zeit und (an jedem) Ort (ihm) beistehend.[10]

Wichtigkeitswissen wird somit als eine *Vergegenwärtigung bestimmter Rettungserinnerungen* verstanden, so daß aufgrund von kognitiven Relevanzentscheidungen, die sich aus der Situation des Autors ergeben, eine »Gleichzeitigkeit« des Lesers mit den Personen bzw. mit der Gruppe hergestellt wird, die damals durch Gott gerettet wurden. So schlußfolgert Hans Hübner: »... In diesem Lob ist das heilige Volk Gottes in seiner Gegenwart die *memoria* seiner Vergangenheit. Die in Alexandrien wohnenden Diasporajuden sind so ‚gleichzeitig‘ mit der Errettung ihrer Ahnen in Ägypten und insofern im Glauben bei aller Verfolgung selber auch ‚heute‘ noch die Erretteten ...«[11] Die Erinnerung spielt also eine große Rolle.[12] Besonders in

---

Übergang von der zweiten zur dritten Teilkomposition – sprechen sich auch OFFERHAUS, *Komposition*, 28; SCHMITT, *Buch*, 15; DERS., *Weisheit*, 7f.; SCHWENK-BRESSLER, *Sapientia*, 44; CHEON, *Exodus*, 13, aus. Eine Zweiteilung nehmen u. a. SCARPAT, *Libro*, 13 (1,1 – 6,21 und 6,22 – 19,22), und ENNS, *Exodus*, 12, Anm.15 (1,1 – 9,18 und 10,1 – 19,22), vor.

[10] γάρ hat entweder schlußfolgernde oder emphatische Funktion. Mit 19,22a.b liegt ein Bikolon vor, welches wohl keinen synonymen Parallelismus (so CHEON, *Exodus*, 107), sondern eher einen chiastischen Parallelismus bietet (man beachte die jeweilige Stellung von πάντα bzw. παντί). Berücksichtigt man noch die Verbalsyntax dieses Verses (drei Aoristformen münden in ein Partizip Präsens [παριστάμενος]), dann wird deutlich, daß es sich hier nicht um eine Doxologie in herkömmlicher Form handelt (vgl. ENGEL, *Buch*, 311, und HÜBNER, *Weisheit*, 226f.), sondern um einen Lobpreis Gottes, der einerseits eine resümierende Rückschau hält (Aorist), andererseits aber in die Gegenwart des Lesers hineingesprochen wird (Partizip Präsens). Insofern hat der Vers aus zeitlicher Perspektive eine Art »Scharnierfunktion«, als er die Generation der angezielten Leser mit der Generation des Exodus in zeitlicher Perspektive in eins setzt. Zu dieser Einschätzung von Weish 19,22 siehe auch OFFERHAUS, *Komposition*, 189.206; MARBÖCK, *Herr*, 178; ENGEL, *Buch*, 311; HÜBNER, *Weisheit*, 227.

[11] HÜBNER, *Weisheit*, 227. Als Entstehungsort von Weish wird von den Exegeten überwiegend die ägyptische Diaspora und hier vor allem die Großstadt Alexandria angenommen. Siehe hierzu u. a. OFFERHAUS, *Komposition*, 28; SCHMITT, *Buch*, 9; BARCLAY, *Jews*, 191; COLLINS, *Wisdom*, 178; GRABBE, *Wisdom*, 90f.; CHEON, *Exodus*, 12; ENGEL,

Weish 16,6.11 und 18,22 bilden »das Gebot des Gesetzes« bzw. »die Worte« und »die Eide an die Väter und die Bundesschlüsse«, die Gott dem Volk Israel geschworen bzw. gegeben hat (vgl. 12,21), das jeweilige Objekt der rettenden Erinnerung. Wenn also das im Gesetz bzw. in den Eiden und Bundesschlüssen niedergelegte Wissen erinnert wird, dann greift Gott als Retter für sein Volk Israel ein, so daß aus dem erinnerten Wissen für Israel ein »rettendes Wissen« für die Gegenwart wird.[13]

Kognitive Relevanzentscheidungen implizieren aber auch den Aspekt der *Intertextualität*, dann nämlich, wenn das auszuwählende Wissen in Form von verschrifteten Texten vorliegt.[14] Eine solche Intertextualität kann in Form von *Zitierungen* und / oder *Anspielungen* vom Autor bewußt herge-

---

Buch, 32. Doch sollte man auch die kritischen Überlegungen von KEPPER, *Bildung*, 25–35, und KAISER, *Apokryphen*, 100f., berücksichtigen, die davor warnen, zu schnell historische Ereignisse in den Texten des Weisheitsbuches wiederfinden zu wollen, was auch zu einer falschen Datierung führen kann. Zu den einzelnen Datierungsmöglichkeiten siehe u. a. KEPPER, *Bildung*, 29–35. Aufgrund von sprachlichen Indizien wird das Buch der Weisheit oft in die augusteische Zeit datiert. So u. a. GRABBE, *Wisdom*, 87–90; HÜBNER, *Weisheit*, 19; KEPPER, *Bildung*, 202. ENGEL, *Buch*, 34, datiert das Buch in die Zeit zwischen Augustus und Caligula.

[12] Textstellen zum semantischen Feld »Erinnerung, sich erinnern, Vergessenheit, vergessen« liegen im Bereich der dritten Teilkomposition in Weish 10,7.8; 11,12; 12,2.22; 14,26; 16,6.11; 18,22; 19,4.10.17 vor.

[13] In diesem Sinne versteht auch ENGEL, *Buch*, 288, das Fürbittgebet des Aaron in Weish 18,22: »... Es nimmt Gottes eigenes *Wort* an die Väter auf und macht es durch erinnerndes Nennen wirksam gegenwärtig ...«.

[14] Trotz der Problematik, die mit der Begrifflichkeit von Intertextualität zusammenhängt, soll hier der Terminus verwendet werden, auch wenn damit bekannte Sachverhalte bezeichnet werden. »Intertextualität« wird hier also nicht rezeptionsorientiert, sondern produktionsorientiert verstanden, d. h. es wird nach vom Autor intendierten und im Text (eventuell) markierten intertextuellen Relationen zu einem oder mehreren vorliegenden Texten gefragt, so daß das Verhältnis vom Hypo- zum Hypertext nicht von der Synchronie, sondern von der Diachronie bestimmt ist. Zur Produktionsintertextualität im Unterschied zur Rezeptionsintertextualität siehe u. a. TRIMPE, *Schöpfung*, 39ff. Zur Intertextualität im »engeren Sinn« siehe auch HÄFNER, *Belehrung*, 83ff., der die innovative Kraft dieser Art von Intertextualität nicht so sehr im Methodischen, sondern vielmehr im Terminologischen sieht: »neue Begriffe für alte Sachverhalte« (90). Einblicke in die Intertextualitätsdiskussion bieten u. a. DOHMEN, *Texte*, 38ff., und STEINS, *Bindung*, 48ff. Zur Unterscheidung von Hypotext (der Text, auf den literarisch Bezug genommen wird) und Hypertext (der Text, von dem der literarische Bezug ausgeht) siehe STEINS, *Bindung*, 100.

stellt werden.[15] Letzteres kommt vor allem in der dritten Teilkomposition
Weish 11 – 19 vor, denn hier liegen vor allem Anspielungen auf Texte bzw.
Textkomplexe aus Ex (Plagen- und Exodusgeschichte) und Num (Wüsten-
wanderungsgeschichte) vor.[16]

Im Unterschied zum Zitieren ermöglicht die Anspielung, daß gleichzeitig
mit dem Anspielen eine Neuinterpretation des Hypotextes im Hypertext
vorgenommen werden kann. Dies erreicht der Autor durch eine *selektive
Form* der Anspielung, indem bestimmte Inhalte des Hypotextes in den Hypertext eingespielt werden, andere Inhalte allerdings »verschwiegen« werden. Hier schließt sich dann die Frage an, nach welchen Relevanzkriterien
die Neuinterpretation des Hypotextes vom Autor im Hypertext vorgenommen wird. Für Weish 11 – 19 zeigt sich als ein grundlegendes Relevanzkri-
terium die Verabsolutierung des Rettungsthemas im Hypertext. Als Beispiel

---

[15] Als Zitat wird hier die bewußte, mit einer Intention verbundene Übernahme einer
schriftlichen Formulierung durch einen Autor verstanden, die entweder aus dem Textbereich eines anderen Autors oder aus dem Textbereich desselben Autors stammt (Selbst-
zitat). Ein Zitat kann durch eine einleitende Wendung als Zitat markiert sein. Wenn der
zitierende Autor davon ausgehen kann, daß der Leser das Zitat *als Zitat* auch ohne Einleitung erkennt, kann die einleitende Wendung wegfallen. Ein Zitat kann durch Stil-
wechsel oder syntaktische Sperrigkeit im unmittelbaren literarischen Kontext auffallen,
wobei eine sich anschließende Kommentierung des Zitats durch den zitierenden Autor
möglich ist. Die Reformulierung einer schriftlichen Vorlage muß im Zitat nicht wort-
wörtlich sein, sondern kann entsprechend dem literarischen Kontext abgewandelt sein
(abgewandeltes Zitat), wobei der Leser die Möglichkeit haben muß, die Abwandlung in
Zusammenschau mit der vom Autor verfolgten Intention *als Abwandlung* zu erkennen.
Als textliche Mindestgröße eines Zitats gilt der Satz. Reformulierungen unterhalb der
Satzgrenze gelten als Anspielungen. Bei den Anspielungen ist entscheidend, daß nicht
die Anzahl der übereinstimmenden Worte, sondern deren Charakteristik im Blick auf
den angespielten Hypotext dem Leser die Gewißheit gibt, daß der Autor auf diese eine
Textstelle anspielt. Eine solche bewußte Anspielung wird offensichtlich, wenn der Autor im unmittelbaren literarischen Kontext entweder andere Texte zitiert, auf eindeutige
Art und Weise auf sie anspielt oder wenn sogar die zitierten bzw. angespielten Textstellen in engem Zusammenhang (formal / inhaltlich) mit der Textstelle stehen, auf die sich
die fragliche Anspielung bezieht. Nach HÄFNER, *Belehrung*, 53, stellt die Anspielung
aufgrund der vorausgesetzten intimeren Kenntnis der Schrift eine »,anspruchsvollere‘
Form des Schriftbezugs« dar als das Zitat, was sich auch darin zeigen kann, daß durch
die Auswahl der charakteristischen Wörter nicht nur auf eine, sondern in kombinieren-
der Weise z. B. auf zwei Hypotexte angespielt wird, ohne daß damit ein weitverbreiteter
Gedanke im Rahmen der »biblischen Sprache« vorliegen muß. Zur Kategorie der »biblischen Sprache« siehe HÄFNER, *Belehrung*, 57–59.

[16] So auch SCHWENK-BRESSLER, *Sapientia*, 39ff.338ff. Einzige Ausnahme bildet
Weish 16,13, wo mit großer Wahrscheinlichkeit Tob 13,2 zitiert wird (s. u.).

diene Weish 18,20–25: Aus einer Geschichte (Hypotext), in der Murr-,
Straf- und Rettungsmomente vorliegen (Num 17,6–15), wird im Hypertext
(Weish 18,20–25) durch die selektive Anspielung eine ausschließliche Ret-
tungsgeschichte für Israel. Murr- bzw. Strafelemente werden entweder »verschwiegen« oder werden pädagogisch umgedeutet. Durch Anspielungen auf
weitere Texte, die nicht unbedingt aus dem Bereich des Pentateuch stammen müssen, kann das Rettungsthema im Hypertext besonders hervorgehoben werden: So liegt mit Weish 18,20–25 nicht nur eine selektive Anspielung auf Num 17,6–15 vor, die das Rettungsthema besonders hervorhebt,
sondern durch eine weitere Anspielung in Weish 18,24 auf Ex 28 (Beschreibung der Kleider Aarons) wird das Rettungsthema inhaltlich differenziert, insofern die »ganze Schöpfung«, »der Ruhm der Väter«, den sie von
Gott erhalten haben, und die »göttliche Majestät« selber mitkämpfen, um
Israel zu retten. Somit wird das Rettungsthema im Hypertext nicht nur durch
eine selektive Anspielung auf Num 17,6–15, sondern auch durch eine Anspielung auf einen weiteren Hypotext (Ex 28) konstituiert und in fast hym-
nischer Form dem Leser dargeboten. Zur *selektiven Anspielung* kommt also
die *kombinierende Anspielung* hinzu. Diese Zuspitzung auf das Rettungsthema geschieht gruppenspezifisch, denn der Autor sieht sich selbst als Teil
einer Gruppe[17], so daß er davon ausgeht, daß seine kognitiven Relevanzentscheidungen, die sich u. a. in den selektiven und kombinierenden Anspielungen widerspiegeln, von der Gruppe mitgetragen werden und für sie einen
hohen Verbindlichkeitsgrad haben.

Damit soll die vorläufige Begriffsbestimmung enden. Faßt man die bisherigen Überlegungen zusammen, dann ergibt sich in Fortführung der Unterscheidung von *Richtigkeitswissen* und *Wichtigkeitswissen* des Soziologen
Alois Hahn für die dritte Teilkomposition des Weisheitsbuches Weish 11 –
19 folgende Näherbestimmung des Begriffs »rettendes Wissen«[18]:

---

[17] Zur »Wir«-Perspektive in Weish 11 – 19 siehe Weish 12,6 (»unsere Väter«); 12,18
(»und mit viel Schonung führst du uns«); 12,22 (»uns erziehen«; »unsere Feinde«; »damit wir deine Güte bedenken«; »wir warten auf Erbarmen«); 15,1 (»unser Gott«); 15,2
(»wenn wir sündigen«; »wir«; »wir werden aber nicht sündigen«; »wir sind dir zuge-
rechnet«); 15,4 (»uns«); 15,7 (»zu unserem Dienst«); 15,12 (»unser Leben«); 16,8b
(»unsere Feinde«); 18,6 (»unsere Väter«) und 18,8 (»verherrlichst du [dich an] uns«).

[18] Weish 10 nimmt in der Abgrenzung 9,18 – 11,1 eine Sonderstellung im Übergang von
der zweiten zur dritten Teilkomposition ein. Zunächst besitzen die zwei Eckverse 9,18
und 11,1 in textlicher Hinsicht eine *Doppelfunktion*, insofern sie einerseits jeweils lexematische Entsprechungen zum voraufgehenden Text aufweisen (anaphorisch), ande-

»Rettendes Wissen« bezeichnet ein in Weish 11 – 19 vorliegendes *Wichtig-keitswissen*, welches im Rahmen einer *anspielenden Intertextualität* durch *vergegenwärtigendes Erinnern* eine relevante Antwort auf *eine Krise* gibt, indem das Thema *Rettung* in den Vordergrund gestellt wird. Letzteres kann im Zusammenhang mit dem *Gesetz* (νόμος) geschehen.

»Rettendes Wissen« ist also im Unterschied zur »rettenden Weisheit« in Weish 10* (9,18 – 11,1) kein im Weisheitsbuch vorliegender fester Termi-nus[19], der inhaltlich näher analysiert wird, indem man die einzelnen inhaltli-chen Entfaltungen des Begriffs im Text nachzeichnet, sondern ein vom Au-tor intendiertes, vom Leser rezipiertes und vom Exegeten zu analysierendes Phänomen der Intertextualität, insofern das in den Hypotexten niedergelegte Wissen durch interpretierende Anspielungen im jeweiligen Hypertext auf das Thema »Rettung« hin aktiviert und zugespitzt wird, um so auf die Krise eine Antwort geben zu können.

---

rerseits aber auch lexematische Entsprechungen zum nachfolgenden Text besitzen (ka-taphorisch). Zu dieser Doppel- bzw. Scharnierfunktion von Weish 9,18 und 11,1 siehe u. a. OFFERHAUS, *Komposition*, 119.129f. Zum literarischen Phänomen der »Scharnier-bzw. Schaltverse« in Weish siehe auch FICHTNER, *Stellung*, 113f., und SCHWENK-BRESSLER, *Sapientia*, 34f. Aufgrund dieser Ein- und Ausleitung der »Beispielreihe« Weish 10 (so SCHMITT, *Struktur*, 223–244) mit Hilfe von »Scharnierversen«, legt sich die Vermutung nahe, daß Weish 10 *insgesamt* eine Doppelfunktion hinsichtlich der zweiten und dritten Teilkomposition besitzt. Dies wird durch eine weitere Beobachtung gestützt: Weish 10,1–21 ist zweigeteilt. In 10,1–14 steht die Sophia als rettendes Sub-jekt im Vordergrund (Anspielung auf Isis-Aretalogien), was einen engen Rückbezug zur zweiten Teilkomposition bedeutet (Enkómion über die Sophia). In 10,1–14 ist immer von »dem Gerechten« (Sing.!) die Rede. Ab 10,15 wird von »den Gerechten« (Israel) gesprochen. Im Zusammenhang mit der Thematisierung des Exodus' in 10,15–21, die mit Mose (10,16) und dem Durchzug durchs Rote Meer (10,18–19) vorliegt, ergeben sich u. a. durch Stichwörter einerseits kataphorische Bezüge zur ersten und siebten Gegenüberstellung und damit zur dritten Teilkomposition Weish 11 – 19, andererseits tritt die Sophia als rettendes Subjekt immer mehr in den Hintergrund, was in der Du-Anrede Gottes als »Retter« in 10,20 zum Ausdruck kommt. Gott als Retter liegt dann auch in den nachfolgenden sieben Gegenüberstellungen vor, während von der Sophia nur noch in 14,2.5 die Rede ist. Zu Weish 10 als »Schaltkapitel« siehe SCHWENK-BRESSLER, *Sapientia*, 111f. Ähnliche Beobachtungen macht auch ENGEL, *Buch*, 183, zu Weish 10,15 – 11,1.

[19] »Rettende Weisheit« (Weish 10) und »rettendes Wissen« (Weish 11 – 19) sind keine Gegensätze, sondern sind verschiedene Akzentuierungen des grundlegenden Themas »Rettung«. Eine genaue Bestimmung der beiden Akzentuierungen zueinander ist nur auf dem Hintergrund einer Verhältnisbestimmung zwischen Gott und Sophia möglich, was den Rahmen dieses Aufsatzes aber sprengen würde. Siehe hierzu einführend ENGEL, *Weisheit*, 67–102.

Weitere inhaltliche Differenzierungen zum Begriff »rettendes Wissen« werden sich einerseits durch die nachfolgende Einzelanalyse von Weish 16,5–
14 ergeben, andererseits durch Einbeziehung weiterer Beobachtungen im
Kontext der dritten Teilkomposition.

2. »Rettendes Wissen« in Weisheit 16,5–14

Innerhalb der dritten Teilkomposition bildet Weish 16,5–14 die dritten Gegenüberstellung.[20] Für den Beginn der neuen Texteinheit in 16,5 sprechen
folgende Beobachtungen: Inklusionen von ἐπῆλθεν in 16,5 mit ἐξελθὸν in
16,14 und ἔχοντες in 16,6 mit ἔχεις in 16,13. Zwar gibt es Rückbezüge von
16,5 zur zweiten Gegenüberstellung Weish 16,1–4[21], aber in 16,5 wird
durch die »furchtbare Wut von Tieren« bzw. durch die »Bisse der sich
krümmenden Schlangen« ein neues Thema eingeführt, welches sich von den
in 16,1–4 vorkommenden Tieren abhebt. Hinzu kommt die wichtige Beobachtung, daß ἐβασανίσθησαν in 16,1 zusammen mit ἐβασανίζοντο in 16,4 eine
Inklusion bildet.[22] Das Textende der dritten Gegenüberstellung dagegen ist
schwieriger zu bestimmen: Mit 16,16 liegt ein neues Thema vor (ἀσεβεῖς).
Die Frage ist, ob 16,15 zur vorangehenden oder zur nachfolgenden Texteinheit gehört. Für einen Anschluß an die vorangehende Texteinheit spricht,
daß 16,13 in abwandelnder Form einen in Tob 13,2 vorliegenden Text zitiert, während 16,15 auf ihn anspielt: 16,13 zitiert den ersten Teil (vgl. καὶ
κατάγεις εἰς πύλας ᾅδου καὶ ἀνάγεις mit Tob 13,2 κατάγει εἰς ᾅδην καὶ ἀνάγει),
während 16,15 auf den zweiten Teil anspielt (vgl. τὴν δὲ σὴν χεῖρα φυγεῖν
ἀδύνατόν ἐστιν mit Tob 13,2 καὶ οὐκ ἔστιν ὅς ἐκφεύξεται τὴν χεῖρα αὐτοῦ). Möglicherweise stellt aber Tob 13,2 selbst eine Zitatkombination aus 1 Sam 2,6b
(κατάγει εἰς ᾅδου καὶ ἀνάγει) und Dtn 32,39 (καὶ οὐκ ἔστιν ὅς ἐξελεῖται ἐκ τῶν

---

[20] Ausführliche Einzelanalysen zu dieser Texteinheit finden sich bei MANESCHG, Erzählung, 101–191; DERS., Gott, 214–229; SCHWENK-BRESSLER, Sapientia, 168–192;
CHEON, Exodus, 47–56; SCHMITT, Heilung, 53–86.

[21] Durch γάρ; αὐτοῖς (vgl. τούτοις in 16,4); ἐπῆλθεν (vgl. ἐπελθεῖν in 16,4) und πρὸς ὀλίγον
(vgl. ἐπ'ὀλίγον in 16,3) ergeben sich sprachliche Rückbezüge zu 16,1–4. Da 16,5 in
sprachlicher wie inhaltlicher Hinsicht ana- und kataphorische Bezüge aufweist, könnte
mit 16,5 ein »Scharniervers« vorliegen.

[22] Zur Textabgrenzung Weish 16,1–4 siehe auch CHEON, Exodus, 40–42.

χειρῶν μου) dar[23], so daß sich Weish 16,13 und 16,15 auf zwei verschiedene Texte beziehen (1 Sam 2,6b und Dtn 32,39) und das Argument für einen Anschluß von 16,15 an den vorangehenden Text entfällt. Aber selbst wenn man Tob 13,2 für die vorrangige Bezugsgrundlage hält, dann spricht doch nichts dagegen, daß einerseits am Ende und andererseits am Beginn einer Texteinheit auf Tob 13,2 Bezug genommen wird, um so zwei Texteinheiten kompositorisch enger zu verbinden. Schließt man hier die Beobachtung an, daß σὴν χεῖρα und φυγεῖν aus 16,15 inhaltlich in 16,16 mit ἐν ἰσχύι βραχίονός σου und διωκόμενοι aufgenommen werden, dann spricht dies eher für eine Textabgrenzung nach 16,14.[24]

Die Texteinheit Weish 16,5–14 gliedert sich dann in zwei Untereinheiten (16,5–10.11–14)[25], die sich jeweils in dreifacher Weise weiter untergliedern lassen, wobei eine parallele Abfolge entsteht: A 5–6; B 7–8; C 9–10; A' 11; B' 12; C' 13–14.[26] Die einzelnen Untergliederungen sind formal durch γάρ verbunden, während die beiden Untereinheiten Weish 16,5–10.11–14 durch die Leitwörter »retten« (16,6.7.8.11) und »heilen« (16,9.10.12) miteinander verknüpft sind.[27]

Weish 16,5–14 wird nun sukzessive analysiert, um so zu zeigen, daß durch die Anspielungen auf Num 21,4–9 (LXX) und eventuell weitere Texte das »rettende Wissen« dieser Texte ganz gezielt für den Leser aktiviert wird.

a) Im Unterschied zu Num 21,4–5.7 (ἡμαρτήκαμεν) wird in Weish 16,5–14 an keiner Stelle von der Ungeduld des Volkes, seiner Rede gegen Mose und Gott und seinem Ekel vor der Gottesgabe des Manna gesprochen. Israel wird idealtypisch als schuldloser Gerechter dargestellt.

---

[23] Siehe Maneschg, *Erzählung*, 158.

[24] So u. a. auch Maneschg, *Erzählung*, 111f.; Cheon, *Exodus*, 48; Engel, *Buch*, 242; Hübner, *Weisheit*, 191.

[25] δήγμασιν in 16,5 bildet zusammen mit δήγματα in 16,9 eine Inklusion, was die Gliederung in zwei Untereinheiten stützt.

[26] So u. a. Maneschg, *Erzählung*, 112f., dem sich Engel, *Buch*, 242, anschließt.

[27] Das vorgestellte Strukturmodell ist sehr formal. Vor allem wird die eigentliche Gegenüberstellung in Weish 16,9–11(οὓς μὲν ... τοὺς δὲ) nicht deutlich, denn hier stehen die beiden Plagen der Ägypter (Heuschrecken und Stechfliegen) der Schlangen»plage« der Israeliten gegenüber. Während die Ägypter sterben müssen, weil kein Heilmittel für ihr Leben gefunden wurde, werden die Israeliten durch das Erbarmen Gottes geheilt. Und während die Ägypter bestraft werden, erfahren die Israeliten die Wohltat Gottes.

b) Die Schlangen werden in Num 21,6 von Gott den Israeliten als Strafe gesandt. Durch diese todbringenden Schlangen (τοὺς ὄφεις τοὺς θανατοῦντας) sterben viele Israeliten (ἀπέθανεν λαὸς πολύς). Im Unterschied dazu tragen die Schlangen in Weish 16,5 nicht die partizipiale Apposition »die Todbringenden«, was in der Verbalform διεφθείροντο fortgeführt wird: Während in Num 21,6 der Aorist den Tod vieler Israeliten konstatiert, drückt das Imperfekt die Dauer des Geschehens aus: Die Israeliten drohen umzukommen.[28] Auch werden die Schlangen nicht als Strafwerkzeug Gottes in Weish 16,5f verstanden, sondern sie haben eine pädagogische Funktion: Sie dienen zur warnenden Erinnerung an die »Vorschrift des Gesetzes«.[29] Deshalb ist das Beißen der Schlangen auch zeitlich begrenzt (siehe οὐ μέχρι τέλους und πρὸς ὀλίγον). Es handelt sich also um eine präventiv ausgerichtete Pädagogik Gottes, die den Israeliten einerseits einen »heilsamen« Schrecken (16,6) einjagen soll,[30] damit sie nicht die »Vorschrift des Gesetzes« vergessen, die als Bedingung für Gottes rettendes Eingreifen fungiert, andererseits aber soll dadurch Gott auch als wahren Retter erkannt werden.

c) In Num 21,4–9 fehlt die Wendung »Vorschrift deines Gesetzes«. Ob Dtn 8,2 (LXX) der Grund ist, warum Weish hier den νόμος einträgt, halte ich für wahrscheinlich, da auch in Dtn 8,2 (LXX) die Prüfung in der Wüste mit dem Bewahren »seiner Gebote« zusammenhängt. Dies paßt gut zur pädagogischen Uminterpretation der Schlangenbisse.[31]

---

[28] Zu dieser Einschätzung von διεφθείροντο siehe u. a. HEINISCH, Buch, 300.303, und MANESCHG, Erzählung, 119, Anm. 55. Die Abfolge der Verbaltempora in Weish 16,5 ist ἐπῆλθεν (ingressiver Aorist); διεφθείροντο (Imperfekt); ἔμεινεν (effektiver Aorist).

[29] Zum erzieherischen Aspekt, der mit νουθεσία verbunden ist, siehe auch Weish 11,10 und 12,2 und MANESCHG, Erzählung, 122f.

[30] Der pädagogisch motivierte Schrecken im Unterschied zum tatsächlichen Tod zeigt die Eigenart der psychologischen Neuinterpretation von Bezugstexten in Weish (siehe auch die 5. Gegenüberstellung). Hier knüpft Weish an außerbiblische Traditionen an, die sich z. B. bei Philo von Alexandrien wiederfinden. Siehe hierzu CHEON, Exodus, 51f., Anm. 68.

[31] Siehe hierzu auch CHEON, Exodus, 51. Der Autor von Weish 16,5–14 kommt zu dieser Interpretation von Num 21,4–9, weil er Num 21,4–9 durch »die Brille« von Dtn 8 (LXX) liest. Dtn 8 (LXX) besitzt zahlreiche Bezüge zur Geschichte in Num 21,4–9 (vgl. Dtn 8,2.3.14.15.16). Ebenso liegen zahlreiche Bezüge zu Weish 16,5–14 vor (vgl. Dtn 8,1.2.3.5.6.11.14.15.16.18.19). Besonders hervorzuheben ist die Bewahrung der Gebote (Dtn 8,1.2.6.11), was auf Weish 16,6 hindeutet. Die Bezeichnung Israels als »Sohn« in Dtn 8,5 deutet auf Weish 16,10 hin. Die Verbindung von »Wort Gottes« mit dem »Leben« in Dtn 8,3 kehrt in Weish 16,11.12 wieder. Auch die Wendung εὖ σε

d) Im Unterschied zu Num 21,9 muß keine »bronzene Schlange« hergestellt werden, die rettet, denn in Weish 16,6 ist das »Symbol der Errettung« schon vorhanden.[32] Es wird auch nicht mehr von einer Schlange in Weish 16,6 gesprochen, sondern von einem σύμβολον, welches aufgrund der engen Verbindung mit »der Vorschrift des Gesetzes« transparent auf den νόμος ist. Damit ist jedes Mißverständnis, was sonst im Zusammenhang mit der »bronzenen Schlange« aufkommen kann (vgl. 2 Kön 18,4), ausgeräumt.

e) Die Transparenz des Rettungssymbols auf das Gesetz hin wird dann in 16,7 theozentrisch fortgeführt, denn hinter dem rettenden Gesetz steht Gott, der Retter aller: Aus dem ἰδών in Num 21,8 bzw. aus dem ἐπέβλεψεν in Num 21,9 wird in Weish 16,7 ein ἐπιστραφείς. Verbindet man diese »Hinwendung« mit der pädagogischen Absicht der Schlangenbisse, die »Vorschrift des Gesetzes« nicht zu vergessen, dann könnte mit dieser »Hinwendung« eine Umkehr zum göttlichen Gesetz und damit zu Gott selbst gemeint sein.[33] Mit der Wendung τὸν πάντων σωτῆρα liegt eine universale Perspektive vor, die in Num 21,4–9 fehlt: Gott ist der Retter aller Menschen, also auch der Feinde Israels, die dann auch in Weish 16,8 genannt werden.

f) Die göttliche Pädagogik bezieht auch die Feinde Israels ein, denn im Unterschied zu Num 21,4–9 erkennen nicht nur die Israeliten, daß Gott der Retter »aus allem Übel ist«, sondern auch die Feinde Israels, womit die Ägypter gemeint sind.[34] Hinzu kommt die wichtige Beobachtung, daß der Autor von Weish von »unseren« Feinden spricht, d. h. Autor und Leser gehören zur selben Gruppe, und der Leser wird, da in Weish 16,5–14 von der Exodusgeneration der Israeliten gesprochen wird, in die Zeit dieser Generation hineinversetzt und so mit dieser Generation »gleichzeitig«.

ποιήσῃ in Dtn 8,16 deutet auf εὐεργεσίας in Weish 16,11 hin. Gerade weil Dtn 8 (LXX) die Mannageschichte samt den beißenden Schlangen mit dem Bewahren der Gebote Gottes, die als Wort Gottes menschliches Leben sichern, verbindet, legt es sich nahe, daß dieser Text dem Autor von Weish 16,5–14 für seine Interpretation von Num 21,4–9 (LXX) zur Verfügung gestanden hat und er auf ihn auch anspielt.

[32] Zu beachten ist, daß ἔχοντες als Partizip Präsens vorliegt. Insofern ist die Person des Mose, die eine zentrale Stellung in Num 21,4–9 (LXX) hat, überflüssig.

[33] Siehe auch MANESCHG, *Erzählung*, 129f.; SCHWENK-BRESSLER, *Sapientia*, 178.

[34] Der Autor gibt keine Auskunft darüber, wie die Ägypter an diese Information gekommen sind. Möglicherweise ist die Einführung der Ägypter an dieser Textstelle stilistisch bedingt, da sie eine vorbereitende Funktion für die nachfolgende Gegenüberstellung »Ägypter – Israeliten« hat.

Bislang wurde vom Autor des Weisheitsbuches das Thema »Rettung« vor allem aufgrund der selektiven Anspielung auf Num 21,4–9 (LXX) in den Mittelpunkt gestellt. Mit Weish 16,9 ändert sich das, denn nun wird einerseits mit Hilfe des Kontrastes »Ägypter – Israeliten« auf betonte Weise die Errettung der Israeliten geschildert, ja durch eine Neuinterpretation von Weish 16,5–8 in 16,9ff wird die Errettung ins Wundersame gesteigert, andererseits spielt der Autor auf weitere Texte an.

g) In Weish 16,9 liegen Anspielungen auf die dritte (Ex 8,12–15), vierte (Ex 8,16–28) und achte Plage (Ex 10,1–20) vor, wobei die dritte und vierte Plage im »Beißen der Stechfliegen« zu einer Plage verschmelzen. Hinsichtlich der dritten und vierten Plage werden in Weish weder Mose noch Aaron genannt. Auch der Pharao und die Zauberer samt ihrer Gotteserkenntnis bleiben unerwähnt. Es wird generell von den Ägyptern gesprochen, wobei die »Ägypter« lexematisch gar nicht ausgedrückt sind, sondern über die »Feinde« zu erschließen sind. Insofern ergibt sich stilistisch nicht nur eine Generalisierung, sondern es liegt auch Antonomasie vor. Gleiches gilt auch für die »Israeliten«. Von der Verstockung des pharaonischen Herzens durch Gott ist ebensowenig die Rede wie von der Bitte des Pharaos an Mose, Fürbitte beim Gott Israels einzulegen. Nicht die Menge der Mücken und Bremsen wird in Weish 16,9 erwähnt, sondern das »Beißen« steht im Mittelpunkt, wovon weder in Ex 8,12–15 noch in Ex 8,16–28 die Rede ist. Das »Beißen« stellt aber das tertium comparationis dar: So wie Israel durch das Beißen der Schlangen umzukommen droht (Weish 16,5), so werden die Ägypter durch die Bisse der Heuschrecken und Stechfliegen getötet. Insofern trägt der Autor des Weisheitsbuches ein Motiv aus Num 21,4–9 (LXX), welches in Weish 16,5 aufgenommen wird, in die Exodusplagen ein. Vom Tod der Ägypter wird in der dritten und vierten Exodusplage nicht gesprochen[35], wohl aber kommt der Tod im angespielten Text Num 21,4–9 (LXX) vor, so daß analog zum »Beißen« das Motiv des »Sterbens« aus Num 21,6 in die Exodusplagen aufgenommen wird.

Auch hinsichtlich der Heuschreckenplage wird in Weish nicht erwähnt, daß Gott das Herz des Pharaos verstockt, damit er an ihm ein Zeichen tun kann und die Israeliten zur Gotteserkenntnis kommen. Mose und Aaron werden auch nicht genannt. Das Schuldeingeständnis des Pharaos vor Mose und

---

[35] Es wird nur von einer großen Verheerung / Zerstörung (ἐξωλεθρεύθη) in Ex 8,20 gesprochen.

Aaron samt Vergebungsbitte (vgl. Ex 10,16f.) wird ebenfalls nicht erwähnt. Weder kennt die Exodusplage ein »Beißen« der Heuschrecken noch ein Sterben der Ägypter durch die Heuschrecken.[36] Auch kennen die Exodusplagen keine »Heilmittel«, die aber der Autor von Weish im Zusammenhang mit den Exodusplagen einführt, um dadurch später in Weish 16,10.12 die Heilkraft Gottes hervorzuheben.

Die bisherigen Beobachtungen zeigen also, daß die Ägypter die negative Kontrastfolie zu den Israeliten bilden. Alles Positive wie z. B. Schuldeingeständnis oder Vergebungsbitte wird aufgrund der selektiven Anspielung verschwiegen. Die Exodusplagen werden den in Weish 16,5–7 geschilderten Ereignissen angeglichen, damit sich der Kontrast verstärkt und dadurch die in Weish 16,10 geschilderte Rettung der Israeliten um so wunderbarer erscheint.[37]

h) Ursache der Plagen in Ex ist die durch Gott verursachte Verstocktheit des pharaonischen Herzens. Die Absicht dieser Verstockung liegt in den von Gott gewirkten »Zeichen« und »Wundern«, die der Gotteserkenntnis auf seiten der Ägypter und Israeliten dienen (vgl. Ex 7,3ff.17; 8,6.18; 9,14.16.29f.; 10,2; 11,7). Durch Weish 16,9 (»denn sie waren es wert, von diesen [Wesen] bestraft zu werden«) werden die Plagen in göttliche Strafen uminterpretiert, denn mit ἄξιος und κολάζειν liegen zwei Leitwörter vor, die durch ihre Zusammenstellung (vgl. Weish 16,1.9; 19,4; 2 Makk 4,38) das gerechte Strafen Gottes an den Feinden Israels ausdrücken.[38] So liegt der Grund für die in Weish 16,1ff. angespielte Froschplage (vgl. Ex 7,26 – 8,11) in der ägyptischen Verehrung von Tieren als Götter: διὰ τοῦτο verknüpft

---

[36] Nur der Pharao spricht in Ex 10,17 von »diesem Tod«, ohne daß zuvor vom Sterben der Ägypter die Rede ist. Insofern wird mit »diesem Tod« eine durch die Heuschrecken verursachte Hungersnot, die Todesopfer kosten kann, gemeint sein.

[37] Das Eintragen des Todes-Motivs in die Exodusplagen, um dadurch den Kontrast zur Rettung der Israeliten hervorzuheben, kann sich auf außerbiblische Auslegungstraditionen berufen. Siehe hierzu CHEON, Exodus, 54f.

[38] Das Adjektiv ἄξιος kommt zwölfmal in Weish vor und wird mit Ausnahme von Weish 13,15 immer auf menschliches Verhalten angewandt, welches eine bestimmte Reaktion Gottes zur Folge hat. Es kann sich dabei um den bzw. die Gerechten (3,5; 6,16; 9,12) oder um die Gottlosen (1,16; 12,26; 15,6; 16,1.9; 18,4; 19,4) handeln. Das Verb κολάζειν bezeichnet in Weish 11,5.8.16; 12,14.15.27; 14,10; 16,1.9; 18,11 das Strafen Gottes, wobei semantisch differenzierter die strafende Gerechtigkeit gemeint ist (12,15). Gleiches gilt auch für das Substantiv κόλασις in Weish 11,13; 16,2.24; 19,4. Zum antiken Umfeld von κολάζειν bzw. κόλασις siehe SCHNEIDER, κολάζω, 815–817.

16,1–4 mit 15,18–19. Demnach straft Gott nach dem Grundsatz »Wodurch gesündigt wird, dadurch wird gestraft!« Dieser Grundsatz wird erstmals in Weish 11,15–16 ausführlich formuliert:

11,15   Als Konsequenz ihrer unverständigen Gedanken von Unrecht, durch die sie irregeleitet unvernünftige Kriechtiere und wertloses (elendiges) Getier verehrten, sandtest du hinter ihnen her eine Menge unvernünftiger Lebewesen zur Bestrafung,

11,16   damit sie erkennen, daß man durch die (Dinge) bestraft wird, mit denen jemand (man) sündigt.

Während also der Autor des Weisheitsbuches die Schlangenbisse im Vergleich zum angespielten Text Num 21,4–9 (LXX) von einer Strafe in ein göttliches Erziehungsmittel gegen das Vergessen des Gesetzes umdeutet, werden die zum Zweck der Gotteserkenntnis gesandten Plagen in göttliche Strafen umformuliert[39], die nach dem Prinzip »funktionieren«, welches in Weish 11,16 vorliegt. Der Autor wechselt also an dieser Stelle im Verhältnis zu den angespielten Bezugstexten nicht nur jeweils die Ursache für das Beißen der Schlangen und für die Plagen aus, sondern er vertauscht regelrecht die beiden Ursachen miteinander.

i) Mit 16,10 liegt eine Neuinterpretation von 16,5–6 vor. Dadurch ergeben sich folgende Nuancierungen: Aus »Schlangen« werden »giftspritzende Schlangenungeheuer«. Dadurch wird der Kontrast zu den Stechfliegen und Heuschrecken verstärkt, so daß die Rettungstat Gottes auf seiten der Israeliten besonders betont wird und ins Wunderbare gipfelt. In 16,5f. sind Israeliten schon am Sterben und erleiden Schrecken, während sie in 16,10 nicht bezwungen werden, ohne daß von einem Schrecken die Rede ist. In 16,11 werden die Israeliten nur noch »gestochen« bzw. »angespornt«.[40] Auch werden die Israeliten nicht wie in 16,5 durch »sie«, sondern durch »deine Söhne« wiedergegeben.[41] In scharfem Kontrast zum »Zorn Gottes« in 16,5

---

[39] Zu den Plagen als pädagogische »Züchtigungen« siehe u. a. JACOB, *Buch*, 177.

[40] Zur pädagogischen Bedeutung von ἐνεκεντρίζοντο bei metaphorischer Verwendung siehe MANESCHG, *Erzählung*, 144f.; DERS., *Gott*, 217, und PASSOW, *Handwörterbuch*, 766.

[41] Die Israeliten werden auch in Weish 16,26; 18,4.13 als »Söhne Gottes« bezeichnet, während in Weish 2,18; 5,5; 12,19.21 der Gerechte (die Gerechten) als »Sohn (Söhne) Gottes« tituliert wird. Zu Gott als »Vater« siehe Weish 11,10. Dort liegt auch νουθετῶν vor, welches als εἰς νουθεσίαν in Weish 16,6 wiederkehrt.

steht das »Erbarmen« Gottes.[42] Während vom »Symbol der Errettung«
(16,6) in 16,10–11 nicht mehr gesprochen wird, gibt die Wendung »Erinnerung an deine Worte« in grundsätzlicher Form die Wendung »Vorschrift
deines Gesetzes« aus 16,6 wieder. Auch das Erleben einer eigenen Leid-
situation wird für die Israeliten abgekürzt: Während sie in 16,6 für »eine
kurze Zeit« erschreckt werden, geschieht die Rettung in 16,11 »schnell«.
Zur Rettung kommt dann in 16,11 noch die »Wohltat« Gottes an seinen
Söhnen[43], was allerdings zur Bedingung hat, daß die »Söhne Gottes« die
Worte Gottes nicht vergessen.[44]

Es zeigt sich also sehr deutlich, daß durch die Neuinterpretation von 16,5–7
durch 16,10–11 das rettende Handeln Gottes im Vergleich zu Num 21,4–9
nochmals eine Steigerung erfährt: Ist es dort die bronzene Schlange an der
Stange, die rettet, so wird in 16,6.7 zumindest noch vom »Symbol der Errettung« gesprochen, wobei Gott als der Retter aller hinter diesem Zeichen
steht. In 16,10f. fehlt jeder Hinweis auf ein »Symbol der Errettung«. Gott
rettet. Aber er rettet nicht nur, sondern er heilt, und er gewährt seinen Söhnen Wohltaten. Pointiert ausgedrückt: Gottes heilendes Wort tritt an die
Stelle der »bronzenen Schlange«. Somit ist eine theozentrische Zuspitzung
im Hinblick auf das Rettungsthema zu beobachten. Dem korrespondiert eine
Neuinterpretation der tödlichen Strafe in ein Erziehungsmittel: Während die
beißenden Schlangen in Num 21,6 viele Menschen töten, drohen die Israeliten in Weish 16,5 umzukommen, ohne daß explizit von Toten gesprochen
wird. Vielmehr wird ein »heilsamer« Schrecken erwähnt. In 16,10 bezwin-
gen die »Söhne Gottes« die »giftspritzenden Schlangenungeheuer«. Aus der

---

[42] Hier liegt nach MANESCHG, *Erzählung*, 142, eine literarische Personifikation des
göttlichen Aspektes vor. Man fragt sich, warum der Autor von Weish 16,5 den göttlichen Zorn erwähnt, da er in Num 21,4–9 (LXX) fehlt. Vielleicht hat er nur eine stilistische Funktion, um so das Erbarmen Gottes stärker zu betonen. Eine endgültige Antwort
kann aber nur gegeben werden, wenn auch die übrigen Zornstellen im Weisheitsbuch
analysiert und auf ihre Funktion hin befragt werden.

[43] Das Verb εὐεργετεῖν liegt in Weish 3,5; 11.5.13; 16,2 vor, während das Substantiv
εὐεργεσία in Weish 16,11.24 vorkommt. In allen Fällen besteht inhaltlich eine enge Verbindung zu κολάζειν bzw. κόλασις. Zu εὐεργετεῖν bzw. εὐεργεσία siehe SCHNEIDER,
εὐεργετέω, 191–193.

[44] In diesem Sinne verstehe ich Weish 16,11. Das »nicht in tiefes Vergessen verfallend«
bezieht sich nicht auf Israel, sondern in Parallele zur Wendung »zur Erinnerung an deine
Worte« auf die Worte Gottes. Syntaktisch besteht die Möglichkeit, ἵνα μή so zu verstehen, daß sich das μή auf das nachfolgende Partizip bezieht (vgl. BLASS / DEBRUNNER /
REHKOPF, *Grammatik*, § 430).

todbringenden Strafe Gottes wird ein Erziehungsmittel, um an die Vorschrift des Gesetzes (16,6) bzw. an die Worte Gottes (16,11) zu erinnern. Ja,
man hat den Eindruck, daß die ursprünglich tödliche Gefahr interpretierend
abgeschwächt wird und nur noch als Mittel dient, um den Gott Israels als
überlegenen Retter- und Heilergott darzustellen. Auch in dieser Interpre-
tationslinie ist also eine theozentrische Zuspitzung zu beobachten.

j) In Aufnahme des Gegensatzes zwischen 16,9 (»und es wurde kein Heilmittel für ihr Leben gefunden«) und 16,10 (»denn dein Erbarmen trat dagegen auf und heilte sie«) wird in 16,12 Gottes heilendes Wort (Sing.!) als
Gegensatz zum heilenden Kraut und Verband gesetzt.[45] Da das heilende
Wort auf die »Worte« in 16,11 zurückgreift und diese die Wendung »Vorschrift deines Gesetzes« (16,6) aufgreift, könnte man schlußfolgern, daß
dem göttlichen Gesetz, dem $\nu\acute{o}\mu o\varsigma$, eine heilende Kraft innewohnt. Diese
Interpretation erzielt der Autor an dieser Stelle, indem er zumindest auf
einen weiteren Text anspielt, nämlich Ps 106 (LXX). In V. 20 wird vom
Wort Gottes gesprochen, welches heilt. Hinzu kommen im Bereich von
Ps 106,17–22 (LXX) weitere Bezüge zu den Leitwörtern in Weish 16,5–
14[46], so daß eine Anspielung auf diesen Psalm sehr wahrscheinlich ist. Weitere Texte, auf die angespielt werden könnte, sind Jes 55,11 (LXX) und
Ex 15,26 (LXX).[47]

k) Mit Weish 16,13–14 wird zwar die eigentliche Gegenüberstellung
»Ägypter – Israeliten« von 16,9–12 verlassen, doch arbeitet nun der Autor
mit einem Kontrast, der seit der Anspielung auf Num 21,4–9 (LXX) ständig
im Hintergrund steht: das Leben im Gegensatz zum Tod. Gott kann einen
Menschen zu den »Pforten des Hades« herunterführen und er kann ihn wie-
der heraufführen. Darin zeigt sich seine $\dot{\varepsilon}\xi ov\sigma \acute{\iota}\alpha$. Zunächst erinnert »Pforten
des Hades« noch einmal an Ps 106,18 (LXX), wo die »Pforten des Todes«
genannt werden.[48] Kombiniert ist nun diese Anspielung mit einem abge-

---

[45] Wie beim Erbarmen Gottes in Weish 16,11 liegt auch hier eine literarische Personifikation vor.

[46] So verweist $\check{\varepsilon}\sigma\omega\sigma\varepsilon\nu$ in Ps 106,19 (LXX) auf Weish 16,6.7.11, $\dot{\varepsilon}\rho\rho\acute{v}\sigma\alpha\tau o$ in Ps 106,20
(LXX) auf Weish 16,8 und $\tau\grave{\alpha}~\dot{\varepsilon}\lambda\acute{\varepsilon}\eta$ in Ps 106,21 (LXX) auf Weish 16,10.

[47] Siehe hierzu MANESCHG, *Erzählung*, 151ff.; DERS., *Gott*, 221; ENGEL, *Buch*, 246.

[48] In Ps 106,18 (LXX) »nähern sich« die Menschen »den Pforten des Todes«, d. h. sie
stehen in der Gefahr zu sterben, sind aber noch nicht tot. Sie befinden sich aufgrund
einer Krankheit oder einer Gefahr in der Sphäre des Todes. Da auf Ps 106 (LXX) an
mehreren Stellen in Weish 16,5–14 angespielt wird, könnte hier der Grund liegen, wa-

wandelten Zitat aus Tob 13,2 (LXX). Möglich ist aber auch, daß 16,13 auf Dtn 32,39 (LXX) anspielt bzw. 1 Sam 2,6 (LXX) in abgewandelter Form zitiert, da diese beiden Textstellen in Kombination in Tob 13,2 (in der Rezension der Codices A und B) vorliegen. Ebenfalls besteht noch die Möglichkeit, daß Weish 16,13 sich auf eine Tradition bezieht, die sich in den drei Textstellen Dtn 32,39; 1 Sam 2,6 und Tob 13,2 wiederfindet. Wenn auch keine letzte Eindeutigkeit erzielt werden kann, so spricht doch einiges für Tob 13,2, da der Beginn der nächsten Texteinheit (Weish 16,15) eher auf Tob 13,2 als auf Dtn 32,39 anspielt ($\varphi\upsilon\gamma\varepsilon\tilde{\iota}\nu$ in Weish 16,15 greift $\dot{\varepsilon}\kappa\varphi\varepsilon\dot{\upsilon}\xi\varepsilon\tau\alpha\iota$ aus Tob 13,2 auf). Wichtig ist aber, daß alle drei Textstellen aus hymnischen Kontexten stammen, nämlich aus dem Moselied, dem Lied der Hanna und dem Loblied des Tobit. In diesen Liedern geht es einerseits um die Hilfe Gottes für sein Volk Israel gegen seine Feinde. Andererseits kann dieser Hilfe eine Zeit der Züchtigung vorausgehen. Während in Dtn 32,39 (LXX) und 1 Sam 2 (LXX) vor allem auf das 1. Gebot insistiert wird, geht es in Tob 13 (LXX) um die Bezeugung des Gottes Israels vor den Völkern. Wenn also am Ende unserer Texteinheit sich Bezüge zu Dtn 32,39 (LXX); 1 Sam 2,6 (LXX) und Tob 13,2 (LXX) ergeben, dann stehen diese Bezüge ganz im Dienst der hymnischen Betrachtung der göttlichen Rettermacht, verbunden mit der Aufforderung, das Erste Gebot zu beachten und vor den Völkern Gottes Größe und Macht zu preisen. Dadurch ergeben sich erste Hinweise für eine »hymnische Geschichtsbetrachtung«, die ein grundlegendes Kennzeichen der dritten Teilkomposition ist.[49]

l) Im Rahmen dieser hymnischen Betrachtung liegt ein zweiter Kontrast vor, der sich schon in der eigentlichen Gegenüberstellung von Weish 16,9–12 ankündigte: Dort wurde die Heilungskraft des göttlichen Wortes in Kontrast zu Heilmitteln gesetzt, die vom Menschen stammen. In 16,14 wird auf dem Hintergrund des Gegensatzes von »Leben und Tod« der Kontrast von »Gott und Mensch« erneut thematisiert, was noch einmal die Ohnmacht des Men-

---

rum in Weish 16,5 die Aussage von Num 21,6 abgeschwächt durch ein Imperfekt wiedergegeben wird. Zu beachten ist auch, daß mit großer Wahrscheinlichkeit $\dot{\varepsilon}\kappa$ $\tau\tilde{\omega}\nu$ $\delta\iota\alpha\varphi\vartheta\sigma\varrho\tilde{\omega}\nu$ aus Ps 106,20 (LXX) in Weish 16,5 durch $\delta\iota\varepsilon\varphi\vartheta\varepsilon\dot{\iota}\varrho\sigma\nu\tau\sigma$ aufgenommen wird (gleicher Wortstamm).

[49] Siehe hierzu auch MANESCHG, *Erzählung*, 169f. und OFFERHAUS, *Komposition*, 197–207. Zu dieser »hymnischen Geschichtsbetrachtung« paßt auch die Du-Anrede Gottes und der Vokativ $\kappa\dot{\upsilon}\varrho\iota\varepsilon$, der schon in Weish 16,12 vorliegt.

schen angesichts der göttlichen ἐξουσία herausstellt.[50] Der Mensch ist Geschöpf Gottes. Daher soll er sich nicht wie die Frevler in der ersten Teilkomposition und wie die Ägypter in der dritten Teilkomposition gegen Gott
und seine Schöpfungsordnung auflehnen.

3. »Rettendes Wissen« im Horizont von Weisheit 11 – 19

Systematisiert man die vorangehenden Beobachtungen unter Berücksichtigung des zuvor erarbeiteten Begriffs »rettendes Wissen«, dann ergibt sich
unter Einbeziehung der übrigen Texte aus Weish 11 – 19 folgendes Bild:

1) Das Thema »Rettung« steht aufgrund der *selektiven Anspielung* auf den
Hypotext Num 21,4–9 (LXX) im Hypertext Weish 16,5–14 im Mittelpunkt.
So werden das Murren des Volkes, die Vorwürfe gegen Mose und Gott, das
Schuldeingeständnis der Israeliten und die Fürbitte des Mose in
Weish 16,5–14 gar nicht erwähnt, während die beißenden Schlangen, das
Sterben der Israeliten, die bronzene Schlange und das Hinwenden zur bron-
zenen Schlange im Rahmen eines göttlichen »Erziehungsprogramms« gegen
das Vergessen des Gesetzes neu interpretiert werden. Nicht die »bronzene
Schlange« ist mehr Garant der Rettung, sondern die Erinnerung an Gottes
Gesetz, welches im weiteren Argumentationsgang von Weish 16,5–14 als

---

[50] Eine postmortale Perspektive wird in Weish 16,14 nur angedeutet, da es zunächst um
den Gegensatz von Gott und Mensch geht. Doch fallen drei Dinge auf: a) Der Satz »ein
Mensch aber kann zwar durch seine Bosheit töten« kann zwei Bedeutungen haben.
Einerseits kann der Satz bedeuten, daß der Mensch einen anderen Menschen durch seine
Bosheit umbringt (biologischer Tod). Andererseits kann der Satz aber auch bedeuten,
daß sich der Frevler durch seine Bosheit nicht nur den biologischen Tod, sondern auch
den endgültigen Tod bei Gott als Strafe zufügt. Dann aber wäre auf eine Thematik (»die
zwei Tode«) angespielt, die gerade in der ersten Teilkomposition vorliegt. Siehe hierzu
WERNER, *Gerechtigkeit*, 46–50, und MARTIN HOGAN, *Background*, 15ff.

b) Die ψυχή ist nicht entsprechend der platonischen Seelenlehre von ihrem Wesen her
unsterblich, sondern mit ψυχή ist zunächst »das Leben«, »die Person« gemeint, die ihre
Unsterblichkeit von Gott erhält (»aufgenommen ist« – passivum divinum). Siehe hierzu
auch WERNER, *Gerechtigkeit*, 39f.43f.

c) Aufgrund der Umstandsbestimmung »durch seine Bosheit« wird das menschliche
Töten vom göttlichen Töten im Rahmen seines Strafhandelns unterschieden. Gott bleibt
gerecht, selbst dann, wenn er als Strafe den Tod über einen Menschen verhängt.

Gottes Wort interpretiert wird, das alles bzw. jeden heilt. Eine solch rettende Neuinterpretation von Num 21,4–9 (LXX), die vor allem das göttliche Gesetz und damit Gott selber als rettende Instanz bzw. als Retter hervorhebt, ergibt sich dadurch, daß sich die selektive Art der Anspielung auf Num 21,4–9 (LXX) durch *Kombination* mit einer Anspielung auf Dtn 8 (LXX) ergibt.[51] Selektion und Kombination bedingen sich also gegenseitig. Auch die Neuinterpretation der »Vorschrift deines Gesetzes« als heilendes Gotteswort, die innerhalb von Weish 16,5–14 abläuft, geschieht mit Hilfe einer weiteren Anspielung auf Ps 106,20 (LXX), die ebenfalls mit der Anspielung auf Num 21,4–9 (LXX) kombiniert wird. Auch in der eigentlichen Gegenüberstellung Weish 16,9–12 wird das Rettungsthema dadurch besonders betont, daß die angespielte Geschichte aus Num 21,4–9 (LXX) mit der dritten, vierten und achten Exodusplage kombiniert wird, auf die 16,9 anspielt. Es zeigt sich also sehr deutlich, daß »rettendes Wissen« durch eine ständige Neuinterpretation des angespielten Ausgangstextes Num 21,4–9 (LXX) mit Hilfe anderer angespielter Textstellen aus dem Nomos vom Autor produziert wird.[52] Auch wenn die angespielten Textstellen zeitlich getrennte Ereignisse schildern, so werden sie wie im Fall von Weish 16,9–12 einander gegenübergestellt und inhaltlich angeglichen, als ob sie gleichzei-

---

[51] Im Rahmen dieses Aufsatzes können nur einige Texte aufgeführt werden, auf die in Weish 16,5–14 angespielt wird. Eine ausführliche Zusammenstellung angespielter Textstellen findet sich in MANESCHG, *Erzählung*, 170, der in diesem Zusammenhang von einem antologischen Stil spricht.

[52] Der Autor kombiniert den angespielten Ausgangstext Num 21,4–9 (LXX) nicht nur mit angespielten Textstellen aus dem Pentateuch, sondern auch Psalmen und (Deutero-) Jesaja dienen als Interpretationshilfen. Will man diese Art von Intertextualität systematisch darstellen, muß man folgende Fragehorizonte berücksichtigen: Die Art der Anspielung auf eine Textstelle, die immer mit einer bestimmten Interpretation verbunden ist, geht auf den Autor selbst zurück, oder der Autor bedient sich bestimmter Auslegungstraditionen. Sollte letzteres vorliegen, dann stellt sich die Frage, ob diese Auslegungstraditionen innerbiblisch oder / und außerbiblisch (frühjüdisch) sind, was wiederum mit einer Rückfrage an das *Kanonbewußtsein* des Autors zu verbinden wäre. Da der Autor des Weisheitsbuches mit großer Wahrscheinlichkeit im hellenistischen Alexandrien gelebt hat, stellt sich die weitere Frage, inwiefern die Art und die Kombination der Anspielungen bestimmte Strukturmuster (u. a. Gattungen) aus der griechisch-hellenistischen Literatur (Rhetorik, Geschichtsschreibung, Philosophie) erkennen lassen. Auch wäre zu fragen, ob die Auslegungen, die in den Einzeltexten betrieben werden, nach einem für alle Einzeltexte verbindlichen inhaltlichen Prinzip geschehen und inwiefern rabbinische Auslegungsmethoden hier weiterhelfen können, um die Eigenart der Auslegung in den Einzeltexten von Weish 11 – 19 zu bestimmen. Erste Antworten auf die vorgelegten Fragen bieten vor allem CHEON, *Exodus*, und ENNS, *Exodus*.

tig geschehen wären.[53] Dies dient sicherlich zunächst der Hervorhebung des Rettungsthemas auf seiten der Israeliten im Kontrast zum Untergang der Ägypter. Doch läßt sich auch im Hinblick auf das Wortpaar »strafen – wohl tun« vermuten, daß die Zusammenstellung zeitlich verschiedener Ereignisse, die zur Gleichzeitigkeit führt, dazu dient, für den Leser den *entscheidenden Grundsatz* herauszustellen, nach dem Gott in den angespielten Texten rettend eingreift.

2) Aufgrund der Idealisierung der Israeliten wird die Strafe in ein göttliches Erziehungsmittel umgedeutet, welches präventiv gegen ein Vergessen der göttlichen Worte (16,6 »Vorschrift deines Gesetzes«; 16,11 »deine Worte«) eingesetzt wird, denn die Erinnerung an das Gesetz ist Bedingung für das rettende Eingreifen Gottes. In diesem Zusammenhang fällt auf, daß Weish 11 – 19 nie ein konkretes Gebot des νόμος aufgreift und es thematisiert.[54] Immer wieder spielt Weish auf den νόμος als Ganzes an. Was in irgendeiner Weise die jüdische Eigenart gesetzlich regelt wie z. B. das jüdische Kultgesetz, wird nicht thematisiert. Eine solche »semantische Leerstelle« kann dazu dienen, den νόμος für bestimmte Grundanschauungen bzw. Grundhaltungen der griechisch-hellenistischen Umwelt (vgl. δικαιοσύνη oder φιλανθρωπία) zu öffnen, so daß dem νόμος eine universale Funktion zukommt: Was in soteriologischer Hinsicht beispielhaft für Israel im νόμος vorliegt, steht als Angebot für alle Völker – die Feinde Israels mit eingeschlossen – zur Verfügung (vgl. Weish 18,4). Eine solche universalsoteriologische Perspektive zeigt sich auch in zeitlicher Hinsicht, denn an die Stelle des Begriffs νόμος können auch die »Eide und Bündnisse der Väter« treten, an die Gott erinnert wird, damit er rettend eingreift (vgl. Weish 18,22). So geht Weish über den Sinai-Bund bis in die Patriarchenzeit zurück. Dieser unspezifische Gebrauch von νόμος neben »Eide und Bündnisse der Väter« ist vielleicht dadurch zu erklären, daß es dem Autor von Weish vorrangig um das rettende bzw. heilende Wort Gottes geht, welches ja in beiden Formulierungen enthalten ist. Ein solcher »Abstraktionsvor-

---

[53] Hier scheint das rabbinische Prinzip »Es gibt kein Früher und kein Später in der Tora« vorzuliegen. Siehe hierzu auch MANESCHG, *Erzählung*, 188f.

[54] Zu dieser Eigenart siehe WEBER, *Gesetz*, 190ff. Es gibt vielleicht eine Stelle in der dritten Teilkomposition, die auf ein jüdisches Einzelgesetz anspielt, nämlich Weish 18,9 (das die Paschaordnung betreffende Beschneidungsgebot). Dieses wird aber durch die Anspielung sozial-ethisch uminterpretiert, indem der Solidaritätsaspekt innerhalb der (jüdischen) Gemeinschaft betont wird.

gang«, der auf das Wesentliche schaut, liegt ja auch in der Neuinterpretation von »Vorschrift des Gesetzes« (Weish 16,6) als »dein Wort, das alles / alle heilt« (Weish 16,12) vor.

Diese unspezifische Darstellung des νόμος als Topos bildet eine Ebene der Rede vom Gesetz in Weish 16,5–14. Dem korrespondiert die Ebene der Anspielungen auf Einzeltexte aus eben diesem νόμος. M. a. W.: Der Autor von Weish führt einerseits den νόμος im Hypertext Weish 16,5–14 ein, ob-wohl er im Hypotext Num 21,4–9 (LXX) gar nicht erwähnt wird, weil für ihn die Erinnerung an diesen νόμος (samt den darin enthaltenen Rettungs-geschichten) die Grundvoraussetzung für das rettende Eingreifen Gottes bil-det. Andererseits vollzieht der Autor vor den Augen des Lesers gerade diese Erinnerungsarbeit, indem er auf das rettende Handeln Gottes, das in den Plagen-, Exodus- und Wüstenwanderungserzählungen vorliegt, durch seine selektive und kombinierende Art der Anspielung betont hinweist.

3) Wie schon der unspezifische Gebrauch von νόμος andeutet, ist Weish 16,5–14 *theozentrisch* ausgerichtet. Dies zeigt sich nicht nur daran, daß Mose als Fürbitter in der interpretierenden Anspielung auf Num 21,4–9 (LXX) »verschwiegen« wird und die »bronzene Schlange« zu einem »Sym-bol der Errettung« wird, sondern auch durch die Betonung Gottes als »Ret-ter aller« (16,7), der »aus allem Übel« errettet (16,8). Hier schließt sich die zweimalige literarische Personifikation von »Erbarmen« und »Wort« an, die im Kontext der Heilung vorliegen und damit Gott nicht nur als Rettergott, sondern auch als Heilergott charakterisieren. Eine abschließende Steigerung erhält die Theozentrik mit Weish 16,13–14, denn hier wird unter Anspie-lung auf hymnische Texte von Gottes »Exousia« über Leben und Tod ge-sprochen, die im Kontrast zum ohnmächtigen Menschen steht.

Sowohl die Betonung der Theozentrik im Zusammenhang mit der Rettungs- und Heilungsthematik als auch die Neuinterpretation der »bronzenen Schlange«, die zu einem »Symbol der Errettung« wird, zeigen sehr deutlich, daß im Rahmen des hermeneutischen Prinzips »Anknüpfung und Wider-spruch« das erste Gebot im Kontext einer polytheistischen Umwelt, die ihre Retter- und Heilergottheiten verehrt, betont herausgestellt bzw. neu interpre-tiert wird.[55]

---

[55] Zum hermeneutischen Prinzip »Anknüpfung und Widerspruch« im geistigen Span-nungsfeld von Judentum und Hellenismus siehe KAISER, *Anknüpfung*, 201–216 (bes. 209–215). So wie die »Sophia« werbewirksam mit Attributen der »Isis« versehen wird,

4) Einerseits möchte Weish 16,5–14 dem Leser die Botschaft mitteilen, daß das erinnernde Bewahren des Gesetzes unabdingbare Voraussetzung für das rettende und heilende Eingreifen Gottes ist. Insofern sichert diese Erinnerung die jüdische Identität in der Diasporagemeinde von Alexandrien. Andererseits stellt Weish 16,5–14 aufgrund der Anspielungen selbst ein Beispiel der erinnernden Vergegenwärtigung von in Texten niedergelegtem Rettungswissen dar und teilt dieses dem Leser als »rettendes Wissen« mit. Doch erfolgt die Mitteilung nicht in einer objektiv-darstellenden Form, sondern in *Gebetsform*. Darauf deuten vor allem die Du-Anrede Gottes (16,5.6.7.8.10.11.12.13), die Bezeichnung der Israeliten als »deine Söhne« (16,10), das Vorliegen von »Herr« im Vokativ (16,12) und die Anspielung in 16,13 auf hymnische Texte hin.[56] In diesem Zusammenhang ist eine Beobachtung sehr interessant: κύριος liegt erst mit dem Beginn des Gebets von König Salomo (Weish 9,1) als Vokativ vor. In Weish 10,20 kommt der Vokativ in einem hymnischen Kontext vor, der sich bis einschließlich 19,22 durchhält, wo wiederum der Vokativ κύριε vorliegt.[57] Insofern »betet« sich der Autor von Weish 11 – 19 stellvertretend für die Diasporajuden Alexandriens (vgl. »Wir«-Perspektive in Weish 16,8) in die Krisensituation der damaligen Exodusgemeinde »hinein«. Er vergegenwärtigt sie in seinem betrachtenden Gebet, um dadurch gleichzeitig, da ja diese Generation das rettende Handeln Gottes erfahren hat, auch Gottes Retterhandeln für die

---

so wird analog dazu der Gott Israels mit Attributen der Retter- und Heilergottheiten »Zeus Sarapis« und »Asklepios« versehen (»Anknüpfung«), die aber auf der Grundlage der israelitisch-jüdischen Tradition neu interpretiert werden (»Widerspruch«). Siehe hierzu MANESCHG, *Erzählung*, 183–187; ENGEL, *Buch*, 244f. Zur Bedeutung von »Zeus Sarapis« in griechisch-römischer Zeit siehe MERKELBACH, *Isis*. Möglich ist auch, daß durch den Titel »Retter« ein Attribut des hellenistischen Königsideals auf Gott übertragen wird, so daß sich semantisch eine Überschneidung mit dem Aspekt der »Philanthropie« ergeben würde. Siehe hierzu SCHMITT, *Traditionen*, 46ff.

[56] HÜBNER, *Weisheit*, 21, versteht das gesamte Weisheitsbuch als Theo-Poesie, was sich für die dritte Teilkomposition konkretisieren ließe als theozentrisch ausgerichtete Poetisierung von Erzählungen, die neben anderen Themen v. a. das Rettungsthema enthalten.

[57] So bezeichnet ENGEL, *Buch*, 180, die dritte Teilkomposition als eine »große betende Geschichtsbetrachtung«. Auch die Du-Anrede Gottes setzt erst mit dem Salomo-Gebet in Weish 9 ein. OFFERHAUS, *Komposition*, 207, folgert daraus rezeptionsorientiert: »... Er (der Autor von Weish, Anm. F.J.B.) nimmt die Erwähnung des Lobgesangs, den die Israeliten nach ihrer Rettung angestimmt haben, zum Anlaß, den als Leser gedachten Personenkreis heute und jetzt ausdrücklich in den Kreis derer, die den Gott Israels rühmen, einzubeziehen und sie in Gestalt einer Erinnerung an die ‚Gründungsgeschichte des Gottesvolkes' in das Lob Gottes einzustimmen ...«.

Juden in Alexandrien zu vergegenwärtigen, indem er es, falls sich die Dia-sporagemeinde noch in der Krise befindet, hoffnungsvoll im Gebet vorweg-nimmt. Eine solche *hoffnungsvolle Antizipation* soll die Gruppenidentität angesichts der Krise stärken und vor Apostasie schützen.[58] Auf welche Kri-se bzw. Krisen allerdings in Weish 11 – 19 angespielt wird, ist angesichts der auch in Weish 16,5–14 zu beobachteten Grundsätzlichkeit (vgl. Ant-onomasien und Generalisierung) nicht zu entscheiden.[59]

5) Eine performative Formulierung des »rettenden Wissens«, die inhaltlich stark theozentrisch ausgerichtet ist, stellt eine Möglichkeit dar, der Krise zu begegnen. Eine andere Möglichkeit, die der ersten zu widersprechen scheint, liegt darin, der Krise als existentielles Defizit durch die *Haltung des Reflektierens* zu begegnen. Reflexion bedeutet hier, Strukturen im ablaufen-den Geschehen zu erkennen, die auch die andauernde Krise mit ihrem Leid berücksichtigt und verstehen läßt. Strukturen wiederum bauen auf Prinzi-pien auf, und deshalb verwundert es nicht, daß angesichts der Krisensitua-tion, auf die Weish 11 – 19 eine reflektierende Antwort gibt, das Prinzipielle dieser dritten Teilkomposition vom Autor herausgestellt wird. Verbindet man diesen Aspekt mit der in Weish 16,5–14 beobachteten Theozentrik, dann ergibt sich *die prinzipielle Darstellung des göttlichen Retterhandelns* als weitere Möglichkeit, »rettendes Wissen« für den Leser zu formulieren.[60] Wie die Analyse von Weish 16,5–14 gezeigt hat, wird das Handeln Gottes durch das Gegensatzpaar »strafen – wohltun« (16,9.11) ausgedrückt, wäh-rend die »Bisse« das tertium comparationis bilden: Während die Bisse der

---

[58] Zu dieser »Vergegenwärtigung« des Retterhandelns Gottes im Gebet mit gruppen-sichernder Funktion siehe auch OFFERHAUS, *Komposition*, 205f. In Weish 19,22 lobt der Autor Gottes Beistand seinem Volk gegenüber und nimmt somit das Lob, das sonst in Weish nur die Exodusgeneration singt (vgl. Weish 10,20; 18,9; 19,9), auf und läßt es, da er es stellvertretend als Mitglied der Diasporagemeinde in Alexandrien singt, zum Lob der Gemeinde in Alexandrien werden.

[59] Dagegen möchte CHEON, *Exodus,* 145ff., die hymnische Geschichtsbetrachtung von Weish 11 – 19 als Reaktion auf ein bestimmtes historisches Ereignis verstehen und entscheidet sich für den Pogrom im Jahr 38 n. Chr., der unter Gaius Caligula in Alexan-drien gegen die Juden stattfand. Eine solche eindeutige historische Verankerung gibt m. E. die Textlage aber nicht her. Sicherlich wird im Rahmen von Pogromen und anti-semitischen Ausschreitungen (vgl. Weish 19,13) Weish 11 – 19 anzusiedeln sein, aber um welchen Pogrom es sich genau handelt, wird man mit letzter Sicherheit nicht sagen können. Zu den Ursachen und Gründen des Antisemitismus in hellenistischer Zeit siehe DANIEL, *Anti-Semitism*, 45–65, und für Alexandrien vor allem BARCLAY, *Jews*, 48ff.

[60] Siehe hierzu auch OFFERHAUS, *Komposition*, 202ff.

Heuschrecken und Stechfliegen die Feinde töten, »provozieren« die Zähne
giftspritzender Drachenungeheuer das personifizierte göttliche Erbarmen
zum Einschreiten gegen sie, indem es die Verwundungen, die die Söhne
Gottes erlitten haben, heilt und sie so vor dem Tod rettet. Da das Töten einerseits als Bestrafung (κολασθῆναι passivum divinum) charakterisiert wird
und die Heilung bzw. Rettung andererseits mit der Wohltat Gottes (τῆς σῆς
εὐεργεσίας) verbunden wird, ergibt sich hinsichtlich der Ägypter und Israeliten ein antithetisches Handeln Gottes, welches erstmals in Weish 11,5 formuliert wird:

> Denn wodurch ihre Feinde bestraft wurden (*passivum divinum*), dadurch
> wurde ihnen, die in Verlegenheit waren / die zweifelten, wohlgetan
> (*passivum divinum*).

Dieses antithetische Handeln Gottes steht nicht im Widerspruch zu seiner
Gerechtigkeit: So wird in Weish 12,15 Gottes Gerechtigkeit direkt mit seinem Strafhandeln (κολαστῆναι) in Verbindung gebracht, so daß man von der
strafenden Seite der göttlichen Gerechtigkeit sprechen kann. Damit schließt
sich die Frage an, ob es auch eine rettende Seite der Gerechtigkeit Gottes
gibt.[61] Da sich Gottes Gerechtigkeit in seinem Gerichtshandeln ausdrückt
(vgl. Weish 12,13), muß sich die rettende Seite der Gerechtigkeit Gottes in
seinem Gericht äußern. In Weish 16,15–29 ist vom Gericht Gottes die Rede
(16,18), welches sich – durch die Schöpfung vermittelt – als κόλασις für die
Frevler bzw. als εὐεργεσία für die Gerechten zeigt (vgl. Weish 16,24). Insofern stellt die εὐεργεσία die rettende Seite der Gerechtigkeit Gottes dar, die
sich auch in Weish 16,11 wiederfindet.[62] Somit zeigt sich »rettendes Wissen« in Weish 16,5–14 gerade in der Darstellung *des strafenden und des
rettenden Aspekts der göttlichen Gerechtigkeit.*

Hier schließt sich nun eine wichtige Frage an: Ist vielleicht auch in den anderen Texteinheiten von Weish 11 – 19 »rettendes Wissen« durch die beiden Aspekte der göttlichen Gerechtigkeit ausgedrückt? Zeigt sich also »rettendes Wissen« in seiner prinzipiellen Ausformulierung durch den rettenden
und strafenden Aspekt der Gerechtigkeit Gottes?

---

[61] Zur »rettenden Gerechtigkeit« siehe u. a. JANOWSKI, *Richter*, 33–91.

[62] Spielt der Autor von Weish auf Erzählungen an, in denen die Israeliten vor Durst,
Hunger oder Schlangen gerettet werden, dann verwendet er »wohl tun« bzw. »Wohltat«
(vgl. Weish 11,4f.7 mit Ex 17,1–7; Num 20,1–20; Dtn 8,15; vgl. Weish 16,2 mit
Ex 16,3.12–13; Num 11,4.18.31–32; Ps 77, 26–29 (LXX); vgl. Weish 16,5–7.10f. mit
Num 21,4–9; vgl. Weish 16,20–24 mit Ex 16,4f.14ff.; Num 11,6–9; 21,4f.).

In der Forschung zum Weisheitsbuch ist seit langem bekannt, daß sich die
dritte Teilkomposition und damit die hymnische Geschichtsbetrachtung
durch *zwei Prinzipien* leiten läßt, die in Weish 11,5 und 11,15f. formuliert
sind.[63] Mit Weish 11,15f. wird das Prinzip »Maß gegen Maß« formuliert,
welches in Weish 11 – 19 einerseits als Prinzip der Schriftauslegung fungiert, andererseits aber auch das strafende Handeln Gottes in der Geschichte
prinzipiell neu interpretiert, da die strafende Gerechtigkeit Gottes durch
dieses Prinzip seine Deutung erfährt.[64] Dies wird in den sieben Gegenüberstellungen, die in Weish 11 – 19 vorliegen, deutlich[65]:

Weish 11,1–14: Weil die Kinder der Israeliten durch das Ertränken im *Nil*
umkamen, werden die Ägypter durch die Verwandlung des *Nils* in Blut
(Anspielung auf die Blutplage) gestraft.

Weish 16,1–4: Weil die Ägypter *Tiere* als Götter anbeten, werden sie durch
Tiere (Anspielung auf die Froschplage) bestraft.

---

[63] Siehe u. a. GRIMM, *Commentar*, 256.263f.; MANESCHG, *Erzählung*, 106f.;
OFFERHAUS, *Komposition*, 200f.; CHEON, *Exodus*, 26; ENGEL, *Buch*, 184f.

[64] Ereignisse, die in Ex in ganz unterschiedlichen Zusammenhängen vorliegen, werden
durch Wortassoziationen in Beziehung gesetzt und kausal miteinander verbunden (vgl.
Weish 18,5). Auch in Weish 16,9 wird das Sterben der Ägypter durch die Bisse der
Heuschrecken und Stechfliegen als »Spiegelstrafe« im Unterschied zu Ex neu interpretiert. Aus der Plage wird eine göttliche Strafe, so daß durch diese Art der Schriftauslegung auch das Handeln Gottes neu gedeutet wird. Siehe hierzu auch MANESCHG,
Erzählung, 107; CHEON, *Exodus*, 112.116–119 und EGO, *Maß*, 163–182.

[65] FOCKE, *Entstehung*, 13f., war einer der ersten Exegeten, die Weish 11 – 19 von der
rhetorischen Figur der »Synkrisis« her verstanden. Mag auch Weish 11 – 19 einige
Analogien zu dieser rhetorischen Figur aufweisen, so ergeben sich erhebliche Abweichungen: Im Unterschied zur »Synkrisis« geht es nicht um die Überlegenheit der Israeliten (Gerechten) gegenüber den Ägyptern (Frevlern), sondern um die Darstellung des
göttlichen Handelns, das sich in den zwei Aspekten der strafenden und rettenden Gerechtigkeit zeigt. An diese theozentrische Ausrichtung schließt sich auch die hymnische
Form der Geschichtsbetrachtung in Weish 11 – 19 an, die in einer »Synkrisis« nicht
vorliegt. Eine »Synkrisis« ist aufgrund der Antithetik zweigliedrig. Durch die beiden
Prinzipien, die in Weish 11,5 und 11,16 vorliegen, ergibt sich für Weish 11 – 19 aber
eine Dreigliedrigkeit: Zunächst liegt in den einzelnen Texteinheiten eine kausale Zuord-
nung von »Sünde – Strafe« nach dem Prinzip 11,16 vor, woran sich die antithetische
Zuordnung »Strafe – Wohltat« anschließt. Somit ergibt sich eine Dreigliedrigkeit von
»Sünde – Strafe – Wohltat«. Zu dieser dreigliedrigen Abwandlung der »Synkrisis« siehe
HEINEMANN, *Synkrisis*, 241–251. Dem schließen sich u. a. MANESCHG, *Erzählung*,
107f., und GRABBE, *Wisdom*, 42, an. Wegen dieser gravierenden Abweichungen in
Weish 11 – 19 von der rhetorischen Figur »Synkrisis« sollte man besser neutral von
»Gegenüberstellung« sprechen. So auch SCHWENK-BRESSLER, *Sapientia*, 50–52.

Weish 16,5–14: Weil die Ägypter *Tiere* als Götter anbeten, werden sie durch *Tiere* (Anspielung auf die dritte, vierte und achte Plage) gestraft.

Weish 16,15–29: Weil die Gottlosen (Ägypter) *Gott* leugnen, werden sie durch *diesen Gott* gestraft, indem er ihre Früchte durch Regengüsse, Gewitter und Hagelschläge zerstört (Anspielung auf die Hagelplage, die mit Blitz [Feuer] und Donner verbunden ist).

Weish 17,1 – 18,4: Weil die Ägypter die Israeliten, die im Gesetz das *Licht der Welt* besitzen, *gefangen halten*, deshalb werden sie durch ihre eigenen Ängste *Gefangene der Finsternis* (Anspielung auf die Finsternisplage).

Weish 18,5–25: Weil die Ägypter beschließen, die *Kinder der Israeliten* im Nil zu *töten*, deshalb werden *ihre Erstgeborenen getötet* (Anspielung auf die zehnte Plage).

Weish 19,1–12: Weil die Ägypter die Kinder der Israeliten *im Nil* töten, deshalb kommen sie selber *in den Fluten* (des Roten Meeres) um.

Die Auflistung zeigt sehr deutlich, wie das in Weish 11,16 formulierte Prinzip sowohl die Schriftauslegung bestimmt als auch die Plagen konsequent von der strafenden Gerechtigkeit Gottes her versteht, so daß die Plagen zu göttlichen Strafen umgedeutet werden.

Wird also die strafende Gerechtigkeit Gottes mit Hilfe des Prinzips 11,16 in Weish 11 – 19 verdeutlicht, so wird in Ergänzung dazu die rettende Gerechtigkeit Gottes mit Hilfe des Prinzips 11,5 in den sieben Gegenüberstellungen dargestellt:

Weish 11,1–14: Während die gottlosen Feinde (Ägypter) durch das zu Blut gewordene *Wasser* gestraft werden, erfahren die Israeliten durch *Wasser* Gottes Wohltat.

Weish 16,1–4: Während die Tyrannen (Ägypter) durch *ekelige Tiere* (Frösche) bestraft werden und hungern, erfahren die Israeliten durch *die exotische Speise der Wachteln* von Gott eine Wohltat.

Weish 16,5–14: Während die Ägypter durch *Bisse* von Heuschrecken und Stechfliegen bestraft werden, erfahren die Söhne Gottes (Israeliten) durch Gott die Errettung vor den *Bissen* (Zähne) giftspritzender Schlangenungeheuer, so daß sie Gottes Wohltat weiterhin ungestört erfahren.

Weish 16,15–29: Während durch *Feuer* die Gottlosen (Ägypter) bestraft werden, erfahren die Gerechten (Israeliten) durch *Feuer* Gottes Wohltat.

Weish 17,1–18,4: Während die Gesetzlosen (Ägypter) durch die *Beraubung des Lichts* bestraft werden, erhält das heilige Volk (Israel) ein *dreifaches Licht* (Sonnenlicht, Feuersäule, Licht des νόμος) von Gott.

Weish 18,5–25: Während die Feinde (Ägypter) durch das *Wort Gottes* bestraft werden, erfahren die Gerechten (Israeliten) die rettende Macht des *Wortes Gottes* durch Vermittlung Aarons.

Weish 19,1–12: Während durch das *Wasser* die Gottlosen (Ägypter) einen fremdartigen Tod erleiden, werden auf paradoxe Weise die Kinder Gottes (Israeliten) durch das *Wasser* gerettet.

In Weish 11,1–14; 16,1–4; 16,5–14 und 16,15–29 wird die Antithetik »Strafe (strafen) – Wohltat (wohltun)« auf der Seite der Strafe entweder durch eine passive Verbalform (passivum divinum) von κολάζειν oder durch das Substantiv κόλασις ausgedrückt, während die Wohltat substantivisch durch εὐεργεσία oder verbal mit εὐεργετεῖν wiedergegeben wird, wobei in 11,5 ein passivum divinum vorliegt. In Weish 17,1 – 18,4 und 19,1–12 liegt zwar das Wortpaar »Strafe (strafen) – Wohltat (wohltun)« nicht vor (siehe aber 19,4 κολάζειν, aber das Prinzip 11,5 ist verwirklicht. In Weish 18,5–25 liegt ein neues Wortpaar vor: ἐτιμωρήσω und ἐδόξασας.

Verbindet man beide Auflistungen gedanklich miteinander, dann zeigt sich sehr deutlich, daß der Autor mit Hilfe der beiden Prinzipien 11,5 und 11,16 das »rettende Wissen« in seiner Ausformulierung als strafende und rettende Gerechtigkeit Gottes auf äußerst systematische Weise dem Leser darlegt.[66] Eine solche prinzipiell rettende Deutung von Geschichte, die sich von der Gerechtigkeit Gottes herleitet, zeigt, wie intensiv der Autor angesichts einer Krisensituation versucht, aus der vergegenwärtigenden Erinnerung heraus für den Leser Sinn zu schaffen, damit er aufgrund der gemeinsamen Glaubenstradition genügend Hoffnungspotential entwickelt, mit dem er sich zusammen mit den übrigen Gemeindemitgliedern aus seinem existentiellen Defizit befreien kann.

---

[66] Mit diesem hohen Grad an Systematisierung des »rettenden Wissens« ist das Phänomen der »Paradigmatisierung« verbunden, indem ein epideiktischer Text (Erzählung) zu einem symbuleutischen Text (Lehr-Erzählung) wird, da die im Text auftretenden Personen oder die dort erzählten Sachverhalte paradigmatische Bedeutung erhalten. Zum Phänomen der Paradigmatisierung siehe KOENEN, *Gerechtigkeit*, 297f. Dies zeigte sich in Weish 16,5–14 schon anhand der Idealisierung Israels, der Antonomasien und der Generalisierungen. Siehe hierzu für Weish 11 – 19 insgesamt CHEON, *Exodus*, 108–116.

6) Die systematische Aufbereitung des »rettenden Wissens« durch den Autor von Weish 11 – 19 unter den Aspekten der rettenden und strafenden
Gerechtigkeit Gottes läßt abschließend die Frage auftauchen: Wie wird *das
Leid der Gerechten* (Israeliten), bevor sie Gottes rettendes Handeln erfahren, durch diese »rettende Systematik« erklärt?[67]

Wie in der Einzelanalyse von Weish 16,5–14 gezeigt wurde, idealisiert der
Autor Israel als Gerechte und das Leid (das Sterben), welches in Num 21,4–
9 (LXX) als göttliche Strafe zu verstehen ist, wird pädagogisch umgedeutet,
indem es nun dazu dient, das Gesetz bzw. das Wort Gottes nicht zu verges-
sen (vgl. Weish 16,6.11), damit Gott rettend und heilend eingreifen kann.
Gleiches ist auch in Weish 16,26ff. zu beobachten, denn der Hunger soll zur
Erkenntnis führen, daß Gottes Wort letztlich den Menschen ernährt. Auch
die Todeserfahrung (»Es berührte aber auch die Gerechten eine Probe des
Todes«) in Weish 18,20ff. dient dazu, daß sich Aaron an die Eide und
Bündnisse der Väter erinnert, damit das Wort Gottes, welches in diesen
Eiden und Bündnissen enthalten ist, gegenwärtig wird und rettend eingreift.

Das eigene Leid, wenn auch nur kurzfristig erfahren, kann die Gerechten
(Israeliten) aber auch zur Erkenntnis führen, wie Gott die Frevler (Ägypter)
bestraft, um sich so ihrer eigenen Rettung bewußter zu werden und Gott
dafür zu danken. Eine solche Deutung des Leids liegt in Weish 11,8f.; 16,4
und 16,22 vor.

Leid auf seiten der Gerechten hat also eine *pädagogische Funktion* und
dient dazu, »rettendes Wissen« nicht zu vergessen bzw. zu übersehen, sei es
in den Worten des Gesetzes bzw. in den Eiden und Bündnissen der Väter
niedergelegt, sei es als strafendes Handeln Gottes an den Frevlern (Ägypter)
beobachtet.

»Rettendes Wissen«, welches sich in der Vorstellung vom universal retten-
den Gott zuspitzt, gibt es aber auch bei den Frevlern (Ägypter), wobei der
Autor das antithetische Handeln Gottes und damit das Prinzip 11,5 anwen-
det, um dies dem Leser deutlich vor Augen zu führen: Da die Frevler
(Ägypter) davon hören, daß der Gott Israels sie gerade durch das Medium
(Wasser) bestraft, mit dem er den Gerechten eine Wohltat erweist, erfolgt

---

[67] Die nachfolgenden Gedanken schließen sich den Überlegungen von AMIR, *Measure*,
38ff, und CHEON, *Exodus*, 119–122, an. Da das Leid der Frevler (Ägypter) deckungs-
gleich mit der Bestrafung durch Gott nach dem Prinzip von Weish 11,16 ist, liegt hier
für den Autor von Weish kein weiterer Erklärungsbedarf vor.

bei ihnen die Gotteserkenntnis. In 16,8 erkennen die Frevler, daß der Gott Israels der Retter aller Menschen ist, der aus jedem Übel errettet, weil dieser Gott seine Söhne (Israeliten) vor Tierbissen rettet, mit denen er sie bestraft. In 16,8 erkennen die Frevler (Ägypter) aufgrund des Strafhandelns Gottes, daß sie vom Gericht Gottes verfolgt werden, während in 18,13 die Frevler (Ägypter) aufgrund ihrer Bestrafung, die mit einer Verschonung Israels einhergeht, erkennen, daß Israel der Sohn Gottes ist. Durch ihre Träume erhalten dann die Frevler (Ägypter) in 18,19 Kenntnis darüber, warum sie mit dem Tod von Gott bestraft werden.

»Rettendes Wissen« ist also nicht auf die Gerechten (Israeliten) beschränkt, sondern steht auch den Frevlern (Ägyptern) zur Verfügung, was sich in ihrem theozentrischen Bekenntnis ausdrückt. In diesem Zusammenhang könnte man sogar von einer »zweifachen Pädagogik« Gottes sprechen, wobei die Pädagogik auf seiten der Frevler (Ägypter) scheitert, denn die Erkenntnis führt die Frevler aufgrund ihres törichten Vergessens (vgl. Weish 19,3f) nicht zur Umkehr und damit zur Abkehr vom Götzendienst, sondern direkt in den Untergang, in den Tod. Liegt damit vielleicht eine Theodizee vor?

Die ambivalente Darstellung der Frevler (Ägypter) in Weish 11 – 19 könnte mit zwei Absichten des Autors verbunden sein: Einerseits möchte er Juden, die in Gefahr sind, von ihrem ererbten Glauben abzufallen, zeigen, daß selbst die Ägypter den Gott Israels als universalen Retter- und Heilergott bekennen. Hier liegt eine *protreptische Absicht* vor. Andererseits zeigt das Beispiel der Frevler (Ägypter) aber auch, wie durch törichtes Vergessen »rettendes Wissen« verlorengehen kann und ein solches Vergessen in den Tod führt.[68] Hier liegt eine *paränetische Absicht* vor.

4. Resümee

Sowohl die Einzelanalysen zu Weish 16,5–14 als auch die Auswertung dieser Analysen im Horizont von Weish 11 – 19 haben gezeigt, daß »rettendes Wissen« in der dritten Teilkomposition des Weisheitsbuches ein *komplexes*

---

[68] Hier schließt sich die Frage an, ob mit den »Ägyptern« bzw. »Frevlern« auch abgefallene Juden gemeint sein könnten, die sich als besonders aktiv in der Verfolgung ihrer ehemaligen Glaubensschwestern und -brüder hervortun.

Phänomen auf textlicher und gedanklicher Ebene darstellt: Durch selektive und kombinierende Anspielungen auf Texte des νόμος arbeitet der Autor das »rettende Wissen«, das in den angespielten Texten verborgen ist, für seine Leser heraus und stellt es in den Mittelpunkt seines »seelsorglichen« Interesses. So versteht der Autor die Tora als ein Buch voller Rettungsgeschichten, die für seine Leser paradigmatische Bedeutung haben sollen, damit sie ihrem Glauben angesichts der erfahrenen (Glaubens-)Krise treu bleiben. Durch seine intertextuell ausgerichtete Erinnerungsarbeit zeigt der Autor des Weisheitsbuches, wie wichtig die Kategorie der Erinnerung im Hinblick auf den νόμος ist. In dieser Hinsicht hat er in Gott einen mächtigen Mitstreiter, denn, so stellt es der Autor exemplarisch in Weish 16,5–14 dar, Gott selbst verfolgt mit seiner »Pädagogik gegen das Vergessen« das Ziel, daß die Israeliten bzw. Juden ihr Gesetz nicht vergessen, denn dies ist die Bedingung für das rettende Eingreifen Gottes, verbirgt sich doch im νόμος das rettende und heilende Wort Gottes und damit Gott als universaler Retter und Heiler selbst.

Diesen theozentrischen Aspekt des »rettenden Wissens« verbindet der Autor mit einer Geschichtsbetrachtung, die er in Gebetsform durchführt, so daß er im Gebet das rettende Handeln Gottes an der Exodusgemeinde vergegenwärtigt und für die Diasporagemeinde in Alexandrien hoffnungsvoll vorwegnimmt. Bilden Theozentrik und die betende Geschichtsbetrachtung zwei Aspekte, die den zu Beginn eingeführten Begriff »rettendes Wissen« weiter differenzieren, so gilt das Gleiche auch für die systematische Darstellung des »rettenden Wissens« mit Hilfe der beiden Prinzipien Weish 11,5 und 11,16 im Horizont der rettenden und strafenden Gerechtigkeit Gottes. Diese prinzipielle Deutung der Geschichte Israels gipfelt in der letzten Gegenüberstellung, denn im Zusammenhang mit dem Durchzug durchs Rote Meer verbindet der Autor des Weisheitsbuches das rettende Eingreifen Gottes mit dem Gedanken einer Neuschöpfung Israels, indem er die wunderbare Errettung mit Motiven aus Gen 1 schildert.[69] Damit eröffnet sich u. a. das Themenfeld einer soteriologisch verstandenen Schöpfung (vgl. u. a. Weish 16,24), was aber im Zusammenhang mit dem »rettenden Wissen« einer eigenen Abhandlung bedürfte.

---

[69] Siehe hierzu u. a. SCHWENK-BRESSLER, *Sapientia*, 305 ff., und CHEON, *Exodus*, 98 ff.

Bibliographie

AMIR, Yehoshua, *Measure for Measure in Talmudic Literature and in the Wisdom of Solomon,* in: Reventlow, Henning Graf (Hrsg.), Justice and Righteousness. Biblical Themes and their Influence (JSOT.S 137), Sheffield: Sheffield Academic Press 1992, 29–46.

BARCLAY, John M.G., *Jews in the Mediterranean Diaspora from Alexander to Trajan [323 BCE – 117 CE]* (Hellenistic Culture and Society XXXIII), Berkeley u. a.: University of California Press 1996.

BLASS, Friedrich / DEBRUNNER, Albert / REHKOPF, Friedrich, *Grammatik des neutestamentlichen Griechisch,* Göttingen: Vandenhoeck & Ruprecht [16]1984.

CHEON, Samuel, *The Exodus Story in the Wisdom of Solomon.* A Study in Biblical Interpretation (JSP.S 23), Sheffield: Sheffield Academic Press 1997.

COLLINS, John J., *Jewish Wisdom in the Hellenistic Age* (OTL), Louisville: Westminster John Knox Press 1997.

CONDRAU, Gion, *Lebensphasen – Lebenskrisen – Lebenshilfen,* in: Böckle, Franz u. a. (Hrsg.), Christlicher Glaube in moderner Gesellschaft, Teilband 6, Freiburg u. a.: Herder 1981, 73–107.

DANIEL, Jerry L., *Anti-Semitism in the Hellenistic-Roman Period,* in: JBL 98 (1979), 45–65.

DOHMEN, Christoph, *Wenn Texte Texte verändern.* Spuren der Kanonisierung der Tora vom Exodusbuch her, in: Zenger, Erich (Hrsg.), Die Tora als Kanon für Juden und Christen (HBS 10), Freiburg u. a.: Herder 1996, 35–60.

EGO, Beate, *»Maß gegen Maß«.* Reziprozität als Deutungskategorie im rabbinischen Judentum, in: Assmann, Jan / Janowski, Bernd / Welker, Michael (Hrsg.), Gerechtigkeit. Richten und Retten in der abendländischen Tradition und ihren altorientalischen Ursprüngen, München: Wilhelm Fink Verlag 1998, 163–182.

ENGEL, Helmut, *Das Buch der Weisheit* (NSK-AT 16), Stuttgart: Verlag Katholisches Bibelwerk 1998.

DERS., *»Was Weisheit ist und wie sie entstand, will ich verkünden.«* Weish 7,22 – 8,1 innerhalb des ἐγκώμιον τῆς σοφίας (6,22 – 11,1) als Stärkung der Plausibilität des Judentums angesichts hellenistischer Philosophie und Religiosität, in: Hentschel, Georg / Zenger, Erich (Hrsg.), Lehrerin der Gerechtigkeit. Studien zum Buch der Weisheit (EthS 19), Leipzig: St. Benno-Verlag 1991, 67–102.

ENNS, Peter, *Exodus Retold*. Ancient Exegesis of the Departure from Egypt in Wis 10:15–21 and 19:1–9 (HSM 57), Atlanta: Scholars Press 1997.

FICHTNER, Johannes, *Die Stellung der Sapientia Salomonis in der Literatur- und Geistesgeschichte ihrer Zeit*, in: ZNW 36 (1937), 113–132.

DERS., *Weisheit Salomos* (HAT II 6), Tübingen: J.C.B. Mohr 1938.

FOCKE, Friedrich, *Die Entstehung der Weisheit Salomos*. Ein Beitrag zur Geschichte des jüdischen Hellenismus (FRLANT NF 5), Göttingen: Vandenhoeck & Ruprecht 1913.

GEORGI, Dieter, *Weisheit Salomos* (JSHRZ III 4), Gütersloh: Gütersloher Verlagshaus Gerd Mohn 1980.

GRABBE, Lester L., *Wisdom of Solomon* (Guides to Apocrypha and Pseudepigrapha), Sheffield: Sheffield Academic Press 1997.

GRIMM, Carl Ludwig Wilibald, *Commentar über das Buch der Weisheit*, Leipzig: Hochhausen und Fournes 1837.

DERS., *Das Buch der Weisheit* (KEH.Apokr 6), Leipzig: S. Hirzel 1860.

HÄFNER, Gerd, *»Nützlich zur Belehrung« (2 Tim 3,16)*. Die Rolle der Schrift in den Pastoralbriefen im Rahmen der Paulusrezeption (HBS 25), Freiburg u. a.: Herder 2000.

HAHN, Alois, *Zur Soziologie der Weisheit*, in: Assmann, Aleida (Hrsg.), Weisheit. Archäologie der literarischen Kommunikation III, München: Wilhelm Fink Verlag 1991, 47–57.

HEINEMANN, Isaak, *Synkrisis oder äußere Analogie in der »Weisheit Salomos«*, in: ThZ 4 (1948), 241–251.

HEINISCH, Paul, *Das Buch der Weisheit* (EHAT XXIV), Münster: Aschendorff 1912.

HÜBNER, Hans, *Die Weisheit Salomos* (ATDA 4), Göttingen: Vandenhoeck & Ruprecht 1999.

JACOB, Benno, *Das Buch Exodus*, Stuttgart: Calwer Verlag 1997.

JANOWSKI, Bernd, *Der barmherzige Richter.* Zur Einheit von Gerechtigkeit und Barmherzigkeit im Gottesbild des Alten Orients und des Alten Testaments, in: Scoralick, Ruth (Hrsg.), Das Drama der Barmherzigkeit Gottes. Studien zur biblischen Gottesrede und ihrer Wirkungsgeschichte in Judentum und Christentum (SBS 183), Stuttgart: Verlag Katholisches Bibelwerk 2000, 33–91.

KAISER, Otto, *Anknüpfung und Widerspruch.* Die Antwort der jüdischen Weisheit auf die Herausforderung durch den Hellenismus, in: ders., Gottes und der Menschen Weisheit. Gesammelte Aufsätze (BZAW 261), Berlin u. a.: de Gruyter 1998, 201–216.

DERS., *Die alttestamentlichen Apokryphen.* Eine Einleitung in Grundzügen, Gütersloh: Gütersloher Verlagshaus 2000.

KEPPER, Martina, *Hellenistische Bildung im Buch der Weisheit.* Studien zur Sprachgestalt und Theologie der Sapientia Salomonis (BZAW 280), Berlin u. a.: de Gruyter 1999.

KOENEN, Klaus, *Gerechtigkeit und Gnade.* Zu den Möglichkeiten weisheitlicher Lehrerzählungen, in: Mehlhausen, Joachim (Hrsg.), Recht – Macht – Gerechtigkeit (Veröffentlichungen der Wissenschaftlichen Gesellschaft für Theologie 14), Gütersloh: Gütersloher Verlagshaus 1998, 274–303.

KOSELLECK, Reinhart, Art. *Krise,* in: HWP IV (1976), 1235–1240.

MANESCHG, Hans, *Die Erzählung von der ehernen Schlange (Num 21,4–9) in der Auslegung der frühen jüdischen Literatur.* Eine traditionsgeschichtliche Studie (EHS, Reihe XXIII, Theologie Bd. 157), Frankfurt/M. u. a.: Peter Lang 1981.

DERS., *Gott, Erzieher, Retter und Heiland seines Volkes.* Zur Reinterpretation von Num 21,4–9 in Weish 16,5–14, in: BZ 28 (1984), 214–229.

MARBÖCK, Johannes, *»Denn in allem, Herr, hast du dein Volk großgemacht!«* Weish 18,5 – 19,22 und die Botschaft der Sapientia Salomonis, in: HENTSCHEL, Georg / Zenger, Erich (Hrsg.), Lehrerin der Gerechtigkeit. Studien zum Buch der Weisheit (EthS 19), Leipzig: St. Benno-Verlag 1991, 156–178.

MARTIN HOGAN, Karina, *The exegetical background of the »Ambiguity of Death« in the Wisdom of Solomon,* in: JSJ 30 (1999), 1–24.

MERKELBACH, Reinhold, *Isis regina – Zeus Sarapis*. Die griechisch-ägyptische Religion nach den Quellen dargestellt, Stuttgart u. a.: B.G. Teubner 1995.

OFFERHAUS, Ulrich, *Komposition und Intention der Sapientia Salomonis*, Diss. theol. Bonn 1981.

PASSOW, Franz, *Handwörterbuch der griechischen Sprache*, Darmstadt: Wissenschaftliche Buchgesellschaft 1993.

REESE, James, M., *Hellenistic Influence on the Book of Wisdom and its Consequences* (AnBib 41), Rom: Biblical Institute Press 1970.

SCARPAT, Guiseppe, *Libro della Sapienza I*, Brescia: Paideia 1989.

SCHMITT, Armin, *Das Buch der Weisheit*. Ein Kommentar, Würzburg: Echter 1986.

DERS., *Alttestamentliche Traditionen in der Sicht der neuen Zeit*. Dargestellt am Buch der Weisheit, in: Schreiner, Josef / Wittstatt, Karl (Hrsg.), Communio Sanctorum, FS Bischof Paul-Werner Scheele, Würzburg: Echter 1988, 34–52.

DERS., *Weisheit* (NEB AT 23), Würzburg: Echter 1989.

DERS., *Struktur, Herkunft und Bedeutung der Beispielreihe in Weish 10*, in: ders., Der Gegenwart verpflichtet. Studien zur biblischen Literatur des Frühjudentums (BZAW 292), Berlin u. a.: de Gruyter 2000, 223–244.

DERS., *Heilung und Leben nach Weish 16,5–14 vor dem Hintergrund der hellenistischen Zeit*, in: Jeremias, Jörg (Hrsg.), Gerechtigkeit und Leben im hellenistischen Zeitalter (BZAW 296), Berlin u. a.: de Gruyter 2001, 53–86.

SCHNEIDER, Johannes, Art. κολάζω, κόλασις, in: ThWNT III (1990), 815–817.

DERS., Art. εὐεργετέω, εὐεργεσία, εὐεργέτης, in: EWNT II (1992), 191–193.

SCHNURR, Günther, Art. *Krise*, in: TRE XX (1990), 61–65.

SCHWENK-BRESSLER, Udo, *Sapientia Salomonis als ein Beispiel frühjüdischer Textauslegung*. Die Auslegung des Buches Genesis, Exodus 1 – 15 und Teilen der Wüstentradition in Sap 10 – 19 (BEATAJ 32), Frankfurt a. M. u. a.: Peter Lang 1993.

STEINS, Georg, *Die »Bindung Isaaks« im Kanon (Gen 22)*. Grundlagen und Programm einer kanonisch-intertextuellen Lektüre (HBS 20), Freiburg u. a.: Herder 1999.

TRIMPE, Birgit, *Von der Schöpfung bis zur Zerstreuung.* Intertextuelle Interpretationen der biblischen Urgeschichte [Gen 1 – 11] (Osnabrücker Studien zur Jüdischen und Christlichen Bibel 1), Osnabrück: Universitätsverlag Rasch 2000.

VIERHAUS, Rudolf, *Zum Problem historischer Krisen,* in: Faber, Karl-Georg / Meier, Christian, Historische Prozesse (Beiträge zur Historik 2), München: Deutscher Taschenbuch Verlag 1978, 313–329.

WEBER, Reinhard, *Das Gesetz im hellenistischen Judentum.* Studien zum Verständnis und zur Funktion der Thora von Demetrios bis Pseudo-Phokylides (ARGU 10), Frankfurt a. M. u. a.: Peter Lang 2000.

WERNER, Wolfgang, *»Denn Gerechtigkeit ist unsterblich.«* Schöpfung, Tod und Unvergänglichkeit nach Weish 1,11–15 und 2,21–24, in: Hentschel, Georg / Zenger, Erich (Hrsg.), Lehrerin der Gerechtigkeit. Studien zum Buch der Weisheit (EthS 19), Leipzig: St. Benno-Verlag 1991, 26–61.

WESTERMANN, Claus, *Wurzeln der Weisheit.* Die ältesten Sprüche Israels und anderer Völker, Göttingen: Vandenhoeck & Ruprecht 1990.

Marie-Theres Wacker

»Rettendes Wissen« im äthiopischen Henochbuch

Vorbemerkung[1]

Daß die apokalyptischen Schriften des Frühjudentums, traditionsgeschichtlich gesprochen, in den Überlieferungen der Weisheit wurzeln, ist eine Einsicht, die Gerhard von Rad pointiert in die Diskussion gebracht hat.[2] Allerdings war dies für ihn mit einem theologischen Urteil über die Apokalyptik
verbunden, das man nur als vernichtend bezeichnen kann. Ist schon die
Weisheit eine Geistesbeschäftigung, die nicht auf die großen Geschichts-
taten Gottes ausgerichtet ist, so hat die Apokalyptik den »heilsgeschicht-
lichen Ansatz der älteren Geschichtsbetrachtung (vollends) preisgegeben«[3]
und sich damit aus jeder fruchtbaren Theologie, die das Handeln Gottes an
und mit Israel in seiner Geschichte bedenkt, verabschiedet. Auf diese Weise
war theologisch verstellt, den weisheitlichen und apokalyptischen Traditio-

---

[1] An dieser Stelle sei Kollegen Karl Löning für seine Beharrlichkeit gedankt, auf dem
vorliegenden Beitrag zu bestehen, und den TeilnehmerInnen des SFB-Kolloquiums
»Rettendes Wissen« im Sommersemester 2001 für anregende Rückfragen. Danken
möchte ich auch meinen studentischen Mitarbeiterinnen Judith Passlick und Irene
Porsch, die die neuere, z. T. entlegene Literatur zum äth. Henochbuch für mich beschafft haben!

[2] Vgl. von RAD, *Theologie*, 328: »Nach alledem kann wohl behauptet werden, daß die
apokalyptischen Schriften sowohl hinsichtlich ihrer Stoffe wie hinsichtlich ihrer Fragestellungen wie hinsichtlich ihrer Argumentation in den Überlieferungen der Weisheit
wurzeln«.

[3] Vgl. a. a. O. 322 (Klammerbemerkung M.T.W.).

nen im Neuen Testament, erst recht der Verbindung beider, positive Bedeutung beizumessen. Der zwischenzeitlich versuchte Weg, die Apokalyptik
vehement in der Prophetie zu verorten,[4] öffnete zwar nicht zuletzt den Blick
für spezifisch geschichtstheologische Konzepte der Apokalyptik, konnte
seinerseits aber nicht genügend der Gefahr begegnen, im Sinne der »Pro-
phetenanschlußtheorie« doch wieder das genuin Jesuanische, jetzt Apoka-
lyptisch-Prophetische, gegen das Nichtprophetisch-Jüdische hin abzugren-
zen, mithin alte antijüdische Dualismen in neuem Gewand weiterleben zu
lassen. Erst eine gründliche Revision, wie sie in den letzten drei Jahrzehnten
von katholischen wie protestantischen BibelwissenschaftlerInnen in Bezug
auf Weisheitstraditionen und ihre Bedeutung im Frühen Judentum vorgenommen wurde,[5] verhalf dazu, die weisheitliche Prägung des Neuen Testaments neu bzw. allererst zu sehen und auf spezifische Formen apokalyptischer Weisheit zu achten, ohne in neues oder altes antijüdisches Fahrwas-
ser zu geraten.[6] Für die Apokalyptikforschung war damit aber auch theologisch der Weg frei, aus der Alternative einer traditionsgeschichtlichen Zuweisung zu Weisheit oder Prophetie herauszukommen, die dem komplexen
Textbefund nicht gerecht zu werden vermag,[7] zumal inzwischen die hohe
Prägekraft eines weiterentwickelten deuteronomistischen Geschichtsbildes
für viele frühjüdische Schriften einschließlich apokalyptischer Literatur und
bis ins Neue Testament hinein nachgewiesen worden,[8] also mindestens noch
ein dritter innerbiblischer Traditionsstrang zu beachten war – von der wenn
auch in kritischer Auseinandersetzung erfolgten Aufnahme griechisch-
hellenistischen Bildungsgutes ganz zu schweigen. Zudem dürfte die je ei-

---

[4] Besonders eindrucksvoll bei HANSON, *Dawn*.

[5] Vgl. schon CHRIST, *Jesus Sophia*, eine Arbeit, die zunächst kaum Resonanz fand, aber
seit den 80er Jahren v. a. über die feministisch-exegetische Exploration der Weisheitschristologie bekannt wurde. Vgl. an frühen Stimmen etwa MACK, *Logos*; WILKEN,
Aspects; KÜCHLER, *Weisheitstraditionen*. Inzwischen ist die Literatur schier unüberseh-
bar geworden.

[6] Vgl. exemplarisch STROTMANN, *Weisheitschristologie*, v. a. 161ff. zu QLk 11,49–50.

[7] An neueren Gesamtdeutungen von »Apokalyptik« sind zu nennen: HELLHOLM, *Apocalypticism*; COLLINS / CHARLESWORTH, *Mysteries*; MÜLLER, *Studien* (Zusammenstellung
von Arbeiten, die bis in die 70er Jahre zurückgehen); SACCHI, *Apocalyptic* (aus dem
Italienischen übersetzte Zusammenstellung von Beiträgen aus den 70er und 80er Jahren); COLLINS, *Imagination*; HAHN, *Apokalyptik*. In jüngster Zeit hat sich Luzia Sutter
Rehmann aus feministisch-theologischer Perspektive in die Diskussion um Apokalyptik
eingemischt; vgl. SUTTER REHMANN, *Gebärerin*; DIES., *Mut*.

[8] Vgl. die grundlegende Arbeit von STECK, *Israel*.

gentümliche Traditionsmischung bzw. die möglicherweise zu erkennende »Leittradition« für jede frühjüdische Schrift neu zu bestimmen sein.

In den folgenden Überlegungen wird das äthiopische Henochbuch, die umfangsreichste apokalyptische Schrift des Frühjudentums, im Zentrum stehen.[9] Es besteht aus fünf großen Teilen (die dem Buch auch die Bezeichnung eines »henochischen Pentateuchs«[10] eingetragen haben), dem »Buch der Wächter« (1 – 36), den »Bilderreden« (37 – 71), dem »astronomischen Buch« (72 – 82), zwei Visionen, besonders der »Tiervision« (83 – 90), und den »Mahnreden« mit der hineingestellten »Zehn-Wochen-Apokalypse« (91 – 105). Darauf folgen noch zwei Kapitel, die man gern als eigenes »Noahbuch« betrachtet (106 – 107), und eine abschließende Vision Henochs (108). Das Buch liegt als ganzes in einer altäthiopisch-christlichen Übersetzung vor; von einzelnen Abschnitten sind aber auch griechisch-christliche und vorchristlich-aramäische Textteile überliefert,[11] die belegen, daß die

---

[9] Zur ersten Orientierung vgl. WACKER, *Henochschriften*. Neuere Gesamtdeutungen: BARKER, *Prophet* (zentrale christliche Themen wie das der Herkunft des Bösen oder die Eschatologie verdanken wichtige Impulse dieser in Westeuropa bis ins 18. Jh. hinein unbekannten frühjüd. Schrift); BERGER, *Henoch*; VANDER KAM, *Enoch* (1984); VANDER KAM, *Enoch* (1995) (stellt die Henochtradition von Gen 5 über die Traditionen in äthHen und in anderen frühjüd. Schriften bis ins frühe Christentum hinein zusammen); SACCHI, *Henochgestalt*. Neuere Bibliographie: GARCIA MARTINEZ / TIGCHELAAR, *1 Enoch*.

[10] Vgl. DIX, *Pentateuch*.

[11] Griechische Passagen: Hen 1,1–32,6 im sog. Codex Panopolitanus, 5./6. Jh.; Hen 6,1 – 11,4; 8,4 – 10,14; 15,8 – 16,1 in der sog. Chronologie des Syncellos, 9. Jh.; Hen 89,42–49 im Codex Vaticanus Graecus 1809, 10./11. Jh.; Hen 97,6–107,3 in einem Chester-Beatty-Papyrus; 4. Jh.; neueste krit. Edition aller griechischen Texte: BLACK, *Apocalypsis*. Aramäische Fragmente decken zahlreich das sog. »Buch der Wächter« ab, stammen aber auch aus den anderen Partien außer den Bilderreden und weisen außerdem auf die Existenz eines henochischen »Buches der Riesen« hin. Krit. Edition: MILIK, *Books*; genaue Auflistung aller aramäischen Fragmente bei UHLIG, *Henochbuch*, 479–482. Weitere Texteditionen und Übersetzungen: BEYER, *Texte* (eigene Zusammensetzung der aram. Henoch-Fragmente einschl. des »Noahbuches« und des »Book of Giants« sowie deutsche Übersetzung 225–272); BLACK / VANDER KAM, *Book* (engl. Übersetzung und Kommentierung einschl. reicher textkrit. Anmerkungen; das »astronom. Buch« übersetzt von O. Neugebauer); ISAAK, *Apocalypse* (Übersetzung auf der Basis von MS Tanasee 9); KNIBB, *Book* (äthiopischer Text auf der Basis der Handschrift Rylands Ethiopic MS 23, die aus dem 18. Jh. stammt und den »Standardtext« darbietet; textkritischer Apparat, engl. Übersetzung und philologischer Kommentar). UHLIG, *Henochbuch*, bietet eine Übersetzung der äthiopischen Version mit kurzen explikativen Glossen.

jüdische Henochtradition mindestens bis ins 3. vorchristliche Jahrhundert
zurückreicht. Unbezweifelbar war diese Schrift in Kreisen der urchristlichen
Bewegung bekannt;[12] unbezweifelbar auch vermittelt diese Schrift »rettendes Wissen« in einer Situation, die sie als extreme Krise definiert. Wie aber
stellt sich solches Wissen näherhin dar? Woher stammt es; wie wird es vermittelt; wen soll es erreichen? Inwiefern ist es »rettend«? In welcher Weise
und welchem Ausmaß spielen weisheitliche Traditionen bei der Konturie-
rung dieses Wissens eine Rolle? Wie weit bestimmt das Konstrukt eines
»rettenden Wissens« die Henochschrift als ganze? Diesen und damit zusammenhängenden Fragen wird in einer Lektüre des Henochbuches, die
textsynchrone mit traditionsgeschichtlichen Aspekten zu verbinden sucht,
nachgegangen.

1. Das äthiopische Henochbuch als narrative Entfaltung von Gen 5, 21–24

Die narrative Makrostruktur des gesamten Henochbuches in seiner jetzt
vorliegenden (äthiopischen) Form läßt sich folgendermaßen skizzieren:
Henoch hinterläßt eine »Segensrede« an die »erwählten Gerechten«
(Hen 1,1), in der Einsichten mitgeteilt sind, die er in Visionen und während
von Engeln begleiteter Himmelsreisen erworben hat. Sie betreffen den Fall
und die Bestrafung der sog. Wächterengel (Hen 6 – 16), die mythische Geographie der Welt (17 – 36), das zukünftige Schicksal der Gerechten und der
Gottlosen (37 – 71) und die Ordnung der Gestirne (72 – 82). Hen 81,5–10
bietet eine Notiz von der Rückkehr Henochs und die Aufforderung, alles
seinem Sohn Metuschelach weiterzutradieren. Gleich daran anschließend
folgen zwei weitere Visionen über den Untergang der Welt und die Abfalls-
geschichte Israels bis hin zum Endgericht (83 – 90). Nach Kap. 91 wird die
Weitergabe des Metuschelach Anvertrauten an alle männlichen Nachkommen der Familie in Gang gebracht und übergeleitet zu einer Rede an alle
Söhne. Diese Rede verbindet Mahnungen zum Wandel auf dem Weg der
Gerechtigkeit mit Drohrufen gegen die dem göttlichen Gericht verfallenen
Sünder und mit Ankündigungen endzeitlichen Heils für die Gerechten (92 –
105). Der das äthiopische Henochbuch abschließende Bericht über die wun-

---

[12] Vgl. als bekannteste Anspielung auf Hen 6 – 16 Jud 6 und 2 Petr 2,4.

derbare Geburt des Noah (106 – 107) markiert den Beginn der von Henoch angesagten Ereignisse, die zur Großen Flut und zur Rettung der Wenigen führen. Ganz am Ende steht, wie zur Bekräftigung, noch einmal eine Vision Henochs über das Schicksal der Gerechten und Gottlosen in der Endzeit.

Das Buch Henoch ist demnach durchgehend auf die Figur konzentriert, die der Schrift ihren Namen gegeben hat. Im Hinblick auf das hier interessierende Thema des »rettenden Wissens« ist die Wahl dieser Figur aufschlußreich, erscheint doch Henoch in der Genealogie der zehn Generationen vor der Großen Flut (Gen 5). Damit gehört er in die Urzeit der Welt, in die Zeit zwischen der Erschaffung der Welt und ihrem ersten Untergang. Diese Zeit hat im Henochbuch paradigmatische Qualität. Sie präfiguriert die Zeit, in die hinein das Henochbuch spricht. Denn in dieser Urzeit geschah bereits einmal, was sich nun abzeichnet: Eine wohlgeordnete Welt wurde von Gott geschaffen; es geschah aber auch ein großer Abfall von Gott, so daß Gott der Welt in der Flut ein Ende setzte und nur einen (mit seiner Familie) rettete, Noah, den Gerechten (vgl. Gen 6,9). Die Gegenwart derer, für die das Henochbuch spricht, steht zwischen dem bereits geschehenen großen Abfall von Gott und dem erneuten Untergang der Welt.[13] Die »Henoch« Hörenden dürfen aber darauf hoffen, wie Noah zu den Gerechten zu zählen und gerettet zu werden. Als der Siebte nach Adam nimmt Henoch in der Kette der Generationen vor der Flut eine hervorgehobene Position ein und ist zudem nach den Angaben in Gen 5,21–24 auch der einzige der Urzeitgestalten, die nicht starb, sondern zu Gott »weggenommen« wurde. Er lebt im wahrsten Sinn des Wortes bei Gott – und eignete sich von daher, vorgestellt zu werden als einer, der Zugang zum Thron Gottes und zu den dort verborgenen Geheimnissen der Welt erhält (vgl. bes. Hen 15). Insofern Henoch Zugang zum Thron Gottes hat, ist er den Engeln vergleichbar, so daß er in Begleitung von Engeln in die Geheimnisse der Welt eingeführt werden kann (vgl. 17 – 71). Die Zahl seiner in Gen 5,23 genannten Lebensjahre dürfte dort bereits eine Anspielung auf die Tage eines Jahres bedeuten, konnte jedenfalls in der Henochtradition zum Anlaß genommen werden, mit der Gestalt Henochs auch das Thema der Kalenderberechnung durch Beobachtung des

---

[13] Nach Gen 8,21–22 hatte Gott das Versprechen gegeben: »Nicht noch einmal will ich alle Lebewesen vertilgen, wie ich es getan habe«. Diese Aussage hat die Henochtradition offenbar nicht als absolute Bestandsgarantie für die Welt aufgefaßt, sondern möglicherweise auf die Art und Weise der Vernichtung eingeschränkt (»nicht noch einmal so, wie ich es getan habe«). Hen 50,2 reflektiert vielleicht solche Überlegungen.

Laufs von Sonne, Mond und Gestirnen zu verbinden (vgl. bes. Hen 72 – 82).

Die auf den ersten Blick vielleicht disparat wirkenden, an die Gestalt Henochs gehefteten Stoffe fügen sich unter der Perspektive einer Entfaltung von Gen 5,21–24 zu einer zusammenhängenden Konzeption. Umgekehrt mag man die Figur des Henoch als wohl in besonderer Weise geeignet dafür empfunden haben, sie als Vermittlergestalt für den Menschen nicht zugängliches Wissen zu konturieren. Vermutlich geschah dies in mehreren Phasen. Die Henochgestalt in Gen 5 scheint bereits modelliert nach einem mesopotamischen Vorbild, dem Weisen Enmeduraki, ebenfalls in einigen einschlägigen Listen der siebte in der Genealogie vor der Flut und verbunden mit besonderem Wissen, das ihm aus der Nähe zum Sonnengott Schamasch erwächst; die Verbindung Henochs besonders mit einem an der Sonne orientierten Kalender mag also bereits in vorhellenistische Zeit zurückreichen.[14] Damit wiederum konnten sich Traditionen über den Fall und die Bestrafung der Engel verknüpfen (Hen 6 – 36 passim). Die Verbindung mit den sogenannten Apokalypsen oder Geschichtsvisionen und den Mahnreden (oder auch, nach der Unterschrift zur griechischen Version am Ende des Buches, als »Brief des Henoch« bezeichnet) würde ein zweites Stadium der Entfaltung repräsentieren, das in die Mitte des 2. vorchristlichen Jahrhunderts führt, und die sog. Bilderreden dürften den jüngsten Teil des henochischen Korpus ausmachen.[15] Von daher wird damit zu rechnen sein, daß auch die Nachzeichnung des Konzeptes von »rettendem Wissen« und der Verarbeitung weisheitlicher Traditionen nicht ohne eine diachrone Tiefenschärfe auskommt.

---

[14] Vgl. VANDER KAM, *Enoch* (1984), 33–51.

[15] KVANVIG, *Roots*, verfolgt den Ansatz, die Henochfigur in ihren diversen Facetten möglichst umfassend auf mesopotamische Traditionen zurückzuführen, insbesondere auch das Konzept des henochischen »Menschensohnes«. Vgl. die instruktive Zusammenfassung seiner eigenen Position im Kontrast zu der VANDER KAMs, a.a.O., 319f., Anm. 331.

2. Die Einleitungskapitel Hen 1 – 5

2.1 Eine Bilderrede für die Gerechten

Das Henochbuch wird eröffnet mit den Worten λόγος εὐλογίας (äth. barakat), bezeichnet das Folgende also als »Segensrede« (1,1). Diese Überschrift mag sich im engeren Sinn auf die ersten fünf Kapitel des Buches beziehen, die vom künftigen Schicksal der »Gerechten und Auserwählten« sprechen und kontrastiv dazu das Schicksal der »Frevler« zeichnen. Hier wird das Stichwort »Segen« einmal aufgenommen (1,8) und dem »Fluch« über die Frevler entgegengestellt (5,5–7). Gleichzeitig eröffnet V. 1,1 das gesamte jetzt vorliegende Henochbuch und stellt alles Folgende unter diese Leitperspektive: Es geht um einen Zuspruch für die, die sich auf der Seite der »Gerechten und Auserwählten« sehen dürfen. Sie werden verortet in einer »Zeit der Not«, deren Ende absehbar ist. Gleich zu Beginn des Buches wird der für apokalyptisches Denken typische Aufriß einer Krisensituation mit baldigem Ende, in der sich Gerechte und Frevler gegenüberstehen, sichtbar.

Die Worte, die Henoch spricht, bezeichnet er selbst näherhin als παραβολή (äth. mᵉsâlê) für die Gerechten. Was inhaltlich folgt, ist zum einen die Ankündigung einer Theophanie Gottes zum Gericht. Dessen unterschiedlicher Ausgang bedeutet für die Gerechten Leben und Licht, für die Frevler aber Vernichtung (Kap. 1). Damit verknüpft ist zum anderen eine Scheltrede an die »Frevler« (2,1 – 5,9), die deren Verfehlungen aufweist und ihnen die ewige Gottferne ankündigt, während die Gerechten Gottesnähe erhoffen dürfen. Die Scheltrede kehrt den Duktus der angekündigten Bilderrede für die Gerechten also um. Insofern sie aber im Rahmen eben dieser Bilderrede erscheint, wird ihre Funktion verändert: Sie zeigt negativ auf, worin die Verfehlungen derer, die als Frevler verurteilt werden, bestehen; sie kann also positiv als Selbstkennzeichnung der »Gerechten« verstanden werden.

2.2 Traditionsgeschichtliche Hintergründe[16]

Henoch als einer, der eine Segensrede spricht, erhält damit die Züge etwa des biblischen Jakob (vgl. Gen 49) oder des Mose (vgl. Dtn 33), die am

---

[16] Vgl. ausführlich und differenziert RAU, *Kosmologie*, 31–124 zu form- und traditionsgeschichtlichen Hintergründen von 1 Hen 1–5.

Lebensende den Stämmen Israels in einer langen Abschiedsrede Segen zu-
sprechen. Das Henochbuch knüpft darin an die in frühjüdischer Zeit beliebte
Gattung der »Testamentenliteratur« an. Insofern Henochs Segen sich an die
»Gerechten« richtet, nimmt er eine vor allem in der Weisheitsliteratur und
in den Psalmen häufige Kennzeichnung auf, zumal sie auch dort durchweg
im Kontrast zu den »anderen«, denen, die nicht gerecht sind, erscheint.
Auch die Gattung des »Maschal«, als die Henochs Worte eingeführt werden, ist eine weisheitliche. Die Motive einer Gottesvision und eines Deute-
engels, wie sie Hen 1,2 andeutet (und wie sie im weiteren Buchverlauf entfaltet werden) sind aus der biblisch-prophetischen Tradition bekannt, aber
beide nicht spezifisch für die Prophetie. Das Theophanie-Szenario dagegen
ist mit eindeutigem Bezug auf prophetische Literatur entworfen (vgl. bes.
Hen 1,4–6 mit Mi 1,3–4), während sich im breit ausgeführten Interesse an
Gestirnen und Jahreszeiten (2 – 4) der »gelehrte« Blick des Priester-Weisen
meldet. Gerade dies aber erscheint nun im Rahmen einer Form, die nicht
anders denn als »Scheltrede« zu bezeichnen wäre und damit wiederum in
den Bereich prophetischer Gattungen weist. In Hen 1 – 5 mischen sich
demnach die großen Traditionsbereiche der altisraelitischen Literatur, wie
dies durchweg für apokalyptische Schriften charakteristisch ist. Rein quantitativ überwiegen traditionell weisheitliche Stoffe, wie auch die Bezeichnung
der ersten Rede Henochs als »Gleichnisrede« zu signalisieren scheint, daß
die weisheitliche Tradition als leitend angesehen wird.[17]

2.3 Weisheit, Wissen, Erkennen

Der, der die Segensrede spricht, ist auf besondere Weise legitimiert dazu.
Als »gerechter Mann« (1,2) gehört Henoch selbst auf die Seite der Auserwählten, und dies umso mehr, als er privilegierten Zugang zur Welt Gottes
erhielt. Er hat mit geöffneten Augen Gott gesehen, was sonst Sterblichen
nicht möglich ist; und er hat Worte von Engeln gehört, die Sterbliche nicht
verstehen können, die ihm aber verstehbar gemacht wurden. Ihm ist verborgenes Wissen zugänglich, das er seinerseits weitergibt.

---

[17] Dies nimmt Randal A. Argall für das gesamte Henochbuch an, wenn er in seinem
form- und traditionsgeschichtlichen Vergleich zwischen 1 Henoch und dem Sirachbuch
die einzelnen Teile des Henochkorpus als »the Enochic Books of Wisdom« bezeichnet
(und die beiden Schriften als Antipoden unterschiedlicher Weisheitskonzepte betrachtet). Vgl. ARGALL, *1 Enoch.*

Mit einer Reihe von Imperativen (2,1 *κατανοήσατε*; 2,2 *ἴδετε* / הin; *διανοήθητε* / אתבוננו; 3,1 *καταμάθετε* / הin) wird in der Scheltrede dazu aufgefordert, die von Gott dem Kosmos eingestifteten Ordnungen zu erkennen. Ein besonderes Augenmerk gilt dabei den Gestirnen und der Ordnung der Jahreszeiten. Die Verfehlung der Frevler besteht darin, daß sie hätten sehen und erkennen können, wie wohlgeordnet die von Gott geschaffene Welt ist, und daß sie ihr eigenes Verhalten an den ihnen gegebenen Ordnungen hätten ausrichten können, so aber nicht gehandelt haben. Als gerecht gilt also, wer sich von der erkennbaren Wohlordnung des Kosmos anleiten läßt, nach den *ἐντολαί* Gottes (5,4) für die Menschen zu handeln.

Nach dem großen Weisheitsgedicht des Sirachbuches (vgl. Sir 24) hat sich die im Kosmos und in der Menschenwelt schweifende Weisheit auf dem Zion als prächtiger Baum eingewurzelt und ist mit der Tora des Gottes Israels gleichsam zusammengewachsen. Hen 1 – 5 scheint diese Motive anders zu kombinieren. Hier wird – unter zweimaligem Verweis auf das Beispiel der Bäume und ihrer wechselnden Belaubung – das Bild der von harmonischen Ordnungen durchzogenen Schöpfung gezeichnet, von denen die Gebote für die Menschen einen Teil darstellen. Nach diesen Ordnungen zu leben bedeutet, Gottes Souveränität anzuerkennen und seinen eigenen Ort im Kosmos zu akzeptieren (vgl. 5,4). »Weisheit« ist nach Hen 1 – 5 nicht der andere Name für die Tora oder die Weltordnung, sondern gemäß Hen 5,8 ist »Weisheit« (äth. ṭ^{e}bab; griech. hier: *σοφία*)[18] eine Gabe, die den Gerechten erst in der erneuerten Welt zuteil wird, und die sie befähigt, nicht mehr zu sündigen, »weder aus Vergessen (*λήθη*) noch aus Überheblichkeit (*ὑπερηφανία*)« (5,8).[19] »Weisheit« scheint damit eine Größe zu sein, die in dieser Welt selten oder gar nicht anzutreffen ist – damit klingt ein Motiv an, das in den »Bilderreden« (wieder)erscheint (vgl. 42,1–2). Auch die Bezeichnung von Henochs Rede als *παραβολή* / m^{e}sâlê weist terminologische Nähe zu den Bilderreden auf. Ob sich daraus redaktionsgeschichtliche Kon-

---

[18] Das äth. Nomen übersetzt in der Bibel ein ganzes Spektrum griechischer Begriffe, neben *σοφία* etwa *φρόνησις*, *ἐπιστήμη* oder auch *παιδεία*; vgl. DILLMANN, *Lexicon*, Eintrag ṭ^{e}bab.

[19] Am Ende von 5,8 gehen griechischer und äthiopischer Text auseinander: Die äthiopische Version verbindet Weisheit mit Demut (»und die, die Weisheit besitzen, werden demütig sein«), während der griechische Text die neue Weise des Erkennens in den Vordergrund stellt (»und im erleuchteten Menschen wird Licht sein, und im erkennenden Menschen Einsicht / *νόημα*«).

sequenzen ziehen lassen, kann hier nicht weiter überprüft werden;[20] auf der
Ebene des jetzt vorliegenden Henochbuches dürfte die intratextuelle Verbindung intendiert sein.

3. Der Fall der Engel (Hen 6 – 11; 12 – 16)

3.1 Keine Keuschheit der Engel

An die erste »Bilderrede« in Hen 1 – 5 schließt sich ein erzählerischer Abschnitt an, der Auskunft gibt über den großen Abfall in der Zeit vor der Flut
(6 – 11). Dieser besteht keineswegs etwa im »Sündenfall« der ersten Menschen im Paradies, sondern im sexuellen Begehren einer Gruppe von Engeln, den »Wächterengeln«, das sich auf die »Menschentöchter« richtet.
Aus der Verbindung entstehen Riesen, die alles Leben auf der Erde zu vernichten drohen. Die Menschen schreien zum Himmel, während sie von den
Riesen getötet werden, und Gott selbst greift mit Hilfe von ihm ergebenen
Engeln ein, um alles Leben auf der Erde zu vernichten und die unbotmäßi-
gen Engel zu strafen. Die Flut ist in dieser Erzählung zugleich als Vernich-
tungsgericht über die Riesen und als eine Weise gesehen, die Erde von aller
Gewalttat, die geschehen ist, zu reinigen. Die Verfehlung der Wächterengel
besteht demnach darin, selbst Gewalttat begangen, aber mehr noch, eine
Kette von Gewalttaten in Gang gesetzt zu haben. Damit verwoben ist ein
zweites Motiv: Die Engel haben die Menschen allerlei Künste gelehrt, mit
denen große »Gottlosigkeit« getrieben wird (vgl. 8,1–2). Ein drittes Motiv
entfaltet der sich anschließende Abschnitt Hen 12 – 16, der Henoch selbst
vor den Thron Gottes treten läßt, nachdem er zunächst den Wächterengeln
ihr Urteil überbracht hat, dann aber von diesen gebeten wurde, vor Gottes
Thron Fürsprache einzulegen: Henoch erfährt, daß keine Fürsprache möglich ist, weil die Engel eine grundlegende, von Gott der Welt eingestiftete
Ordnung nicht respektiert haben, die Grenze zwischen Geist und Fleisch,
zwischen himmlischer Welt und menschlicher Welt (15,3–12).

---

[20] Mit 4QEn[a] 1 i und 4QEn[a] 1 ii ist Hen 1 – 5 in aramäischer Sprache nachgewiesen; der
Paläographie nach »probably … from the first half of the second century« (MILIK,
Books, 140). In 4QEn[a] 1 i (zu Hen 1,1–6) ist in Zeile 2 immerhin das Wort [י]מתלוה –
»(sei)ne Gleichnisrede« zu lesen. Leider fehlt auf 4QEn[a] 1 ii der Schluß von Hen 5.

3.2 Traditionsgeschichtliche Hintergründe

Die Erzählung vom Begehren der Engel knüpft an die Notiz in Gen 6,1–4 an, die bereits in ihrem jetzigen Textzusammenhang im Buch Genesis der Auslegung immer Rätsel aufgegeben hat. Die Erzähltradition, die hier verarbeitet wurde, wollte vielleicht nur – im Stil auch der voranstehenden Geschichten – die sich erst allmählich zeigenden Konturen des Menschseins so, wie es zur Zeit der Erzählgemeinschaft vorzufinden ist, darstellen. Sie hat davon berichtet, daß eine Grenzziehung zwischen Himmel und Erde, zwischen Göttersöhnen und Menschentöchtern in der Urzeit noch nicht selbstverständlich war und – ein zweites, nicht damit verbundenes Motiv – es damals auch wohl besonders große Menschen gab. Demgegenüber wird Gen 6,1–4 in seinem jetzigen Zusammenhang wohl schon als eine Geschichte der zunehmenden Bosheit auf der Erde gelesen werden müssen. Auch Hen 6 – 16 liest Gen 6,1–4 als Geschichte über Bosheit – der Verschwörung von Engeln zu einer großen Sünde (vgl. Hen 6,3–4). Die Henochtradition hat die »Göttersöhne« von Gen 6,1–4 im Sinne von Engeln verstanden, eine für die hellenistische Zeit gängige Interpretation der hebräischen Wendung בני אל(ה)ים. Die Betonung von Gewalttat als Signum der Engelsünde liegt auf der Linie der Genesis-Erzählung; das Motiv der Vermischung von einer himmlischen Welt rein männlicher Wesen ohne Frauen (vgl. 15,7) mit einer menschlichen Welt, in der Männer Sexualverkehr mit Frauen haben, ist vorstellbar im Kontext einer frühjüdischen Reflexion über das »Wesen« von Engeln, wie sie aus priesterlich-kultischem Umkreis stammen mag. Dazu fügt sich die Vision vom Thron Gottes in Hen 14, die ebenfalls auf priesterliche Traditionen zurückzugreifen scheint.[21] Mit der Anklage der »Grenzüberschreitung« zwischen Himmel und Erde verbindet sich das Motiv eines besonderen Wissens der Engel, das diese den Menschen preisgegeben haben, und das Motiv der Riesen, die die Erde vernichten. Beide zuletzt genannten Motive finden sich nicht in der biblisch-altisraelitischen Tradition, aber erinnern an griechisch-hellenistische Traditionen: den Prometheusmythos, der das Moment des Aufstands gegen Zeus verbindet mit den Kulturerrungenschaften, die Prometheus die Menschen lehrt, und den Mythos vom Titanenkampf, der an die henochischen Riesen denken läßt.

---

[21] Dies zeigen DEAN-OTTING, *Journeys*, 39ff., und HIMMELFARB, *Ascent*, 9ff.

Man hat vermutet, daß sich in dieser offensichtlichen Aufnahme griechischer Mythologie die Entstehungszeit der vorliegenden Erzählung vom
»Engelfall« spiegelt[22]: Gedacht wurde insbesondere an die Ptolemäer in
Ägypten, die sich als Gottheiten bzw. Nachkommen von Gottheiten feiern
ließen. Die Warnung vor den »Lehren der Engel« hätte man analog zu verstehen als Warnung vor hellenistischer Kultur insgesamt; die Erzählung als
Zeitdiagnose wäre zu dechiffrieren als eine harte Verurteilung von jüdischen Annäherungen an hellenistischen Zeitgeist. Ja, schärfer noch: Der
Sündenfall der Engel wiederholt sich im Sündenfall jeglicher jüdischer Beziehung zu hellenistischer Kultur, wobei besonders an Eheschließungen
zwischen jüdischen Frauen und nichtjüdischen (oder jüdisch-hellenisie-
renden) Männern gedacht sein könnte. Die pauschale Bezeichnung als
»Frevler« erhielte so konkrete Umrisse.

3.3 Weisheit, Wissen, Erkennen

Von »Weisheit« ist in Hen 6 – 16 nicht die Rede, auch nicht, wie es Hen 5,8
entsprechen würde, als Gabe für eine neue, von Gewalttat gereinigte Welt.
Dafür kann das Stichwort *lehren* (διδάσκω / aram. אלף pa.) geradezu als
Leitmotiv von Hen 6 – 11 angesprochen werden: Die Wächterengel *lehren*
ihre Frauen »Zaubermittel und Beschwörungen« (7,1 griech. / aram.); Azazel, ihr Anführer, *lehrt* die Menschen alles, was zur Kriegskunst erforderlich
ist – und alles, was Frauen für ihre Kosmetik brauchen. Der gemeinsame
Nenner dürften Metalle und metallähnliche Stoffe sein, die jeweils für diese
»Künste« als Material erforderlich sind (8,1). Dazu tritt die *Lehre* der Ge-
stirnszeichen (8,3 griech. / aram.).[23] Aus dem Himmel wird ihnen vorgeworfen, die heiligen Geheimnisse verraten zu haben, als sie die Menschen *lehrten* (vgl. 9,6–7; 10,8 nominal: διδασκαλία). Aber auch der Sohn Lamechs,
Noah, wird im Auftrag Gottes von einem der Engel *belehrt*, daß die Erde
vernichtet werden soll, er aber gerettet wird (10,3). Die Welt der Engel hat
teil an Gottes Wissen, ist aber auch dem Willen Gottes unterstellt, nur jenes
Wissen weiterzugeben, das Gott selbst als rettendes Wissen den Menschen

---

[22] Vgl. Etwa: HANSON, *Rebellion* und NICKELSBURG, *Apocalyptic*.

[23] Zu den hier genannten Stellen Hen 7,1 und 8,3, die sowohl der Codex Panopolitanus
als auch die Chronologie des Syncellus bieten, tritt im griechischen Text aus der Chronologie des Syncellus noch eine längere Aufzählung anderer Engel, die jeweils eine
Himmelskunst »lehrten«.

zugedacht hat. Henoch als Gerechter hat Zugang zu dieser Welt, und da er als Gerechter gilt, darf angenommen werden, daß das Wissen, das die Engel ihm mitteilen, von Gott gleichsam autorisiert ist. Das Wissen dagegen, das die Wächterengel den Menschen mitgeteilt haben, verkehrt sich in tödliches Wissen. Dies dürfte auch mit den Wissensinhalten zu tun haben, die offenbar als gefährlich, zumindest ambivalent gelten: Kriegskunst, Kosmetik und Astrologie. Die Astrologie ist ein Wissen, das, von autorisierten Engeln weitergegeben, auch im »Henochkreis« gepflegt wird. Hier kommt es offenbar darauf an, daß das astrologische Wissen kontrolliert praktiziert wird. Ähnliches scheint mutatis mutandis für griechisch-hellenistische Mythologie zu gelten, die im Henochkreis offensichtlich (kritisch) verwendet wird. Dagegen bleiben Kriegskunst und Kosmetik auf der Negativ-Seite. In der Ablehnung aller handwerklichen Fertigkeiten zur Erstellung von Kriegstechnik dürfte sich Kritik an der Militärpräsenz der Diadochen in Israel / Palästina artikulieren. Die Ablehnung von Kosmetik als Teil eines widergöttlich mitgeteilten geheimen Wissens trifft tendenziell jede Frau gerade auch in den eigenen Reihen, die Freude an Schmuck und Schminke hat, und stigmatisiert sie als Komplizin jener Engel, deren Opfer ihre Geschlechtsgenossinnen einst waren. Wenn dieses Motiv zunächst die Funktion einer Regulierung des Heiratsverhaltens gehabt haben mag, so entfaltete es, vermittelt über 1 Tim 2,8ff., im Christentum eine Eigendynamik mit für christliche Frauen verheerenden Konsequenzen.[24]

Der eigenmächtig weitergegebenen Lehre der Engel gegenüber steht Henoch, zur Zeit des Geschehens bereits zu Gott entrückt. Er erfährt in einer Vision das unwiderrufliche Urteil Gottes über die Wächter und wird aufgefordert, es ihnen mitzuteilen; er erhält damit eine Position, die ihn als Mensch an die Stelle von Engeln rückt.[25] Zudem verbindet ihn die Bezeichnung »Schreiber der Gerechtigkeit« (12,4) im Erzählverlauf hier erstmals mit dem Medium des Schriftstückes.[26] Daß er eine Bittschrift für die Wäch-

---

[24] Vgl. dazu ausführlich und kritisch, wenn auch mit zu einseitiger Schuldzuweisung für die frauenfeindliche Wirkungsgeschichte an das Judentum bzgl. Hen 6 – 16: KÜCHLER, *Schweigen*, 231–301.

[25] Insofern in seiner Urteilsbegründung das Motiv der verunreinigenden sexuellen Vermischung von Himmlischem und Menschlichem die entscheidende Rolle spielt, scheint dies auch das für den »Henochkreis« zentrale Thema zu sein.

[26] Im »Book of Giants« wird Henoch mehrfach bezeichnet als »the distinguished scribe« (ספר פרשא; vgl. 4QEnGiants[a] 8; MILIK, *Books*, 315; 4QenGiants[b] 2; MILIK, a.a.O., 305). BEYER, *Texte*, 261.264, interpretiert die Wendung als »der Schreiber, der deuten kann«.

terengel einreicht (13,4.6), konturiert ihn als einen, der die Gepflogenheiten am himmlischen Hof kennt. Daß die Ablehnung des Gnadengesuchs, wie sie Henoch den Bittstellern mitteilt, sich als ein »Buch« gibt (14,1), unterstreicht sicher die Bedeutung und Unwiderruflichkeit dieses Urteils, nimmt aber auch bereits diejenige Kommunikationsform in den Blick, die es erlaubt, die Weitergabe der Botschaft Henochs über die Flut hinweg bis in die Gegenwart des »Henochkreises« zu denken.[27]

4. Die erste Himmelsreise Henochs (17 – 36)

4.1 Orte der Urzeit und Endzeit

Nachdem er den göttlichen Urteilsspruch über die Wächterengel verkündigt hat, wird Henoch von Engeln auf einen Weg mitgenommen, der ihn in die Geheimnisse dessen, was menschlichen Augen nicht sichtbar ist (vgl. 19,3), einführt. Zwei Traditionsstücke (17 – 19 und 20 – 36) scheinen zusammengefügt, die ähnliche Stoffe ausbreiten[28]: Neben meteorologischen Phänomenen, in die Henoch Einblick erhält, und Reisen in eine Welt duftender Gewürze und kostbarer Steine geht es um Orte der Urzeit, vornehmlich das baumbestandene Paradies, den Ort der Ureltern (24/25 und 32), und Orte der Endzeit, die auf das Endgericht an Gerechten und Frevlern vorausweisen (21 – 22 und 26/27).

Beides ist grammatisch möglich; Beyer sieht Henoch (dem Kontext entsprechend) als einen, der in seinen Kompetenzen über die reine Niederschrift des Gehörten / Geschauten weit hinausgeht und mit der Fähigkeit des Deutens wiederum in die Nähe der »Deuteengel« rückt.

[27] Über das »Schreiber«-Motiv wird auch prophetische Tradition weiterentwickelt; vgl. nur Baruch, den Schreiber des Jeremia, und die im Baruchbuch der Septuaginta vorgenommene Aktualisierung der jeremianischen Prophetie unter Einschluß weisheitlicher Traditionen, Jerusalem-Traditionen und dtr Theologie. Auch dazu hat O. H. Steck entscheidende Einsichten beigetragen; vgl. STECK, *Baruchbuch*.

[28] Vgl. ausführlicher dazu WACKER, *Weltordnung*, 113–122.

4.2 Traditionsgeschichtliche Hintergründe

Das traditionell weisheitlich bestimmte Traditionsmaterial ist hier gleichsam mit Händen zu greifen, aber in einer neuen Weise, als »Himmelsreise« zu Orten mythischer Geographie, dargeboten. Hineinverwoben ist der Ausblick auf ein Endgericht, das in seiner Lokalisierung in Jerusalem wiederum prophetische Tradition (bes. Joel 4) aufnimmt. Die in beiden Traditionsstücken enthaltene Notiz von einem Ort, da sieben Sterne gebunden sind, die ihre Bahnen verlassen haben (19,12–16 / 21,1–6), weist im Makrozusammenhang des Buches voraus auf das »astronomische Buch« (72 – 82) und dürfte seinen Ursprung in frühjüdischen astrologisch-kalendarischen Traditionen haben, die nicht in kanonische Texte Eingang fanden. Vielleicht ist in 19,12ff. / 21,1ff. an heidnische Planetengötter gedacht.[29]

4.3 Weisheit, Wissen, Erkennen

Der Erhebung Henochs über die Wächterengel entspricht seine Gemeinschaft mit den Gott dienenden Engeln, die ihm die Geheimnisse des Kosmos erläutern – und sie ihm, was die »Geheimnisse des Sternenlaufs« betrifft, auch aufschreiben (vgl. 33,4), ein Hinweis auf die hohe Bedeutung des astronomischen Materials im Gesamt des Henoch-Korpus. Auffällig bei dieser ersten »Himmelsreise« erscheint, daß der Blick auf die, die sich im Himmel und auf der Erde gegen Gottes Ordnung aufgelehnt haben, im Vordergrund steht. Sie sind, so wird Henoch vermittelt, unter Kontrolle, und für sie ist der Tag des Endgerichts bereitet. Dieses Interesse an der richtenden und ordnenden Macht Gottes, die gewissermaßen »hinter den Kulissen« bereits – oder nach wie vor – am Werk ist, spiegelt die henochische Interpretation der Gegenwart als keineswegs den göttlichen Ordnungen gemäß. Inmitten dieser Gegenwart wird die Gewißheit von Gottes Gerechtigkeit festgehalten. Sie kann sich bestätigt finden an der Schau des Kosmos, der von Gott wohlgeordnet eingerichtet ist. Die angemessene Reaktion, die Henoch auch immer wieder zeigt (vgl. 22,14; 25,7; 27,5; 36,4), ist die des Lobpreises Gottes, des Schöpfers seiner herrlichen Werke.

Weisheit (äth. ṭᵉbab; griech. hier: φρόνησις – Einsicht; in 3 Kön 3 – 10 LXX und in SapSal die durchgängige Bezeichnung der »Weisheit« Salomos)

---

[29] Vgl. ALBANI, *Astronomie*, 251.

bleibt demgegenüber dem Baum des Paradieses vorbehalten, von dem die Ureltern gegessen haben, dessen Weisheit ihnen aber nur zur Einsicht in ihre Nacktheit verholfen hat (32,6). Die Art und Weise, wie der Baum als Baum der Erkenntnis geschildert wird (vgl. 32,3), läßt offen, ob seine Gabe in der Endzeit erreichbar ist. Eindeutig für die Endzeit zugesagt dagegen wird die Frucht des Baumes des Lebens (25,4–5), und zwar den »Demütigen« (vgl. äth. Version) bzw. den »Gerechten« (griech. Text), also jenen, die nach 5,8 bereits Weisheit empfangen haben. War es nach dem Weisheitsgedicht des Ben Sirach der Baum der Tora-Weisheit, der den Frommen auf dem Zion zugute kommt, so ist es nach Hen 24/25 der Baum des Lebens, der an das Haus des Herrn verpflanzt wird (vgl. 25,5) und dort seinen Duft verströmt.

5. Die »Bilderreden« (37 – 71)

5.1 Weltgericht und Menschensohn

Mit Hen 37 – 71 folgt eine dreifache »Bilderrede« (mᵉsâlê), die eingangs (37,1) als »zweite Vision« Henochs bezeichnet wird und sich damit an die in Hen 1,2 eröffnete erste »Vision« reiht, aber zugleich auch »Vision der Weisheit« (37,1: râᵉya ṭᵉbab) bzw. »Weisheitsrede« (37,2: nagara ṭᵉbab) heißt.

Die erste »Bilderrede« (38 – 44) hebt mit einem Rückblick aus der Perspektive der neuen Erde auf das Ende der »Sünder« an (38).[30] Darauf folgt eine Vision des Ortes der Gerechten, in der erstmals auch bereits umrißhaft von »dem Erwählten«[31] die Rede ist (39) und die Henoch lobpreisend begleitet, sowie die Schau der vier Engel an Gottes Thron (40). Kap. 41 – 44 reiht astronomische Phänomene (etwa Windstärke und Sonnenlauf) und »eschatologische« Phänomene (wie die »Wohnungen der Gerechten«) aneinander und spricht von der Weisheit, die unter den Menschen keinen Platz fand,

---

[30] Vielleicht ist die Erwähnung derer, die aus dem Himmel herabsteigen und sich mit den Menschenkindern vereinigen (39,1), als eine Art Parenthese innerhalb dieses Rückblicks zu lesen.

[31] Zu den verschiedenen Bezeichnungen und traditionsgeschichtlichen Hintergründen der Mittlergestalt in den Bilderreden vgl. VANDER KAM, *Righteous One*.

und sich in die Himmel zurückzog (42). Die zweite Bilderrede (45 – 57) gibt als ihr Thema »die, die den Namen der Wohnung der Heiligen und den Herrn der Geister verleugneten«, an (45,1) und konzentriert sich in der Tat auf »Gottesfeinde« aller Art. Sie beginnt mit einer Gerichtsszene, in der der »Erwählte« (ḫᵉruy; 45; vgl. 51,3) bzw. der »Menschensohn« (walda sabᵉ²; 46; vgl. 48,2) die ungerechten Herrscher der Welt verurteilt. In gleichsam einem zweiten Blick auf dieses Gericht ist auch die Rettung der offenbar gewaltsam umgekommenen Gerechten ins Auge gefaßt (47 – 51). In einem dritten Schritt wird eine mythische Szenerie zwischen Bergen und Tälern eröffnet, in der nicht nur das Gericht an den ungerechten Herrschern vollzogen wird, sondern auch die Flut über die aufständischen Engel hereinbricht (52 – 54). Danach aber erfolgt noch einmal ein Aufstand von Engeln, der einen Ansturm feindlicher Mächte, konkret der Parther und Meder, auf Judäa und Jerusalem bewirkt, aber für sie im Totenreich endet. Ein weiterer Ansturm endet in der Anbetung Gottes.

Die dritte Bilderrede (58 – 69) richtet sich nunmehr auf »die Gerechten und Auserwählten« (58,1; ṣadᵉqân / ḫᵉruyân). Ein erstes Bild zeigt sie im himmlischen Licht (58). Assoziativ angeschlossen ist ein Abschnitt über die »Geheimnisse der Lichter und Blitze« (59). Mit Kap. 60 beginnt ein bis Kap. 69 reichender Teil, der zwar eingangs nach dem äthiopischen Text auch dem Henoch zugeschrieben, ab 60,8 aber deutlich auf Noah zurückgeführt wird. Er umfaßt wiederum kosmologische Stoffe, als neuen Akzent etwa den endzeitlichen Ort von Leviathan und Behemot (60), sowie »Eschatologisches«, etwa erneut den Menschensohn auf dem Richterthron (60,9; 63,11, jetzt aber mit der Bezeichnung walda ᵉgual – Sohn von Geborenen / Sterblichen) oder den Blick auf die gerichteten Herrscher der Welt, denen in der Endzeit keine Umkehrmöglichkeit mehr offensteht (63). Einen nicht geringen Raum nimmt die erneute Besprechung des »Engelfalles« ein (vgl. 64 – 65; 67,4– 13; 69), die weitere Verfehlungen der Engel zu berichten weiß: So geht etwa auch die Verführung der Eva auf einen dieser Engel zurück (vgl. 69,6), werden Fehlgeburten von einem anderen Engel verursacht (69,12) oder wird das Schreiben mit Tusche und Leder zu den verderbenbringenden Geheimnissen gezählt. Dazu gehört auch eine Art Gegengeschichte zu Hen 6 – 11: Sind gemäß Hen 6 die begehrlichen Engel aus dem Himmel herabgestiegen und haben sich durch Schwur zu gemeinsamem Tun verpflichtet, so geht es jetzt um den geheimnisvollen, nur dem Engel Michael bekannten Namen Gottes und die Kraft, die im Schwur mit diesem Namen liegt. Die dritte

Bilderrede schließt mit der Thronbesteigung des »Menschensohnes« als Richter und Herrscher neben Gott (69,26–29: 26–27 walda 'ᵉgual; 28–29 eine dritte Bezeichnung: walda bᵉ'ᵉsi – Mannessohn[32]). Kap. 70 erzählt die Entrückung Henochs zum Menschensohn (walda 'ᵉgual) und zu Gott; Kap. 71 die Transformation Henochs selbst zum Menschensohn (71,14: 'anta wᵉ'ᵉtu walda bᵉ'ᵉsi – du bist der Mannessohn).[33]

5.2 Traditionsgeschichtliches

Die Bilderreden geben sich eingangs dezidiert als Weisheitsspruch bzw. Weisheitsrede, verarbeiten in diesem Rahmen aber insgesamt ein breites Spektrum biblischer (wie nichtbiblischer) Traditionen. Für die erste Bilderrede sei zum einen die Lichtmetaphorik hervorgehoben, die in den Bereich der Tempeltraditionen weist. Dazu fügt sich auch Kap. 40, das an die Thronwagenvision eines Ezechiel oder die Tempelvision eines Jesaja erinnert (vgl. das »Trishagion« in Hen 39,12!). Zum anderen weisen die kosmologischen Themen wiederum in den Bereich der (priesterlichen) Weisheit. In der zweiten Bilderrede begegnen deutliche Parallelen zum Danielbuch, allen voran in der Gestalt des »Alten der Tage« (Hen 46,1) und des Menschensohnes, aber auch im Motiv der getöteten Gerechten, denen im Endgericht Gerechtigkeit widerfährt – allerdings ohne die klare Auferstehungsaussage aus Dan 12,1–3 (vgl. Hen 47,2–4; 51,1–2). Das Motiv der »Herrscher der Welt«, die vor Gericht zitiert werden, bestimmt auch die Sapientia Salomonis. Hier liegen Themen vor, die den Bilderreden mit zeitgenössischen frühjüdischen Schriften gemeinsam sind. Die zweite Bilderrede greift aber auch auf traditionelle hebräisch-biblische Motive zurück, so etwa das prophetische Thema des »Völkersturms« auf den Zion (vgl. bes. Ez 38 – 39; Joel 4; Jes 66 mit Hen 56 – 57). Die dritte Bilderrede wirkt am ehesten wie eine Weiterentwicklung »innerhenochischer« Themen und nimmt mit der endzeitlichen Situierung von Leviathan und Behemot ein Motiv auf, das wohl über das Hiobbuch vermittelt vorzustellen ist, seinerseits eine Schrift, in der kosmologische Weisheit eine nicht geringe Rolle spielt.

---

[32] In 69,29 lesen einige Manuskripte walda bᵉ'ᵉsit – Sohn der Frau.

[33] Die wechselnden Bezeichnungen des »Menschensohnes« könnten auf unterschiedliche Traditionsstücke zurückgehen. Ihr Nebeneinanderstehen im jetzigen Zusammenhang der Bilderreden darf aber wohl doch dahin gedeutet werden, daß sie auf ein und dieselbe Figur verweisen.

5.3 Weisheit, Wissen, Erkennen

Die Eröffnung der Bilderreden in Hen 37,1–4 entwirft Henoch als einen Redner, der vor Gott steht, von dorther spricht und auch die entferntesten Generationen erreichen will: Das Modell des biblischen Weisheitslehrers, der seinen Schülerkreis unterrichtet, ist bis an die Grenzen von Zeit und Raum gespannt. Dem Anspruch nach entspricht dies bereits der Position Henochs als des »Menschensohnes«, die am Ende der Bilderreden erreicht ist. Wenn Gott in den Bilderreden durchweg als »Herr der Geister« (ᵉgzi'a manâfᵉst) – damit dürften in erster Linie die Engel gemeint sein – bezeichnet ist, so kennzeichnet das nicht zuletzt seine Distanz zur Menschenwelt.[34] Henoch fungiert als autorisierte und autoritative Vermittler-Gestalt, hat von Gott »Weisheit« empfangen (37,4), die er nun weitergibt.

»Weisheit« ist nach der zweiten und dritten Bilderrede zum einen eine Kraft, die Gott zukommt bzw. in Gottes Nähe zu finden ist: Die »Quellen der Weisheit« fließen »an jenem Ort«, d. h. bei Gott (48,1); Gott ist der »Herr der Weisheit« (63,2); zum anderen ist sie die Gabe, die Gott seinem »Erwählten« mitgeteilt hat (vgl. 49,1.3 in Anklang an Jes 11,2 und Hen 51,3). Mit Hilfe der Weisheit offenbart Gott den Gerechten den Menschensohn (vgl. 48,7). Die Verfehlung der Wächterengel kann in dieser Terminologie in der dritten Bilderrede umschrieben werden als »Verrat von Geheimnissen der Weisheit« (69,8).

In der ersten Bilderrede findet sich mit dem kleinen Abschnitt 42,1–3 eine in sich geschlossen wirkende Episode:

> [1] Die Weisheit fand keinen Platz,
> wo sie wohnen konnte;
> und sie hatte einen Wohnort in den Himmeln.
> [2] Die Weisheit ging aus,
> um unter den Menschenkindern zu wohnen,
> und sie fand keine Wohnung.
> Die Weisheit kehrte an ihren Ort zurück
> und nahm ihren Sitz unter den Engeln.
> [3] Und die Ungerechtigkeit kam hervor aus ihren Kammern;
> die sie nicht suchte, fand sie,
> und wohnte unter ihnen,
> wie der Regen in der Wüste
> und wie der Tau auf dem durstigen Land.

---

[34] Dies fällt besonders auf im Vergleich mit der ansonsten die Henochliteratur charakterisierenden äth. Bezeichnung Gottes als ᵉgzi'a bᵉḥêr – »Herr der Erde«.

Überschriftartig wird vorweg (V. 1) ein vergebliches Bemühen der personifizierten Weisheit (t‘bab) festgehalten, das dann präzisiert wird: Die Weisheit hat versucht, sich bei den Menschen niederzulassen, aber ist darin gescheitert. Ihr Ort ist jetzt bei den Engeln bzw. im Himmel, fern der Menschenwelt. In schärfstem Kontrast dazu steht eine zweite personifizierte Größe, die offensichtlich als Antipode der Weisheit zu sehen ist. Während die Weisheit keine Wohnung fand, brauchte die »Ungerechtigkeit« nicht einmal zu suchen. Die Menschen nahmen sie denkbar begierig auf. Mit diesem Szenario ist der Zustand einer völlig verkehrten Welt gezeichnet: Das Verbpaar »suchen« / »finden« evoziert nach biblischer Tradition den Kontext von Liebesbeziehungen (vgl. etwa Hld 3), aber auch das kultische Aufsuchen Gottes; »Regen« und »Tau« sind traditionelle Gottesgaben, wenn nicht sogar Gottesmetaphern (vgl. etwa Hos 6,3; 14,6). An die Stelle Gottes aber ist die »Ungerechtigkeit« getreten; in einer solchen Welt ist keine Weisheit zu finden.

Der Abschnitt Hen 42,1–3 steht im jetzigen Kontext der ersten Bilderrede innerhalb einer Art Himmelsreise, die Henoch unternimmt und die ihn zu allerlei astronomischen und meteorologischen Phänomenen führt. Von diesem Kontext her erscheint die Weisheit gleichsam eingebettet in den Kosmos der Gestirne und der Wetterphänomene; sie ist eine Kraft, die wie die anderen Gott untersteht. Diese Situierung der Weisheit erinnert deutlich an Hiob 28, ein Weisheitsgedicht, das ebenfalls auf die Unzugänglichkeit der Weisheit für die Menschen und ihre Verborgenheit bei Gott abhebt und damit ein Gegenbild bietet insbesondere zu Spr 8 – 9, der unter den Menschen gegenwärtigen Weisheit, die ihren Rat gibt und zu ihrem Mahl einlädt.

Dieser Befund bedeutet zweierlei: Zum einen ist die Weisheit selbst keine Instanz mehr, die als »Frau Weisheit« anstelle Gottes auftritt. Henoch begegnet nicht eigentlich der personifizierten Weisheit, sondern berichtet nur über ihren bereits vollzogenen Rückzug. Die Weisheit, im Buch der Sprüche mit eigener Personalität ausgestattet und im Buch Sirach immerhin ein prächtiger Baum, wurde in den Bilderreden des Henochbuches gleichsam zurückgenommen in Gott selbst; Gott selbst ist es, der Henoch Weisheit gibt. Damit ist die Kraftlosigkeit traditioneller Weisheitskonzepte aus der Sicht des Henochkreises deutlich gemacht. Zum anderen aber bedarf es angesichts solcher Verborgenheit der Weisheit bei Gott umso mehr der vermittelnden Tätigkeit »Henochs«, den »auserwählten Gerechten« die

Weisheit Gottes zugänglich zu machen. Möglicherweise ist der »Weg« Henochs, wie er innerhalb des Henochbuches erscheint, in Analogie zum Weg der Weisheit entworfen: Auch Henoch kündigt ja nach Kap. 81 seine baldige Entrückung zu Gott an. Er aber kann seine Botschaft weitergeben; diese hat eine »Wohnstatt« bei den Menschen gefunden – bei denen, die sie aufnehmen.[35]

6. Das »Astronomische Buch« (72 – 82)[36]

6.1 Die Ordnung der Himmelslichter

Den Einblick in die »Bewegung der Himmelslichter« (72,1) präsentiert Henoch gleich von vornherein als Buch, das auf eine Himmelsreise zurückgeführt wird – die zweite nach Hen 14 – 16; 17 – 36; 37 – 71 entsprechend der Textchronologie des äthiopischen Henochbuches. Sie beschreibt den Lauf der Sonne während eines Jahres zu 364 Tagen und erklärt die Defizite des Mondjahres (72 – 75; vgl. auch 79), handelt von Winden und Weltgegenden und von den Lunarphasen (78). Es enthält aber auch einen Ausblick auf die »Tage der Sünder« (80,2ff.), in denen die Ordnung der Gestirne völlig durcheinandergeraten wird und mit ihnen der Jahreskreislauf von Wachstum und Ernte. In dieser Zeit wird man die Ordnung der Gestirne nicht mehr verstehen, ja, man wird die Gestirne sogar als göttlich verehren. Henoch erhält die Aufforderung, das Buch, das jetzt als »die himmlischen Tafeln« bezeichnet wird, zu lesen, sich einzuprägen und seinem Sohn – und über ihn dem ganzen Menschengeschlecht – zu übergeben (Kap. 81). Das letzte Kapitel hält die Ausführung dieses Auftrags fest; Henoch, der von den Engeln vor seinem Haus niedergesetzt wurde, tritt vor seinen Sohn Metuschelach (82).

---

[35] Vgl. RAU, *Kosmologie*, 448ff.

[36] Vgl. zu 1 Hen 72 – 82 die umfassende Studie von ALBANI, *Astronomie*; zuvor bereits RAU, *Kosmologie*, 125–485. Vgl. auch GLESSMER, *Measuring*; DERS., *Henoch*-Buch, und BÖTTRICH, *Astrologie*.

6.2 Traditions- und Zeitgeschichtliches

Der henochische Kalender als strikter Sonnenkalender kann sich auf die
Notiz in Gen 5,21–24 von den 365 Lebensjahren des Henoch als eines Prot-
agonisten dieses Kalenders beziehen. Ob er von ägyptischen[37] oder (wahrscheinlicher) babylonisch-astronomischen Traditionen[38] geprägt ist, braucht
hier nicht entschieden zu werden; sicher dürfte jedoch ein Bezug auf außer-
israelitische Vorgaben sein. Kap. 80 weist auf kalendarische Differenzen zu
anderen Gruppen im Judentum hin; möglicherweise ist an die offizielle Einführung eines Mondkalenders Mitte des 2. Jh. v. Chr. in Jerusalem zu denken. Dadurch mag der »Henochkreis« – darin der essenischen Gemeinde an
die Seite zu stellen – mit seinem Sonnenkalender in die Defensive geraten
sein. Da ihm die Ordnung des Laufs der Himmelslichter, wie sie Henoch
gezeigt wurde, aber als Ausdruck der gottgewollten Schöpfungsordnung
galt, konnte der neue Kalender als Aufstand gegen diese Ordnung
(ab)gewertet – und nicht zuletzt mit dem v. a. in dtr Texten geäußerten
Vorwurf des »Gestirnsdienstes« verbunden[39] – werden.

6.3 Weisheit, Wissen, Erkennen

Gemäß dem vom Anfang des Henochbuches an erkennbaren Konzept von
einer umfassenden kosmischen Ordnung braucht es nicht zu verwundern,
daß insbesondere die Ordnung von Sonne, Mond und Gestirnen ein Thema
des Wissens wird, das Henoch vermittelt wurde und das er weitergibt. Der
Sonnenkalender von 364 Tagen entsprach mit seinen genau 52 x 7 Tagen
einer Idealstruktur von Zeit, die die in der Schöpfung grundgelegte Sabbat-
woche respektiert. Die Mitteilung dieses Kalenders steht am Ende der
»Himmelsreisen« Henochs, ja gemäß Hen 71 nach seiner Erhöhung zum
»Menschensohn«, und zudem geschieht sie in Form nicht nur eines beliebi-
gen Buches, sondern auf »himmlischen Tafeln«, ein Topos, der an die Tafeln vom Sinai erinnert. Dadurch wird dem Sonnenkalender im Gesamt der

---

[37] So etwa STEGEMANN, *Essener*, 231–241.

[38] So ALBANI, *Astronomie*, 173ff.

[39] Vielleicht ist zur Abwehr eines solchen Vorwurfs nach innen die Mühe aufgewendet
worden, in einer Art Nachtrag (Kap. 82,4ff.) jedem Stern einen »Leiter« namentlich
zuzuordnen, wobei wohl an Engel zu denken ist, die den Anordnungen Gottes unterstellt
sind.

Henochtradition ein eminent hoher Stellenwert zugemessen. Dem entspricht es, daß am Ende des »astronomischen Buches« das, was Henoch seinem Sohn hinterläßt, als »Weisheit« (ṭ°bab) bezeichnet wird (vgl. 82,2.3)[40] – im Zusammenhang zielt diese Kennzeichnung in erster Linie auf die entfalteten astronomisch-kalendarischen Zusammenhänge. Sie sollen, so wird in Anklang an die Sprache der beiden Torapsalmen 19 und 119 formuliert, besser munden als manche andere gute Speise (vgl. 82,3 mit Ps 19,11; 119,103). Statt der Tora-Weisheit als duftender Baum (Sir 24) die toragleiche Weisheit und wohlschmeckende Speise des Sonnenkalenders!

Die im astronomischen Buch in den Blick kommende Weitergabe des Geschauten (und Geschriebenen) vom Vater an den Sohn hat die Struktur weisheitlicher Traditionsvermittlung (vgl. etwa Spr 1,8; 4,1.3f.; 6,20) – die nach Spr 1,8; 6,20 ebenfalls Lehre vermittelnde Mutter fehlt im Henochkorpus. Dies dürfte als Hinweis auf einen Lehrbetrieb unter der Autorität »Henochs« gewertet werden können,[41] der nicht mehr nach dem Modell der häuslichen Erziehung durch beide Eltern, sondern nach dem Modell eines »Lehrhauses« (einer Philosophenschule?) zu denken sein wird.

7. Zwei Visionen (83 – 84; 85 – 90)

7.1 Vernichtungsbild und »Tiervision«[42]

Im Gespräch mit seinem Sohn erinnert sich Henoch an zwei Träume, die er jeweils zu Beginn eines biographisch bedeutsamen Einschnitts hatte: den ersten Traum vor dem Beginn seiner Ausbildung als Schreiber, den zweiten Traum vor seiner Eheschließung. Der erste Traum besteht aus nur einem Bild, dem Einsturz des Himmels(gewölbes) und dem Auseinanderbersten der Erd(scheib)e. Henochs Großvater deutet es auf ein Strafgericht für die Sünden der Welt und trägt Henoch auf, um einen Rest zu bitten, der übrig-

---

[40] Von Hen 80 – 82,3 ist weder ein aramäischer noch ein griechischer Text erhalten.

[41] Vgl. RAU, *Kosmologie* 445ff.

[42] Vgl. zu Hen 85 – 90 TILLER, *Commentary* (Einleitungsfragen; Text der Tierapokalypse in äthiopisch und, wo vorhanden, in aramäisch und griechisch; engl. Übersetzung(en) und versweise Anmerkungen), und die ältere Arbeit von REESE, *Geschichte*, sowie in knapper Form auch HENGEL, *Judentum*, 342–345.

bleibt. Im Angesicht des Sonnenlaufs stimmt Henoch einen Lobgesang auf Gott, den Schöpfer, an, und flicht die Bitte um einen Rest, der dem Gericht entkomme, ein (83 – 84).

Der zweite, sehr umfangreiche Traum, die sogenannte »Tiervision«, stellt in Tieren verschlüsselt Figuren der Menschheitsgeschichte bzw. der Geschichte Israels vor, beginnend beim ersten Menschenpaar, über den Brudermord, den Trost, den Adam Eva spendet, die Geburt des Seth und die weitere Vermehrung der Menschen (85,1–10), hin zum »Engelsturz« und den daraus entstehenden Mischwesen, der Entrückung Henochs (86,1–6 / 87,1–4) und der Gefangennahme der Engel durch menschenähnliche himmlische Wesen (88,1–3), sodann die Zeit der Sintflut, der Vermehrung der Menschen nach Noahs Tod (89,1–9), die Zeit Jakobs und Esaus, Josefs und seiner Brüder und die der ägyptischen Sklaverei bis hin zu Mose (89,10–20), zu den Geschehnissen in Exodus, Sinaitheophanie, Tod des Mose und Landnahme (89,21–40), die Wirren der Richterzeit, die Geschichte von Samuel, Saul und David bis hin zum Tempelbau unter Salomo (89,41–50), die Zeit des Nordreiches (mit der Entrückung Elijas) und die Entsendung vieler Propheten bis zur Zerstörung Samarias (89,51–58). Danach beginnt eine Zeit, da Israel siebzig Hirten übergeben ist, deren Taten vor Gott aufgeschrieben werden: Eine erste Periode reicht bis zur Zerstörung Jerusalems und des Tempels (89,59–71), eine zweite stellt der Wiederaufbau Jerusalems unter Esra dar (89,72–77). Kap. 90 umfaßt die Zeit Alexanders des Großen und der Diadochen bis hin zur Seleukidenherrschaft sowie die Zeit des Makkabäeraufstandes, mit dem die Gegenwart des Textes erreicht sein dürfte, denn das Ende der Vision besteht in einer großen Gerichtsszene und einem Bild der neuerstarkten Herde der Gerechten, versammelt um den neuerrichteten Tempel. Die abschließend mitgeteilte Reaktion des Visionärs Henoch ist ein sehr kurzer Lobpreis Gottes und eine tiefgehende Erschütterung ob des Gesehenen (90,40–42).

7.2 Traditionsgeschichtliches

Das Motiv des »Restes« aus dem ersten Traumgesicht ist ein prophetisches, v. a. jesajanisches (vgl. Jes 7,3; 10,20f.; 11,11.16; 28,5).[43] Auch das Zer-

---

[43] Michael Knibb zeichnet jesajanische Traditionen im Henochbuch nach und sieht sie vor allem in den Bilderreden rezipiert, scheint aber das »erste Traumgesicht« Hen 83/84 nicht analysiert zu haben. Vgl. KNIBB, *Traditions*.

bersten der Erde und das Einstürzen des Himmels erinnert an einen Text aus der jesajanischen Tradition (Kap. 24), der seinerseits gern als proto-apokalyptisch angesehen wird.

Die Tiervision beruht in ihrem Geschichtsabriß auf den Vorgaben der gro-ßen biblischen Erzählwerke des Pentateuch und des deuteronomistischen Geschichtswerks und nimmt insbesondere mit dem Motiv der immer wieder gesandten Propheten sowie des immer erneuten Abfalls Israels Topoi dtr Theologie auf. Die besondere Erwähnung Elijas (89,52) dürfte sich seinem dem Henoch analogen Lebensende, ebenfalls einer Entrückung, verdanken (vgl. 2 Kön 2,10f.). Das Motiv Israels als einer Schafherde durchzieht die große Anklagerede des Ezechiel an die Hirten Israels, hier allerdings im Blick auf die Könige Israels, die Gott absetzt, um selbst als Hirte die Ver-sorgung seines Volkes zu übernehmen (Ez 34). Dieses Hirtenmotiv ist in der Tiervision offenbar bezogen auf Fremdherrscher, denen von Gott Macht gegeben wird, Israel zeitweise zu beherrschen, die aber auch für ihr Tun vor Gott verantwortlich sind. Die Zahl »siebzig« verweist dabei auf die jere-mianische Ankündigung von siebzig Jahren, die Israel im Exil zu bleiben habe (Jer 25,11; 29,10), eine Zahl, die in Dan 9 aufgenommen und in Form von »Wochen« auf die Frist bis zum Ende der Zeit bezogen wird.

Die Tiersymbolik für politische Reiche erscheint ebenfalls auch im Daniel-buch, in der »Tiervision« allerdings wesentlich breiter entfaltet[44]: Vielleicht hat näherhin Jer 25,1–13 den Aufriß von Hen 89,51ff. bestimmt, insofern hier das dtr Motiv der vielfach gesandten Propheten, die Ankündigung der Herrschaft der Fremdvölker über Jerusalem und Juda sowie das Motiv der 70 Jahre zusammen erscheinen.[45]

7.3 Weisheit, Wissen, Erkennen

Im Vergleich zu den voranstehenden Einheiten des Henochkorpus bietet Hen 83 – 84; 85 – 90 kaum spezifisch weisheitliches Traditionsmaterial. Nur einmal bezieht sich Henoch auf die Weisheit an Gottes Thron, in einem Hinweis innerhalb des Lobgebets, der verdeutlicht, daß Gott selbst mit

---

[44] Dabei erfolgen wiederum punktuelle Rückgriffe auf vorgegebene Motive: So erinnert etwa die Beschreibung der gigantischen Sexualorgane der »Sterne« an die vulgäre Ver-unglimpfung Ägyptens in Ez 16,26 u. ö.

[45] Vgl. VANDER KAM, *Enoch* (1995), 164–167.

höchster Weisheit ausgestattet gilt (vgl. 84,3[46]). Der Rahmen des »Visionären« in Hen 83 – 90 ist gerade einer, welcher Prophetie und Weisheit gemeinsam ist. Im Kontext des gesamten Henochkorpus drängt sich der Eindruck auf, daß mit der Untergangsvision Hen 83 – 84 und vor allem der
Geschichtsvision Hen 85 – 90, insofern sie textchronologisch den astronomischen und kosmologischen Himmelsreisen und Visionen nachgestellt
sind, die Koordinaten der Menschen-Zeit gleichsam eingestellt werden in
die Koordinaten des von Gott geordneten und beherrschten Schöpfungs-
Raumes mit seinen durch die Gestirne bestimmten Rhythmen. Israels Geschichte erhält kosmische Dimensionen, aber der Schöpfungs-Raum auch
eine zeitliche Begrenzung.

Die Tiersymbolik ist in der »Tiervision« in hohem Maße systematisiert und
benutzt offenbar auch das Moment der Allegorie. Die Frühzeit der Menschen wird über die Linie weißer Bullen und Färsen von Adam und Eva bis
zu Abraham durchgezogen; ab Jakob ist das Schaf Symbol für das Volk
Israel – während Esau als (unreines) Wildschwein dargestellt wird (89,12),
ein Tier, in dem in exilischer Zeit die Edomiter erscheinen (89,66). Sind die
Fremdvölker der Zeit bis zum Exil wilde Landtiere (Löwen, Panther, Wölfe
etc.), so werden sie ab der Zeit Alexanders des Großen zu bedrohlichen
Vogelschwärmen, gleichsam mächtig wie das Heer des Himmels. Einzelne
Wesen wie Noah oder Mose werden am Ende ihres Lebens in Menschen
verwandelt, während ansonsten menschliche Wesen der Welt Gottes vorbehalten sind. Damit bietet die Tiervision gleichzeitig auch ein Bild der Welt
als eines Ortes, in dem wahres menschliches Leben nicht möglich ist.

Die Zeit Israels seit der Zerstörung Samarias steht unter einem einheitlichen
Plan Gottes, der für die weitere Geschichte Fremdherrscher über Israel vorgesehen hat. Sie sind mit der Macht über Leben und Tod ausgestattet, aber
in von Gott gesetzten Grenzen, an denen sie gemessen werden. So wird das
erhoffte Endgericht nicht nur den Gerechten in Israel Heil bringen, sondern
auch die Herrscher der Welt nach ihren Taten richten. Gott ist nicht nur Herr
des Kosmos und »Herr der Schafe«, d. h. Israels, sondern auch Herr aller
Völker der Welt. Die Tiervision zieht dieses prophetische Motiv, das auch
bereits in den Bilderreden anklang, nun gleichsam systematisch in die Hoffnung der »Gerechten« hinein.

---

[46] MILIK, *Books*, 317, ordnet 4QEnGiants[a] 9 und 10 dem Gebet des Henoch in 84,1ff.
zu; hier ist allerdings nicht von »Weisheit« die Rede.

8. Die »Mahnreden« und die sogenannte »Zehn-Wochen-Apokalypse« (91 – 105)

8.1 »Sabbatstruktur der Geschichte« [47] und soziale Antagonismen

Kap. 91 des Henochbuches setzt ein mit der Bitte Henochs an seinen Sohn Metuschelach, alle seine Brüder zu versammeln, damit Henoch ihnen mitteilen kann, wozu der Geist, der über ihm ausgegossen ist, ihn drängt. Metuschelach kommt dieser Bitte nach, und Henoch hebt mit seiner Rede an (91,1–10). Sie schließt im jetzigen äthiopischen Text mit dem Ausblick auf eine Heilszeit, die in eine achte bis zehnte Woche (91,11–17) gegliedert ist. Da das Stück 93,1–10 von den ersten sieben Wochen handelt, dürfte hier eine sekundäre Textumstellung erfolgt sein, die die zusammengehörige »Zehn-Wochen-Apokalypse« (93,1–10; 91,11–17) auseinanderreißt. Die aramäischen Fragmente zu Kap. 91 scheinen dies zu belegen und zeigen zudem, daß auf 91,10 ein Abschnitt folgte, der Ähnlichkeiten mit 91,18–19 besaß[48]. Mit Kap. 92 beginnt »das Buch, von Henoch geschrieben«, die sog. »Mahnreden«. Man kann das Stück 91,1–10.18f. als Überleitung zwischen der »Tiervision« und den »Mahnreden« betrachten oder auch als Schlußabschnitt zu den voranstehenden Visionen ziehen.[49] Er bringt das Paradigma der Henoch-Zeit noch einmal auf den Punkt: So wie zu seiner Zeit die große Ungerechtigkeit durch eine Flut ausgelöscht wurde, so wird nunmehr die Ungerechtigkeit zum zweiten Mal übergroß, ihr aber auch ein Ende gesetzt werden.

Das nach 92,1 von Henoch geschriebene Buch setzt ein mit einem Trostzuspruch, der das Aufstehen des Gerechten vom Todesschlaf verheißt, ewige Vernichtung aber für die Sünde (sic! 92,2–5). Darauf folgt, erneut als Bericht aus den Büchern eingeführt, ein Geschichtsabriß, der die Geschichte Israels in zehn Wochen gliedert. Die erste Woche, die der Zeit Henochs

---

[47] Vgl. KOCH, *Sabbatstruktur.* Zur Zehnwochenapokalypse vgl. auch: DEXINGER, *Zehnwochenapokalypse;* VANDER KAM, *Studies;* REID, *Structure.*

[48] Zur Textfolge 93,9–10 + 91,11ff. vgl. 4QEn^g 1 iv; MILIK, *Books,* 265–269; zu 91,10 (?) + 91,18–19 und 92,1–2 vgl. 4QEn^g 1 ii; MILIK, a.a.O., 260–263.

[49] Letzteres schlägt UHLIG, *Henochbuch* 673f., vor: Hen 91,1–16 korrespondiere als Rahmenstück Kap. 73,1; 75,1–2.

selbst, ist (noch) von »Recht und Gerechtigkeit« geprägt. In der zweiten
Woche findet die große Flut und die Rettung des Noah statt. Die dritte Woche ist die des Abraham, die vierte die des Offenbarungszeltes in der Wüste,
die fünfte die des Tempels. Die sechste Woche faßt die Zeit der Könige
zusammen, erwähnt Elija und kennzeichnet diese Zeit als eine des umfassenden Abfalls, die in der Zerstörung des Tempels und der Zerstreuung
Israels endet. In der siebten Woche ist die Gegenwart der Verfasser erreicht;
dem »abtrünnigen Geschlecht« steht die Erwählung der »ewigen Pflanze der
Gerechtigkeit« gegenüber. Die achte bis zehnte Woche blicken auf Gericht
und Heilszeit: Ende der Herrschaft der Sünder; eine Art Zwischenreich der
Gerechten, das Weltgericht und Erscheinen eines neuen Himmels mit zahllosen Wochen in Gerechtigkeit.

Nach einer Reihe von rhetorischen Fragen, die auf nur Gott zugängliches
Wissen zielen, folgt eine erneute Anrede der Gerechten, nunmehr in der
Form der Mahnung, »Gerechtigkeit zu lieben« (94,1) und die Rede Henochs
immer im Herzen zu bewahren (92,5). Diese Rede ist in ihrem Grundduktus
zunächst eine lange Folge von Weherufen an die »Sünder«, unterbrochen
von kurzen Trostworten an die »Gerechten«. Das von den Sündern gezeich-
nete Bild ist das der Wohlhabenden, deren Reichtum aber durch Unrecht
erworben ist und zu Lasten der »Gerechten« aufrechterhalten wird (vgl. bes.
96,5 und 99,13f.). Erst mit 102,4 – 104,7 ergeht eine längere zusammen-
hängende Ansprache an die Gerechten, die ihren vorzeitigen, ja elenden Tod
benennt und ihnen Hoffnung über den Tod hinaus zuspricht, wohingegen
den Sündern das Gericht auch nach dem Tod droht. Nach einer kurzen
Mahnung (104,8–9) geht es schließlich um die Sicherung der Traditionswei-
tergabe: Es wird Bücher auch der Sünder mit falschen Lehren geben. Deshalb sollen die Gerechten die von Henoch empfangenen Schriften treu bewahren und abschreiben. Das Schlußbild (105) verheißt den Rechtschaffe-
nen Gemeinschaft mit Gott und »seinem Sohn«, eine Formulierung, die im
Kontext des Henochkorpus auf Henoch selbst als den Menschensohn abzie-
len dürfte.[50]

---

[50] Kap. 105 fehlt im griechischen Chester-Beatty-Papyrus der »Epistel des Henoch«; es
kann späteren und d. h. christlichen Ursprungs sein.

8.2 Traditionsgeschichtliches

Die »Zehnwochenapokalypse« darf sicherlich bereits aufgrund ihrer geschlossenen Form gegenüber ihrem jetzigen Kontext als ursprünglich selbständige Komposition angesehen werden. Auch traditionsgeschichtlich setzt sie einen eigenen Akzent, greift mit ihrer »Sabbatstruktur der Geschichte« und mit ihrer Betonung des Heiligtums bereits in der Wüste, dann in Jerusalem priesterliche Traditionen auf.

Die »Mahnreden« schließen sich mit ihren Reihen von Weherufen an weisheitliche Formsprache an, wie sie auch die Psalmen bieten, aktualisieren aber in diesem Rahmen prophetische Sozialkritik und stehen inhaltlich den Eingangskapiteln der Weisheit Salomos (SapSal 1 – 5) mit ihrer Kontrastierung von notleidenden, ja unterdrückten und todesnahen Gerechten und wohlhabenden, ausbeuterischen Sündern nahe.[51] Mit der Weisheit Salomos haben sie auch die Hoffnung auf das gerechte Handeln Gottes jenseits der Todesgrenze gemeinsam.

8.3 Weisheit, Wissen, Erkennen

Die »Zehnwochenapokalypse« wird dreifach legitimiert eingeführt und darf somit höchste Autorität für sich in Anspruch nehmen: Sie stammt aus einer Vision des Himmels, aus der Rede der Engel und aus himmlischen Büchern (93,2). Sie vermittelt allein über ihre Struktur bereits das Wissen um eine Ordnung der Welt, die dem Schöpfungsrhythmus der sieben Tage entspricht: Sie ist insgesamt in Wochen gegliedert, und in der siebten Woche, nach sieben mal sieben Zähleinheiten also, erhalten die auserwählten Gerechten siebenfache Belehrung über Gottes Schöpfung. Solche Belehrung ist umso notwendiger, als in der sechsten Woche »alle Herzen die Weisheit vergessen haben« (93,8). An die Stelle des prächtigen Weisheitsbaumes aus dem Sirachbuch scheint in der Zehnwochenapokalypse die »Pflanzung der Gerechtigkeit« getreten zu sein, d. h. die Schar der erwählten Gerechten, die sich auf die Lehre Henochs einlassen. Ihnen werden, gemäß der aram. Fassung des Textes, »Weisheit und Erkenntnis« (חכמה ומדע)[52] zuteil; der äth.

---

[51] Vgl. auch die formale Gemeinsamkeit der »Diatribe« Hen 103,9–15 / SapSal 2,1–20.

[52] Lt. Miliks Register ist dies der einzige Beleg für חכמה in den aram. Henoch-Fragmenten.

Text spricht hier in kongenialer Interpretation von »siebenfacher Unterweisung (tᵉmhᵉrt) über seine (= Gottes) ganze Schöpfung«.

Innerhalb der Mahnreden ist recht häufig von »Weisheit« die Rede – allerdings in der erhaltenen griechischen Version weniger pointiert. Bereits die Einleitung in 92,1 bezeichnet das Folgende als »Wunder der Weisheit« (tᵉmhᵉrta ṭᵉbab – zu verstehen im Sinne von »Lehre der Weisheit«). In Hen 94,5 hat die äthiopische Version[53] wohl eine Wiederaufnahme des Motivs der von den Menschen abgewiesenen Weisheit aus der ersten Bilderrede (42,1–3) gesehen; sie spricht in allerdings im einzelnen nicht ganz klarer Weise von den »Sündern, die die Menschen verführen, die Weisheit böse zu behandeln, so daß kein Platz für sie gefunden wird«. Damit scheinen die »Mahnreden« eine etwas optimistischere Sicht als die Bilderreden zu vertreten, für die ja die Weisheit nach einer vergeblichen Wohnungssuche bei den Menschen wieder zurückgekehrt war in die Himmel. Auch in Bezug auf die statt der Weisheit gekommene Ungerechtigkeit setzen die Mahnreden einen etwas anderen Akzent: »Die Sünde ist nicht auf die Erde geschickt worden, sondern die Menschen haben sie aus sich selbst erschaffen« (98,4). Es scheint, als solle hier einem Dualismus zweier womöglich gleich ursprünglicher Kräfte des Guten und des Bösen entgegengewirkt werden.

Hen 98,1.9 spricht die Weisen (ṭabibân / φρόνιμοι) und die Toren an; 98,3 wirft den Toren (den Sündern) vor, es fehle ihnen an Lehre und Weisheit (tᵉmhᵉrt waṭᵉbab; der hier erhaltene griechische Text spricht von ἐπιστήμη und φρόνησις). Hen 99,10 preist jene selig, die die Worte der Weisheit (äth. nagara ṭᵉbab) bzw. die Worte der Weisen (griech. φρονίμων λόγοι) befolgen; ähnlich spricht auch Hen 100,6 von den Weisen (unter den) Menschen, die die »ganze Rede dieses Buches« verstehen werden. Hen 101,8 benennt Gott als Ursprung aller Kenntnis und Weisheit (der griechische Text spricht hier nur von ἐπιστήμη), und Hen 104,12 weiß, daß den Gerechten und Weisen die Bücher »zur Freude, zur Rechtschaffenheit und viel Weisheit gegeben« wurden (auch hier fehlt im griechischen Text die »Weisheit«). Insgesamt zeigen die genannten Stellen, daß sich die »Mahnreden« in die Tradition weisheitlicher Lehrreden einstellen, wie dies ja auch gezielt über die in Hen 91,1ff. evozierte »Lehrsituation« zwischen Vater und Sohn geschieht. Daß in den »Mahnreden« die Henoch Hörenden selbst bereits als »Weise« bezeichnet werden können, mag verwundern angesichts der in anderen Tei-

---

[53] Ein griechischer oder aramäischer Text ist nicht erhalten.

len des Henochkorpus vorgestellten Weisheit als bei Gott verborgener. Hier könnte sich, wie auch in 94,5 sichtbar, eine gegenüber anderen Teilen des Henochkorpus positivere Sicht der Dinge aussprechen, ein Indiz für eine ursprüngliche Selbständigkeit des »Briefs des Henoch«. Andererseits gehen auch die »Mahnreden« von der grundsätzlichen Unfaßbarkeit der Geheimnisse dieser Welt aus, wie etwa die wiederum an Hiob 28 erinnernden rhetorischen Fragen in Hen 93,11–14 zeigen. Aber sie können der Textchronologie des Henochkorpus entsprechend ja auch bereits voraussetzen, daß die »Erwählten / Gerechten« die Lehre Henochs gehört haben, d. h. über Henoch und seine Bücher vermittelt bereits der verborgenen Weisheit teilhaft geworden sind.

Als ganzes sind die »Mahnreden« in den Rahmen eines Schriftstückes / Buches gefaßt (vgl. 92,1 / 104,10–13): Das Buch, das Henoch vorträgt, soll, so will es der Schluß, getreu weitergegeben werden. Daraus erwächst selbst wieder Freude – und nach der äthiopischen Übersetzung auch: Weisheit.

9. Noahbuch und Abschlußvision (106 – 107; 108)

9.1 Ein Kind ist geboren …

Ein Kind wird dem Lamech und seiner Frau geboren,[54] aber sein engelgleiches Aussehen und sein Sprachvermögen bereits kurz nach der Geburt versetzen seine Eltern in Schrecken. Lamech kann nicht glauben, daß dieses Kind sein leiblicher Sohn sei; er befürchtet offenbar, daß seine Frau mit einem Engel des Himmels Sexualverkehr gehabt haben könnte. Er bittet seinen Vater Metuschelach, bei Henoch diesbezüglich Rat zu holen. Henoch versichert, daß es mit diesem Kind eine besondere Bewandtnis habe: Es werde die große Flut überstehen. Seine Engelgleichheit, die doch die eines wahren Menschen ist, symbolisiert den gottgewollten Einbruch der himmlischen Welt in die Welt der Menschen, ein Gegensymbol zum eigenmächtigen und gewaltsamen Übergriff der Engel auf die Menschenfrauen, aus dem wiederum mit den »Riesen« neue Gewalt erwuchs. Dieses Kind – Noah! – ist ein Zeichen für die Generation des Lamech wie auch für die Generation,

---

[54] Vgl. zu dieser »Geburtsgeschichte« im Vergleich mit dem Genesis-Apocryphon 2 – 5 VANDER KAM, *Birth*.

die in der Gegenwart erneuter Bosheit darauf hofft, daß diese verschwinde und nur das Gute übrigbleibe. Die Schlußvision (108) illustriert diesen Grundgedanken gegenwärtiger Bosheit und endzeitlichen Sieges des Guten noch einmal an den Frevlern bzw. Gerechten.

9.2 Traditionsgeschichtliches

Die Erzählung knüpft an die Noah-Traditionen der Genesis an, verbindet sie aber kontrastiv mit den Überlieferungen vom »Engelfall«, wie sie Hen 6 – 16 verarbeitet sind. Die Schlußvision bringt als neuen Akzent eine Hochschätzung von Askese als Form von »Gerechtigkeit« ins Spiel und dürfte wohl eine christliche Fortschreibung darstellen.

9.3 Weisheit, Wissen, Erkennen

Erneut erweist sich Henoch als einer, der »weiß«, in diesem Fall als jemand, der ungewöhnliche Zeichen zu deuten versteht. Über die Zukunft kann er Auskunft geben, weil er selbst darüber auf den »Tafeln des Himmels« gelesen hat (vgl. 106,19 / 107,1). Die Schlußvision von Kap. 108 gibt sich als eigenes »Buch«, das auch für die fernsten Generationen geschrieben wurde.

10. Rettendes Wissen

Das äthiopische Henochbuch stellt sich als Kompendium gelehrten frühjüdischen Wissens dar, das aus Tora, Propheten und Schriften schöpft, diese Traditionen kreativ weiterdenkt, daneben in nicht unbeträchtlichem Maße aber auch Motive und Stoffe aufgreift, die zur Zeit der Entstehung der Henochschriften wohl größere Verbreitung hatten, schließlich aber nur am Rande oder gar nicht in das kanonisch gewordene Schrifttum der jüdischen Bibel eingegangen sind. Die beiden wichtigsten und für die Henochtradition prägenden außerbiblischen Stoffe sind das astronomische Wissen um den Sonnenkalender von 364 Tagen und die Überlieferung vom »Engelfall«. Steht letztere als Paradigma gestörter Ordnung des von Gott geschaffenen Kosmos, so ersteres als Signum eben dieser gottgewollten Ordnung, die auch das menschliche Leben betrifft. In dieses Konzept einer umfassenden kosmischen Ordnung, die in ihren Grundrhythmen gestört wurde, scheinen sich die unterschiedlichen verarbeiteten Traditionen einzufügen: Die »Frevler« der Gegenwart wiederholen und affirmieren mit ihren vielfältigen Vergehen die Störung von Gottes Ordnung, der Abriß der Geschichte der Menschheit bzw. Israels etwa in der Zehnwochenapokalypse zeigt die gottgewollte Struktur ebenso wie den zweimaligen Bruch und die endzeitliche Wiederherstellung, der Weg der Weisheit zu den Menschen und wieder in die Himmel zurück bestätigt, daß in dieser Welt zerbrochener Ordnungen die himmlische Weisheit nicht wohnen kann.[55] Die Welt, wie sie ist, kann nicht mehr geheilt, sondern nur noch zerstört werden – damit ist prophetische Eschatologie radikalisiert.[56] Mit der Figur des Henoch aber entsteht der Prototyp der Gegenwelt: ein Gerechter, der den Tod nicht geschaut hat, sondern noch vor der Großen Flut entrückt wurde und bei Gott lebt, ein Gelehrter, der in die Geheimnisse der gottgewollten Ordnung Einblick erhielt. Die Schlußszene der Bilderreden (Hen 71), die der Identifikation Henochs mit dem Menschensohn, ist eine, die dem henochischen Korpus von Wissen allerhöchste Autorität gibt – nicht nur die des Siebten nach Adam, nicht nur die des Engelgeführten, nicht nur die des Menschen, der über die gefallenen Engel gestellt wurde, sondern die des von Gott selbst herkommenden Weltenrichters.

Ein auffälliger, sich durch das gesamte Henochkorpus hindurchziehender Zug ist die Lichtmetaphorik, darin zeigt es sich verwandt mit Schriften der Qumrangemeinschaft, die ja ihrerseits offensichtlich Henochschriften studiert hat. In der erneuerten Welt kommt den Gerechten Freude und Licht zu (vgl. 5,8; 38,2–4; 58,1–6; 104,2 ähnlich wie Dan 12,3); den verstorbenen, auf Gerechtigkeit wartenden Gerechten leuchtet ein Licht in ihrer Berghöhle

---

[55] Die »Tiervision« hat mit ihrem Konstrukt der »fremden Hirten« über Israel eine Dynamik in die Geschichte Israels eingezeichnet, die sich nicht glatt mit dem Schema von »Urzeit« als Modell der nachflutlichen Zeit vereinbaren läßt; dies dürfte ein Indiz selbständiger Entstehung von Hen 85 – 90 sein.

[56] NICKELSBURG, *Construction*, sieht den prophetisch-eschatologischen Strang neben dem weisheitlichen und dem mythischen in äthHen zusammenfließen und in allen drei Strängen einen »Dualismus« betont, der traditionell in ihnen angelegt ist, sich jetzt aber gegenseitig zum spezifisch apokalyptischen Weltbild verstärkt. Diese Kennzeichnung des Henochisch-Apokalyptischen ist attraktiv, weil sie den drei dominierenden Traditionen gleichermaßen gerecht wird. Allerdings würde ich gegenüber der Betonung des »Dualismus« das dahinterstehende Anliegen einer »Einheit« der Schöpfung Gottes stärker hervorheben.

(22,2 in der griechischen Fassung)[57]; die Welt Gottes und der Engel ist eine
lichtglänzende (vgl. nur etwa 14,18ff.); die die gerechte Menschheit reprä-
sentierenden Tiere in der Tiervision sind weiß, haben die Farbe himmlischer
Gewänder und des himmlischen Lichts, ebenso wie auch das lichtumstrahlte
Aussehen des eben geborenen Noah seine Verbindung zur himmlischen
Welt »reflektiert« (Hen 106). Demgegenüber sind die Tiere der Frevler von
schwarzer Farbe und erwartet die, die Unrecht tun, ewige Finsternis. Die
Ur-Scheidung des ersten Schöpfungstages gibt die Metaphorik ab, um die
Trennung zwischen denen, die Gottes Ordnung respektieren, und den »an-
deren« festzuschreiben.

Das Wissen, das Henoch anbietet, gibt eine Weltdeutung vor, in der die
Angesprochenen sich verorten können. Auch bzw. gerade wenn der Welten-
lauf um sie herum alles andere als schöpfungsgemäß verläuft, so können sie
gewiß sein, als »erwählte Gerechte« zu denen zu gehören, die wie einst
Noah und seine Familie durch das Gericht hindurch gerettet werden. Sie
wissen, daß politische Unruhen, aber auch sie selbst betreffende Notsitua-
tionen Ausdruck der gestörten Weltordnung sind, der Gott in dieser Form
bald ein Ende setzen wird. Wer sich auf diese Weltdeutung einläßt, kann
Trost und Hoffnung in seinem bedrängten Leben erfahren. Die Frage, wer
»dazugehört«, stellt das Henochbuch nicht, sondern es richtet sich von vornherein an den Kreis der »Gerechten«. Die Texte lassen auch nicht auf et-
waige »Umkehrpredigten« zur Gewinnung neuer Anhänger schließen. Eher
scheinen sie damit zu rechnen, daß der Kreis der »Gerechten« ohnehin, wie
damals in der Arche, nur ein sehr kleiner ist.

Die Formen, in denen Henoch selbst sein Wissen vermittelt erhält, sind
Visionen, Deuteworte von Engeln und himmlische Bücher bzw. Tafeln, die
man ihm überreicht. Aber auch er selbst trägt Sorge dafür, daß das Wissen,
das er empfangen hat, weitertradiert wird: Er ruft gemäß weisheitlicher Lehre seinen Sohn bzw. seine Söhne zur Belehrung herbei und er schreibt selbst
seine Worte in Büchern nieder. Insbesondere leitet er seine »Söhne« nicht
selbst zu Visionen an; diese sind offenbar ein ihm selbst vorbehaltenes pri-
vilegiertes Offenbarungsmittel.[58] Die »Söhne« sind gehalten, Henochs Bü-

---

[57] Zu Textüberlieferung und Deutung vgl. ausführlich WACKER, *Weltordnung*, 42–
45.100–110.211.219.

[58] Dies bedeutet jedoch noch nicht, daß die Autoren der Henochschriften auf eigene
visionäre Erfahrungen zurückgreifen, sondern nur, daß sie sich dieses (literarischen)
Motivs zur Legitimierung bedienen. Vgl. zur Frage der »Pseudepigraphie« und der

cher zu studieren und weiterzugeben, auch in Form von Übersetzungen in andere Sprachen. Diese Tätigkeit von Schriftgelehrten ist die Praxis, die überaus deutlich dem henochischen Korpus zu entnehmen ist; daneben dürfte auch die konkrete Beobachtung des gestirnten Himmels bzw. von Naturphänomenen, insbesondere der Pflanzenwelt, gestanden haben. Ob die Begehung von Festen im henochischen »Lehrhaus« eine Rolle spielte, ob und wie etwa der Sabbat begangen wurde, davon erfährt man aus den Texten nichts.

Die Welt der henochischen Gruppe ist die von schriftgelehrten Männern, aber nicht ehelos Lebenden. Frauen und Kinder scheinen im Lebensumfeld selbstverständlich »mitgemeint« und sind auch in der neuerstehenden Welt selbstverständliche LebenspartnerInnen, sind und bleiben aber auf den Mann zentriert. Im Unterschied etwa zum Sirachbuch begegnet keine Problematisierung des Lebens von Ehemann und Ehefrau; direkt frauenverachtende Töne fehlen. Insbesondere erscheinen die Menschentöchter, auf die die Engel des Himmels ihr Begehren richten, zunächst als Opfer solcher sexueller Gewalttat. Allerdings ist die Warnung vor Kosmetik in einem Atemzug mit Kriegskunst und Astrologie ein Indiz dafür, daß auch der Henochkreis sich seiner Frauen nicht sicher war und dafür Sorge tragen zu müssen glaubte, sie auf ihre Weise an Ordnungen zu binden. Und auch die in Hen 6 – 16 zum Ausdruck kommende Verknüpfung von Angelologie und Anthropologie, dergemäß die Engel des Himmels als rein geistige Wesen ohne Frauen leben, Frauen also Menschenmännern zugeordnet sind, birgt ein Problem: Frauen sind damit eo ipso als Sexualwesen und in Relation zum Mann definiert (und himmlische Frauen deshalb offenbar eine contradictio in adjecto). In hellenistisch-platonischer Denkweise – die die Henochtradition noch nicht übernommen hat, der sie sich aber in ihrem anthropologischen Vokabular anzunähern beginnt –[59] wird daraus schnell eine Hierarchie von Mann / Frau bzw. Geist / Leib, die die Frau als minderwertiges Wesen ansieht.

Die Lehre des Henoch ist letztlich nicht von seiner Person zu lösen, da sie mit seiner »Vita« eng verknüpft ist. Nicht zuletzt darin hat die Henochtradi-

---

Erfahrungsauthentizität der geschilderten Visionen die erhellenden Bemerkungen bei HIMMELFARB, *Ascent*, 95ff.

[59] Vgl. WACKER, *Weltordnung*, 283ff.

tion ein Modell bereitgestellt, das die Jesusbewegung bzw. das frühe Christentum aufgreifen und vertiefen konnte.

Bibliographie

ALBANI, Matthias, *Astronomie und Schöpfungsglaube*. Untersuchungen zum astronomischen Henochbuch (WMANT 68), Neukirchen-Vluyn: Neukirchener Verlag 1994.

ARGALL, Randal A., *1 Enoch and Sirach*. A Comparative Literary and Conceptual Analysis of the Themes of Revelation, Creation and Judgement, Atlanta: Scholars Press 1995.

BARKER, Margaret, *The Lost Prophet*. The Book of Enoch and Its Influence on Christianity, London: Spck 1988.

BERGER, Klaus, Art. *Henoch*, in: RAC Bd. 14 (1988), 473–545.

BEYER, Klaus, *Die aramäischen Texte vom Toten Meer*, Göttingen: Vandenhoeck & Ruprecht 1984.

BLACK, Matthew, *Apocalypsis Henochi graece*. Leiden: Brill 1970.

BLACK, Matthew / VANDER KAM, James, *The Book of Enoch or 1 Enoch*. A New English Edition (SVTP 7), Leiden: Brill 1985.

BÖTTRICH, Christfried, *Astrologie in der Henochtradition*, in: ZAW 109 (1997), 222–245.

CHRIST, Felix, *Jesus Sophia*. Die Sophia-Christologie bei den Synoptikern (AThANT 57), Zürich: Zwingli-Verl. 1970.

COLLINS, John J., *The Apocalyptic Imagination*. An Introduction to Jewish Apocalyptic Literature, (1984), Grand Rapids: Eerdmans [2]1998.

COLLINS, John J. / CHARLESWORTH, J. H. (Hrsg.), *Mysteries and Revelations*. Apocalyptic Studies since the Uppsala Colloquium (Journal for the Study of the Pseudepigrapha. Supp. Ser. 9), Sheffield: JSOT Press 1991.

DEAN-OTTING, Mary, *Heavenly Journeys*. A Study of the Motif in Hellenistic Jewish Literature, Frankfurt/M. u. a.: Lang 1984.

DEXINGER, Ferdinand, *Henochs Zehnwochenapokalypse und offene Probleme der Apokalyptikforschung* (SPB 29), Leiden: Brill 1977.

DILLMANN, August, *Lexicon linguae aethiopicae*, (1864), repr. New York: Ungar 1955.

DIX, G. H., *The Enochic Pentateuch*, in: JThS 27 (1926), 29–42.

GARCIA MARTINEZ, Florentino / TIGCHELAAR, Eibert J. C., *1 Enoch and the Figure of Enoch*. A Bibliography of Studies 1970–1988, in: Revue de Qumran 53 (1989), 149–174.

GLESSMER, Uwe, *Das astronomische Henoch-Buch als Studienobjekt*, in: BN 36 (1987), 69–129.

GLESSMER, Uwe, *Horizontal Measuring in the Babylonian Astronomical Compendium Mulapin And in the Astronomical Book of 1 En*, in: Henoch 18 (1996), 259–282.

HAHN, Ferdinand, *Frühjüdische und urchristliche Apokalyptik*. Eine Einführung, Neukirchen-Vluyn: Neukirchener Verlag 1998.

HANSON, Paul D., *The Dawn of Apocalyptic*, Philadelphia: Fortress Press 1975.

HANSON, Paul D., *Rebellion in Heaven, Azazel, and Euhemeristic Heroes in 1 Enoch 6–11*, in: JBL 96 (1977), 195–233.

HELLHOLM, David (Hrsg.), *Apocalypticism in the Mediterranean World and the Near East*. Proceedings of the International Colloquium on Apocalypticism, Uppsala, Aug 12–17, 1979, Tübingen: Mohr [2]1989.

HENGEL, Martin, *Judentum und Hellenismus*. Studien zu ihrer Begegnung unter besonderer Berücksichtigung Palästinas bis z. Mitte d. 2. Jh.s. v. Chr. (WUNT 10), Tübingen: Mohr [2]1973.

HIMMELFARB, Martha, *Ascent to Heaven in Jewish and Christian Apocalypses,* Oxford: University Press 1993.

ISAAK, Ephraim, *1 (Ethiopic Apocalypse of) Enoch*, in: Charlesworth, James H. (Hrsg.), The Old Testament Pseudepigrapha, Bd. 1, New York: Doubleday / London: Darton 1983, 5–89.

KNIBB, Michael, *The Ethiopic Book of Enoch*. A New Edition in the Light of the Aramaic Dead Sea Fragments, 2 Bde., Oxford: University Press 1978.

KNIBB, Michael, *Isaianic Traditions in the Book of Enoch*, in: Barton, John / Reimer, David J. (Hrsg.), After The Exile, Macon: Mercer University Press 1996, 217–229.

KOCH, Klaus, *Sabbatstruktur der Geschichte*. Die sogenannte Zehn-Wochen-Apokalypse und das Ringen um die alttestamentlichen Chronologien im späten Israelitentum, in: ZAW 95 (1983), 403–430.

KÜCHLER, Max, *Frühjüdische Weisheitstraditionen*. Zum Fortgang weisheitlichen Denkens im Bereich des frühjüdischen Jahweglaubens (OBO 26), Freiburg (Schweiz): Universitätsverlag / Göttingen: Vandenhoeck & Ruprecht 1979.

KÜCHLER, Max, *Schweigen, Schmuck und Schleier*. Drei neutestamentliche Vorschriften zur Verdrängung der Frauen auf dem Hintergrund einer frauenfeindlichen Exegese des Alten Testaments im antiken Judentum (NTOA 1), Freiburg (Schweiz): Universitätsverlag / Göttingen: Vandenhoeck & Ruprecht 1986.

KVANVIG, Helge S., *Roots of Apocalyptic*. The Mesopotamian Background of the Enochic Figure and the Son of Man, Neukirchen-Vluyn: Neukirchener Verlag 1988.

MACK, Burton, *Logos und Sophia*. Untersuchungen zur Weisheitstheologie im hellenistischen Judentum (StUNT 10), Göttingen: Vandenhoeck & Ruprecht 1973.

MILIK, Jozef T., *The Books of Enoch*. Aramaic Fragments of Qumran Cave 4, Oxford: Clarendon Press 1976.

MÜLLER, Karlheinz, *Studien zur frühjüdischen Apokalyptik* (SBAB 11), Stuttgart: Verlag Kath. Bibelwerk 1991.

NICKELSBURG, George W. E., *Apocalyptic and Myth in 1 Enoch 6–11*, in: JBL 96 (1977), 383–405.

NICKELSBURG, George W. E., *The Apocalyptic Construction of Reality in 1 Enoch*, in: Collins, John J. / Charlesworth, J. H. (Hrsg.), Mysteries and Revelations. Apocalyptic Studies since the Uppsala Colloquium (Journal for the Study of the Pseudepigrapha. Supp. Ser. 9), Sheffield: JSOT Press 1991, 51–64.

RAD, Gerhard von, *Theologie des Alten Testaments*, Bd. 2, München: Kaiser / Gütersloher Verlagshaus [5]1968.

RAU, Eckhard, *Kosmologie, Eschatologie und die Lehrautorität Henochs*, Diss. masch., Hamburg 1974.

REESE, Günter, *Die Geschichte Israels in der Auffassung des frühen Judentums* (BBB 123), Berlin / Bodenheim: Philo 1999 (= Diss. 1967).

REID, Steven B., *The Structure of the Ten Week Apocalypse and the Book of Dream Visions*, in: JSJ 16 (1985), 189–201.

SACCHI, Paolo, Art. *Henochgestalt / Henochliteratur*, in: TRE 15 (1986), 42–54.

SACCHI, Paolo, *Jewish Apocalyptic and Its History* (Journal for the Study of the Pseudepigrapha Supp. Ser 20), Sheffield: JSOT Press 1996.

STECK, Odil Hannes, *Israel und das gewaltsame Geschick der Propheten* (WMANT 23), Neukirchen-Vluyn: Neukirchener Verlag 1967.

STECK, Odil Hannes, *Das apokryphe Baruchbuch* (FRLANT 160), Göttingen: Vandenhoeck & Ruprecht 1993.

STEGEMANN, Hartmut, *Die Essener, Qumran, Johannes der Täufer und Jesus*, Freiburg: Herder 1993.

STROTMANN, Angelika, *Weisheitschristologie ohne Antijudaismus?* Gedanken zu einem bisher vernachlässigten Aspekt in der Diskussion um die Weisheitschristologie im Neuen Testament, in: Schottroff, Luise / Wacker, Marie-Theres (Hrsg.), Von der Wurzel getragen. Feministisch-christliche Exegese in Auseinandersetzung mit Antijudaismus, Leiden: Brill 1996, 153–175.

SUTTER REHMANN, Luzia, *Geh, frage die Gebärerin*. Feministisch-befreiungstheologische Untersuchungen zum Gebärmotiv in der Apokalyptik, Gütersloh: Gütersloher Verlagshaus 1995.

SUTTER REHMANN, Luzia, *Vom Mut, genau hinzusehen*. Feministisch-befreiungstheologische Interpretationen zur Apokalyptik, Luzern: Exodus 1998.

TILLER, Patrick, *A Commentary on the Animal Apocalypse*, Atlanta: Scholars Press 1992.

UHLIG, Siegbert, *Das äthiopische Henochbuch* (JSHRZ V, 6), Gütersloh: Gütersloher Verlagshaus 1984.

VANDER KAM, James C., *Enoch and the Growth of an Apocalyptic Tradition* (CBQ Mon.Ser 16), Washington: CBA 1984.

VANDER KAM, James C., *Studies in the Apocalypse of Weeks* (1 Enoch 93:1–10; 91:11–17), in: CBQ 46 (1984), 511–523.

VANDER KAM, James C., *Enoch: a Man for all Generations* (Studies on personalities of the Old Testament), Columbia: University of South Carolina Press 1995.

VANDER KAM, James C., *The Birth of Noah*, in: Ders., From Revelation to Canon. Studies in the Hebrew Bible and Second Temple Literature, Leiden: Brill 2000, 396–412.

VANDER KAM, James C., *Righteous One, Messiah, Chosen One, and Son of Man in 1 Enoch 37–71*, in: Ders., From Revelation to Canon. Studies in the Hebrew Bible and Second Temple Literature, Leiden: Brill 2000, 413–438.

WACKER, Marie-Theres, *Weltordnung und Gericht* (fzb 45), Würzburg: Echter-Verlag [2]1985.

WACKER, Marie-Theres, Art. *Henochschriften*, in: NBL II (1995), 117f.

WILKEN, Robert L. (Hrsg.), *Aspects of Wisdom in Judaism and Early Christianity*, London / Notre Dame: University of Notre Dame Press 1975.

Desmond Durkin-Meisterernst

Form und Datierung des *Zand ī Wahman Yasn*

Mit einem Anhang von Karl Löning

Die zoroastrische Religion war die Staatsreligion im Iran zur Zeit der Sassaniden (224 n. Chr. bis zur Mitte des 7. Jh. n. Chr.). Mit dem Untergang des Sassanidenstaates verlor der Zoroastrismus die staatliche Unterstützung und mußte kontinuierlich vor dem Islam weichen, so daß er heutzutage nur noch in versprengten Gemeinden in Teilen des Iran und in Exilgemeinden in Indien zu finden ist. Diese Gemeinden haben einiges von der einst umfangreichen Literatur in der Sprache der Sassaniden, dem Mittelpersischen, bewahren können. Die jahrhundertelange Tradierung dieser Texte hat zu einer Erstarrung, aber zum Teil auch zu einer Loslösung der Texte aus den Kontexten, die uns ihre Entstehung begreiflicher machen würden, geführt. Die prekäre Lage und die rückwärtsgewandte Haltung dieser Gemeinden haben offenbar den Erhalt zweier apokalyptischer Texte begünstigt. Das *Zand ī Wahman Yasn* (ZWY, sonst auch *Bahman Yašt* genannt) ist einer von ihnen.[1]

Zwei ältere Versionen des ZWY sind überliefert. Sie sind in Sprache und Schrift unterschieden: 1. eine Version in mittelpersischer Sprache in Pahlavi-Schrift: die Pahlavi-Rezension; 2. eine Version in mittelpersischer Sprache mit Anpassung an das Neupersische und in Pazand-Schrift: die Pazand-Rezension. Eine jüngere Version in neupersischer Sprache und Schrift kann außer acht gelassen werden. Sie wurde im Jahr 1496 angefertigt und ist schlecht überliefert. Von ihr stammt die neupersische Form des Titels: *Bahman Yašt.*

---

[1] Der andere, *Ayyādgār ī Jāmāspīg* (s. MESSINA, *Libro*), ist schlechter erhalten.

Diese Sprach- und Schriftformen sind gegeneinander datierbar, der Text in mittelpersischer Sprache in Pahlavi-Schrift kann in beiden Hinsichten als älter gelten. Eine absolute Altersangabe ist aber nicht möglich, denn ein Text in dieser Form könnte vom 3. bis ungefähr zum 11. Jh. n. Chr. entstanden sein. Die Pazand-Rezension läßt sich ins 12. Jh. datieren, denn es ist bekannt, daß zu dieser Zeit Texte aus der ersten Schriftform (Pahlavi) in die zweite (Pazand) umgeformt wurden. Die Pazand-Rezension geht also auf eine Version wie die erste zurück und kann, wenn sie signifikante Unterschiede aufweist, als selbständige Rezension neben ihr bestehen. Die bei der Umwandlung eines Textes aus der Pahlavi- in die Pazand-Rezension vorgenommenen Änderungen der Sprache machen es aber unmöglich, den ursprünglichen Text wiederherzustellen. Der Text in der Pazand-Rezension wird in seiner Rezension keineswegs vor dem 12. Jh. entstanden sein. Wenn wir eine möglichst späte Datierung für den Text in der Pahlavi-Rezension annehmen, das 11. Jh., müssen wir die Möglichkeit bedenken, daß wir es hier mit zwei Rezensionen aus dem 11. und 12. Jh. zu tun haben. Obwohl es sicher ist, daß die zwei Fassungen auf eine oder mehrere ältere Rezensionen zurückgehen und daß Teile des Textes recht alt sein können, müssen wir zunächst von den überlieferten Rezensionen ausgehen. Textteile, ob alt oder nicht, lassen sich nur ermitteln und aus den überlieferten Fassungen herauslesen, wenn Argumente hierfür vorgebracht werden können. Dabei ist auch wichtig festzuhalten, daß bei herausgenommenen Textteilen die Gesamtkohärenz des Textteiles verlorengeht, d. h. wir können dann eigentlich nicht mehr feststellen, in welchem textuellen Kontext der Textteil gestanden hat. Wir können nur Aussagen machen, die aus dem Textteil allein gezogen werden können; wir wissen also nur so viel, wie der Text uns selbst sagt, und sei er auch noch so karg.

Die Pahlavi-Rezension enthält einen umfangreicheren Text als die Pazand-Rezension. Die heute maßgebliche Ausgabe des Textes (Cereti) greift die Kapiteleinteilung von einem früheren Herausgeber, Anklesaria, auf, die er auf Grund der Pahlavi-Rezension einführte, also dort mit Kapitel 1 anfängt. In der Pazand-Rezension fehlen die ersten zwei Kapitel der Pahlavi-Rezension; dadurch bildet die Pazand-Rezension einen in sich geschlosseneren Text. Ob die Pazand-Rezension eine Kürzung oder ob die Pahlavi-Rezension eine Erweiterung erfahren hat, kann erst nach einer genauen Betrachtung des Textes erörtert werden.

Der Text hat folgenden Inhalt:

Prolog   Preis an den Schöpfer Ohrmazd

Kapitel 1   »Wie aus dem *Stūdgar* klar [hervorgeht]: Zarduxšt wünsch-
                 te / verlangte von Ohrmazd die Unsterblichkeit, da zeigte
                 Ohrmazd dem Zarduxšt die Weisheit, d. h. das Wissen von
                 allem (*xrad ī harwisp-āgāhīh*).«
                 Dies beinhaltet die Vision / den Traum von einem Baum mit
                 vier Zweigen, die vier Epochen symbolisieren [s. unten
                 Textpassus 1]

Kapitel 2   Das *Zand* des *Wahman Yasn*, des *Hordād Yasn* und des *Aš-
                 tād Yasn* sagen Mazdak voraus. König Husraw *anōšagruwān*
                 (531–579 n. Chr.) bestellt Lehrer zu sich und ermahnt sie,
                 die *Yasn* nicht zu verbergen, aber das *zand* nicht außerhalb
                 ihrer Abkömmlinge (= des priesterlichen Nachwuchses, *bē
                 pad paywand*) zu lehren.

Kapitel 3   Das *Zand* des *Wahman Yasn* berichtet, daß Zarduxšt erneut
                 von Ohrmazd die Unsterblichkeit wünschte / verlangte. Ohr-
                 mazd lehnt ab, aber gibt Zarduxšt die Weisheit, d. h. Wissen
                 von allem (*xrad ī harwisp-āgāhīh*) in Form eines Wasserge-
                 tränkes. In dieser Weisheit sieht Zarduxšt alles, unter ande-
                 rem einen Baum mit sieben Zweigen, die Epochen symboli-
                 sieren [s. unten Textpassus 2].

Kapitel 4   Zarduxšt fragt über das 10. Jh. in seinem Millennium. Ohr-
                 mazd beschreibt es (sagt es voraus). Feinde werden von
                 Osten her über den Iran herfallen. Falsches, irreligiöses Be-
                 nehmen wird die Norm werden [s. unten Textpassus 3].
                 Es werden keine spezifischen Ereignisse genannt; nur in 4,58
                 werden die Angreifer in loser Reihenfolge augezählt.

Kapitel 5   Voraussage über die verbleibenden Frommen (positive Ge-
                 gendarstellung zum vorigen Kapitel) und abschließendes
                 Gebet.

Kapitel 6   Voraussage über die Wiederherstellung der Religion. Angriff
                 des mythischen Šēdāsp. Drei große Schlachten 1. in der Vor-
                 zeit, 2. zur Zeit Zarduxšts (Wištāsp und Arjāsp) und 3. (6,10)

»Am Ende deines Millenniums, Spitāmān Zarduxšt, wenn alle drei, der Türke (*turk*), der Araber (*tāzīg*) und der (Ost-) Römer (*hrōmāyīg*) an diesen Ort kommen werden.«[2]

Kapitel 7   Ausblick auf Ušēdar. Geburt des Kay Wahrām. Angriff der Inder und Chinesen auf den Iran. Pišōtan, der Wiederhersteller der Religion, wird mit Hilfe anderer, den drei Hauptfeuern und Göttern, den bösen Geist (*gannāg mēnōg*) besiegen. Es ist das 11. Millennium (7,32); die Bösen (auch Alexander der Römer) haben ein Millennium zuviel regiert.

Kapitel 8   Wiederherstellung der Religion durch Wahrām und den Priester Wistaxm. Es ist das Ende des Millenniums des Zarduxšt und der Anfang des Millenniums des Ušēdar.

Kapitel 9   Ušēdar wird die Sonne für zehn Tage und Nächte anhalten; wenn er die Sonne wieder in Gang setzt, ist die Religion wiederhergestellt. Die Feinde greifen an bis zum Ende des Millenniums. Das Millennium des Ušēdarmāh kommt; Aufstand des mythischen Häretikers, erneute Läuterung der Schöpfung durch Sōšyans. Auferstehung der Toten.

Kolophon   Segenswunsch des (Ab)Schreibers.

Der Gesamtrahmen des Textes ist die von Ohrmazd an Zarduxšt gewährte Erkenntnis, die immer wieder durch Bezug auf Zarduxšts Fragen und Ohrmazds Gewährung hergestellt wird. Anklesaria hat seine Kapiteleinteilung gemäß diesen Bezügen vorgenommen. Nur Kapitel 9 ist nicht so ausgewiesen, es beinhaltet eine lehrtextartige Erweiterung des ihm vorausgehenden Textes. Der Kern des Textes ist also ein Gespräch in Urzeit und Urraum zwischen dem Gott Ohrmazd und dem Propheten des Zoroastrismus, Zar-

---

[2] Die Reihenfolge (die auch in 9,10 formelhaft wiederkehrt) scheint willkürlich zu sein bzw. gerade umgekehrt zu den historischen Ereignissen zu liegen: Byzantiner, Araber, Türken. Umkehrungen kommen im Text vor (Arsakiden in 3,26 nach den Sassaniden in 3,25). Aber es kann auch sein, daß einfach die Feinde von Nordosten, von Süden und von Westen gemeint sind. Das Sassanidenreich hatte unter den Hunnen, zunächst weniger unter den Arabern, aber vor allem unter den Byzantinern zu leiden, ehe es im 7. Jh. nach einer Überexpansion eine fast vernichtende Niederlage durch die Byzantiner erlitt, auf die die Vernichtung durch die arabischen Heere folgte.

duxšt (Zarathustra). Inhalt des Gesprächs und des Textes ist eine Offenbarung und eine Prognose.

Aus anderen mittelpersischen zoroastrischen Texten geht der größere chronologische Rahmen hervor, der auch diesem Text als Grundlage dient. Auf den Urzustand folgt ein Wettkampf von 9000 Jahren zwischen dem guten Ohrmazd und dem bösen Ahriman. In den ersten 3000 Jahren erschafft Ohrmazd die Welt; dann greift Ahriman an und bewirkt, daß die Welt für 3000 Jahre gemischt ist.[3] Am Ende dieser Periode erscheint Zarathustra. Die letzten 3000 Jahre sind in drei Perioden zu je tausend Jahren geteilt. Das erste Jahrtausend ist das Jahrtausend des Zarathustra. Es endet mit dem Erscheinen seines Sohnes Ušēdar [vorbereitet durch Pišōtan, einen Sohn Guštāsps], dessen Jahrtausend mit dem Erscheinen seines Bruders Ušēdarmāh. Dessen Jahrtausend wiederum endet mit dem Erscheinen des endgültigen Erlösers Sōšyans, des dritten Sohnes Zarathustras, der alles auflöst und die Erneuerung einleitet. Der ZWY lokalisiert sich nur in einem relativ engbegrenzten Bereich dieser Rahmenchronologie, dehnt aber diese Chronologie aus.

Sundermann teilt den Text folgendermaßen ein:

Kap. 1   Vision des Baums mit vier Zweigen (älter), vgl.
          Daniel 2,27–45.

Kap. 2   Husraw I. und Mahnung.

Kap. 3   Wiederholt Kap. 1 (in jüngerer Form)[4].

Kap. 4, 5 Katastrophen am Ende des 10. Millenniums.

Kap. 6   Ein anderer Bericht über die Ereignisse am Ende
          des Millenniums des Zarduxšt.

Kap. 7, 8 Ereignisse des 11. Millenniums, des Ušēdar.

Kap. 9   Weitere Ereignisse des 11. Millenniums.[5]

---

[3] In Kapitel 7 wird an diese Zeit noch ein Millennium angefügt.

[4] SUNDERMANN, *Bahman*, 493, über den wohl sekundären literarischen Charakter des Baumsymbols, der in Kap. 3 dem *Sūdgar nask* zugeschrieben wird: »although in the epitome of the *Sūdgar nask* in the *Dēnkard* the same theme is presented without the tree imagery«.

Sundermann nimmt an, daß der Text eigentlich nur aus den Kapiteln 3, 4 und 5 besteht. Auf S. 493 führt er zwei Argumente dafür an, daß der Text ursprünglich hier zu Ende war: 1. Das Kapitel endet mit der mittelpersischen Version des awestischen Gebets *yeŋ́hē hātąm*, ein geeigneter Schluß also. 2. Bis hierhin behandelt der Text nur das 10. Millennium, eben die in der Vision abgedeckte Zeitspanne. Das in den Kapiteln 7, 8 und 9 behandelte 11. Millennium steht außerhalb des ursprünglichen Zeitschemas. Kapitel 2 wertet er nicht eingehend aus.

In den Handschriften ist der Text ohne Titel überliefert. Der heutzutage verwendete Titel greift einen im Text erwähnten Titel auf, das Zand des Wahman Yasn. Der Begriff *zand* kommt mehrmals im Text vor. Das Wort ist etymologisch mit griech. *gnōsis*[6] verwandt, dennoch erlaubt dies keineswegs eine Gleichsetzung oder sogar eine Übersetzung des einen Wortes durch das andere. *Zand* bezeichnet »Wissen, Erkenntnis«, aber nicht »Selbsterkenntnis«; im religiösen Bereich bezieht sich das Wort zunächst bloß auf den Wissensgehalt eines Textes, gewissermaßen eine Ausdeutung oder Auslegung des Textes.[7] In der zoroastrischen Tradition bestand zunächst kein großer sprachlicher Unterschied zwischen dem Text (*yasn, yašt* usw.) und dieser Auslegung (*zand*), aber im Laufe der Tradition wurde der Text im Originalzustand weitergegeben, aber die Auslegung an die gesprochene Sprache angepaßt und, da sie nicht den Charakter eines unveränderlichen religiösen Textes hatte, verändert und erweitert. So verstärkte sich der Gegensatz zwischen Yasn, Yašt und Zand.[8] Der religiöse Text wurde in awestischer Sprache tradiert und irgendwann fixiert; das Zand wurde in Mittelpersisch tradiert (unter Verlust des awestischen oder anderssprachigen

---

[5] SUNDERMANN, *Bahman*, 493, verweist auf WEST, *Bahman*, 231, Anm. 1, der Reaktionen auf das Ausbleiben Ušēdars in diesem Kapitel entdeckt hat; s. auch WEST, *Bahman*, lvi.

[6] Beide setzen eine Bildung mit dem Abstraktsuffix *-ti* von (unterschiedlichen Ablautstufen) einer indogermanischen Wurzel *ǵneh₃ »kennen, wissen« fort. Der Begriff *zand* ist nordwestiranisch; im Mittelpersischen ist es ein Lehnwort (gegenüber dem echten mittelpers. Wort *dānišn* »Wissen«), also eindeutig in der religiösen Tradition weitergegeben worden.

[7] Siehe hierzu SHAKED, *Commentary*.

[8] Der Begriff *zand* steht im Gegensatz zu den Bezeichnungen von heiligen Texten *yasn, yašt* (und im weiteren hierzu gehörig *yazišn* »Opfervorgang«, *yazad* »Gott«), die aus dem Bereich des Opfers stammen (gemeinsame Wurzel *yaz-* »opfern«, ebenfalls ein Lehnwort im Mittelpersischen).

Wortlauts des Zand) und floß in sich verselbständigende umfangreiche mittelpersische Lehrtexte ein. Der in unserem Text erwähnte Text Zand ī Wahman Yasn wäre also eine Auslegung des Textes Wahman Yasn. Als Titel für unseren Text ist er ungeeignet, worauf Sundermann hingewiesen hat:

> »When the title *Bahman yašt* seemingly promises information about Bahman, Vohu Manah of the Avesta, who escorted Zarathustra to the presence of Ohrmazd, the fact that Bahman does not enter into the work at all is bound to cause surprise.«[9]

Wenn wir an Stelle eines Titels nach den in den Rezensionen des Textes genannten Quellen und Autoritäten schauen, ergibt sich folgendes Bild:

1. *Zand des Wahman Yasn* bedeutet: der ausdeutende Kommentar (*zand*) zum religiösen Text *Wahman Yasn*. Dies ist die einzige Autorität, die in beiden Rezensionen erwähnt wird. Da die anderen Kapitel des Textes an das dritte angereiht sind, läßt sich nicht feststellen, ob diese Autorität wirklich für alle Kapitel gilt, aber der gemeinsame Rahmen von Kapitel 3 bis 5 (6–8) einschließlich suggeriert eine beabsichtigte Fortsetzung des explizit in Kapitel 3 genannten Rahmens. Der Rahmen ist ein Gespräch zwischen Zarduxšt und Ohrmazd. Das Kapitel 9 verläßt diesen Rahmen und wählt statt dessen eine neutralere Darstellungsweise, die anscheinend zu einem Lehrtext gehört.

Diese Autorität muß nicht mit dem vorliegenden Text identisch sein, obwohl eine weitgehende Übereinstimmung nicht auszuschließen wäre. Ein Text mit diesem Titel ist nicht überliefert. Seine Existenz ist auch sonst nicht gesichert. Gignoux nimmt an, er habe nie existiert;[10] Boyce bleibt bei ihrer Annahme eines verlorengegangenen Textes.[11]

2. In Kapitel 1 (nur Pahlavi-Rezension) wird als Autorität *Stūdgar* angegeben. Dieser Text (eigentlich *Sūdgar nask*) ist namentlich bekannt, aber nicht mehr direkt überliefert. Da eine Inhaltsangabe[12] überliefert ist, können wir aber sicher sein, daß er existiert hat. Gerade der Umstand, daß Kapitel 1 diesen Text nennt, läßt annehmen, daß der Text eine ältere Form der Epo-

---

[9] SUNDERMANN, *Bahman*, 493.

[10] GIGNOUX, *L'inexistence*.

[11] BOYCE, *History*, 384.

[12] Hinweise gibt CERETI, *Zand*, 171.

chenlehre enthielt, aber wir können nicht sagen, daß der Text apokalyptisch gewesen ist.

3. In Kapitel 2 (nur Pahlavi-Rezension) werden gleich mehrere Autoritäten genannt. Diese sind an Texten: das Zand des Wahman Yasn, des Hordād Yasn und des Aštād Yasn; auch die letzten beiden Texte sind sonst nicht bekannt; an Personen: der Sassanidenkönig Husraw (= Husraw ī Anōšruwān 531–579) sowie die priesterlichen Autoritäten: Māhdād, Šābuhr ī Dādohrmazd, Dastur von Ādurbādagān, Ādur Farrbay der Truglose (ī adrō), Ādurbād <ī> Ādurmihr, Baxtāfrīd.

Wenn keine Namen nachträglich in den Text geraten sind[13], müßten, da Husraw sie zu sich bestellt, die Priester auch in seine Regierungszeit zu datieren sein. In Wirklichkeit handelt es sich wohl um die öffentliche religiöse Diskussion, die Husraws Vater Kawād ca. 528 veranstaltete, um das Mazdakitentum zu besiegen.[14] Husraw ist wenige Jahre später König geworden und wird als der eigentliche Besieger des Mazdakitentums gesehen. Damit liefert das kurze Kapitel 2 die wichtigste Datierungsmöglichkeit für unseren Text. Ob diese Priester in irgendeiner Weise für die Entstehung des ZWY verantwortlich waren, geht nicht aus dem Text hervor. Die mittelpersische Literatur ist fast gänzlich anonym. Diese Namen können auch nicht im Hinblick auf Schulen oder Fraktionen innerhalb des Zoroastrismus zugeordnet werden.

Cereti nimmt einen alten Kern an, datiert den Text aber auf Grund einzelner Passagen ungefähr ins 8. Jh. n. Chr. Für ihn fällt Kapitel 2 aus dem Rahmen. Sundermann referiert die unterschiedlichen Ansichten zur Herkunft und Datierung sowohl des alten Kernes als auch des gesamten Textes und konstatiert den akkumulativen Charakter des Textes. Den von ihm festgestellten Kern (Kapitel 3 – 5) datiert er nicht. West datiert den Text in die Regierungszeit Husraws, da kein späterer König genannt wird; er geht aber von einer Bearbeitung des Textes im 13. Jh. aus.[15] Gignoux datiert den Text ins

---

[13] Für GIGNOUX, *L'inexistence*, 55f., sind diese Namen ein Indiz dafür, daß der Text im 9. Jh. bearbeitet wurde.

[14] S. hierzu CHRISTENSEN, *L'Iran*, 359f. In Anm. 1 auf S. 360 notiert er, daß die Hofannalen im 7. Jh. ebenfalls Husraw in diesem Zusammenhang nennen. Die neupersische Version des Textes fügt an dieser Stelle noch eine Darstellung dieser öffentlichen Diskussion mit Mazdak ein.

[15] WEST, *Bahman*, liv.

9. Jh.;[16] Boyce geht von einem alten Kern aus, nimmt aber auch eine Umarbeitung des Textes in der frühislamischen Periode an.[17]

Kapitel 1 und der entsprechende Teil von Kapitel 3

Gehen wir jetzt zu einer detaillierten Betrachtung der wichtigsten Partien des Textes über. Hierbei handelt es sich in den Kapiteln 1 und 3 um die darin enthaltenen Versionen einer Epochenlehre, in Kapitel 2 um den Bezug auf den Mazdakitenaufstand und in den Kapiteln 4 – 5 um die apokalyptische Aussage des Textes.

Berühmt ist die in diesem Text vorkommende Epochenlehre: Sie ist gleich in zwei Versionen vertreten, in Kapitel 1 und als Teil von Kapitel 3.

Textpassus 1[18]

> Kap. 1,3–11
>
> [3] Und er sah den Stamm eines Baumes darin (= in der Vision), an dem vier Zweige waren, ein goldener und ein silberner und ein stählener und einer, in <den> Eisen gemischt war.
>
> [4] Dann dachte er, er sah [ihn] im Traum.
>
> [5] Als er aus dem Schlaf hinaus (= erwacht) war, sagte er, Zarduxšt: »Herr der geistigen und weltlichen [Wesen], es zeigt sich, daß ich den Stamm eines Baumes sah, an dem vier Zweige waren.«
>
> [6] Er, Ohrmazd, sagte dem Spitāmān Zarduxšt: »Jener Baumstamm, den du sahst, <das ist die Welt, die ich, Ohrmazd, schuf>.
>
> [7] Jene vier Zweige sind die vier Epochen, die kommen werden.
>
> [8] Der goldene ist, wenn ich und du diskutieren und König Wištāsp die Religion annimmt und die Körper der Dämonen bricht und <die Dämonen> sich <vor Sichtbarkeit> in Flucht und Verstecken befinden.
>
> [9] Und der silberne ist die Herrschaft Ardaxšīrs, des Kay-Königs.

---

[16] GIGNOUX, *L'inexistence*, 64.

[17] BOYCE, *History*, 384.

[18] Da der Originaltext in Ceretis Ausgabe gut zugänglich ist, wird hier und im Folgenden nur eine deutsche Übersetzung geboten.

[10] Und der stählerne ist die Herrschaft des Husraw Anōšagruwān, des Sohnes Kawāds.

[11] Und der, in den Eisen gemischt ist, ist die Mißherrschaft der Dämonen mit gescheiteltem Haar aus dem Geschlecht Xēšms, wenn dein zehntes Millennium zu Ende sein wird, Spitāmān Zarduxšt.«

Textpassus 2

Kap. 3,14–29

[14] Er, Ohrmazd, sagte dem Spitāmān Zarduxšt: »Was sahst du im süßen Traum, den Ohrmazd schuf / gab?«

[15] Er, Zarduxšt, sagte: »Ohrmazd, freigebiger Geist, Schöpfer der materiellen Welt, ich sah einen Reichen mit viel Besitz, der im Körper von gutem Ruf, aber in der Seele dünn, schwach und in der Hölle war; und es / er schien mir nicht lobenswert.

[16] Und ich sah einen Bedürftigen ohne Besitz, ohne Mittel, und seine Seele <war> fett <und> im Paradies; und es / er schien mir lobenswert.

[17] Und ich sah einen Starken ohne Kinder; und es / er schien mir nicht lobenswert.

[18] Und ich sah einen Armen mit vielen Kindern; und es / er schien mir lobenswert.

[19] Und ich sah einen Baum, an dem sieben Zweige waren, ein goldener und ein silberner und ein kupferner und ein bronzener und ein zinnener und ein stählerner und einer, in <den> Eisen gemischt war.«

[20] Und er, Ohrmazd, sagte: »Spitāmān Zarduxšt, dies ist, was ich voraussage:

[21] Der Baumstamm, den du sahst, ist die Welt, die ich, Ohrmazd, schuf.

[22] Und die sieben Zweige, die du sahst, sind die sieben Epochen, die kommen werden.

[23] Und jener goldene ist die Herrschaft des Königs Wištāsp, wenn ich und du die Religion diskutieren, König Wištāsp die Religion annimmt und die Körper der Dämonen bricht und die Dämonen vor Sichtbarkeit sich in <Flucht und> Verstecken befinden und Ahreman und die Dämonen <und> die Aborte wieder in die Dunkelheit <und> Finsternis <der> Hölle laufen und der

Schutz von Wasser und Feuer und Pflanzen und der Erde Spandarmad offenkundig sein wird.

²⁴ Und jener silberne ist die Herrschaft des Kay Ardaxšīr, der Wahman ī Spandyādān genannt werden wird, der den Dämon von den Menschen trennen wird / reinigen wird; [in] der ganzen Welt die Religion geltend macht.

²⁵ Und jener kupferne ist die Herrschaft Ardaxšīrs [224–242], Ordner und Ausrichter der Welt, und die des Königs Šābuhr [I 241–273?, II 309–379], der die Welt, die ich, Ohrmazd, schuf, ordnen wird, die Errettung bei den Geschöpfen der Welt geltend machen wird, und Güte wird offenkundig sein, und Ādurbād ī Pērōzbaxt, der Ordner der rechten Religion(sgemeinschaft) durch den Test [mit] <gegossenem> Kupfer, wird (um) diese Religion mit Häretikern <streiten und> (sie) zurück zur Wahrheit führen.

²⁶ Und jener bronzene ist die Herrschaft des Königs der Aškān, der die Häresie <des> But aus der Welt herausnimmt, und der Betrüger Alaksandar ī kilīsāyīg wird aus / von dieser Religion(sgemeinschaft) vernichtet werden <und> aus der Welt besiegt und unsichtbar gehen.

²⁷ Und jener zinnene ist die Herrschaft des Königs Wahram Gōr [422–438], der den Geist des Friedens sichtbar machen wird, und Ahreman mit den Zauberern wird zurück in die Dunkelheit und Finsternis laufen.

²⁸ Und jener stählerne ist die Herrschaft des Königs Husraw, des Sohnes Kawāds [531–579], der den verfluchten Mazdak, den Sohn Bāmdāds, den Angreifer der Religion(sgemeinschaft), <der> mit den Häretikern steht, von dieser Religion(sgemeinschaft) fernhalten wird.

²⁹ Und jener, in den Eisen gemischt ist, <ist die Mißherrschaft der Dämonen mit dem gescheitelten Haar aus dem Geschlecht des Xēšm>, Spitāmān Zarduxšt, das Ende deines Millenniums, wenn das zehnte Jahrhundert deines <Millenniums> zu Ende sein wird, Spitāmān Zarduxšt.«

Die Epochenlehre in den Kapiteln 1 und 3 hat eine wichtige Rolle bei Datierungsversuchen für diesen Text gespielt. Die augenfällige Ähnlichkeit mit dem Buch Daniel, in dem ein Baum, Metalle (allerdings eine Statue) und ein Traum vorkommen, scheint für einen Zusammenhang zu sprechen und damit für eine Datierung ins 2. Jh. v. Chr.

Buch Daniel (Aramäisch) 2,31–45:

Statue	
Kopf aus Gold	= Nebuchadnesar
Brust und Arme aus Silber	= weiteres, minderes Königreich
Bauch und Oberschenkel aus Bronze	= weiteres Königreich, beherrscht die ganze Welt
Beine aus Eisen	= weiteres Königreich, wird die ganze Welt brechen
Füße aus Eisen und Ton	= geteiltes Königreich
Ein Felsbrocken trifft die Füße und zerstört die Statue	= Gottes Königreich

Die verschiedenartigen Spekulationen über Abhängigkeiten und Tradie-rungswege (aus welchem Kreis die Idee letztlich stammt) werde ich hier nicht erörtern. Dies tue ich deswegen nicht, weil das Kapitel 1 und der ent-sprechende Passus in Kapitel 3 nur einen gewissen Abschnitt in unserem Text darstellen, und zwar die fortwährende Verschlechterung der Epochen bis hin zur Gegenwart oder zur nahen Zukunft. Über einen möglicherweise um das 2. Jh. v. Chr. vorhandenen Text sagt dieser Teil des Textes ZWY wenig aus, denn man kann den alten Text und vor allem den alten Kontext (sowohl literarisch wie sozial) nicht wiederherstellen.

Neben dem Buch Daniel sind die sogen. »Orakel des Hystaspes« immer in Zusammenhang mit dem ZWY gebracht worden. Die »Orakel des Hy-staspes« sind nur aus Erwähnungen bei den Kirchenvätern bekannt. Win-disch faßt den Inhalt (mit Angaben der Quellen für jeden Abschnitt) folgen-dermaßen zusammen:

> »der Weltbrand (Justin); die Erscheinung des Sohnes Gottes, der Kampf
> der Könige gegen Christus und die Seinen und die Parusie (Ps. / Paulus);
> der Untergang Roms (Lactantius I [auch in einer Traumvision, D.D.M.]),

die Vernichtung der Gottlosen durch Jupiter (Lactantius II); endlich die
Menschwerdung des Erlösers (Theosophie [Ende 5. Jh., D.D.M.]).«[19]

Auf S. 8 weist er auf »die Tatsache, daß die Kirchenväter den Perser
Hystaspes als Prophet anerkennen« hin. Es handelt sich um Synkretismus
folgender Art (S. 8): »Wie die heidnische Sibylle nur den Beruf hat, das
Zeugnis ‚David's' zu bestätigen, so bedeutet die Annexion des Hystaspes
durch die Kirchenväter, daß er nur noch die Function eines profetischen
Zeugen für den Gott der Kirche, für den Christus der Kirche, für die kirchliche Eschatologie ausübt. Seine ursprüngliche Religion ist für die Kirche
damit erledigt.« Auf S. 96 geht er von einer Hystaspesschrift »parsistisch-
hellenistischer Herkunft in griechischer Sprache«, die im 1. Jh. vor oder
nach Christus enstanden war, aus.

Die »Orakel des Hystaspes« belegen also das Vorhandensein eines dem
ZWY ähnlichen Stoffes im hellenistischen Raum. Dieser Stoff ist umfang-
reicher als die bloße Traumvision in ZWY 1 und 3 und bei Daniel. Beide
Zeugnisse sprechen für das Vorhandensein eines Textes mit auffallender
Ähnlichkeit zum ZWY um die Zeitenwende, dennoch beweisen sie trotz des
iranischen Namens Hystaspes (Wištāsp – der im ZWY zwar vorkommt,
aber keine herausragende Rolle spielt) keineswegs die Existenz eines solchen Textes in einer iranischen Sprache.[20] Allerdings nimmt Boyce durchaus einen solchen Text an.[21]

Der Hauptunterschied zwischen Kap. 1 und 3 ist die Anzahl der Zweige =
Metalle = Epochen, die von vier auf sieben wechselt. Die Siebenzahl muß
mit der Anzahl der Planeten zusammenhängen (fünf Planeten, Sonne und
Mond), die eine griechische astronomische Lehre darstellt, die wohl erst in
der hellenistischen Zeit in die zoroastrischen Texte Eingang gefunden hat.
In der Epochenlehre ist eine absteigende Folge festgelegt; die Metalle reihen
sich in negativer Folge vom wertvollsten zum wertlosesten. Die Zeit bewegt

---

[19] WINDISCH, *Orakel*, 6.

[20] W. Sundermann hatte die große Freundlichkeit, mir seinen für die *Encyclopædia
Iranica* vorgesehenen noch unveröffentlichten Artikel über die Orakel des Hystaspes zur
Verfügung zu stellen. Darin kommt er zu dem Ergebnis, daß das Werk wohl nur in
griechischer Sprache vorlag, was dem Inhalt eine Verbreitung im römischen Reich und
daraufhin in die Traditionen mehrerer Völker ermöglichte, die den echten zoroastrischen
Apokalypsen nicht gelang.

[21] BOYCE, *History*, 376ff. S. CERETI, *Zand*, 15–27, für eine Zusammenfassung der Datie-
rungsversuche für den Stoff und für diesen Text. Cereti kündigt auf S. 27, Anm. 113
eine weiterführende Studie an, die m. W. noch nicht erschienen ist.

sich also von einem Idealzustand auf einen schlimmen Zustand zu. Erst später im Text tritt die apokalyptische Katastrophe ein, die letztlich zu einer Wiederherstellung des ursprünglichen Idealzustandes führt.

Kapitel 2

Wie oben schon angedeutet scheint das nur in der Pahlavi-Rezension vorhandene Kapitel 2 die Datierung des Textes zu ermöglichen. Im Gegensatz zum üblichen Text werden hier Verben in der Vergangenheit[22] verwendet, was Kapitel 2 den Charakter einer historischen Notiz verleiht.

> [1] Im *Zand* des *Wahman Yasn* und (des?) *Hordād Yasn* und (des?) *Aštād Yasn* ist ersichtlich, daß einmal der verfluchte religionsfeindliche (*dēn-petyārag*) Mazdak, Sohn des Bāmdād, zum Vorschein gekommen ist, und sie machten Angriff auf die Religion der Götter.
>
> [2] Und jener Husraw <ī> Anōšagruwān, <Sohn des Kawād>, bestellte Māhdād und Šābuhr ī Dādohrmazd, Dastur von Ādurbādagān, und Ādur Farrbay ī adrō und Ādurbād <ī> Ādurmihr und Baxtāfrīd zu sich.
>
> [3] Und er verlangte eine Abmachung von ihnen darüber: »Haltet die Yasn nicht versteckt, außerhalb eurer Verwandtschaft (*bē pad paywand ī ašmā*) lehrt das Zand nicht!«
>
> [4] Sie gingen die Abmachung mit Husraw ein.

Hier werden der Herrscher Husraw, der »religionsfeindliche« Mazdak und mehrere Priester genannt. Der König Husraw wird im Kapitel 1 und 3 auch erwähnt, er ist offenbar wichtig in diesem Text. Mazdak, der hier verunglimpft wird, ist als Anführer einer religiösen Bewegung mit sozialumstürzendem Charakter bekannt. Husraws Vater, Kavād, der Mazdak unterstützt haben soll, wird nicht eigens genannt[23], nur Husraw, der Verfolger der Mazdakiten.

An die Erwähnung Mazdaks schließt sich Husraws Einberufung einer Sammlung von Priestern und seine Mahnung, das Zand nicht preiszugeben,

---

[22] CERETI, *Zand*, 174, zeigt, daß die neupersische Version diese durch Formen des Futurs ersetzt und so dieses Kapitel an den Rest des Textes anpaßt.

[23] Husraws Patronymikon ist ergänzt.

an. Der Zusammenhang zwischen dieser Aussage, unserem Text und Mazdak geht aus folgenden Überlegungen hervor:

Yarshater (auf andere Gelehrte zurückgreifend) weist auf die Tätigkeit eines zoroastrischen Priesters Zardušt ī Xurragān hin, dem der Ursprung zumindest eines Teils der später als mazdakitisch bekannten Lehre zugeschrieben werden kann.[24] Dieser habe sich auf die Auslegung des Awesta konzentriert und neue Auslegungen propagiert. So nannte man seine Tradition und die der Mazdakiten *zandīk,* »(Anhänger) des Zand«, gewissermaßen »Zandisten«. In Zardušts Fall bot seine Namensgleichheit mit dem Stifter der Religion Zarathuštra (mittelpers. Zardu(x)št) vielleicht die Möglichkeit, eine besondere Nähe zum Propheten zu begründen und neue Lehren unter dem Mantel alter Texte zu legitimieren.[25] Die Bezeichnung *zandīk* bezeichnet also die Bereitschaft, den heiligen Text auf eigene Weise auszulegen und wohl auch, diese Auslegung bekannt zu geben.

Unter einem gewissen Mazdak wurden die teils gnostischen Lehren des Zardušt ī Xurragān mit einer sozialen Bewegung verknüpft. Das Mazdakitentum kam am Ende des 5. Jh. während der Regierungszeit des Kawād zum Vorschein. Kawāds Sohn und designierter Nachfolger Husraw, auf den unser Text Bezug nimmt, schlug das Mazdakitentum noch zu Lebzeiten seines Vaters gewaltsam nieder. Auf der sozialen Ebene war die Hauptforderung des Mazdakismus eine gerechte Verteilung von Besitz und Frauen. Der Mazdakismus hatte anscheinend die komplexen zoroastrischen Eheverhältnisse, die mit Erbangelegenheiten eng verknüpft waren, vereinfachen und so die Konzentration von Besitz und Frauen bei den Mächtigen aufbrechen wollen. Eine möglicherweise besondere Brisanz des Mazdakitentums machen Endzeitvorstellungen aus.[26] Yarshater weist auch auf offenbar ver-

---

[24] YARSHATER, *Mazdakism*, 995ff.

[25] Interessanterweise scheint eine mittelpers. Inschrift des zoroastrischen Kirchenoberhaupts Kerdīr des späten 3. Jh. n. Chr. die Bezeichnung *zandīk* für Manichäer zu verwenden, was wiederum eine Gruppe bezeichnet, die unter anderem die vorhandene awestische Lehre umzudeuten versucht hat. S. YARSHATER, *Mazdakism*, 997: »A consideration of the term *zandīk* (Arab. *zindīq*) leads to the same conclusion; the term is a pejorative one meaning literally ‚interpretationist', and it is applied to the Manichaeans and their likes, but more particularly to the followers of Mazdak who had composed a *zand* or 'interpretation' of the Avesta.«

[26] YARSHATER, *Mazdakism*, 996, greift einen solchen Hinweis auf (vgl. aber hierzu KLÍMA, *Mazdak*, 12). Darüber hinaus erwägt er, ob das Mazdakitentum seinen Ursprung in der Erkenntnis gehabt haben könnte, daß etwa im 5. Jh. n. Chr. das Ende der zoroa-

schärfte soziale Mißstände und die katastrophalen Einfälle der Hunnen (Hephtaliten) in den Iran im späten 4. Jh. hin, die zu einem Krisenbewußtsein beigetragen haben könnten.[27] Leider sind keine direkten Zeugnisse über die Reaktionen bestimmter Gruppen auf die äußeren Umstände im Iran zu dieser Zeit überliefert, also muß Yarshaters Ansatz als spekulativ gelten. Auch wenn das Mazdakitentum erst am Ende des 5. Jh. als soziale Bewegung auftritt, wäre eine Fortführung von Endzeiterwartungen durchaus möglich.

Es scheint, daß eine Komponente des Mazdakitentums darin bestanden hat, daß in religiösen Kreisen beheimatetes Wissen von diesen Texten auch außerhalb dieser Kreise verbreitet wurde und sich dort mit sozialen Fragen verband. Messianismus, aber auch andere religiöse Fragen können hier eine Rolle spielen, besonders wenn mit der Hilfe von Umdeutungen neue Lehren in die Interpretation der awestischen Texte hineingebracht wurden. Die Mahnung in diesem Kapitel, das Zand nicht außerhalb einer recht eng gehaltenen Gruppe bekannt zu geben, kennzeichnet wohl einen Versuch, die religiösen Texte nicht anders deuten und instrumentalisieren lassen zu wollen, als die Priesterschaft dies tat. In unserem Text wird ein geradezu gegensatzartiger Unterschied zwischen Ritualtext / Gebet (Yasn) und Interpretation (Zand) gemacht. Daß der König Husraw Anōšagruwān, der Verfolger der Mazdakiten, diese Mahnung ausspricht, ist sicherlich kein Zufall. Die Mahnung paßt auch in eine priesterliche Reaktion auf den Mazdak-Aufstand. Die Stellungnahme des Textes gegen Mazdak und der Bezug auf Husraw

---

strischen Zeitrechnung gekommen sein müßte, da das Ende des Milleniums des Zarathustra um 400–420 n. Chr. erreicht wäre, wenn die traditionelle Datierung Zarathustras zugrunde gelegt wird. Diese Überlegung, die ich im Vortrag im Rahmen des Münsteraner Oberseminars der Projektgruppe wiedergegeben habe, muß ich hier zurückstellen. W. Sundermann hat mich dankenswerterweise darauf hingewiesen, daß die Sassaniden den Anfang der Seleukidenära mit dem Anfang des Milleniums des Zarathustra gleichsetzten und so die einheimische Chronologie unwissend verkürzten (s. HENNING, Zoroaster, 37f.). Da der erste Sassanidenkönig gemäß der Seleukidenära im Jahr 538 den Thron bestieg, käme das Ende des Milleniums etwa im Jahr 702 n. Chr.

[27] Die Hunneneinfälle fingen ca. 395 an und dauerten mehrere Jahre. Auf Grund der in den Quellen bekannten Zerstörungen in Armenien und Syrien kann man trotz Quellenmangels hierfür von Zerstörungen zumindest im Nordwesten des Iran ausgehen (FRYE, History, 142).

und auf von ihm herbeigerufene Priester scheint den Text in einem Kreis zu lokalisieren, der durch priesterliche Staatstreue gekennzeichnet war.[28]

Kapitel 2 ist als historische Angabe mit Bezug auf den Mazdakitenaufstand ernst zu nehmen und scheint mir eine Auskunft zu repräsentieren, die zum Text gehörte und irgendwann auch schriftlich in den Text integriert bzw. als Präambel vorangestellt wurde.

Auf die ersten drei Kapitel folgt die apokalyptische Aussage des Textes in den Kapiteln 4 – 5 (sowie 6 – 9). Wenden wir uns diesen zu und schauen wir, ob sie weitere Hinweise für eine Datierung des Textes enthalten.

Es ist bemerkenswert, wie wenig konkret die Aussagen in den Kapiteln 4 und 5 sind.[29] Die berührten Themen sind sehr vielfältig:

A   Die Feinde bringen alles in Unordnung (4,7.11).

B   Die Menschen sind nicht mehr aufrichtig (4,14–15).

C   Die natürlichen Bedingungen werden schlechter (4,17–20) oder ineffektiv (4,42–48); (möglicherweise 4,57); (4,64).

D   Die Menschen befolgen die Reinigungsvorschriften nicht mehr (4,23–24.27–30); (4,63 bezogen auf Fremde?).

E   Die Riten werden nicht korrekt ausgeführt (4,31–32); (4,51–53).

F   Soziale Unordnung wird herrschen (4,33–36); (4,54 Exil).

G   Fremdherrschaft (4,58–61 Enteignung).

---

[28] Generell wird Kapitel 2 in der Sekundärliteratur zur Datierung der schriftlichen Fixierung der heiligen Texte des Zoroastrismus herangezogen. Ich sehe einen viel konkreteren Anlaß für diese Aussage und ihre Aufnahme in den Text ZWY.

[29] Es ist auch anzunehmen, daß die generellen Aussagen durch Aneinanderreihung erweitert wurden. Die Textpartien enthalten teilweise Wiederholungen.

Textpassus 3

Kap. 4, mehrere Passagen.

A. Die Feinde bringen alles in Unordnung (4,7.11)

[4,7] So werden sie vieles verbrennen und zerstören und das Haus von den Hausbewohnern und das Dorf von den Dörflern <nehmen>. Und der Stand der Freien und der Stand der Adeligen und der Stand der Dorfvorsteher und die Wahrheit der Religion und der Vertrag und der Schutz / Immunität und der Frieden und alle Geschöpfe, die ich, Ohrmazd, schuf und diese reine mazdäische Religion und das Feuer des Wahrām, <welches> am richtigen Ort (= im Feuertempel) niedergelegt wurde, geraten in die Nichtexistenz, und Erschlagung und Raub werden zum Vorschein kommen.

[4,11] Und sie haben Vereinbarung und Vertrag und Wahrheit und Brauch nicht, und sie gewähren keinen Schutz / Immunität, und zu der Vereinbarung, die sie machen, stehen sie nicht.

B. Die Menschen sind nicht mehr aufrichtig (4,14–15)

[4,14] Und Ehre, Liebe und Pietät werden aus der Welt gehen.

[4,15] Die Bindung zum Vater wird dem Sohn, und zum Bruder dem Bruder abgehen; und der Bräutigam wird andersartig sein als der Schwiegervater; und die Mutter wird anders sein als die Tochter und andere Wünsche haben.

C. Die natürlichen Bedingungen werden schlechter (4,17–20); oder ineffektiv (4,42–48); (4,57); (4,64)

[4,17] Und Spandarmad, die Erde, wird enger und (ihr) Weg schmaler.

[4,18] Und die Frucht wird keinen Samen geben, und die Frucht der Körner wird auf acht Zehntel schwinden, und zwei (Zehntel) werden wachsen, aber was wächst, wird nicht weiß sein.

[4,19] Und Pflanzen und Holz und Bäume werden schwinden. Wenn man 100 nimmt, werden 90 schwinden und zehn werden wachsen, und das, welches wächst, wird keinen Geschmack haben.

[4,20] Und die Menschen werden kleiner geboren werden und ihre Fähigkeit und Kraft geringer, und trügerischer <und> von schlechterem Gesetz werden sie, und Dank und Ehre für Brot und Salz erweisen sie nicht und erweisen der Familie keine Liebe.

^{4,42} Und eine mächtige Wolke und ein aufrichtiger Wind wird zur eigenen Zeit und Stunde Regen nicht machen können. Und eine Nebelwolke wird den gesamten Himmel zur Nacht werden lassen.

^{4,44} Und jener warme Wind und jener kalte Wind werden kommen und die Frucht und den Ertrag der Körner wegnehmen.

^{4,45} Auch der Regen wird zu seiner Zeit nicht regnen, <und> das, was regnet, wird mehr Ungeziefer regnen als Wasser.

^{4,46} Und das Wasser der Flüsse und der Quellen wird schwinden, und Zunahme wird nicht sein.

^{4,47} Und Pferde und Rinder und Kleintiere werden kleiner geboren werden und werden von schwacher Kraft geboren und nehmen eine kleinere Last, und das Fell ist weniger und die Haut dünner, und die Milch nimmt nicht zu, und sie geben weniger Fett her.

^{4,48} Und Rinder <von> Pflugkraft werden weniger, und Pferde von schneller Kraft werden weniger, <und> jedes trägt weniger.

^{4,57} Und Spandarmad, die Erde, wird den Mund wieder öffnen, und jedes Juwel und Metall wird zum Vorschein gelangen, wie Gold und Silber und Kupfer und Zinn und Blei.

^{4,64} Und in jener harten Epoche wird die Nacht heller und das Jahr und der Monat und der Tag um ein Drittel schwinden, und Spandarmad, die Erde, wird hochkommen, und Gefahr <und> Sterblichkeit und Bedürftigkeit werden in der Welt strenger werden.

D. Die Menschen befolgen die Reinigungsvorschriften nicht mehr (4,23–24.27–30); (4,63)

^{4,23} Und (in) der gesamten Welt wird das Begraben von Totem und das Streuen von Totem sein.

^{4,24} Und Totes begraben und Totes waschen und Totes verbrennen, in Wasser und Feuer tragen und Totes essen wird man für das Gesetz halten, und man meidet (es) nicht.

^{4,27} Und die Religiösen, die das *ēbyānghan* (die rituelle Schnur) an der Seite halten / tragen, da werden sie rituelle Reinheit nicht halten können.

^{4,28} Denn in jener niedrigsten Epoche werden Totes und Exkremente so viel werden, daß der Mensch jeden Schritt, den er macht, auf Totem geht.

^{4,29} Oder wenn er (etwas) mit dem Baršnūm(-Reinigungsritual) wäscht, den Fuß aus der (heiligen) Grube setzt, geht er auf Totem.

^{4,30} Oder wenn er in deren Totenhaus Barsom(-Zweige) ausbreitet und das Drōn(-Brot) opfert, wird (es) zulässig sein.

4,63 Und wegen Rechtlosigkeit werden sie viel Sodomie und Beischlaf mit einer menstruierenden Frau machen und viel sündenhafte Lust begehen.

E. Die Riten werden nicht korrekt ausgeführt werden (4,31–32); (4,51–53)

4,31 Oder in jener niedrigsten Epoche wird das Opfern durch zwei Männer zulässig sein zu tun, bis diese Religion in Nichtexistenz und Schwäche gerät. In Hundert, in Tausend, in Zehntausend wird es einen einzigen geben, der an diese Religion glauben wird, und auch jener, der glaubt, wird deswegen keine Handlung vollbringen, und das Feuer des Wahrām wird in Nichtexistenz und Schwäche geraten; von Tausend (Feuern) wieder (nur) eins werden sie pflegen, und auch auf jenes werden sie Brennholz und Inzens nicht auf gehörige Weise geben.

4,32 Oder wenn ein Mann, <der> eine Verehrung vollzogen hat, und (dabei) das Nērangestān nicht kennt, und (das Feuer) mit gutem Vorsatz anzündet, es wird zulässig sein.

4,51 Und Feste und Stiftungen für die Vorangegangenen und Opfergaben an die Götter und Verehrung und Opfer und Gāhānbār(-Tage) und Frawardīgān(-Tage) werden sie hier und da machen, und auch jene, die (es) tun, werden nicht ohne Zweifel daran glauben.

4,52 Und Opferlohn werden sie auf gehörige Weise nicht geben, und Gaben und Almosen werden sie nicht geben, und selbst die, die geben, werden (es) wieder bereuen.

4,53 Und auch jener Mann der besten Religion (= des Zoroastrismus), der diese beste mazdäische Religion gelobt haben (!), sie werden auf ihrem Weg und Sekte, Form <und> Benehmen weiter gehen, und an jene ihre eigene Religion werden sie nicht glauben.

F. Soziale Unordnung wird herrschen (4,33–36); (4,54)

4,33 Besitz und Ehrenhaftigkeit werden ganz an Andersgläubige und Häretiker gelangen.

4,34 Und gute Wohltätige aus Familien freier Männer und Mowbed werden offen (= ohne geweihte Schnur) herumgelaufen sein.

4,35 Und die kleinen (Leute) werden die Töchter der Freien und Adeligen und Mowbed zur Ehefrau nehmen.

4,36 Und die Freien und die Adeligen und die Mowbed werden in Armut <und> Sklaverei geraten, und Frauen und die kleinen (Leute) werden zu Adel und Herrschaft gelangen, und die mittellosen und kleinen (Leute) werden zu Eminenz und Leitung gelangen.

4,54 Und der Freie und Adelige und der gute Dorfherr werden aus ihren Dörfern und Orten in Verbannung vom eigenen Abstammungsort und Familie hinausgehen, und von kleinen (Leuten) und den schlechteren wünschen / verlangen sie etwas aus Not und geraten in Bedürftigkeit und Mittellosigkeit.

G. Fremdherrschaft (4,58-61)

4,58 Und die Herrschaft und Autorität wird an die von nichtērānischer Herkunft gelangen wie die Xyōn <und> die Türken und die Xazar(?) und die Tibeter, wie die Inder und die Kōfyār (= Bergbewohner) und die Chinesen und die Kābūlīg und die Sogdier und die (Ost-)Römer und die Roten Hunnen und die Weißen Hunnen; in den Dörfern Ērāns, die ich <Ohrmazd schuf,> werden sie herrschend sein. Ihr Befehl und Wunsch wird in der Welt geltend sein.

4,59 Die Herrschaft wird von denen mit Ledergurten und den Tāzīg und den (Ost-)Römern auf sie zukommen.

4,60 Sie werden von so schlechter Herrschaft sein, daß, wenn man einen aufrichtigen guten Mann tötet <oder> eine Fliege, in ihren Augen wird beides eins sein.

4,61 Und Palast und Reichtum und Wohlstand und Dorf und Familie und Besitz und Grundbesitz und Kanal und Fluß und Quelle der Anhänger der besten Religion Ērāns gelangen an sie, und das Heer, die Grenzgebiete und die Fahnen gelangen an sie, und der Wunsch des Xēšm <und die Miß>herrschaft kommen in die Welt.

Im Kapitel 4 werden kaum konkrete Ereignisse, sondern das, was man generell als Irreligiosität bezeichnen könnte, thematisert. Bemerkenswert ist, daß die so einschneidende katastrophale Niederlage des letzten sassanidischen Herrschers Yazdegird III. im Jahr 642 gegen die arabischen Heere nicht namentlich erwähnt wird, obwohl sie den Untergang des Sassanidenreiches und demgemäß der zoroastrischen Staatskirche zur Folge hatte und sicherlich im Bewußtsein der unter Druck geratenen zoroastrischen Gemeinde erhalten war. Der in Kapitel 4 beschriebene irreligiöse Zustand paßt gut zu der bedrängten Lage der Zoroastrier in der Zeit nach der arabischen Eroberung. Dies könnte bedeuten, daß dieses Kapitel erst nach der Eroberung geschrieben wurde. Irreligiosität kann es aber nach Ansicht der Zoroastrier genauso gut noch in der Sassanidenzeit gegeben haben, sicherlich besonders in den ca. 30 Jahren des mazdakitischen Aufstandes, der die bestehende, von der zoroastrischen Kirche unterstützte soziale und wirtschaftliche Ordnung in Frage stellte und zumindest zeit- und stellenweise umstieß. Bemerkenswert ist, daß der andere mittelpersische apokalyptische Text *Ayyādgār ī*

Jāmāspīg, der konkrete historische Angaben enthält, sich nicht in dem Maße wie das ZWY auf den Bruch in der Ordnung konzentriert.[30] Eine mazdaki-tenzeitliche Entstehung des ZWY in der uns bekannten Form ist also durch-aus plausibel; ebenfalls die weitere Verwendung des Textes über den kon-kreten Anlaß hinaus und die Umdeutung und Erweiterung der Referenz auf die Misere der Zoroastrier nach der arabischen Eroberung, der Bekehrung weiter Teile der Bevölkerung zum Islam und der Zurückdrängung der Zo-roastrier auf weniger zentrale Gebiete im Iran bis hin zu der Auswanderung zoroastrischer Gemeinden nach Nordwestindien, die im 18. und 19. Jh. die Quellen für das moderne Studium des Zoroastrismus liefern konnten.

Die folgenden Kapitel 6 – 9 enthalten größtenteils geläufige zoroastrische Lehren und Vorstellungen. Der Text nimmt in den zwei letzten Kapiteln eine messianische Richtung an und wechselt dabei teilweise in die Art eines Lehrtextes über, in dem die Hoffnung der Gläubigen auf eine endzeitliche Errettung mit der Autorität der Prophetie bestärkt wird.

Die Entstehungsgeschichte und Datierung des Textes könnte folgenderma-ßen sein: Er fußt auf einer alten Epochenlehre, die in den Kapiteln 1 und 3 vorkommt. Wie dieser Text ausgesehen hat, können wir nicht sagen; aber die Übereinstimmung mit dem Buch Daniel und mit den Orakeln des Hy-staspes zeigt, daß es etwa im 2. Jh. v. Chr. im iranisch-hellenistisch / jüdi-schen Bereich einen Austausch – in welche Richtung auch immer – gegeben hat. Der iranische Kreis muß nicht der Geber gewesen sein, denn viele grie-chische Texte der Zeit schreiben allerlei Gedankengut iranischen Namen zu.

Ob es etwa im 2. oder 1. Jh. v. Chr. einen apokalyptischen Text in iranischer Sprache mit dieser Epochenlehre überhaupt gegeben hat, läßt sich nicht klären. Wenn ja, ist seine Gestalt nicht mehr feststellbar.[31] Die Unterschiede in den zwei Versionen zwischen vier und sieben Zweigen deuten auf eine Anpassung einer älteren Version mit vier Zweigen an eine an den sieben Planeten (und zugehörigen Metallen) orientierte spätere Version, aber eine

---

[30] Das *Ayyādgār* erwähnt das Mazdakitentum nicht und konzentriert sich auf den Zerfall der zoroastrischen Gemeinde nach der arabischen Eroberung.

[31] Es ist dennoch nicht auszuschließen, daß er ungefähr den Umfang des Textes Kap. 3 – 5 gehabt hat. Der Text wäre bei den unten genannten Anlässen wiederverwen-det und wohl erheblich erweitert worden.

absolute Datierung für die zwei Versionen ist damit nicht gegeben, obwohl eine vorsassanidische Datierung nicht ausgeschlossen ist.

Der Anlaß für den Text in der Form, die wir kennen, ist nicht eindeutig auszumachen. Möglicherweise geht er auf eine der vielen Krisen zurück, die durch die Kriege zwischen dem Sassanidenreich und dem römischen Reich, aber auch mit anderen Feinden im Norden und im Osten ausgelöst worden sein können. Die Hunneneinfälle sind sicherlich auch ein möglicher Auslöser. Vielleicht spielte der Messianismus des frühen Mazdakitentums des Zardušt ī Xurragān eine Rolle. Ein wichtiges Ereignis ist der eigentliche Mazdakitenaufstand, der die traditionelle soziale Ordnung bedrohte. Diese unterschiedlichen Faktoren in Folge könnten der Auslöser für die Entstehung des Textes aus anderem Material gewesen sein, oder der Text ist durch nur einen davon ausgelöst und im Hinblick auf die anderen erweitert worden. Der aus diesem Anlaß bzw. aus diesen Anlässen entstandene Text enthielt die Kapitel 3 bis 5. Möglicherweise wurden die unterschiedlichen Aussagen, die in Kap. 4 vorkommen, in verschiedenen Schüben in den Text geschrieben, aber ich zögere, die Aussagen nur jeweils einem Ereignis zuzuschreiben.

Gerade die Aussagen über den Abfall von der rechten Religion, die scheinbar so gut zum Mazdakitenaufstand passen, könnten auch erst nach der arabischen Eroberung und der Islamisierung des Landes in den Text eingefügt worden sein, denn der Mazdakitenaufstand und der Wechsel zum Islam hatten eine wichtige gemeinsame soziale Komponente, nämlich die Befreiung der weniger privilegierten Bevölkerung von der starren sozialen und landwirtschaftlichen Ordnung der zoroastrischen Obrigkeit, die viel Macht auf sich konzentriert hatte und der die zoroastrischen Bestimmungen zur Regelung von Erbangelegenheiten sehr entgegenkamen. Klagen über einen solchen Abfall sind ein häufig vorkommendes Thema in den zoroastrischen Texten, die eindeutig ins 9. und 10. Jh. datierbar sind. Dennoch halte ich wegen Kapitel 2 an der Datierung ins 5./6. Jh. fest und nehme weiter an, daß gerade die Ähnlichkeiten mit den widrigen Umständen, mit denen sich die zoroastrische Kirche zur Mazdakitenzeit und nach der arabischen Eroberung konfrontiert sah, das Fortleben und die stellenweise Fortentwicklung des Textes ermöglichte. Eine zu starke Bezugnahme des Textes auf ein bestimmtes Ereignis hätte seine Brauchbarkeit für die durch andere Umstände in Bedrängnis geratene zoroastrische Gemeinde verringert.

Wie weit der messianische Teil der Kapitel 6 – 9 schon hierzu gehörte, ist schwer zu sagen. In diesen Teilen sind viele Zusätze klar erkennbar, aber sie könnten im Kern als Aussicht auf die Wiederherstellung der Ordnung im ursprünglichen Text gestanden haben. Auf die durchweg negativen Aussagen in Kapitel 4 folgen die relativ knappen positiven Aussagen in Kapitel 5 über die wenigen verbleibenden frommen Männer. Erst mit den weiteren Kapiteln, in denen Passagen über messianische Erlöser mit vernichtenden Angreifern abwechseln, kommt eine Siegesgewißheit zum Ausdruck, die die weniger zuversichtliche Atmosphäre in Kapitel 5 wieder wett macht. Mehrere Zusätze versuchen die Rahmenchronologie zu dehnen: In Kap. 7,32 werden tausend Jahre hinzugegeben, in Kap. 9,1 wird die Geburt Ušēdars um 800 Jahre (oder nach Cereti 600 Jahre) hinausgezögert.[32]

Kapitel 1 gehörte wohl nicht zum ursprünglichen Text. Es kann von einem Redakteur aus einer anderen Quelle dem Text hinzugefügt worden sein, da er den Zusammenhang mit Kapitel 3 erkannte. Und in der Tat ist er auf die ältere Quelle von einem Teil von Kapitel 3 gestoßen. Der Redakteur hat dies insofern auch zu erkennen gegeben, als er Kapitel 1 voranstellte und nicht etwa in Kapitel 3 einzubauen versuchte. Die Reihenfolge der Kapitel 1 und 3 und vor allem die Tatsache, daß Kapitel 2 zwischen ihnen steht, spricht dagegen, daß der Stoff von Kapitel 3 etwa aus dem Stoff von Kapitel 1 innerhalb der Entwicklung *eines* Textes entstanden ist. Der Text, wie er uns in der Pahlavi-Rezension vorliegt, ist zumindest in Bezug auf den Stoff der Kapitel 1 und 3 das Ergebnis einer redaktionellen Zusammentragung aus verschiedenen Quellen. Die Pazand-Rezension, die den Stoff von Kapitel 1 nicht enthält, hat ihn auf Grund der inhaltlichen Verdoppelung mit dem Stoff in Kapitel 3 wieder fortgelassen oder geht sogar auf eine Pahlavi-Rezension zurück, an die der Stoff des Kapitels 1 noch nicht angefügt worden war.

Kapitel 2 enthält eine Reminiszenz, die, wenn sie nicht den einzigen Anlaß zur Entstehung des Textes erwähnt, dann zumindest ein wichtiges Ereignis bei der Entstehung bzw. der Erweiterung des Textes darstellt. In diesem Zusammenhang ist es sinnvoll zu überlegen, ob die Aussage, das Zand nicht preiszugeben, eine weitere, vornehmlich auf den Text bezogene Bedeutung hat. Wenn der Text als Zand betrachtet wurde, gibt Kapitel 2 die Anweisung, eben diesen Text geheim zu halten. In Bezug auf Mazdak macht das

---

[32] S. YARSHATER, *History*, 387.

wenig Sinn, denn das Mazdakitentum scheint auf *zandīk* (Zand-Experten sozusagen) zurückzugehen; allenfalls könnte dann gemeint sein, daß man dem Mazdakiten das wahre *zand*, diesen Text, vorenthalten soll. Erst in der nachsassanidischen Zeit scheint mir eine Bezugnahme der Mahnung auf eben diesen Text nachvollziehbar, denn in einer nun muslimischen Umwelt mußte sich die zoroastrische Gemeinde davor hüten, die in Kapitel 6 – 9 enthaltenen Hinweise auf die Wiederherstellung der vormals bestehenden Ordnung in die Öffentlichkeit zu tragen. Kapitel 2 scheint mir also zwei Deutungen zuzulassen. Die erste, eine historische, die einen deutlichen Bezug auf Mazdak nimmt, datiert sich selbst und scheint mir zumindest einen von möglicherweise mehreren Anlässen für die Entstehung des Textes zu nennen. Dies bedeutet nicht zwingend, daß der Stoff von Kapitel 2 ursprünglich zum Text gehört hat[33], aber es ist wahrscheinlich, daß diese Angabe spätestens bei einer (Neu-)Gestaltung des Textes im 5./6. Jh. vielleicht in Form einer Präambel[34] hinzugekommen ist. Die Verwendung von Verbformen in der Vergangenheit und nicht im Futur kennzeichnet Kapitel 2 als historische Notiz, die außerhalb des sonstigen Rahmens des Textes steht. Die Bedeutung dieser historischen Passage ist, daß religiöses Wissen (*zand*) nicht an die Gemeinschaft der Anhänger der zoroastrischen Religion gegeben wird, sondern nur den Priestern vorbehalten bleiben soll. Die zweite Deutung wäre eine sekundäre Ausdehnung der Mahnung auf den Text selbst und paßt zu der Zeit, als die gesamte zoroastrische Gemeinde geschrumpft war und sie es sich nicht leisten konnte, durch selbstbestätigende Apokalyptik in einer von einer anderen Religion dominierten Öffentlichkeit aufzufallen. Diese Umdeutung kann sich relativ zwanglos ergeben haben, als die zoroastrische Gemeinde die staatliche Unterstützung verloren hatte. Jedenfalls ist es sehr unwahrscheinlich, daß Kapitel 2 erst in diesem Sinn in den Text eingefügt wurde.

Basierend auf einem alten Kern ist im 5./6. Jh.[35] der Text, den wir kennen, entstanden. Diese Datierung ergibt sich aus einer Annährung an die Funktion des Textes als Reaktion auf ein bestimmtes Ereignis (oder Ereignisse) mit Folgen, die in Kapitel 4 beschrieben werden. Gerade die Mischung aus

---

[33] Die Ungenauigkeit, daß Husraw und nicht sein Vater Kawād die Priester zu sich ruft (s. oben), deutet auf eine Vereinfachung der Darstellung hin. Diese Angabe kann in der Form nicht zeitgleich mit den Ereignissen oder kurz danach im Text gestanden haben.

[34] Dies würde das Fehlen dieses Stoffes in der Pazand-Rezension erklären.

[35] Die Zerschlagung des Mazdakitentums ca. 528/9 wäre das späteste Datum.

heterogenen Folgen, die von »normalen« Kriegsschäden bis hin zu einer Störung der sozialen und religiösen Ordnung reichen, scheinen auf mehrere heterogene Ereignisse als Ursachen hinzudeuten. Unter diesen Ereignissen hat der Mazdakitenaufstand offenbar eine herausragende Bedeutung gehabt. Einzelne Einfügsel aus späterer Zeit erweiterten und aktualisierten die Bezugnahme des Textes.

Bibliographie

ANKLESARIA, Behramgore Tahmuras, *Zand ī Vohûman Yasn and two Pahlavi fragments with Text, Transliteration and Translation in English*, Bombay: K. R. Cama Oriental Institute 1957.

BOYCE, Mary / GRENET, Franz, *A history of Zoroastrianism III*. Zoroastrianism under Macedonian and Roman rule, Leiden, New York, København, Köln: Brill 1991.

CERETI, Carlo, *The Zand ī Wahman Yasn*. A Zoroastrian apocalypse, Roma: Is.M.E.O. 1995.

CHRISTENSEN, Arthur, *L'Iran sous les Sassanides*, Copenhague: Munksgaard ²1944.

FRYE, Richard, *The political history of Iran under the Sasanians*, in: Yarshater, Ehsan (Hrsg.), The Cambridge History of Iran 3(1), Cambridge: Cambridge University Press 1983, 116–180.

GIGNOUX, Philippe, *Sur l'inexistence d'un Bahman Yasht avestique*, in: Journal of Asian and African Studies 32, 1986, 53–64.

HENNING, Walter B., *Zoroaster*. Politician or witch-doctor?, Ratanbai Katrak Lectures 1949, London: Oxford University Press 1951.

KLÍMA, Otakar, *Mazdak*. Geschichte einer sozialen Bewegung im sassanidischen Persien, Praha: Nakladatelství Československé Akademie Véd 1957.

MESSINA, Giuseppe, *Libro apocalittico persiano Ayātkār i Žāmāspīk*, Roma: Pontificio Istituto Biblico 1939.

SHAKED, Shaul, *The traditional commentary on the Avesta (zand): Translation, interpretation, distortion?*, in: La Persia e l'Asia Centrale da Alessandro al X secolo, Roma 1996.

SUNDERMANN, Werner, Art. Bahman Yašt, in: *Encyclopædia Iranica* III, 1989, 492f.

WEST, Edward, *Bahman Yasht*, in: Müller, Max (Hrsg.), Sacred Books of the East V, Oxford: Oxford University Press 1880, l-lix, 189–235.

WINDISCH, Hans, *Die Orakel des Hystaspes*, Amsterdam: Akad. van Wetenschappen, 1929.

YARSHATER, Ehsan, *Iranian national history*, in: Yarshater, Ehsan (Hrsg.), The Cambridge History of Iran 3(1), Cambridge: Cambridge University Press 1983, 359–477.

YARSHATER, Ehsan, *Mazdakism*, in: Gershevitch, Ilya (Hrsg.), The Cambridge History of Iran 3(2), Cambridge: Cambridge University Press 1983, 991–1024.

Zum Verständnis von rettendem Wissen in *Zand ī Wahman Yasn*

Anhang von Karl Löning[36]

Das Millennium des Religionsstifters wird in Kapitel 1 in einem (älteren) Vier- und in Kapitel 3 in einem (jüngeren) Sieben-Epochen-Schema darge-stellt. Beide Epochenabrisse haben dieselbe Leserperspektive. Der Leser befindet sich jeweils kurz vor dem »Ende« des Milleniums und blickt auf dessen Anfang und Ablauf zurück. Der Anfang, das goldene Zeitalter, wird übereinstimmend als die Zeit der *Stiftung des Wissens* der Religions-gemeinschaft und seiner ersten Förderung durch einen Herrscher bestimmt. Das Ende, das durch das Eisengemisch symbolisierte Zeitalter, wird als Mißherrschaft der Dämonen definiert. Die in Kapitel 4 dargestellten Zu-stände des eisernen Zeitalters sind noch nicht eingetreten, sondern werden erwartet. Der Schilderung der chaotischen Zustände stellt Kapitel 5 die Vor-aussage über die verbleibenden Frommen gegenüber.

Zwischen die beiden Epochenschemata stellt Kapitel 2 eine Voraussage über das Auftreten des Mazdak. Dessen Aufstand im stählernen 6. Zeitalter wird in Kapitel 4 als Angriff auf die Staatsreligion dargestellt, der aber noch von dem sassanidischen König Husraw zerschlagen werden kann. Auffällig ist aber, daß die Leistung des Königs Husraw nicht mehr positiv formuliert werden kann wie noch im Fall des Herrschers Wahram Gōr (»den Geist des Friedens sichtbar machen«; 4,27). Dies weist darauf hin, daß die Epoche der Herrschaft des Husraw den zeitgeschichtlichen Standort des Betrachters (des impliziten Lesers des Textes) markiert. Der Text ist entsprechend zu datieren.

Kapitel 2 stellt weiter dar, wie der Herrscher der damaligen Epoche auf die Vorhersage des Mazdakitenaufstands reagiert: Die Priesterschaft wird an-gewiesen, die Auslegung der drei genannten kanonischen Texte nur noch innerhalb der priesterlichen Kreise zu tradieren. Das Wissen über alle Dinge der Schöpfung, das der Stifter der Religion vom Schöpfergott und Geber

---

[36] In einer email vom 18.11.00 nach dem Vortrag. Ich bedanke mich herzlich für die Erlaubnis, den Text hier folgen lassen zu dürfen.

allen Wissens Ohrmazd empfangen hat, wird (anachronisierend) durch das
Mittel der Arkandisziplin zu einem Geheimwissen erklärt. Bezieht man dies
auf die Verhältnisse der Gegenwart des impliziten Lesers, ergibt sich, welche Qualität diesem Wissen von den historischen Trägern dieser Literatur
beigemessen wird. Die Priesterschaft wird in der erwarteten Zukunft nicht
mehr ihre Rolle als Priester der iranischen Staatsreligion ausüben, sondern
»nur« noch die von Wissensträgern. Das von ihnen bewahrte Wissen wird
dabei nicht mehr als das professionelle Wissen eines staatstragenden beruf-
lichen Standes eingeschätzt, sondern als das Wissen, das in der Zeit der
erwarteten Fremdherrschaften im eisernen Zeitalter die kulturelle Identität
der Frommen begründet. Mit dieser Wissensätiologie deklariert sich die
zoroastrische Gemeinde zu einer kognitiven Minderheit in der Zeit der dä-
monisierten Fremherrschaften.

Im Prinzip liegen die Verhältnisse in Daniel 2 ähnlich. Der Perspektivpunkt
des impliziten Lesers wird markiert durch die aus Ton und Eisen gemisch-
ten Füße und Zehen des Kolosses. In der Deutung wird dieses Motiv auf die
Heiratspolitik der Ptolemäer und Seleukiden im 3. Jh. bezogen, also auf
zeitgeschichtlich erinnerbare Vorgänge.

Zwei wesentliche Unterschiede gibt es: 1. Das Schema der vier Weltreiche
wird unpassenderweise in Dan 2 ausschließlich auf Fremdherrschaften bezogen. Das goldene Zeitalter repräsentiert ausgerechnet Nebukadnezar, der
Zerstörer Jerusalems. Das Vier-Epochen-Schema wird hier nicht ohne
Spannungen rezipiert. 2. Das erwartete Ende ist hier die Wiederherstellung
der Gottesherrschaft ohne Zutun von Menschenhand in erwartbarer Zukunft.
Aber diese Naherwartung ist nicht generell ein Merkmal der frühjüdischen
und der urchristlichen Apokalyptik. Die meisten Entwürfe erwarten wie das
Zand ī Wahman Yasn eine Zukunft, in der die Vernunft sich verbirgt und die
Weisheit in ihre Kammer flieht (vgl. 4 Esra 5,9b) und das kulturell konstitu-
tive Wissen gegen äußere und innere Feinde geschützt und behauptet werden muß. Die urchristlichen Entwürfe sehen die Zeit des Lesers eingespannt
zwischen die Zeit der Stiftung des identitätsbegründenden Wissens und die
Zeit der Wiederherstellung der Schöpfung entsprechend diesem Wissen.

Martin Faßnacht

Das paulinische Wissenskonzept und seine soteriologische Relevanz

In seinen Untersuchungen zu frühjüdischen Weisheitstraditionen formuliert Max Küchler im Jahre 1979: »Besondere Einsichten sind meist der Ursprung von Gruppenbildungen, sei es, daß eine Einzelperson ihre individuelle Erfahrung als offenbarerische Evidenz darzulegen vermag, sei es, daß eine Gruppe in der Auseinandersetzung sich auf konstituierende Elemente ihres Selbstverständnisses besinnt und diese im ideologischen Rekurs zur inneren Stärkung und zur äußeren Abgrenzung formuliert.«[1] Was Max Küchler in Bezug auf frühjüdische Gruppen formuliert, kann auch auf paulinische Gemeinden übertragen werden. Denn auch der Gemeindegründer Paulus beruft sich auf Offenbarungen. Hierbei führen besondere Einsichten zur Konstitution von neuen Gruppen, die sehr schnell in Prozesse der Stärkung nach innen und Abgrenzung nach außen verwickelt sind. Worin aber bestehen die »besonderen Einsichten«? Gibt es ein spezifisches Gruppenwissen, das zwischen außen und innen unterscheiden sowie Spannungen und Konflikte innerhalb der Gruppe selbst überwinden läßt?

Dieser Aufsatz ist vor allem an der Offenlegung der soteriologischen Relevanz des paulinischen Wissenskonzeptes bei der Herstellung und Aufrechterhaltung einer personal vermittelten Gottesbeziehung interessiert.

Ein wissenssoziologisches Interesse an der Funktion »besonderer Einsichten« für die Entstehung oder Stabilisierung paulinischer Gemeindegruppierungen erfaßt den Konflikt auf der Ebene der sozialen Gruppen, die jeweils

---

[1] KÜCHLER, *Weisheitstraditionen*, 31.

unterschiedliche Wissenskonzeptionen vertreten. Hinter den Wissenskonzeptionen aber stehen letztlich Wertungen bezüglich der Relevanz »besonderer Einsichten«. Dabei ist die Streitfrage, welches Wissen auch soteriologische Qualität besitzt und aus dem Tod zu retten vermag. Diese Frage birgt natürlich Sprengstoff in sich, da »besondere Einsichten« immer an Gruppen (oder Einzelpersonen) gebunden sind und somit selbst unter dem Anspruch, ein für alle offenes und universal gültiges Wissen zu sein, immer *Gruppenwissen* bleiben.

Im folgenden soll deshalb danach gefragt werden, worin das spezielle Wissen der paulinischen Gemeindegruppierungen besteht. Es ist ein typisches Merkmal apokalyptisch weisheitlicher Konzeptionen, auf ein spezielles Wissen zu rekurrieren, das nicht allen gegeben ist. Das gilt auch für das paulinische Wissenskonzept. Damit sind dann sowohl Fragen nach der Kontinuität als auch der Diskontinuität der paulinischen Wissenskonzeption aufgeworfen. Wir werden sehen, ob und in welchen Punkten Paulus an die beiden großen Weisheitskonzepte des Frühjudentums, die Tora-Weisheit[2] und die apokalyptische Weisheit[3], anknüpft. Diese beiden Konzeptionen wurden jeweils in Krisenzeiten formuliert. Auch die paulinische Wissenskonzeption ist in einer Krise formuliert. Wir werden diese Krise genauer zu beschreiben haben. Dabei fallen dann auch die entscheidenden Komponenten der paulinischen Wissenskonzeption auf: Universalismus und Personalität.

Die Fragestellung soll unter thematischen Gesichtspunkten entwickelt werden. Dies hat mehrere Vorteile: Nicht jedes Thema ist in jedem paulinischen Brief präsent. So kann jeweils der aussagekräftigste Text zur Beantwortung herangezogen werden. Zum anderen wird dadurch die paulinische Wissenskonzeption gut vergleichbar mit anderen Wissenskonzeptionen. Übereinstimmungen und Divergenzen können leicht an denselben Fragekomplexen studiert werden. Die Nachteile sollen auch genannt sein: Bei diesem Verfahren besteht die Gefahr, den konkreten Briefkontext aus den Augen zu verlieren. Es soll hier der Fehler nicht wiederholt werden, ungeachtet der Briefkontexte eine »Theologie des Paulus« zu rekonstruieren (und sich dann über die Disparatheit des Materials zu wundern). Es wird also auf die konkreten

---

[2] KÜCHLER, *Weisheitstraditionen*, 33–61.
[3] KÜCHLER, *Weisheitstraditionen*, 62–87.

Briefkontexte Rücksicht zu nehmen sein, indem die Texte in ihrer situativen Rolle beachtet werden.

Untersuchungsgegenstand

Zuerst sollen einige semantische Felder vorgestellt werden, in denen der Untersuchungsgegenstand typischerweise auftritt. Dabei werden bewußt auch thematische Bezüge zu paulinischen Briefen angesprochen, die in diesem Aufsatz nicht weiter berücksichtigt werden können. Die daran anschließende Durchführung des Themas, die sich auf den Philipperbrief, 1. Korintherbrief und Römerbrief konzentriert, beansprucht also keineswegs eine erschöpfende Behandlung des Untersuchungsgegenstandes, wohl aber, die soteriologische Bedeutung von religiösem Wissen für eine personal vermittelte Gottesbeziehung aufzuzeigen.

Auf den ersten Blick ist der 1. Korintherbrief für unser Thema der wichtigste Brief. Die Häufigkeit der Lexeme σοφία und γνῶσις ragt gegenüber allen anderen Briefen heraus. Das Thema »Weisheit« ist dabei in eine Auseinandersetzung mit der hellenistischen Weisheitsdiskussion verstrickt. Das Thema »Gnosis« hingegen wird nach der Erwähnung im Präskript 1 Kor 1,5 erst wieder im achten Kapitel aufgegriffen, in dem das Thema erörtert wird, wie die Korinther sich bezüglich des Götzenopferfleisches verhalten sollen. Die Erkenntnis (γνῶσις) diesbezüglich wird sofort der Priorität der Liebe untergeordnet. Das ist insofern instruktiv, als es uns verhilft, auf eine spezielle Verwendung des Gnosisbegriffes aufmerksam zu werden: Bezogen auf eine konkrete, religiös-kulturelle Manifestation – wie sie die Frage nach dem rechten Gebrauch des Götzenopferfleisches ist – hat die Gnosis in 1 Kor 8 einen anderen Stellenwert, als wenn sie auf die Erkenntnis der Person Jesu Christi bezogen wird. Das Beharren einiger in der Gemeinde auf der richtigen Gnosis und der daraus abgeleiteten Praxis führt zu religiöser Verwirrung und Ausgrenzung derer, die diese Gnosis nicht haben, und wird deswegen von Paulus mit dem Prinzip der Liebe relativiert. Dagegen ist das Wissen um Christus als die Weisheit und Kraft Gottes in 1 Kor 1–4 das Mittel, um die Spaltungen in der Gemeinde durch Festlegung eines für alle verbindlichen Wissenskanons zu überwinden.

Eine weitere Bedeutung hat das Thema »Gnosis« im Hinblick auf die Ermöglichung einer rechten Gottesbeziehung. Dabei geht es um soteriologische Implikationen ersten Ranges. Gnosis ermöglicht hier einerseits rettende Beziehung und andererseits richtige Erkenntnis der eigenen gegenwärtigen Situation. Der erste Aspekt soll aus dem Philipperbrief entwickelt werden, in dem der Begriff »Gnosis« an einer herausragenden Stelle des Briefkorpus verwendet wird: Der Glaube wird durch ein spezielles Wissen expliziert und ermöglicht so einen personalen Zugang zu Jesus Christus.

Anhand der ersten drei Kapitel des Römerbriefs soll gezeigt werden, was man nach paulinischem Verständnis über die gegenwärtige Situation wissen muß. Wenn in Röm 3,20 der νόμος Quelle der ἐπίγνωσις der Sünde ist, dann wird daran die überragende, positive Rolle des Gesetzes deutlich, die es für die richtige Einschätzung der menschlichen Situation in der Welt spielt. Dieses Wissen beansprucht universale Geltung und macht erst die tiefe Krise der Menschheit sichtbar und erkennbar. Sich in dieser Frage nicht zu täuschen, hat wichtige soteriologische Relevanz. Erst dann können das Bemühen Gottes um die Rechtfertigung aller Menschen im πίστις-Geschehen sowie seine eigene Rechtfertigung angemessen verstanden werden.

Andere Wissensaspekte werden erst besser erfaßt, wenn man ihre Bedeutung in traditionellen Wissenskonzeptionen kennt. So ist das Wissen um die Begrenztheit von Zeit ein konstitutives Element in der apokalyptischen Weisheit. Sie findet sich dort z. B. im Vier-Reiche-Schema wie in konkreten apokalyptischen Szenarien.[4] Nicht das Berechnen von exakten Zeitpunkten ist dabei von Belang, sondern das Wissen um die prinzipielle Begrenzung von Zeit und damit von Ungerechtigkeit und Chaos. Darin liegt der Hoffnungsschimmer, der leben läßt, und darin wird sich auch Gottes Gerechtigkeit erweisen. Entsprechend spielt das Thema limitierter Zeit eine große Rolle in den Paulusbriefen. Auch für Paulus gilt: Das Thema der Naherwartung ist zweitrangig gegenüber der Gewißheit, daß die Zeit begrenzt ist.

Das Thema »Wissen« wird sodann im Kontext anderer Begriffe thematisiert, in dem man es auf den ersten Blick nicht vermuten möchte. Das liegt u. a. am gebräuchlichen und durch jahrhundertelange Gewöhnung festgezurrten Begriffs- und Textverständnis, das sich in der Übersetzung widerspiegelt. In besonderer Weise gilt dies für den πίστις-Begriff. Die neuzeitliche Distinktion zwischen Glauben und Wissen, die bis zu einer radika-

---

[4] Z. B. Dan 2 und 7, aber ebenso 1QpHab VII,9–13.

len Ausrottung jeglicher Wissensaspekte aus dem Glaubensbegriff getrieben wurde, hat dieses Problem übermächtig werden lassen. Für die Antike gilt das nicht. Wenn auch der πίστις-Begriff in der paulinischen Briefliteratur vornehmlich ein Beziehungsgeschehen thematisiert, so sollte doch nicht übersehen werden, daß er in den Kontext von Wissensvermittlung und konkreten Wissensinhalten verschränkt ist. Der paulinische πίστις-Begriff sollte deshalb *auch* als Wissensbegriff interpretiert werden. Spielt er doch als Wissensbegriff z. B. im Galaterbrief eine entscheidende Rolle in der Herstellung einer Beziehung zur Weisheits- und Retterfigur Jesus für Menschen, die diese Beziehung nicht durch persönlichen Kontakt / Umgang erreichen können, sondern nur durch Wissensvermittlung (Gal 1,4; 2,20f.; 3,5; aber auch Röm 10,14–17). Dies ist der vornehmliche Weg zum Geist Christi und Gottes, unabhängig von ethnischer oder religiös-kultureller Zugehörigkeit. In diesem Sinne hat Wissen auch eine herausragende soteriologische Funktion, die uns vom »rettenden Wissen« zu reden gestattet.

Der Philipperbrief als Zugang zum Wissensthema bei Paulus

Wir beginnen unsere Untersuchung der Wissensthematik mit dem Philipperbrief.[5] Da die Erkenntnis Christi im Brief eine entscheidende Rolle spielt, bietet der Abschnitt 3,1 – 4,9 die Gelegenheit, darauf aufmerksam zu werden, daß »Wissen« überhaupt ein paulinisches Thema ist. Bevor wir uns der Analyse der Texte zuwenden, soll knapp skizziert werden, wie der paulinische Gedankengang entwickelt wird:

1. Die Überlegenheit der Erkenntnis über Christus (Phil 3,8) wird in der paulinischen Argumentation zunächst »inhaltslos« auf die *Person* Christi konzentriert.

---

[5] Mit der Frage der Einheitlichkeit des Briefes habe ich mich in der Studie »Kultur und Kommunikation im Philipperbrief« (unveröffentlichte Diplomarbeit) ausführlich auseinandergesetzt. Die Einheitlichkeit wird auch von KOPERSKI, *Knowledge*, 69–72 (dort werden weitere Vertreter der Einheitlichkeit genannt), angenommen. Die »klassische« Teilungshypothese zwischen 3,1 und 3,2 zerschneidet gerade den Bezug zwischen der Stärkung nach innen und der Abgrenzung nach außen als den zwei Seiten einer Identitätsausbildung. Tut man dies nicht, wird man 3,1 – 4,9 als eine Einheit verstehen (siehe die Inklusion durch τὸ λοιπόν in 3,1 und 4,8).

2. Aus der »inhaltslosen« Fokussierung auf diesen personalen Aspekt ergibt sich sodann die Notwendigkeit einer inhaltlichen Konkretisierung. Dabei geht es um das Wissen von der Kraft seiner Auferstehung und der gemeinschaftsstiftenden Wirkung seiner Leiden (Phil 3,10).

3. Über dieses Wissen hat die Gemeinde die Möglichkeit, ihre Beziehung zu Jesus Christus zu konstituieren und zu bewahren.

4. Darin zeigt sich zugleich der soteriologische Aspekt: Der Zugang zum Bereich des rettenden Kyrios (Phil 3,20) wird durch Wissen konstituiert.

Wir verstehen diese paulinische Vorstellung einer rettenden Gottesbeziehung als »personale Formation von Religion«. Wesentliche Elemente dabei sind die personal fokussierte Vermittlung, die Zugangsermöglichung durch Gnosis, und die Bewahrung dieser Beziehung durch Pistis. Dieses Modell unterscheidet sich wesentlich von der »kulturellen Formation von Religion«, bei welcher die Zugangsermöglichung vornehmlich über die Geburt (ethnisches Prinzip) und die Bewahrung der rettenden Gottesbeziehung über das Einhalten der religiösen Kultur (kulturelles Prinzip) garantiert wird.

Formaler Aufbau von Phil 3,1–21

3,1	χαίρετε ἐν κυρίῳ ...		Imperativ
3,2	βλέπετε τοὺς κύνας ...		Imperativ
3,3		ἡμεῖς γάρ ἐσμεν ...	Wir-Passage
3,4ff.		καίπερ ἐγὼ ἔχων ...	Ich-Passage
3,15f.		ὅσοι οὖν τέλειοι, τοῦτο φρονῶμεν ...	Wir-Passage
3,17		συμμιμηταί μου γίνεσθε ...	Imperativ

Die Anordnung auf verschiedenen Textebenen, die sich an der Personenkonstellation orientiert, läßt sofort erkennen, daß die »Ich-Passage« in 3,4–14 den argumentativen Mittelpunkt bildet. Auf der ersten Textebene werden die Adressaten in 3,1f. direkt im Modus der Aufforderung angesprochen. Diese Textebene wird erst wieder in 3,17 erreicht. Eingeschlossen darin ist eine »Wir-Passage«, die wiederum eine »Ich-Passage« enthält. Soweit nun die formal syntaktische Analyse eine Ringkomposition nahelegt, ist es geboten, die Relationen genau zu fassen. Sowohl der Imperativ in 3,1 als auch in 3,2 richtet sich an die Philipper. In 3,1 in Bezug auf die eigene in-group, in 3,2 jedoch in Abgrenzung zu einer gegnerischen out-group. Einforderung von Solidarität nach innen und Abgrenzung nach außen ist hier die gruppenspezifische Strategie des Briefautors Paulus. Es geht ja, wie das Proömium in Phil 1,10 klarstellt, um die Prüfung des Unterscheidenden (τὰ διαφέροντα), zu der den Philippern der Brief des Apostels verhelfen soll. Das »Wir« in 3,3 schließt nun sowohl Paulus als auch die Philipper zu einer einzigen Gruppe in Abgrenzung gegenüber der out-group zusammen. Es folgt die lange »Ich-Passage«, in der es (semantisch) nur um den Briefautor Paulus geht. Interessant ist jetzt, daß das »Wir« in 3,15f. eine andere Relation und damit auch eine andere Funktion aufweist. Hier ist das Autor und Adressaten einschließende »Wir« zugleich den Philippern gegenübergestellt (φρονῶμεν – φρονεῖτε). Das zeigt eine gruppeninterne Auseinandersetzung an und dient der Herstellung der Gruppeneinheit. Der Imperativ in 3,17 setzt die Autor-Adressaten bezogene Relation fort, jetzt allerdings in der klaren Gegenüberstellung von »Ich« (Paulus) und »Ihr« (Philipper). Die Relation der out-group zur in-group (Paulus eingeschlossen) wird erst in 3,18–21 wieder aufgegriffen, dann allerdings auf einer argumentativen Ebene: πολλοὶ γὰρ ... – ἡμῶν γὰρ ...

3,1	Imperativ		Philipper	–	Philipper
3,2	Imperativ		Philipper	–	Gegner
3,3		Wir-Passage	Philipper/Paulus	–	Gegner
3,4ff.		Ich-Passage	Paulus		
3,15f.		Wir-Passage	Philipper/Paulus	–	Philipper
3,17	Imperativ		Philipper	–	Paulus

Die Gegenüberstellung der formal syntaktischen Aspekte und der ihnen zugrunde liegenden Relationen zeigt die Lösung der anstehenden Unter-

scheidung zweier Wissenskonzeptionen und ihrer soteriologischen Relevanz
an. Das Herzstück ist dabei die auf Paulus bezogene Ich-Passage, in der die
Relationenverschiebung ihren Dreh- und Angelpunkt hat. In 3,2 ist der Fo-
kus ganz auf die out-group gerichtet, die die Philipper mit der Forderung
nach Beschneidung konfrontiert hat. Die Heftigkeit, mit der Paulus darauf
reagiert, läßt vermuten, daß die Beschneidungsaufforderung für die Philipper ein attraktives Angebot war. Am Ende in 3,17 fordert nun Paulus seinerseits die Philipper auf, »seine Nachfolger zu werden« und damit das Angebot der Beschneidung auszuschlagen. Bevor er das aber überzeugend tun
kann, werden die Alternativen, vor denen die Philipper stehen, an seinem
religiösen Lebensweg geprüft und bewertet. Dieser Ich-Passage von 3,4–14
müssen wir uns jetzt zuwenden.

Textkritische Probleme in Phil 3,7–11

7   *[ἀλλὰ] ἅτινα ἦν μοι κέρδη,*
       ταῦτα ἥγημαι διὰ τὸν Χριστὸν ζημίαν.

8   *ἀλλὰ μενοῦνγε καὶ ἡγοῦμαι πάντα ζημίαν εἶναι*
       διὰ τὸ ὑπερέχον τῆς γνώσεως Χριστοῦ Ἰησοῦ τοῦ κυρίου μου,
       δι' ὃν τὰ πάντα ἐζημιώθην καὶ ἡγοῦμαι σκύβαλα,
           ἵνα Χριστὸν κερδήσω

9   *καὶ εὑρεθῶ ἐν αὐτῷ,*
       μὴ ἔχων ἐμὴν δικαιοσύνην τὴν ἐκ νόμου
       ἀλλὰ τὴν διὰ πίστεως Χριστοῦ,
           τὴν ἐκ θεοῦ δικαιοσύνην

9/10   *ἐπὶ τῇ πίστει / τοῦ γνῶναι αὐτὸν*
       καὶ τὴν δύναμιν τῆς ἀναστάσεως αὐτοῦ
       καὶ κοινωνίαν παθημάτων αὐτοῦ,
       συμμορφιζόμενος τῷ θανάτῳ αὐτοῦ,

11   *εἴ πως καταντήσω εἰς τὴν ἐξανάστασιν τὴν ἐκ νεκρῶν.*

Die textkritischen Probleme in 3,9.10 können nicht allein mit den Angaben
in Nestle/Aland[27] bewältigt werden. Für die Papyri und Majuskeln kann auf
»Das Neue Testament auf Papyrus« zurückgegriffen werden.[6] Darüber hin-

---

[6] WACHTEL / WITTE, *Neues Testament*, 110–119.

aus werden speziell für die Minuskeln die Ausgaben Tischendorfs[7] und von Sodens[8] eingesehen. Nestle/Aland[25] wird zu Gliederungsfragen herangezogen. Die wichtigsten Handschriften wurden am Institut für Neutestamentliche Textforschung eingesehen.

In diesem Aufsatz können nur die textkritischen Probleme erörtert werden, die unmittelbar das Thema betreffen. Das sind vor allem Probleme im Zusammenhang mit der Diskussion der chiastischen Struktur von V. 9 und dem syntaktischen Anschluß von V. 10. Im Zentrum der Überlegungen steht dabei das Präpositionalgefüge ἐπὶ τῇ πίστει (V. 9fin). Leider kann für die Erörterung keiner der drei Papyri herangezogen werden. Der P[46] ist in 3,9 zerstört, der P[61] endet kurz davor und der P[16] beginnt erst in 3,10. Die Handschriften D (06) und 06[abs1] sowie altlateinische und Vulgatahandschriften lesen ἐν πίστει / in fide. Ἐπὶ τῇ πίστει ist aufgrund der breiten Bezeugung vorzuziehen. Wichtiger in unserem Zusammenhang ist die Frage, woran ἐπὶ τῇ πίστει angeschlossen ist. Die Minuskel 33 setzt vor ἐπί einen Punkt. א (01) beginnt mit ἐπί eine neue Zeile (und eine neue Spalte, was aber zufällig ist). Auch wenn in א (01) eindeutige Gliederungsmerkmale durch Ausrückung aus dem Satzspiegel zu erkennen sind, ist es doch auffällig, daß ἐπί nicht noch in der vorhergehenden Zeile nach δικαιοσύνην geschrieben wurde. In der 25. Auflage des Nestle/Aland wird vor ἐπί auf eine Interpunktionsvariante in der Ausgabe von Bernhard Weiss[9] verwiesen, die allerdings in der 26. und 27. Auflage fehlt.

In V. 9 wird seit langem die chiastische Struktur des als Parenthese bezeichneten μὴ ἔχων-Satzes diskutiert. Über die zuzuordnenden Glieder besteht keine Einigkeit. Veronika Koperski hat die verschiedenen Möglichkeiten in der Literatur zusammengestellt und plädiert selbst für die Aufgabe der Suche nach dem Chiasmus in V. 9. Sie kritisiert, daß vor allem der »Anhang« ἐπὶ τῇ πίστει in den angebotenen Lösungen nicht berücksichtigt wird.[10] Dieser Kritik schließe ich mich mit anderen Argumenten an. Mit ἀλλά wird eine correctio eingeleitet, die sich klar erkennbar auf die Glieder δικαιοσύνην τὴν ἐκ νόμου und τὴν ἐκ ϑεοῦ δικαιοσύνην bezieht. Soweit dürfte in der Literatur Übereinstimmung herrschen. Diese correctio hat auch die

---

[7] TISCHENDORF, *Novum Testamentum*.

[8] SODEN, *Schriften*.

[9] WEISS, *Briefe*.

[10] KOPERSKI, *Knowledge*, 222–224.

Suche nach dem Chiasmus motiviert, sie ist ja in den beiden genannten Gliedern tatsächlich chiastisch gebaut. Die Gegenüberstellung von ἐμήν und διὰ πίστεως Χριστοῦ dagegen halte ich für syntaktisch nicht geboten. Der Text stellt vielmehr τὴν ἐκ νόμου und τὴν διὰ πίστεως Χριστοῦ, beides auf δικαιοσύνην bezogen, gegenüber. Für ἐμήν gibt es nach dem ἀλλά dagegen kein Gegenüber. Also ist ἐμήν überhaupt nicht in die correctio miteinbezogen. Diejenigen, die das befürworten, stellen dabei der menschlichen Leistung »Selbstgerechtigkeit« den »Glauben an Christus« gegenüber. Damit dieser nicht auch als menschliche Leistung erscheint, muß eine weitausufernde Debatte über den geschenkhaften Charakter dieses Glaubens an Christus entfacht werden. Es erstaunt, daß gerade diejenigen, die hier eine Opposition sehen, nicht auf die Idee kommen, διὰ πίστεως Χριστοῦ einmal als genetivus subj. zu lesen und als eine wirkliche Opposition zwischen »meiner« Gerechtigkeit und der Treue Christi zu verstehen. Aber ich betone noch einmal: Die correctio bezieht sich nicht auf ἐμήν. Das Possessivpronomen wurde m. E. gar zu sehr überstrapaziert. Natürlich geht es um des Menschen Gerechtigkeit. In diesem Sinne ist die Frage gestellt, woher ich »meine« Gerechtigkeit denn habe, aus dem Gesetz oder eben aus Gott. Aber in beiden Fällen geht es um »meine« Gerechtigkeit. An dieses Possessivpronomen das Thema der menschlichen Leistung und Selbstgerechtigkeit zu hängen, halte ich für überzogen.

Die Frage, ob διὰ πίστεως Χριστοῦ subjektiv oder objektiv zu verstehen sei, sollte nicht beantwortet werden, ohne sich zu vergewissern, was eigentlich die mit μὴ ἔχων eingeleitete Parenthese motiviert. Es ist die finale Bestimmung »Christus zu gewinnen und in ihm sich zu finden«, die die Frage nach dem Woher der eigenen Gerechtigkeit auslöst. Diesen Zusammenhang zu sehen ist wichtig, denn dadurch wird die Lesart im Sinne eines gen. subj. verständlich.[11] Welche Gerechtigkeit nennt der Mensch sein eigen, wenn er zum Lebensbereich Christus gehört? Es ist nicht die Gerechtigkeit, die aus dem Lebensbereich Nomos möglich ist, sondern im Lebensbereich Christus gibt es eine Gerechtigkeit, die direkt von Gott her zugesprochen ist und durch die Pistis Christi vermittelt wird. An dieser Stelle hat Christus eine klare Mittlerfunktion, denn er vermittelt die Gerechtigkeit aus Gott dem Menschen. Ian G. Wallis verweist aus guten

---

[11] Diese Lesart wird auch von WALLIS, *Faith*, 118–124, bevorzugt. Dort ausführliche Diskussion und Begründung des Problems mit anderen Argumenten.

Gründen auf die Verbindungen zum Philipperhymnus, in dem Christus auch eine zwischen Gott und den Menschen vermittelnde Rolle einnimmt.

Von wessen Pistis ist aber am Ende von V. 9 die Rede? Sie ist nicht näherhin gekennzeichnet. Denkbar wäre wieder die Pistis Christi. Das hätte m. E. aber klar ausgedrückt werden müssen, zudem wäre es eine gewisse, wenn auch nuancierte, Wiederholung. Ich halte es demnach für wahrscheinlicher, hier von der Pistis des Paulus / der Menschen auszugehen.

Die textkritischen Varianten des Anschlusses von ἐπὶ τῇ πίστει lassen uns aufmerksam werden, wie schwierig, aber auch wie wichtig diese syntaktischen Fragen sind. Ich plädiere dafür, ἐπὶ τῇ πίστει sehr eng an τοῦ γνῶναι αὐτόν anzuschließen, ohne den Zusammenhang mit τὴν ἐκ θεοῦ δικαιοσύνην zu zerreißen. Das entspricht der Struktur des ἵνα-Satzes, in dem immerfort Genanntes entwickelt und entfaltet wird: Im Lebensbereich Christus hat man, vermittelt durch die Pistis Christi, seine Gerechtigkeit aus Gott, aufgrund[12] seiner eigenen Pistis, die jetzt durch die Genitivkonstruktion τοῦ γνῶναι αὐτόν erklärt und gedeutet wird.[13] Diesen explikativen Anschluß von τοῦ γνῶναι αὐτόν an τῇ πίστει haben schon die Handschriften L (020), P (025), die syrische Peschitta und die Kirchenväter Basilius von Cäsarea und Chrysostomus gesehen, die ἐπὶ τῇ πίστει und τοῦ γνῶναι αὐτόν eng zusammenfügen.[14] Die Handschriften L (020) und P (025) bieten vor ἐπὶ τῇ πίστει ein eindeutig zu lesendes Interpunktionszeichen und wollen deshalb die beiden Glieder aufeinander bezogen wissen. Chrysostomus schreibt gar: ἐπὶ τῇ πίστει, φησὶ, τοῦ γνῶναι αὐτόν.[15] Neuerdings übersetzen in diesem Sinne auch Klaus Berger und Christiane Nord.[16]

---

[12] WALLIS, *Faith*, 123–124, erwägt einen finalen Sinn (ähnlich wie Gal 5,13 u. a.), bedenkt aber nicht den Anschluß an τοῦ γνῶναι αὐτόν.

[13] BLAß / DEBRUNNER / REHKOPF, *Grammatik*, § 400,8₁₀, deuten τοῦ γνῶναι αὐτόν als epexegetischen Gebrauch bei τοῦ mit Infinitv.

[14] Angaben bei TISCHENDORF, *Novum Testamentum*, 718. Die Stellenangaben sind nur schwer zu entschlüsseln; die Stellenangabe zu Chrysostomus ist falsch.

[15] JOHANNES CHRYSOSTOMUS, *epistulam*, [285], 265.

[16] BERGER / NORD, *Neues Testament*.

Welche Bedeutung kommt dem Wissen zu?

Untersuchen wir die beiden Gegenstände, die der Vers 3,7 (im Schema
einst – jetzt) scheidet! Jetzt sei aber schon festgehalten, daß Paulus hier die
Sprache der Güterabwägung nutzt, um Vergangenes, Gegenwärtiges und
Zukünftiges bewerten zu können. Das Vergangene war einst ein Gewinn.
Wir tun gut daran, uns dieses Gegenstandes in seiner ursprünglichen, positi-
ven Bedeutung zu vergewissern. Sieben Stationen seines religiösen Werde-
gangs zählt Paulus auf. Sie seien hier erinnert: beschnitten am achten Tag,
Abstammung aus dem Geschlecht Israel und dem Stamm Benjamin, ein
Hebräer aus Hebräern, in der Gesetzesauffassung ein Pharisäer, im Eifer ein
Verfolger der Herausgerufenen und ohne Tadel in Bezug auf Gerechtigkeit,
die im Lebensbereich des Gesetzes gilt.[17] Diese Merkmale können auf zwei
Gruppen verteilt werden: Sie beschreiben sowohl ethnische als auch religiös-kulturelle Merkmale. Die Zugehörigkeit zu Israel ist durch Geburt ge-
währleistet, die Zugehörigkeit zur Gruppe der Pharisäer durch eine bestimmte Auffassung vom Gesetz. Das ist der traditionelle Weg zu einer als
notwendig erachteten Gottesbeziehung: Man wird in eine väterliche Religion hineingeboren und in dem religiösen Wissensschatz der Väter unterwiesen und erzogen. Wir erkennen hier zwei ehrwürdige Prinzipien von
religiöser Kultur: ethnische Zugehörigkeit und traditionelles, ererbtes Wissen. Sie konstituieren sowohl Zugehörigkeit und Identität als auch eine entsprechende Gottesbeziehung. Beides sind hohe Güter und gleichermaßen
hochgeschätzt. Dies zeigt sich nicht zuletzt in der Auseinandersetzung um
die rechte Zugehörigkeit der Philipper. Nun sind diese Merkmale der Zugehörigkeit keine geographischen Merkmale, sondern im Gegenteil geradezu
unabhängig davon. Sie definieren einen überörtlich verstandenen Lebensbereich, der durch das Gesetz abgesteckt ist und deswegen gleichlautend mit
νόμος benannt werden kann. »Ἐν νόμῳ-sein« ist dafür der terminus technicus.

Wenden wir uns dem zweiten Gegenstand zu. Im folgenden wird dann eine
radikale Kehrtwendung in der paulinischen Einschätzung religiöser Kultur
vollzogen. Was einst »Gewinn« war, wird nun als »Verlust« verbucht. Der
Grund dieser Neueinschätzung ist Christus. Diese Gegenüberstellung ist
insofern hochinteressant, als der religiösen Kultur in ihrer ethnischen und
traditionellen Komponente nun nicht etwa eine andere oder erneuerte reli-

---

[17] Ausführliche Diskussion der Aufzählung bei NIEBUHR, *Heidenapostel*, 103–109.
Siehe auch PILHOFER, *Philippi*, 123–127.

giöse Kultur gegenübergestellt wird, sondern eine Person. Eingetauscht wird
also religiöse Kultur gegen die Beziehung zu einer Person. Mit Jan Assmann fassen wir dieses Verhältnis terminologisch in der Gegenüberstellung
von »kultureller Formation« und »personaler Formation« von Religion.[18]

Die Sprache der Güterabwägung wird beibehalten, und so kann Christus
jetzt als Gewinn verobjektiviert und Beziehung als Wert definiert werden.
Das Ziel ist, in ihm gefunden zu werden. Damit ist ein neuer Lebensbereich
– auch er natürlich überörtlich – abgesteckt, der nicht mehr ethnisch und
kulturell, sondern personal konstituiert ist. Ἐν κυρίῳ oder ἐν Χριστῷ – in 3,8
durch das Pronomen ἐν αὐτῷ substituiert – ist dafür die Bezeichnung. Es
geht also auch hier um Zugehörigkeit, und wir werden darauf zu achten
haben, wie man zu einem weder durch Geburt noch durch Kultur konstituierten Lebensbereich Zutritt erhält. Die Erweiterung aber des Lebensberei-
ches ἐν νόμῳ durch die Überlagerung mit dem Lebensbereich ἐν κυρίῳ ist
nach paulinischem Verständnis die Sprengung limitierter Zugangs-
möglichkeiten mit höchster soteriologischer Relevanz. Sie ermöglicht
erstmals auch Heiden (= Nichtjuden) den direkten Zugang zum Gott Israels.
Daß gerade die personale Formation von Religion eine starke Grenze
bedeutet, ist aus heutiger Sicht klar, aus paulinischer Perspektive war sie
eine grenzüberschreitende Rettungsinitiative Gottes von einmaliger
Bedeutung. Religionsgeschichtlich ist die personale Formation von Religion
gegenüber der kulturellen Formation etwas Neues. Eine im Ansatz ähnliche
Entwicklung ist in den Schriften aus Qumran zu beobachten. Im
Habakukpescher wird im Vers »der Gerechte wird durch seine Treue leben«
(Hab 2,4), den auch Paulus in Röm 1,17 ähnlich zitiert, die Treue derer, die
das Gesetz tun, als Treue zum Lehrer der Gerechtigkeit interpretiert.[19] Die
Zugehörigkeit zum Lehrer der Gerechtigkeit findet jedoch innerhalb der
Kategorien der jüdisch-religiösen Kultur statt, selbst wenn diese aus Sicht
der Essener korrumpiert ist. Ähnliches gilt wohl auch für die Zugehörigkeit

---

[18] »Wir wollen diesen Komplex an symbolisch vermittelter Gemeinsamkeit ,Kultur'
oder genauer: die ,kulturelle Formation' nennen. Einer kollektiven Identität entspricht,
sie fundierend und – vor allem – reproduzierend, eine kulturelle Formation. Die kulturelle Formation ist das Medium, durch das eine kollektive Identität aufgebaut und über
Generationen hinweg aufrechterhalten wird.«, ASSMANN, *Gedächtnis*, 139. Der Begriff
»personale Formation von Religion« ist von mir in funktionaler Analogie dazu entwik-
kelt.

[19] 1QpHab VII,17 – VIII,3.

z. B. zu Philosophenschulen, die ja ebenfalls personal vermittelt ist,[20] wohingegen wir die paulinische Konzeption der personalen Formation von Religion ἐν Χριστῷ als ein überkulturelles Prinzip verstehen, das sich bewußt von jeglicher kulturellen Formation von Religion abgrenzt. Überhaupt ist nur so die Schärfe des paulinischen Kampfes gegen diejenigen zu verstehen, die einen Eintritt in die kulturelle Formation des Judentums propagieren.

Wie aber ist nun der Zugang zu diesem personal gedachten Lebensbereich möglich? Die Verse 3,8–11 werden darauf eine Antwort geben. Daß die Antwort auf der Wissensebene formuliert wird, dürfte nicht allzusehr überraschen, nachdem es in der hellenistischen Kultur üblich war, Zugehörigkeiten durch Bildung zu definieren, und das Frühjudentum seinerseits darauf mit speziellen Wissenskonzepten reagierte.[21]

Daß die Kehrtwendung umfassend gedacht ist, wird aus V. 8 ersichtlich. Alles (πάντα) wird als Verlust gebucht. Hier geht es um den Umgang mit zwei verschiedenen Gütern: religiöse Kultur versus Beziehung zu Christus. Daß dabei die Alternativen auf der Wissensebene formuliert werden, zeigt V. 8, der dem Verlust »die Überlegenheit der Gnosis Christi Jesu, meines Herrn« gegenüberstellt. Es geht also um die (Er)kenntnis über Christus Jesus. Der Wissensinhalt ist hier ganz personal zugespitzt und bedarf noch der Entfaltung, wie sie ab V. 10 vorgenommen wird. Freilich hat der Leser auch den sogenannten »Philipperhymnus« im Ohr, der ja schon grundsätzliches Wissen über Herkunft und Rolle Jesu offenbart hat. Und doch überrascht die eigentümliche »Inhaltsleere«[22] des Wissens von Christus, die hier dem traditionellen – speziell pharisäischen – Wissensschatz des Judentums gegenübergestellt und sogar als überlegen bezeichnet wird. Wie problematisch

---

[20] Vgl. dazu SCHMELLER, *Schulen*, 46–91.

[21] LÖNING, *Frühjudentum*, 52–59.

[22] Der heutige Leser überbrückt diese inhaltliche Leerstelle, indem er automatisch sein Evangeliumswissen über Jesus aufruft. Inwieweit das für die Adressaten der paulinischen Briefe zutrifft, ist schwer abzuschätzen. Äußerungen des Paulus wie in 1 Kor 7,10, dieses Gebot befehle nicht er selbst, sondern der Herr, deuten darauf hin, daß den Gemeinden jesuanisches Spruchgut bekannt gewesen sein könnte. Auffällig bleibt jedoch, daß die paulinischen Briefe von diesem Wissensschatz (fast) nichts überliefern und wir ohne die Evangelien (sowohl die kanonischen als auch die apokryphen) von Jesus so gut wie nichts wüßten.

diese »Inhaltsleere« in ihrer Konzentration auf die Person ist, zeigt sich in exegetischen Bemühungen, einen »Inhalt« der Gnosis schon an dieser Stelle anzugeben. So übersetzt Wolfgang Schenk: »auf Grund der wirklich alles umfassenden ‚Erkenntnis’ – die aber den auferweckten Jesus (und nicht das Mosegesetz) zum Inhalt hat, …«.[23] Eine Beziehung zu Jesus (»Christus gewinnen«) und Zugang zum Lebensbereich Christus (»gefunden werden in ihm«) ist also durch Gnosis ermöglicht und gesteuert. Dieses Ergebnis muß betont werden. Die spätere Gnosisdiskussion und negative Einschätzung im 2./3. Jh. und eine ebenso negative Beurteilung der Gnosis bis in unsere Zeit, wobei das Anstößige der Gnosis hier zumeist im Verständnis als Selbsterkenntnis / Selbsterlösung[24] gesehen wird, wird uns nicht dazu verführen, die positive Bedeutung der paulinischen Gnosiskonzeption für den Zugang zur Person Jesu zu vernachlässigen.

Der Konzentration der Gnosis auf die Person Jesus Christus entspricht die finale Bestimmung, »ihn« zu gewinnen und »in ihm« gefunden zu werden. Sowohl das Verhältnis zu Jesus Christus als auch das Wissen über ihn sind zugespitzt personal (und noch nicht inhaltlich) gedacht und konstituiert. In diesem Verhältnis ist durch die Pistis Christi »die Gerechtigkeit aus Gott« an den exemplarischen Paulus vermittelt. Der Zugang zum Lebensbereich Christus und damit zur »Gerechtigkeit aus Gott« ist andererseits ebenfalls durch Pistis ermöglicht – diesmal allerdings durch die menschliche Pistis. Pistis ist demnach zunächst ein Beziehungs- und Verhältnisbegriff. Auf die Treue (πίστις) Christi gestützt ist es dem Menschen möglich, Vertrauen (πίστις) zu üben. Ich möchte diese reziproke und dynamische Beziehung das »Pistisgeschehen« nennen.[25]

Das Verhältnis zu Christus wird im folgenden auf der Wissensebene entfaltet. »Pistis, d. h. ihn zu erkennen / kennen / wissen«. Damit wird der zweite wichtige Aspekt im Pistis-Begriff aufgerufen. Bezüglich der Verknüpfung der beiden Aspekte ist unsere Stelle vielleicht die wichtigste und zugleich eindeutigste im paulinischen Briefkorpus. Der πίστις-Begriff impliziert also

---

[23] SCHENK, *Philipperbriefe*, 328.

[24] Typisch für diese Sicht der Gnosis ebenso wie für die einer unversöhnlichen Trennung von Glauben und Wissen ist BRUMLIK, *Gnostiker*.

[25] Hier könnte noch die πίστις θεοῦ mitbedacht werden, wie sie in Röm 3,3 thematisiert wird. Sie soll aber nicht aus diesem Brief hier eingetragen werden.

den Wissensaspekt ebenso wie umgekehrt der γνῶσις-Begriff den Beziehungsaspekt. Ich möchte mit Nachdruck auf die Relevanz für den Glaubensbegriff hinweisen. Prinzipiell ist der heutige Glaubensbegriff kein ungeeigneter. Solange jedoch in unserem Sprachverständnis aus dem Begriff »Glaube« der Wissensaspekt eliminiert bleibt, hilft er für das Verständnis des paulinischen Pistis-Begriffs nicht weiter. Die Wissensaspekte im paulinischen Glaubensbegriff neu zu gewinnen bleibt eine noch zu leistende Aufgabe. Unsere Stelle bietet hierzu eine erstklassige Gelegenheit.

»Glaube (πίστις), d. h. ihn erkennen«.[26] Wieder begegnen wir der personalen Zuspitzung, die im folgenden ausdifferenziert wird. Wir treffen auf zwei Aspekte, die im Schema A B B' A' entfaltet sind[27]: »Ihn zu kennen und die Kraft seiner Auferstehung (A) und die Gemeinschaft seiner Leiden (B), gleichgestaltet werdend seinem Tod (B'), ob ich etwa hingelange zu der Auferstehung aus Toten (A')« (Phil 3,10f.). Auffällig ist der redundante Gebrauch des Personalpronomens αὐτός, was die Konzentration auf die Person Christi unterstreicht. Höchst bedeutsam ist aber, daß nicht nur Wissensinhalte wie »seine Auferstehung« und »seine Leiden« aufgezählt werden, sondern diese Wissensinhalte mit Relevanzbestimmungen verknüpft sind. Es geht um die *Kraft* seiner Auferstehung und die *Gemeinschaft* seiner Leiden. Damit spiegeln die Wissensinhalte eine Relevanz, die in den Gliedern B' und A' auf Paulus appliziert sind. Wobei das »seinem Tod gleichgestaltet Werden« (B') schon präsentisch gedacht ist, das »Erreichen der Auferstehung aus Toten« (A') hingegen als noch zukünftig aussteht. Die Wissensinhalte sind demnach in ihrem Verhältnis zu Christus ausdifferenziert unter den Aspekten der Gemeinschaft und der Dynamis. Jener ist ein spezielles Anliegen des Philipperbriefs, dieser eine Frage in apokalyptischen Kreisen, wo denn die Dynamis Gottes unter den gegebenen Zuständen der Welt geblieben ist.

Eine ab Phil 3,12 ansetzende correctio soll klarstellen, daß die Zielvorstellungen des Paulus als zukünftige und noch ausstehende zu verstehen sind. Eines ist jedoch eindeutig: Er ist von Christus ergriffen, und dieses Ereignis scheidet zwischen Vergangenem und Zukünftigem; das bedeutet, zwischen

---

[26] Die Übersetzung von Klaus Berger und Christiane Nord »Glaube – das heißt, ihm begegnet sein,« greift den Beziehungsaspekt von Pistis auf. An unserer Stelle ist aber der Wissensaspekt ganz eindeutig die Vorlage im griechischen Text und darf auch nicht unterschlagen werden.

[27] SCHENK, *Philipperbriefe*, 251.

alten und neuen Zugehörigkeiten. Die Ich-Passage wird durch einen nicht polemisch zu verstehenden Exhortativ (3,15) beendet. Der Ton ist betont konziliant. So scharf auch die out-group im Philipperbrief angegriffen wird, der in-group wird das Recht, die Frage ihrer Zugehörigkeit zu prüfen, nicht abgesprochen. Das Vorgetragene soll bedacht werden, dem Erreichten muß man nachfolgen. Alles andere bedarf einer Offenbarung Gottes. Das ist stark formuliert. Ist doch das Erreichte die Zugehörigkeit zum Lebensbereich Christus, das andere aber die Streitfrage, ob die Philipper in die jüdisch-religiöse Kultur eintreten sollen oder nicht. Da das letztere unter dem Vorbehalt einer Offenbarung Gottes steht, erscheint das erstere geradezu als Gottes Offenbarung. Die Anrede der Philipper mit Exhortativ und Imperativ entwickelt den pragmatischen Sinn der Ich-Passage. Die religiöse »Biographie« des Paulus hat exemplarischen Charakter[28] und nicht das Ziel, die persönliche Bekehrung zu schildern, sondern den Philippern in ihrer Verunsicherung in den Fragen ihrer eigenen Zugehörigkeit und deren soteriologischer Bedeutung ein aussagekräftiges Beispiel zu geben. Zwei religiöse Lebensbereiche werden gegeneinander abgewogen. Zum Lebensbereich ἐν νόμῳ hat man durch Beschneidung, zum Lebensbereich ἐν κυρίῳ durch Pistis einen Zugang. Die Beziehung (Pistis) zum Lebensbereich Christus ist aber durch personenbezogenes Wissen (Gnosis) ermöglicht und gesteuert. Für die Philipper – und überhaupt für Menschen –, die keine persönliche Begegnung mit der Person Jesu hatten, ist dies die einzige Möglichkeit, ihr Verhältnis zu ihm und zu Gott zu konstituieren. Christus, die Kraft seiner Auferstehung und die Gemeinschaft seiner Leiden sind durch Offenbarung bekanntes apokalyptisches Wissen, das verkündet werden kann. Es ermöglicht Vertrauen, Treue und Glauben (Pistis). In diesem Sinne ist es geboten, von »erlösendem Wissen« zu sprechen. Die soteriologische Kategorie ist latent ständig vorhanden. Das kann an der Schärfe der Auseinandersetzung abgelesen werden. Sie wird aber auch explizit nach einer Aufforderung der Adressaten, des Paulus Nachahmer zu werden, auf einer argumentativen Ebene aufgegriffen. Dabei stehen sich out-group (3,18f.) und in-group (3,20f.) ausschließend gegenüber. Das Bürgerrecht der in-group ist in den Himmeln. Ihre Zugehörigkeit wird weder ethnisch noch politisch-kulturell definiert, sondern, diesen Kategorien enthoben, direkt in den Himmeln lokalisiert. Von dort wird der Retter (σωτήρ), der Herr Jesus Christus, erwartet.

---

[28] So auch SCHENK, *Philipperbriefe*, 260–263.

Sein Erscheinen wird eine grundlegende Veränderung der sozialen und anthropologischen Verhältnisse mit sich bringen.

Es ist in diesem Aufsatz nicht möglich, den Wissensaspekten im Pistis-Begriff in den paulinischen Briefen umfassend nachzugehen. Es seien aber noch zwei textsemantische Komplexe benannt, in denen der Pistis-Begriff mit dem semantischen Feld »Wissen« verknüpft ist: zum einen der Komplex, in dem Pistis im Umfeld »Verkündigung und Wissensvermittlung«[29] erscheint, zum anderen im Komplex der »auf Wissen und Verkündigung gegründeten personalen Beziehungen und deren Oppositionen«[30]. Bedeutend aber ist in unserem Zusammenhang, den Wissensaspekt im Pistis-Geschehen zurückgewonnen zu haben. Damit erweist sich der Philipperbrief nicht nur als geeigneter Zugang zum paulinischen Wissenskonzept, sondern er gibt auch eine eindeutige Antwort auf die Frage, welche Bedeutung bei Paulus apokalyptischem Wissen zukommt. Der Philipperbrief betont die Bedeutung von Wissen mit soteriologischer Relevanz als Schlüssel zu einer neuen Existenz. Es ermöglicht ein Verhältnis zur Retterfigur und damit einen von dieser Beziehung abhängigen Zugang zum personal konstituierten Lebensbereich Christus. Das wertvollste Gut, das in diesem Lebensbereich gewonnen werden kann, ist die Beziehung zu der Person selbst, die eine personal vermittelte Beziehung zu Gott ermöglicht ($\delta\iota\kappa\alpha\iota o\sigma\acute{v}\nu\eta$ $\acute{e}\kappa$ $\vartheta\varepsilon o\~{v}$).

In dem an 3,1–21 anschließenden Stück, in dem Konsequenzen aus dem Erörterten gezogen werden, wird jedoch noch eine Frage angesprochen, die unter dem Gesichtspunkt »Wissen« nicht fehlen darf: Wie erlangt man sein Wissen? Diese Frage kann gut in Phil 4,8.9 studiert werden. Syntaktisch sind die beiden Verse gleich gegliedert: Einem aufzählenden Relativsatz folgt jeweils ein substituierender ($\tau\alpha\~{v}\tau\alpha$) Imperativ. Dabei ist zu beachten, daß der erste Relativsatz (4,8) mit dem verallgemeinernden $\~{o}\sigma\alpha$ und unpersönlich in der 3. Person konstruiert ist. Der zweite Relativsatz in 4,9 ist dagegen persönlich formuliert durch die 2. Person Plural und das Pronomen $\acute{e}\nu$ $\acute{e}\mu o\acute{\iota}$. Dem entspricht die jeweilige Aufforderung. Im ersten Fall wird empfohlen, zu berechnen ($\lambda o\gamma\acute{\iota}\zeta\varepsilon\sigma\vartheta\varepsilon$), was wahr, verehrt, gerecht, heilig, beliebt und lobenswert ist. Im zweiten Fall jedoch sollen die Philipper tun ($\pi\varrho\acute{\alpha}\sigma\sigma\varepsilon\tau\varepsilon$), was sie gelernt und empfangen haben, was sie gehört und an

---

[29] Gal 1,23; 2,7; 3,2.5; 1 Kor 1,21; 15,11.14; Phil 1,27; Röm 1,8.16; 10,8.17.

[30] Gal 2,16.20; Phil 1,29; 3,9f; Röm 4,3; 9,33; 10,11.16.

Paulus gesehen haben. Dieser Relativierung von anderem Wissen (so auch schon Phil 3,15) und der Betonung des Gelernten und Empfangenen entspricht die Briefsituation, die von den Philippern verlangt, das Unterscheidende zu prüfen (1,10 εἰς ... τὰ διαφέροντα). Die Wissensvermittlung ist dabei ganz auf die Person des Paulus zugeschnitten. So auch schon in der Aufforderung, seine Nachahmer zu werden (3,17). Hier erscheint Paulus als der Lehrer, an dem man durch Hören und Sehen sein Wissen erlangt und seine Fähigkeiten festigt. Die Bildungsterminologie ist traditionell. Wissen empfängt man, es ist vermittelt durch Lehrer, die selbst in der Traditionskette der Wissensweitergabe stehen; dies entspricht sowohl jüdischem wie auch hellenistischem Bildungsverständnis.[31] Wir würden aber einen entscheidenden Fehler begehen, wollten wir den Wissenserwerb der Philipper in die traditionelle Bildungskultur einordnen. Freilich, die Terminologie ist traditionell. Aber das Wissen kommt nicht aus einem seit Menschengedenken weitergegebenen, auf Erfahrung basierenden Wissensschatz, sondern ist ein in keinem Traditionsstrom stehendes Offenbarungswissen. Das ist allein an unserer Stelle nicht zu erheben. Die paulinische Einschätzung und Beurteilung aber, woher er sein Wissen hat, ist eindeutig. Vor allem im Galaterbrief (Gal 1,15f) verteidigt Paulus sich, sein Evangelium nicht von Menschen, sondern durch eine Offenbarung Gottes erhalten zu haben. Das ist ein typisch frühjüdisch-apokalyptischer Grundzug. Somit ist also das »Erst-Wissen« nicht aus einem Traditionsstrom zu erlangen, ja überhaupt nicht erlernbar, sondern in der Begegnung mit einem Offenbarungsmittler gegeben und in der Beziehung zu ihm erschlossen. Erst nach der Erststiftung von Wissen können wieder Lehrer-Schüler-Verhältnisse entstehen. Wir sollten das Lehrer-Schüler-Verhältnis zwischen Paulus und den Philippern aber nicht überschätzen, indem wir etwa an den Aufbau einer paulinischen »Philosophenschule« denken.[32] Die Zeitperspektiven sind andere: »Der Herr ist nahe.« verkündigt Paulus (Phil 4,5). Die Zeitspanne, die dadurch abgesteckt wird, ist eher durch die beiden Pole der Erststiftung des Wissens und der Bewährung dieses Wissens bis zum »Tag des Christus« (Phil 1,6.10) bestimmt. Auch das ist eine apokalyptische Grundhaltung. Wenn auch der

---

[31] Siehe dazu die ausführliche Studie von SCHMELLER, *Schulen*, 32–45.46–92.

[32] SCHMELLER, *Schulen*, 182: »Von einer Paulusschule zu Lebzeiten des Apostels ist nur mit großen Vorbehalten zu sprechen«.

Philipperbrief erste Ansätze zur Ausbildung einer weisheitlichen Kultur[33]
zeigt, so liegen doch das Verständnis der Herkunft des Wissens (von Gott)
und der Art der Übermittlung (durch Offenbarung)[34], die Zeitperspektive
und die Zugehörigkeit zu Christus (ἐν κυρίῳ), die die Philipper in die Gott-
unmittelbarkeit Christi einbezieht, auf der Linie, die im Judentum die apokalyptische Weisheit ausgebildet hat.

Die Personalisierung der Gottesweisheit (1 Kor 1,1 – 4,17)

Das Thema »Wissen« wird im 1. Korintherbrief im Kontext eines konkreten
Problems (Spaltungen) und konkreter Fragen (z. B. Götzenopferfleisch)
diskutiert. Dem folgenden Durchgang sei die These vorausgestellt: Die
Spaltungen in der Gemeinde, die durch personale Beziehungen verursacht
sind, sollen durch ein für alle verbindliches Wissen überwunden werden.
Dieses verbindliche Wissen ist interessanterweise selbst ein personales Be-
ziehungswissen zu Christus als Gottes Weisheit und Gottes Kraft.

Die Gemeinde ist in mehrere Gruppen gespalten, die ihre Zugehörigkeiten
jeweils an bestimmten Personen festmachen (1,12, aber auch 3,4). Paulus
reagiert darauf mit der Frage, ob denn Christus zerteilt sei, ob etwa Paulus
für die Korinther gekreuzigt worden sei oder ob sie auf den Namen (ὄνομα)
des Paulus getauft worden seien (1,13). Das Lexem ὄνομα wird zum ersten
Mal schon im Präskript verwendet (1,2). »Berufene Heilige« werden die
Adressaten genannt, ein Titel, den sie gemeinsam tragen »mit allen, die den
Namen (ὄνομα) unseres Herrn Jesus Christus an allen Orten anrufen«. Diese
Erwähnung ist ein früher Hinweis auf den korinthischen Streitpunkt. Die in
Gruppen gespaltenen Korinther werden in die *eine* Christus-Zugehörigkeit
(σὺν πᾶσιν) eingeordnet, die an verschiedenen Orten sozialisiert ist (ἐν παντὶ
τόπῳ). Das ist eine geschickte Briefstrategie, das anstehende Problem von
vornherein zu entgrenzen, indem die Zugehörigkeitskriterien betont werden,
die überall gelten und von allen anerkannt sind. Im folgenden kann daran
paränetisch angeknüpft werden, wenn Paulus ermahnt διὰ τοῦ ὀνόματος τοῦ

---

[33] Lehrer-Schüler-Verhältnis; vgl. auch die starke Sinnlinie σύν (Phil 1,7.27; 2,17.18.22.
25; 3,17; 4,3.14).
[34] Siehe Phil 3,15.

κυρίου ἡμῶν Ἰησοῦ Χριστοῦ, ἵνα τὸ αὐτὸ λέγητε πάντες καὶ μὴ ᾖ ἐν ὑμῖν σχίσματα (1,10).

Mit *τὸ αὐτὸ λέγητε* wird an ein Stichwort angeknüpft, welches im Proömium (1,4–9) zum »Reichtum« der Korinther gezählt wird. *Ἐν παντὶ λόγῳ καὶ πάσῃ γνώσει* sind die Korinther reich geworden. Logos und Gnosis sind zwei programmatische Schlüsselwörter, unter deren Regie zwei Aspekte der Sinnlinie »Wissen« in 1 Kor entfaltet werden. Das Stichwort Logos zieht schon bald das Thema »Weisheit« an sich (1,17), das nur unter dem Gesichtspunkt »Wissen« (1,21 *οὐκ ἔγνω* / 2,8 *οὐδεὶς τῶν ἀρχόντων τοῦ αἰῶνος τούτου ἔγνωκεν*) richtig beurteilt werden kann. Es gehört wohl zur paulinischen Ironie und Briefstrategie (captatio benevolentiae), wenn er die Korinther ausgerechnet auf den Gebieten mit allem Reichtum beschenkt sein läßt, auf denen sie erheblichen Lernbedarf haben. »Dasselbe« wird in der Gemeinde noch nicht geredet (1,10.11), und wie die mit aller Erkenntnis ausgestatteten Korinther erkennen sollen, haben sie auch noch nicht erkannt (8,1.2). Insofern sind gerade die Aussagen im Proömium wichtigste Hinweise für ein frühes Aufmerksamwerden auf entscheidende Themen, Weichenstellungen und den hermeneutischen Rahmen, innerhalb dessen der Brief dann entfaltet wird.[35]

Das Proömium schließt in 1,9 mit einer Aussage, die ich in bezug auf den Philipperbrief oben »Pistisgeschehen« genannt habe. Hier werden Beziehungen definiert, die von grundlegendster Art sind und dem ganzen Brief als hermeneutische Aussage und Deutekategorie vorangestellt sind. »Gott ist treu« *(πιστὸς ὁ θεός)* ist dabei die Hauptprämisse, die es den Korinthern ermöglicht, eine Beziehung zu seinem Sohn zu haben. Aufgrund der Pistis Gottes hat er sie in die »Gemeinschaft seines Sohnes Jesus Christus, unseres Herrn« gerufen. Diese Aussage sollte nicht zu schnell überlesen werden, sie ist keine Floskel, sondern der Ermöglichungsgrund einer Gottesbeziehung, innerhalb derer dann auch die Frage nach der menschlichen Pistis gestellt

---

[35] Die Gliederung des 1 Kor orientiert sich an den illokutionären Sprechakten. Nach Präskript 1,1–3 und Proömium 1,4–9 schließt sich ein erster Hauptabschnitt an. Der Beginn in 1,10 ist unproblematisch, das Ende nicht so eindeutig zu bestimmen. M. E. liegt es in 4,15. Die Verse 4,16f. sind Transitus. Mit 4,18 beginnt der Abschnitt über die »Aufgeblasenen«. Der Abschnitt 1,10 – 4,15 läßt sich in vier große Teile gliedern: 1,10–31; 2,1–16; 3,1–23; 4,1–15. Den Unterabschnitt 2,1–16 fasse ich unter der Überschrift »erste Erinnerung«, den Unterabschnitt 3,1–23 unter der Überschrift »zweite Erinnerung« (jeweils mit *κἀγώ*, einer direkten Anrede an die *ἀδελφοί* und einem Verb der 1. Person Singular im Aorist eingeleitet) zusammen.

(vgl. 4,2) und ihre soteriologischen Implikationen gezeigt werden können (1,21). Die Beziehungen sind klar strukturiert: Dabei werden familiäre Kategorien für die Beziehung Gott – Jesus benutzt (Sohn) und soziale für die Beziehung Christus – Berufene (Kyrios). Wird die letztgenannte Beziehung unter dem Gesichtspunkt bedacht, was dieses Verhältnis für die Beziehung der Korinther untereinander bedeutet, dann kann festgestellt werden: Alle haben dieselbe Stellung in der Gemeinschaft des Herrn. Ihre Zugehörigkeit ist damit durch die Beziehung zum Herrn eindeutig *personal* geregelt, über die hinaus es keine weitere *personale* Differenzierung geben kann.

Die personale Ausdifferenzierung, die Paulus kritisiert, hat mit dem Taufverständnis der Korinther zu tun: Man gehörte zu demjenigen, der einen getauft hatte.[36] Hier wird einem Taufverständnis widersprochen, das davon ausgeht, daß der Taufende als der Begründer des Jesus-Verhältnisses des Getauften gilt und gleichsam exklusive Rechtsbeziehungen zwischen dem Taufenden und dem Getauften konstituiert werden. Deswegen dankt Paulus im Brief dafür, nur wenige getauft zu haben (1,14–16). Natürlich werden sich die durch die Taufe entstandenen Gruppierungen auch in inhaltlichen Fragen unterschieden haben,[37] aber es ist doch geradezu erstaunlich, daß die σχίσματα an *Personen* (1,12) festgemacht werden und nicht an Inhalten.[38] Es kann kein Zufall sein, daß die inhaltlichen Positionen der Apollos- oder Kephasfraktion[39] aus dem Brief nicht bestimmt werden können. Hier wird m. E. ein Grundkonflikt der personalen Formation von Religion sichtbar, den es in der kulturell-ethnischen Formation von Religion in dieser Schärfe gar nicht geben kann. In dieser werden Ausdifferenzierungen (etwa die zwischen den Pharisäern und Sadduzäern oder später zwischen Hillel und

---

[36] Den Zusammenhang zwischen der Taufe und den Spaltungen betont auch WILCKENS, *Weisheit*, 6.

[37] Vgl. die Aufforderung, dasselbe zu sprechen, eines Sinnes und einer Meinung zu sein (1,10).

[38] KÖSTER, *Grundtypen*, 207f., der annimmt, daß die Spaltungen »als Folge der Weisheitslehre (sc. des »Judenchristen Apollos«)« entstanden sind, übersieht diesen Sachverhalt, da er nicht nach der Stellung des Weisheitsthemas im Kontext von 1 Kor 1 – 4 fragt. Anders LIPS, *Traditionen*, 342–348, der explizit nach dieser Stellung fragt. In seinem Fazit formuliert er ein Motivbündel für die Argumentation in 1 Kor 1 – 4: »Apostolat, Evangelium und Einheit der Gemeinde«.

[39] »Obschon Kombination und Spekulation hier wahre Triumphe gefeiert haben, wissen wir im Grunde über die einzelnen Gruppen so gut wie nichts.« SCHRAGE, *Korinther*, 142.

Schammaj) durch die Klammer der Ethnie und der gemeinsamen religiösen Kultur zusammengehalten. In jener aber fehlt diese Klammer, und sie ist damit viel stärker personenzentriert. Jede personale Ausdifferenzierung wird sogleich zu einer prinzipiellen Gefahr. Welche Strategie Paulus in dieser Situation einschlägt, ist hochinteressant und für das Wissensthema relevant: Zum einen relativiert er die personale Komponente (3,5; 4,1ff.), zum anderen konzentriert er die Auseinandersetzung auf das Wissen über die Person Jesu Christi (2,2).

Die Bedeutung der Taufe als Initiationsritus und Mittel zur Konstitution von Zugehörigkeit wird in 1 Kor 1,13–17 drastisch relativiert. Nicht nur ist Paulus froh, daß er nur wenige getauft hat, sondern er dankt auch Gott ausdrücklich dafür; außerdem hat Christus ihn nicht ausgesandt zu taufen, sondern um das Evangelium zu verkünden. Εὐαγγελίζομαι beinhaltet sowohl den Aspekt der Wissensverkündigung (ἀγγέλλω) als auch den Aspekt der soteriologischen Relevanz dieser Wissensverkündigung (εὐ). Das Wissensthema hat somit klare Priorität.

Ab 1 Kor 1,18 steht die »Weisheit« auf dem Prüfstand. Dies gilt zuerst für die Weisheit der Welt (1,20) und der Menschen (2,5), dies gilt aber auch für die Weisheit Gottes (1,25). Wie im Römerbrief die Gerechtigkeit von Menschen nur in Korrelation zur Gerechtigkeit Gottes diskutiert werden kann, so sieht sich in 1 Kor die Weisheit der Welt mit der Weisheit Gottes konfrontiert. In beiden Briefen aber muß man sich zuvor der Tugenden Gottes versichern. Wenn wir daher für den Röm von der Theodizee-Frage sprechen, so ist es in Bezug auf den 1 Kor angemessen, von der Theosophia-Frage zu handeln. Es scheint eine virulente Frage gewesen zu sein, die zudem noch mit der Frage nach der Dynamis Gottes verbunden wurde. Die Antworten hebeln sämtliche gewohnten Vorstellungen aus, was Weisheit und was Torheit, aber auch was ein Zeichen für Gottes Kraft sei. Der Gegenstand, an dem diese Prüfung vorgenommen wird, ist das *Kreuz Christi* (1,17). Für die Korinther allerdings aktualisiert sich dieser »Prüfgegenstand« auf der Ebene der (Wissens-) Verkündigung. Es ist kein Zufall, wenn die ab 1,18 einsetzende Prüfung unter der Regie des *Wortes* vom Kreuz (ὁ λόγος γὰρ ὁ τοῦ σταυροῦ) steht und wenn es das Kerygma (1,21) ist, wodurch Gott die Glaubenden rettet. Auf dieser Wissensebene, die soteriologische Qualität besitzt, muß also die Frage nach der Weisheit und der Kraft Gottes beantwortet werden. Das Wort vom Kreuz, das dem Wort der Weisheit oppositionell kontrastiert, scheidet aber auch zwischen der Gruppe derer, die verloren gehen, und derer, die gerettet werden (1,18). Das Wort vom Kreuz ist also nicht nur der Gegenstand, der traditionelle Weisheitsvorstellungen außer Kraft setzt, sondern auch der Gegenstand, der traditionelle soteriologische Vorstellungen auf den Kopf stellt. Dies ist der Grund, warum der Torheit (μωρία) nicht die Weisheit (σοφία), sondern die Kraft Gottes (δύναμις) als Opposition gegenübergestellt ist. Es ist nichts Neues, daß Weisheitsvorstellungen in religiösen Entwürfen eine bestimmte Relevanz besitzen. In der korinthischen Frage haben sie soteriologische Bedeutung. Der enge Zusammenhang zwischen Weisheit und Dynamis ist dabei jedoch keine paulinische Erfindung, sondern gehört zur Weisheitsspekulation dazu.[40] Erweist sich doch in der Weisheit Gottes seine Kraft und wird in seiner Dynamis seine Weisheit sichtbar. Wir sind vielleicht sogar berechtigt zu sagen, daß die »Leistung« der Weisheit an der »Dynamis« gemessen werden kann. Jedenfalls wird in 1 Kor die Weisheit der Welt auf ihren Ertrag hinterfragt. Die Antwort darauf fällt vernichtend aus. Die Welt (ὁ κόσμος) hat durch ihre Weisheit (διὰ τῆς σοφίας) Gott *nicht* erkannt (οὐκ ἔγνω) (1,21). Darin hat die Weisheit des Kosmos völlig versagt und kann deswegen auch keine positive Rolle in der Evangeliumsverkündigung mehr spielen (in 1,17 angedeutet, in 2,1 entfaltet). Sie ist als »Menschenweisheit« (2,5) völlig diffamiert und im Pistisgeschehen zu einer Gegenspielerin der Dynamis Gottes geworden. Ihre »Leistung« besteht nur noch in Überredungskunst *(ἐν πειθοῖ)*. Diese radikale Weisheitskritik konnte an die ebenso radikale Kritik der Weisen, wie sie der religiöse Wissensschatz in der Schrift aufbewahrt hat, anknüpfen. Sowohl im Anschluß an 1,18 wie auch gegen Ende der »zweiten Erinnerung« (3,1–23) wird die Schrift als Argumentationshilfe zitiert: in 1,19 mit Jes 29,14, in 3,19 findet sich eine Anspielung auf Hiob 5,12f., und in 3,20 mit Ps 93,11 (LXX). Steht das erste Zitat ganz im Kontext der prinzipiellen Weisheitskritik, so die beiden letztgenannten im Kontext einer Kritik der »weisen« Korinther. Dabei sind die Zitate jeweils als Schriftzitate gekennzeichnet (γέγραπται γάρ).

---

[40] Die Kombination von σοφία καὶ δύναμις gibt es auch in Hiob 12,13. Vgl. auch Dan 2,20.23; das zugrunde liegende hebräische *Wort* גבורה konnte sowohl mit μεγαλωσύνη (Dan 2,20) als auch mit δύναμις (Dan 2,23 nach der Version des Theodotion) wiedergegeben werden. Vgl. auch Weish 7,25–26 und Koh 9,16: ἀγαθὴ σοφία ὑπὲρ δύναμιν.

Diese Beobachtung ist nicht unwesentlich, wenn wir uns der Frage zuwenden, wessen Weisheit hier so unter Beschuß steht. So prinzipiell es auf der einen Seite um die radikale Kritik an der »Weltweisheit« und »Menschenweisheit« geht, so interessant ist es auf der anderen Seite, daß die Weisheitssuche einer bestimmten Kultur, nämlich der hellenistischen, zugeordnet wird. »Da ja ... die Hellenen Weisheit suchen« (1,22). Wir beobachten mit Interesse, daß der Weisheitskritiker Paulus mit der Weisheit der Schrift (das, was die Schrift schon immer wußte) die Weisheit kritisiert. Genau genommen erweist sich hier die Weisheit Israels der Weisheit des Kosmos als überlegen. Wenn mit dem Wissensschatz des Judentums die Vergeblichkeit hellenistischer Weisheitssuche demonstriert wird, so halte ich dies nicht für einen Zufall, sondern für das Ergebnis des Ringens um die Weisheit des Frühjudentums, an die Paulus wie selbstverständlich anknüpfen kann.

Aber nicht nur die hellenistische Kultur mit ihrer Weisheitssuche steht auf dem Prüfstand, sondern auch die jüdische mit ihrer Forderung nach Zeichen. Wir haben schon beobachtet, wie eng die Themen Weisheit und Dynamis zusammenhängen. Auch die Zeichenforderung hat mit der Frage nach der Dynamis Gottes zu tun. Das wird aus der Struktur der Verse 1,22–25 deutlich:

22 ἐπειδὴ καὶ Ἰουδαῖοι σημεῖα αἰτοῦσιν καὶ Ἕλληνες σοφίαν ζητοῦσιν,

23 ἡμεῖς δὲ κηρύσσομεν Χριστὸν ἐσταυρωμένον,
    Ἰουδαίοις μὲν σκάνδαλον,
    ἔθνεσιν δὲ μωρίαν,

24 αὐτοῖς δὲ τοῖς κλητοῖς,
    Ἰουδαίοις τε καὶ Ἕλλησιν,
    Χριστὸν θεοῦ δύναμιν καὶ θεοῦ σοφίαν·

25 ὅτι τὸ μωρὸν τοῦ θεοῦ σοφώτερον τῶν ἀνθρώπων ἐστὶν
    καὶ τὸ ἀσθενὲς τοῦ θεοῦ ἰσχυρότερον τῶν ἀνθρώπων.

Dabei gibt es zwei Reihen, die parallelisiert sind:

(Juden) Zeichenforderung – Skandalon   ↔   Dynamis Gottes
(Hellenen) Weisheitssuche – Torheit   ↔   Weisheit Gottes.

Ebenso wie aus hellenistischer Perspektive der gekreuzigte Christus keine Weisheit, sondern nur Torheit sein kann, ist aus jüdischer Perspektive der gekreuzigte Christus kein Zeichen (der Dynamis Gottes), sondern ein Skandalon.

Für die Wir-Gruppe gilt anderes. Die Menschen dieser Gruppe setzen sich sowohl aus Juden als auch aus Heiden zusammen. Genannt werden sie – wie im Präskript die Korinther – »die Berufenen« (1,24). Für sie gilt, daß Christus die Dynamis Gottes und Weisheit Gottes ist. Im Kontext ist es klar, daß es der *gekreuzigte* Christus ist, der hier mit zwei elementaren Eigenschaften Gottes identifiziert wird. Aber wir wollen nicht übersehen, daß in 1,24, anders als in 1,23 und unten in 2,2, ἐσταυρωμένον nicht wiederholt wird. So wichtig Paulus die Betonung des gekreuzigten Christus in dem ersten Kapitel des 1 Kor auch ist, gerade für die geschärfte Differenzierung und Umkehrung von Weisheit und Torheit, so ist es doch die *Person* Christi, die in 1,24 mit der Weisheit und Kraft Gottes identifiziert wird.[41] Eine solche Identifizierung ist auf dem Horizont frühjüdischer Weisheitsspekulationen gut denkbar. Anders aber als in der »Tora-Weisheit« mit ihrer personifizierten Weisheit (die Frau Weisheit ist die Tora)[42], liegt im paulinischen Konzept eine *Personalisierung* der Weisheit vor. Der Unterschied zwischen der Personifizierung der Weisheit und der Personalisierung der Weisheit liegt darin, daß es sich im ersten Fall um ein »stilistische(s) Phänomen der poetischen Personifikation«[43] handelt, im zweiten Fall jedoch um eine Identifikation mit einer realen Person.[44]

Erweist sich in der Tora-Weisheit die Weisheit der Gottesfürchtigen darin, daß sie die Tora kennen und tun, so erweist sich die Weisheit der Korinther darin, daß sie Christus kennen und Kontakt mit ihm haben. Es wird hierbei

---

[41] Für Q, Mt und Lk gilt nach Felix Christ, daß Jesus nicht nur »Sprecher und Träger der Weisheit« ist, sondern »als die Weisheit selbst« auftritt. CHRIST, *Jesus Sophia*, 61–154.

[42] Ausdrücklich Sir 24,23–29; Bar 4,1. Vgl. LIPS, *Traditionen*, 153ff., dort weitere Texte. Lips unterscheidet im Sinne eines poetischen Stilelements den Terminus »Personifizierung« von der religionswissenschaftlichen Kategorie der »Hypostasierung« der Weisheit. Es gibt Texte, in denen »sich beide Aspekte überlagern« (z. B. Spr 8 und Sir 24).

[43] LIPS, *Traditionen*, 154.

[44] Den Begriff der »Hypostasierung«, den Hermann von Lips bezüglich alttestamentlicher Texte für unproblematisch hält und ihn sogar gegen den Vorwurf der Anachronie verteidigt (154), möchte er auf gar keinen Fall auf 1 Kor 1,24 übertragen wissen. Der Begriff ist tatsächlich wenig hilfreich. Daß Lips aber diesen Abwehrkampf auf Kosten einer Relativierung der Aussage, Christus sei die Weisheit Gottes, führt, darf nicht unwidersprochen bleiben. Vgl. LIPS, *Traditionen*, 322.332.349–350.

deutlich, daß die personale Formation von Religion ein anderes religions-soziologisches Verhalten evoziert. Gemeinsam ist beiden Entwürfen, daß es dabei um Gottes Weisheit geht, und daß man um diese Identifizierungen *wissen* muß. Die Betonung des Kreuzes und das Fehlen einer Erwähnung der Auferstehung hat natürlich an dieser Stelle einen briefspezifischen Sinn. Aber man darf nicht vergessen, daß das ganze 15. Kapitel des 1 Kor von der Auferstehung handelt und der Vorbehalt der Vergeblichkeit des Kerygmas nicht am Kreuz, sondern an der Auferweckung Christi erörtert wird (15,14). Der gekreuzigte Christus ist also sowohl Dynamis als auch Weisheit Gottes. Diese Aussage ist eine Umwertung menschlicher Weisheits- und Dynamis-erwartungen, die religionssoziologische Konsequenzen nach sich zieht. Sie sind in den Versen 1,26–31 formuliert. Es werden nicht nur das Herrscher- und Bildungswissen kritisch bewertet, sondern auch ihre Träger und Reprä-sentanten. Nachdem auf der Wissensebene geklärt ist, was angesichts des Kreuzes Weisheit und Torheit bedeuten, kann die Klärung auf die soziolo-gischen Verhältnisse appliziert werden. Es zeigt sich dann gerade in der Zusammensetzung der korinthischen Gemeinde, die nur wenige Weise, Mächtige und Vornehme κατὰ σάρκα unter sich hat, die Weisheit und Stärke Gottes.

In einem ersten »Erinnerungsdurchgang« (2,1–16) erinnert Paulus die Ko-rinther an seine Evangeliumsverkündigung. Anknüpfend an 1,17 geschieht die paulinische Verkündigung nicht καθ᾽ ὑπεροχὴν λόγου ἢ σοφίας, sondern ist konzentriert auf das Wissen (τι εἰδέναι) von Jesus Christus, und zwar als Gekreuzigtem (2,2). Die personale Zuspitzung und Minimalisierung des Wissens auf Christus ist uns schon im Philipperbrief begegnet. Neu dagegen ist, daß dieses Wissen als die Verkündigung des Plans Gottes bezeichnet wird (καταγγέλων ὑμῖν τὸ μυστήριον τοῦ θεοῦ, 2,1). Am Mysterium-Begriff interessiert uns vor allem, daß er *verkündet* werden kann. Zu diesem Begriff gehört, daß nicht jeder davon wissen kann (vgl. auch 1 Kor 2,7ff). Aber das, was einst *geheimnisvoll* war, kann jetzt *verkündet* werden. Es ist das Wissen von der Person Christi und ihrer Bedeutung. Die paulinische Verkündigung ermöglicht den Korinthern eine Pistis, die nicht auf Menschenweisheit, son-dern auf Gottes Kraft gründet (2,4f). Die Weisheit, die er verkündet (»die Weisheit Gottes im Mysterium, die verborgene« 2,7), ist für die Wir-Gruppe vor den Äonen (πρὸ τῶν αἰώνων) vorausbestimmt, aber von den Herrschern dieses Äons (τοῦ αἰῶνος τούτου) nicht erkannt worden (οὐδεὶς ... ἔγνωκεν). 1 Kor 2,8b liefert den Beweis dieser Unkenntnis. »Denn wenn sie (sc. die

Weisheit Gottes)[45] erkannt hätten, hätten sie den Herrn der Herrlichkeit nicht gekreuzigt.«[46] Damit ist aber klar, daß Christus der »Herr der Herrlichkeit« auch dann gewesen wäre, wenn er nicht gekreuzigt worden wäre.

Diese Feststellung ist wichtig. Das Kreuz Christi gehört also nicht zum vorherbestimmten Plan ($\mu\upsilon\sigma\tau\acute{\eta}\rho\iota o\nu$) Gottes und ist damit auch nicht heils*not*wendig. Die Kreuzigung Christi ist erst einmal das, was sie ist: eine Gewalttat, ausgeübt von den Archonten dieser Welt, die in ihrer Ignoranz den »Herrn der Herrlichkeit« gekreuzigt haben. An dieser Stelle zeigt sich die ganze Tragik menschlichen Nichtwissens.

Die Weisheit Gottes, die verborgen und den Archonten nicht bekannt ist, wird vom Apostel verkündet. Das ist möglich, weil es trotz der Verborgenheit eine Gruppe von Menschen gibt, die darum wissen. Auch in späten Texten wie 4 Esr 5,9b–10 und im Parabelbuch der Henochliteratur (äthHen 42,1–3) ist die Pointe der Aussage von der Verborgenheit der Weisheit, daß es eine (Minderheiten-)Gruppe gibt, die sowohl von der Verborgenheit weiß als auch die Auswirkungen dieser Verborgenheit kennt. Diesen typisch apokalyptischen Zug treffen wir auch in 1 Kor an. Um die Weisheit Gottes kann man nicht durch traditionelle Bildung wissen. Sie muß einem offenbart werden (2,10).[47] Interessant ist, daß durch das apokryphe Zitat in 2,9 zum erstenmal in 1 Kor eine Kategorie in die Wissensdebatte eingeführt wird, die selbst nicht der Wissensebene angehört. Es ist die Kategorie der Liebe, die als Voraussetzung der Empfänglichkeit für Offenbarung erscheint. Diese Kategorie spielt in Kapitel 8 eine entscheidende Rolle.

Die Verborgenheit der Weisheit Gottes ist also nicht so verborgen, daß *niemand* um sie weiß. Es gehört vielmehr zum Plan Gottes ($\pi\rho o\acute{\omega}\rho\iota\sigma\epsilon\nu$; 2,7)

---

[45] Diskussion des Bezugs bei SCHRAGE, *Korinther*, 252.

[46] Wie bedeutend das Habakukbuch für das paulinische Denken war, kann an dieser Stelle demonstriert werden. Den Gedanken der Erkenntnis der Herrlichkeit des Herrn gibt es schon in Hab 2,14: »$\acute{o}\tau\iota$ $\pi\lambda\eta\sigma\vartheta\acute{\eta}\sigma\epsilon\tau\alpha\iota$ $\acute{\eta}$ $\gamma\tilde{\eta}$ $\tauo\tilde{\upsilon}$ $\gamma\nu\tilde{\omega}\nu\alpha\iota$ $\tau\grave{\eta}\nu$ $\delta\acute{o}\xi\alpha\nu$ $\kappa\upsilon\rho\acute{\iota}o\upsilon$, …«. Man vergleiche damit 1 Kor 2,8b: »$\epsilon\acute{\iota}$ $\gamma\grave{\alpha}\rho$ $\acute{\epsilon}\gamma\nu\omega\sigma\alpha\nu$, $o\grave{\upsilon}\kappa$ $\grave{\alpha}\nu$ $\tau\grave{o}\nu$ $\kappa\acute{\upsilon}\rho\iota o\nu$ $\tau\tilde{\eta}\varsigma$ $\delta\acute{o}\xi\eta\varsigma$ $\grave{\epsilon}\sigma\tau\alpha\acute{\upsilon}\rho\omega\sigma\alpha\nu$«. Bei einer Neuausgabe des Nestle/Aland würde man sich einen entsprechenden Verweis wünschen.

[47] Was ist das Objekt zu $\grave{\alpha}\pi\epsilon\kappa\acute{\alpha}\lambda\upsilon\psi\epsilon\nu$? Meistens wird es auf das apokryphe Zitat in 1 Kor 2,9 bezogen. Da das Zitat selbst in einer Reihe von Bezügen steht, die alle von $\vartheta\epsilon o\tilde{\upsilon}$ $\sigma o\phi\acute{\iota}\alpha\nu$ abhängen, ist es m. E. geboten, $\vartheta\epsilon o\tilde{\upsilon}$ $\sigma o\phi\acute{\iota}\alpha\nu$ als Objekt von $\grave{\alpha}\pi\epsilon\kappa\acute{\alpha}\lambda\upsilon\psi\epsilon\nu$ zu bestimmen.

dazu, daß Gott sie einigen offenbart. Dieses Wissen gehört hinfort zum speziellen Gruppenwissen, über das man sich in Briefen verständigen kann und das die Identität der Gruppe begründet. Aus Unwissenheit wurde der »Herr der Herrlichkeit« gekreuzigt. Das ist eine erste Fehlleistung, den Beherrschern dieses Äons zugeschrieben. Eine zweite Fehlleistung wäre, nicht um die soteriologische Bedeutung auch des *gekreuzigten* Christus zu wissen (vgl. 1,18). Diese Fehlleistung scheint in Korinth eine Gefahr gewesen zu sein.[48] Daß Gott gerade im Gekreuzigten seine Weisheit und Dynamis zeigt, kann mit dem Wissensschatz von Menschen nicht angemessen beurteilt werden, denn sie haben den »Herrn der Herrlichkeit« ja gar nicht erkannt. Er ist aber auch als Gekreuzigter der Herr der Herrlichkeit. Daran ändert der Kreuzestod nichts. Für Gott ist *Christus* der Herr der Herrlichkeit in seinem Heilsplan zur Rettung, und er bleibt es auch als *Gekreuzigter*. Wird darin zwar die Schwäche Gottes deutlich, so ist seine Schwäche doch stärker als Menschen (vgl. 1 Kor 1,25). *Das* muß man wissen. Dieses Wissen verändert die Einschätzung von Weisheit und Torheit wie von Stärke und Schwäche.

Die »zweite Erinnerung« (3,1–23) deckt die Defizite der Korinther bezüglich dieses Wissens auf und beginnt die Rollen der Verkündiger zu klären. In 4,1–13 werden diese Rollen nochmals im Verhältnis zu den Korinthern definiert. Damit ist die Ausgangsproblematik der Spaltungen wieder aufgegriffen. Es ist hier nicht möglich, diese Abschnitte genauer zu besprechen. Wichtig jedoch ist, den wie dazwischengeschoben scheinenden Weisheits- und Dynamisdiskurs in bezug auf unser Thema auszuwerten. Ab 1,18 scheint es, als spielten die Spaltungen in Parteiungen keine Rolle mehr.[49] Welche Funktion hat also die Wissensthematik? Meines Erachtens ermöglicht das spezielle Gruppenwissen eine parteienübergreifende Identität. Zugehörigkeit zur Gruppe wird nicht durch Taufe geregelt, sondern durch Gruppenwissen. Dieses spezifische Wissen als apokalyptisches Wissen distanziert die Korinther zwar auch gegenüber der Weisheit, vor allem der hellenistischen Kultur, solidarisiert sie aber vornehmlich über eigene Parteiengrenzen hinweg zu einer »Wissensgemeinschaft«. Das wird am Ende von Kapitel 4 sehr deutlich, wenn Paulus sein Verhältnis zu den Korinthern familiär definiert und wissenssoziologisch begründet. Die Korinther sind sei-

---

[48] Vgl. die häufigen Hinweise auf das Kreuz 1 Kor 1,17.18.23; 2,2.

[49] Siehe SCHRAGE, *Korinther*, 165ff., der deswegen die Weisheitsspekulation in Korinth zum Hauptthema erklärt.

ne Kinder und er ihr Vater, »denn in Christus Jesus habe ich euch durch das
Evangelium gezeugt« (4,14.15). Daß die Erörterungen von 1,10 – 4,15 trotz
der Anhängerschaft an verschiedene Personen mit der Ermahnung zur
Nachahmung des Paulus schließen, entbehrt nicht einer gewissen Ironie.
Aber es ist der Aufruf zur Gefolgschaft des Paulus, der so überall in jeder
Ekklesia *lehrt* (χαϑὼς ... διδάσκω; 4,17). Es fällt auf, daß in 4,14–17 viermal
die Christuszugehörigkeit durch ἐν betont wird. Das ist genausowenig zufäl-
lig wie die Betonung der gleichen Botschaft »überall in jeder Ekklesia«. Der
Kreis zum Präskript schließt sich hier. Die Zugehörigkeit zum Lebens-
bereich Christus ist eben überall durch dieselbe »Lehre« geregelt. Eine auf
spezifisches Gruppenwissen gegründete Identität schließt aber personale
Parteiungen aus.

Was muß man wissen? Die Kapitel 1 – 3 des Römerbriefes

Im Römerbrief wird uns das Thema »Wissen« unter einer anderen Fragestellung als im Philipper- und im 1. Korintherbrief begegnen. Diese Einschätzung ist mit der besonderen Kommunikationssituation und dem Abfassungszweck eng verbunden. Einigkeit besteht in der Forschung darin, daß
der Röm an eine Gemeinde adressiert ist, die Paulus nicht selbst gegründet
hat. Daran schließt sich allerdings sofort die schwierigere Frage nach dem
Abfassungszweck an. Die unterschiedlichen »klassischen« Lösungsversuche
hat kürzlich Angelika Reichert in vier Hauptrichtungen gebündelt und aus-
giebig diskutiert.[50] Anders als die anderen paulinischen Briefe ist der Röm
nicht durch gemeindeinterne Probleme veranlaßt, welche durch den Brief
gelöst werden sollen. In der Spannung zwischen dem ungewissen Ausgang
der Kollektenübergabe in Jerusalem, dem Wunsch eines Rombesuchs und
dem Ziel der Spanienmission treffen im Brief – so die Hypothese Reicherts
– »Erstkommunikation und potentielle Letztkommunikation«[51] zusammen.

---

[50] REICHERT, *Römerbrief*, 22–59, erhebt vier Antworttypen: 1. Der Röm als Vorberei-
tung auf Jerusalem, 2. Der Röm als Einbeziehung der Adressaten in das paulinische
Missionskonzept, 3. Der Röm als Entfaltung des paulinischen Evangeliums in gemein-
degründender Absicht, 4. Der Röm als Beitrag zur Lösung eines gemeindeinternen
Problems.

[51] REICHERT, *Römerbrief*, 77–82.

»Es geht Paulus um die Konstitution einer paulinischen Gemeinde in Rom und um deren Befähigung zu selbständiger Weiterverbreitung des Evangeliums.«[52] Die Wahrscheinlichkeit, daß die christliche Gemeinde in Rom nicht auf »eine gezielte Mission eines einzelnen oder einer Gruppe von Christen zurückzuführen«[53] ist, ermöglicht es Paulus, »die römischen Christen als paulinische Gemeinde zusammenzufassen«[54]. Der allgemeine Charakter und die »von der Kommunikationssituation entbundene Formulierungsweise des Römerbriefes«[55] im ersten Hauptteil (Röm 1 – 11) läßt sich von diesem Abfassungszweck her gut erklären.

Für unsere Fragestellung ist es von Bedeutung, daß die paulinische Evangeliumsverkündigung in eine weder polemische noch kontroverse Kommunikationssituation eingebunden ist. Der pragmatische Briefsinn liegt demnach auch nicht in einer Korrektur falscher Vorstellungen und Entwicklungen in der Gemeinde, sondern in der Evangeliumsverkündigung selbst. Es geht also in umfassendem Sinne um *Wissensvermittlung*. Welches Wissen aber muß verkündet werden? Meine These dazu lautet, daß das nötige Wissen auf zwei Ebenen verkündet und diskutiert wird. Zum einen muß der Mensch um seine Sündhaftigkeit wissen, aus der Gott ihn in seinem gerechten Handeln an Jesus Christus retten will, zum anderen werden die Erkenntnisquellen kritisch untersucht, die den Zustand der Menschen in der Welt und das Rettungshandeln Gottes überhaupt erst erkennen lassen. Bei diesem Erkenntnisprozeß kommt der Tora eine herausragende Rolle zu: Durch sie erkennt der Mensch, daß er nicht »tora- und damit gottgemäß« lebt. Aus dieser allgemeingültigen, anthropologischen Verfallenheit kann nur Gott selbst retten. Er tut dies, indem er seine Treue und Gerechtigkeit an seinem treuen Sohn erweist.

Wenn Paulus in Röm 1,15 am Ende des Proömiums die zuversichtliche Bereitschaft äußert, den Adressaten in Rom das Evangelium zu verkünden ($\varepsilon\dot{v}\alpha\gamma\gamma\varepsilon\lambda\dot{\iota}\sigma\alpha\sigma\vartheta\alpha\iota$), ist der Begriff $\varepsilon\dot{v}\alpha\gamma\gamma\dot{\varepsilon}\lambda\iota o\nu$ bereits qualitativ bestimmt. Schon in 1,1–3 wird das Evangelium als $\varepsilon\dot{v}\alpha\gamma\gamma\dot{\varepsilon}\lambda\iota o\nu$ $\vartheta\varepsilon o\tilde{v}$ gekennzeichnet, das durch Gottes Propheten in heiligen Schriften vorherverkündet ist und als

---

[52] REICHERT, *Römerbrief*, 99.

[53] REICHERT, *Römerbrief*, 93.

[54] REICHERT, *Römerbrief*, 98.

[55] REICHERT, *Römerbrief*, 99.

Thema Gottes Sohn benennt (περὶ τοῦ υἱοῦ αὐτοῦ). Eine solche Erweiterung des Präskripts ist auch im Hinblick auf das Corpus Paulinum bemerkenswert (vgl. 1 Thess 1,1). Der Leser erfährt hier an herausgehobener Stelle drei Qualifizierungen des übergeordneten Briefthemas »Wissensvermittlung«:

1. Das zu verkündende Evangelium (1,15) ist die gute Botschaft *Gottes* (1,1). Das gilt selbst dann, wenn Paulus in 2,16 von »*meinem* Evangelium« spricht.

2. Diese Botschaft handelt von Jesus Christus, dem Sohn Gottes (1,3). Diese Aussage wird in 1,9 bestätigt.[56]

3. Das Evangelium ist durch Gottes Propheten schon vorherverkündet und wird in heiligen Schriften aufbewahrt. Damit sind die heiligen Schriften des Judentums als Wissensspeicher positiv bestimmt.

In der Eröffnung des ersten Hauptteils (1,16) ist mittels dieser Qualifizierung das absolut gebrauchte εὐαγγέλιον inhaltlich klar umrissen. An diese Qualifizierungen, die nicht argumentativ entfaltet, sondern nur konstatiert werden, kann jetzt eine Funktionsbestimmung von εὐαγγέλιον angeschlossen werden, die in einem beginnenden kausal argumentativen Diskurs vorgenommen wird. Die Bereitschaft zur Evangeliumsverkündigung wird nicht nur für den Fall der persönlichen Anwesenheit in Rom angekündigt, sondern im Brief selbst schon verwirklicht.[57] Daß diese Funktionsbestimmungen argumentativ entfaltet werden, macht darauf aufmerksam, wo die virulenten Sachfragen zu finden sind. Um uns dieser Thematik zu nähern, wird hier der Text geboten:

---

[56] Die syntaktische Abhängigkeit des Relativsatzes 1,9b von ὁ θεός läßt es geboten erscheinen, den Genitiv τοῦ υἱοῦ αὐτοῦ als Objekt zu verstehen.

[57] So auch REICHERT, *Römerbrief*, 88: »Wenn Paulus unmittelbar nach der Erklärung seiner Bereitschaft zum εὐαγγελίσασθαι an den Römern in 1,16 das εὐαγγέλιον zum Thema macht, dann ist deutlich, daß er dazu ansetzt, seine Bereitschaftsbekundung durch das entsprechende Tun einzulösen.«

16 Οὐ γὰρ ἐπαισχύνομαι τὸ εὐαγγέλιον,
δύναμις γὰρ θεοῦ ἐστιν εἰς σωτηρίαν παντὶ τῷ πιστεύοντι,
Ἰουδαίῳ τε πρῶτον καὶ Ἕλληνι·

17 δικαιοσύνη γὰρ θεοῦ ἐν αὐτῷ ἀποκαλύπτεται ἐκ πίστεως εἰς πίστιν,
καθὼς γέγραπται·
Ὁ δὲ δίκαιος ἐκ πίστεως ζήσεται.

18 Ἀποκαλύπτεται γὰρ ὀργὴ θεοῦ ἀπ’ οὐρανοῦ ἐπὶ πᾶσαν ἀσέβειαν καὶ
ἀδικίαν ἀνθρώπων τῶν τὴν ἀλήθειαν ἐν ἀδικίᾳ κατεχόντων, ...

In der Regel werden die Verse 16 und 17 im Anschluß an das Proömium als
Thema des Briefes bestimmt, das im folgenden ausgeführt und begründet
wird. Den ersten Abschnitt läßt man dann mit 1,18, der Offenbarung des
Zornes Gottes, beginnen. Diese Gliederung, die mindestens bis auf Hans
Lietzmann zurückgeht,[58] ist anscheinend völlig einsichtig, kann sich dabei
auf das alte Kephalaionsystem stützen und wird auch im Nestle/Aland[27]
durch eine ganze Leerzeile markiert. Dabei stellt sich jedoch die Frage,
welche syntaktischen Merkmale dazu berechtigen, mit 1,18 einen Abschnitt
beginnen zu lassen. Immerhin ist auch 1,18 ein γάρ-Satz und steht wie die
γάρ-Sätze in 1,16 und 1,17 zu den vorausgehenden Sätzen in Stichwortverbindungen (ἀποκαλύπτεται). Ist der Abschnitt durch das neue Thema des
Zornes gerechtfertigt? Aber das würde auch für den Vers 1,17 gelten, in
dem das Thema der Gerechtigkeit Gottes neu eingeführt wird. Wir suchen
deshalb nach einem eindeutig syntaktischen und nicht inhaltlichen Gliede-
rungsmerkmal. Es ist in der performativen Phrase des illokutionären Sprech-
aktes in 1,16 enthalten: Οὐ γὰρ ἐπαισχύνομαι. Wenn man die Verse 17 und 18
nicht durch eine inhaltliche Gliederung trennt, ergeben sich zwei unschätz-
bare Vorteile: Zum einen ermöglicht es uns zu fragen, in welcher Weise
denn die Offenbarung der Gerechtigkeit Gottes im Evangelium und die Offenbarung des Zornes Gottes aus dem Himmel zusammenhängen und vielleicht wie die zwei Seiten einer Medaille nicht voneinander getrennt werden
können, zum anderen schützt es uns vor einer Gliederung des Röm, die in
Verbindung mit der ebenso willkürlichen Gliederung nach 3,20[59] den Zorn
Gottes über alle Heiden und Juden, dagegen die Gerechtigkeit Gottes über

---

[58] LIETZMANN, *Briefe*, 19–20.

[59] Kritik an der traditionellen Gliederung und einen konstruktiven Gliederungsvorschlag
bietet LÖNING, *Anfang*, 224.

die Glaubenden ausgegossen sein läßt.[60] Dabei geht gerade die anthropologische Konzeption von Röm 1 – 3 verloren. Natürlich gibt es unterhalb der universalen anthropologischen Dimension Ausdifferenzierungen in Juden und Hellenen (vgl. 1,16; 2,9f.). Es sollte aber klar sein, daß diese Ausdifferenzierung auch die Adressaten miteinschließt. Darüber hinaus findet die Ausdifferenzierung auch nicht auf der anthropologischen Ebene, sondern auf der Wissensebene statt. Das, was einen Juden von einem Hellenen unterscheidet, ist nicht, daß der eine besser oder schlechter als der andere handelt, sondern daß den Juden der Nomos (2,17) und die Aussprüche Gottes anvertraut sind (3,2). Ein modernes hermeneutisches Problem liegt darin, daß sich die Christen als dritte Größe wegen der genannten Juden und Hellenen überhaupt nicht angesprochen fühlen und damit sich selbst, aber auch die »christlichen« Erstadressaten aus der Analyse des Zustandes der Menschen ausnehmen.

Das Evangelium hat schon durch die Qualifizierung als Evangelium *Gottes* eine Relevanz für Menschen. Diese Relevanz wird in 1,16b genauer bestimmt und gibt den Grund an, warum sich Paulus des Evangeliums nicht schämt. »Das Evangelium ist eine Kraft Gottes zur Rettung für alle Glaubenden«. Die Ausdifferenzierung »dem Juden zuerst, aber auch dem Hellenen« entgrenzt die Relevanz des Evangeliums für eine bestimmte ethnische Gruppe zu einer universalen anthropologischen Relevanz. Die Kategorie der Rettung ist nicht mehr an ethnische und kulturelle Bedingungen geknüpft, sondern an die Annahme eines bestimmten Wissens. Dieses Wissen hat soteriologische Qualität und ist eine Wirkweise ($\delta\acute{u}\nu\alpha\mu\iota\varsigma$) Gottes. Damit haben wir eine erste, und zwar grundlegende Funktionsbestimmung von »Evangelium«.

Eine zweite, einigermaßen überraschende Funktionsbestimmung folgt im anschließenden Vers 1,17: »Denn die Gerechtigkeit Gottes wird in ihm (sc. Evangelium) offenbart aus Glaube zu Glaube.« Die soteriologische Funkti-

---

[60] So die Gliederung und Benennung bei LIETZMANN, *Briefe*, 19: »Ohne das Evangelium offenbart sich nur der Zorn Gottes, sowohl über die Heiden 1,18–32, wie über die Juden 2,1–13: …«. Dabei wird übersehen, daß sowohl in 1,18 die Anthropoi als auch in 2,1 der Anthropos und nicht die Ethnoi oder Judaioi angesprochen sind. Hier ist die Exegese im Recht, die auf Genauigkeit pocht. Das Lietzmannsche Schema findet sich dann wieder bei KÄSEMANN, *Römer*, und schlägt auch heute noch durch in der Gliederung bei FITZMYER, *Romans*, 269, wenngleich die Benennung in abgemilderter Form und textgemäßer vorgenommen wird: »God's Judgment Manifested Against Jews – Indeed, Against All Human Beings (2:1 – 3:20)«.

onsbestimmung wird also im Begründungszusammenhang der Theodizee-frage entfaltet. Zu den drei Qualifizierungen von »Evangelium« treten also noch die beiden Funktionsbestimmungen:

1. Das Evangelium ist eine Rettungsinitiative Gottes.
2. Im Evangelium wird die Gerechtigkeit Gottes offenbart.

Die Bezüge zum Buch des Propheten Habakuk sind vielfältig. Es wird in Röm 1,17 nicht nur wörtlich aus der Septuaginta zitiert, sondern es gibt thematische und motivische Übereinstimmungen. Dies gilt selbst dann, wenn man den Erstlesern nicht zutraut, diesen Zusammenhang zu durch-schauen. Der Dreischritt Rettung – Gerechtigkeit Gottes – Zorn Gottes ist auch aus sich heraus verständlich. Für Paulus gilt wohl, daß ihm dieses Themenbündel in seiner Zusammengehörigkeit aus Habakuk vorgegeben war. Thematisch besteht u. a. eine Übereinstimmung in der Theodizeefrage. Steht im Römerbrief die Gerechtigkeit Gottes auf dem Prüfstand, so führt in Habakuk der Prophet Anklage gegen Gott (Hab 1,2–4; 2,1). In beiden Schriften geht es um die Rettung von Menschen, in beiden Schriften ist sonnenklar, daß es Gott ist, der retten muß und letztendlich auch rettet (Hab 1,2 οὐ σώσεις; 3,13; 3,18 ἐπὶ τῷ θεῷ τῷ σωτῆρί μου). Die Theodizee-frage wird also mit dem Rettungshandeln Gottes beantwortet. Eine dritte strukturelle Übereinstimmung besteht darin, daß ebenfalls nach der Gerech-tigkeit der Menschen gefragt wird. In beiden Fällen geschieht dies durch negative Feststellungen, in Habakuk dadurch, daß die Chaldäer als Straf-gericht wegen Unterdrückung, Not und Gottlosigkeit (Hab 1,3) erkannt werden (Hab 1,12), im Römerbrief durch die Feststellung, daß alle gesün-digt haben (Röm 3,22b.23). Unter den Motivübereinstimmungen ist am interessantesten, daß der Anklagepunkt »Asebia« aus Hab 1,3 (LXX) in Röm 1,18 übernommen ist.[61] Verknüpft mit dem Thema der Ungerechtig-keit und Gottlosigkeit ist in Röm die Gottesreaktion »Zorn«. Auch dieses Motiv erscheint in Hab, und zwar im sogenannten Theophaniepsalm[62] (Hab 3). Die Theodizeefrage erscheint bei beiden Autoren eng verknüpft mit der Anthropodizeefrage. Dies ist eine wichtige Erkenntnis, die über bloße Gliederungsfragen weit hinausgeht. Hier scheint es einen strukturellen

---

[61] Im masoretischen Text steht חמס, das die Septuaginta mit ἀσέβεια wiedergibt. Diese Übersetzung kommt selten vor. Vermutlich interpretiert die Septuaginta hier bewußt. Siehe HATCH / REDPATH, *Concordance*, 169–170.

[62] ZENGER, *Einleitung*, 513f.

Zusammenhang zu geben, der nicht ohne Folgen aufgelöst werden kann. Es dürfte ein Gewinn auch für die heutige Theodizeefragestellung sein, die Frage nach der Gerechtigkeit Gottes nicht ohne die gleichzeitige Frage nach der Gerechtigkeit des Menschen aufzuwerfen. Im Römerbrief ist dieses Komplementärproblem explizit durchgespielt. Die *Offenbarung* der Gerechtigkeit Gottes im Evangelium und die *Offenbarung* des Zornes Gottes über alle Gottlosigkeit und Ungerechtigkeit von Menschen sind also ein zusammengehörendes Ereignis, das briefsemantisch als ein gleichzeitiges vorgestellt ist: Indem der Leser *liest / hört*, ist es ihm offenbart. Außertextlich gibt es eine zeitliche Dehnung in der Ausführung: Der Erweis der Gerechtigkeit Gottes durch die Treue Jesu in seinem Blut ($\delta\iota\grave{\alpha}\ \tau\tilde{\eta}\varsigma\ \pi\acute{\iota}\sigma\tau\epsilon\omega\varsigma\ \acute{\epsilon}\nu\ \tau\tilde{\omega}\ \alpha\grave{\upsilon}\tauο\tilde{\upsilon}$ $\alpha\H{\iota}\mu\alpha\tau\iota;$ Röm 3,25; auch 3,22) ist schon geschehen, die Verwirklichung des Zornes dagegen steht noch aus (... $\sigma\omega\vartheta\eta\sigma\acute{ο}\mu\epsilon\vartheta\alpha\ \delta\iota'\ \alpha\grave{\upsilon}\tauο\tilde{\upsilon}\ \acute{\alpha}\pi\grave{ο}\ \tau\tilde{\eta}\varsigma\ \acute{ο}ργ\tilde{\eta}\varsigma;$ Röm 5,9). Zusammenfassend können wir sagen: Für eine angemessene Beurteilung der Situation der Menschen in der Welt muß der Leser sowohl um Gottes Gerechtigkeit wissen als auch um seine eigene Ungerechtigkeit. Dem letzteren müssen wir jetzt genauer nachgehen.

Die Frage nach der Gerechtigkeit der Menschen fällt betont negativ aus. Alle Menschen sind Sünder und entbehren der Herrlichkeit Gottes. Vorbereitet ist dieses Urteil in Röm 3,9 und 3,22b.23 durch eine sorgfältige Analyse der eschatologischen Krisensituation. Röm 1,18–32 beschreibt als Fehlverhalten von Menschen vor allem Götzendienst (1,22.23) und Vertauschung von Schöpfer und Geschöpf (1,25) sowie die daraus resultierenden Verwirrungen. Bei diesem Fehlverhalten sind die Menschen unentschuldbar, weil das »Erkennbare Gottes« ihnen durch Gott offenbar gemacht wurde (1,19). Die Erkenntnisquelle dabei ist die Schöpfung. Daß es sich bei dieser Analyse um alle Menschen handelt und nicht nur um die Vergehen von Hellenen, wie in der Sekundärliteratur immer wieder behauptet wird, läßt sich mit zwei Argumenten belegen. Zum einen wird die Gruppe der Hellenen gar nicht genannt, sondern in 1,18 betont von »Menschen« ($\H{\alpha}\nu\vartheta\rho\omega\pi ο\iota$) gesprochen, zum anderen durch die genannte Zeitperspektive, die bewußt den Zeitraum von der Erschaffung der Welt ($\kappa\acute{ο}\sigma\mu ος$) bis jetzt spannt.

Diese anthropologische Analyse wird jedoch in der anschließenden Diatribendiskussion individuell interpretiert. Durch den Diatribenstil wird Röm 2,1–16.17–29 als zusammengehörig ausgewiesen. Er besteht vor allem in der Anrede des Lesers mittels der zweiten Person. Auch hier herrscht die anthropologische Sichtweise vor. Denn auch in 2,1ff. wird der Mensch angesprochen (ὦ ἄνϑρωπε). Durch die Gestaltung der Anrede in der zweiten Person Singular kann jetzt die prinzipielle Analyse der Gottlosigkeit und Ungerechtigkeit von Menschen individuell beurteilt werden. Am Tag des Zorns wird ein jeder wegen seiner eigenen Werke gerichtet werden. Das alte weisheitliche Tun-Ergehen Schema wird gerade nicht außer Kraft gesetzt: »Bedrängnis und Angst über die Seele jedes Menschen, der das Böse vollbringt, sowohl des Juden zuerst als auch des Griechen; Herrlichkeit aber und Ehre und Frieden jedem, der das Gute wirkt, sowohl dem Juden zuerst als auch dem Griechen.« (2,9–10). Die Begründung dafür führt als neues Thema das Gesetz (νόμος) ein, an dem nun die anthropologische Analyse differenziert wird. Die Differenzierung wird interessanterweise auf der *Wissensebene* und nicht auf der Ebene des Tun-Ergehen-Zusammenhanges vorgenommen. Dies zeigt der zweite Teil der Diatribe, der sich mit den Juden als einer besonders hervorgehobenen Teilmenge der Menge »Menschen« beschäftigt. In Röm 2,17–20 wird der Wissensvorsprung des Judentums durch das Gesetz benannt. Das Gesetz ist die »Verkörperung der Erkenntnis und der Wahrheit«. Der Nutzen des Gesetzes ist ans Tun gebunden (2,25). Dieser Gedanke wird so weit gefaßt, daß damit letztlich die ethnischen Kategorien gesprengt werden. Wenn ein Jude das Gesetz übertritt, gilt ihm seine Beschneidung als Unbeschnittensein, und wenn die Unbeschnittenen die Rechtsforderungen des Gesetzes erfüllen, gelten sie wie Beschnittene (2,25c.26).

Mit Röm 3,1 wird der Diatribenstil wieder verlassen und die Bedeutung des Tora-Wissens im eschatologischen Offenbarungsprozeß erörtert. Dies geschieht im Dreischritt These (3,1–8) – Antithese (3,9–18) – Synthese (3,19–26).[63] In Röm 3,27–31 wird daraus ein Fazit gezogen. Die These zählt als Vorzug der Juden auf, »daß sie mit den Aussprüchen Gottes betraut wurden« (3,2). Dies gilt auch dann, wenn festgestellt werden muß, daß einige treulos waren, denn die Treue Gottes kann durch Untreue nicht zerstört werden (3,3). Die Antithese hält diesem (Wissens-) Vorzug entgegen, daß es auf der Ebene des Handelns keinen Vorzug gibt. »Denn wir haben sowohl Juden als auch Griechen vorher beschuldigt, daß sie alle unter der Sünde seien« (3,9). Die Synthese formuliert die wesentliche Errungenschaft, die mit dem Gesetz gegeben ist: die Erkenntnis der Sünde. Damit ist wie-

---

[63] LÖNING, *Anfang*, 224.

derum der Vorsprung auf der Wissensebene exemplifiziert. »Diese Erkenntnis ist die Folie, vor der die Offenbarung der Gerechtigkeit Gottes sich *ereignet*, ohne daß *dabei* die Tora eine Rolle gespielt hat (χωρὶς νόμου). Aber dieses Offenbarungsereignis ist ,bezeugt' durch ,Gesetz und Propheten', das Offenbarungswissen der Schrift. Gottes eschatologische Offenbarung offenbart keine andere Wahrheit als die in der Schrift bezeugte, auch wenn das Offenbaren der Gerechtigkeit Gottes etwas ist, das die Tora-Erkenntnis nicht zu bewirken vermochte (vgl. 8,3).«[64] Das Fazit führt in Form einer Frage einen bis dahin nicht erwähnten Gesichtspunkt ein. »Oder ist (Gott) der Gott der Juden allein? Nicht auch der Nationen? Ja, auch der Nationen.« (3,29). Diese Feststellung bestätigt noch einmal die grundlegende, universal-anthropologische Analyse der Situation der Menschheit. Die Theodizee- und Anthropodizeefrage ist also auch noch mit der Monotheismusfrage verknüpft. Diese fast nur angedeutete Bemerkung des Paulus zeigt, wo die großen Herausforderungen lagen. Das Bekenntnis »denn Gott ist einer« (3,30a) entgrenzt in Verbindung mit der Offenbarung der Gerechtigkeit Gottes durch die Treue Christi[65] in zweifacher Weise: Diese Offenbarung ist nicht auf eine bestimmte Gruppe beschränkt, sondern auf alle Menschen bezogen, zum anderen finden sich alle Menschen im selben Zustand vor Gott: Sie haben alle gesündigt.

Wir sind bezüglich des Römerbriefes mit der Frage angetreten, was man in der endzeitlichen Krisensituation wissen muß. Dazu gehört zum ersten das Wissen, daß man sich überhaupt in einer solchen endzeitlichen Krisensituation befindet. Weiß die traditionelle Weisheit, daß es gute und schlechte Zeiten gibt, kommt es jetzt darauf an, die Situation der Menschheit in ihrem prinzipiell negativen Zustand zu erkennen.[66] Die traditionelle Feststellung, wie einer tut, so ergeht's ihm, ist abgewandelt zu: Wie einer tut, so wird er gerichtet. Damit gibt es innerhalb der prinzipiellen Feststellung »alle haben gesündigt« eine individuelle Beurteilung. Die erste Lektion aber bleibt, den Zustand der Menschen als eine universale Krise zu verstehen. Die Universalität der Krise zeigt sich vor allem in der Gleichheit der Bewertung aller

---

[64] LÖNING, *Anfang*, 225.

[65] WALLIS, *Faith*, 72–78, ausführliche Diskussion der Übersetzung mit gen. subj. oder obj.

[66] Eine ähnliche Einschätzung vertritt 4 Esr 8,31–36.

Menschen als Sünder. Die beiden Erkenntnisquellen »Schöpfung« und »To-ra« bringen gerade diese universale Krise ans Licht. Die Menschen verhal-ten sich weder schöpfungs- noch toragemäß. Es bedarf einer Offenbarung Gottes, um verstehen zu können, daß dieser Zustand nicht vom Menschen her aufhebbar ist. Aus diesem Zustand rettet allein Gott und darin erweist er seine Gerechtigkeit. Um all das aber muß der Mensch wissen: seine Verfan-genheit in der Sünde und seine mögliche Errettung daraus durch das Ret-tungshandeln Gottes in Jesus Christus. Mit dieser Wissensvermittlung be-ginnt der Römerbrief seine ersten Kapitel. Er wird nicht dabei stehen-bleiben, auch wenn wir damit unsere Überlegungen zur Wissenskonzeption bei Paulus abschließen.

Schlußbemerkungen

Der Gewinn der personalen Formation von Religion liegt in der Unabhän-gigkeit einer rettenden Gottesbeziehung von ethnischen und kulturellen Grenzziehungen. Weder Herkunft und Abstammung noch eine bestimmte kulturelle Äußerung von Religion spielen in ihr eine Rolle. Entscheidend ist vielmehr, daß man eine Beziehung zur vermittelnden Person hat. Durch sie wird die kulturelle Formation von Religion in ihren Konstituenten »Zu-gangsermöglichung« und »Ausübung von Religion« prinzipiell entgrenzt. Es stellte sich jedoch sofort die Frage, wie die Beziehung zur Retterfigur hergestellt und aufrechterhalten werden kann. Dabei fällt der kommunikati-ve Vollzug besonders ins Auge: Das Evangelium muß sowohl verkündet als auch gehört werden. Das ermöglicht eine Beziehung zur (abwesenden) Per-son, wobei die Beziehung selbst auf die Wissensebene transformiert und das Wissen von der soteriologischen Bedeutung der Person als Beziehung aus-sagbar ist. Anders gesagt: Ohne $\gamma\nu\tilde{\omega}\sigma\iota\varsigma$ $X\varrho\iota\sigma\tau o\tilde{\upsilon}$ $\text{'}I\eta\sigma o\tilde{\upsilon}$ gibt es auch keine $\pi\iota\sigma\tau\iota\varsigma$ an Jesus Christus.

Die kommunikativen Vollzüge und Transformationen (Verschränkung von Wissen und Beziehung) verfestigen sich notwendigerweise aber wieder in kulturelle Formation von Religion. Dieser Prozeß ist schon in den Paulus-briefen selbst im Ansatz erkennbar. Aus heutiger Sicht ist das Christentum klar als kulturelle Formation mit all den Grenzziehungen, die damit einher-gehen, zu beschreiben. Dabei trägt das personale Prinzip, mit dem die Grenzziehungen der kulturellen Formation von Religion entgrenzt wurden, selbst wieder eine Grenze in sich: Die heilende Gottesbeziehung ist nun an die Herstellung und Aufrechterhaltung einer Beziehung zur (Mittler)-*Person* gebunden.

Sich dieser Einsicht nicht zu verschließen, ermöglicht m. E. die unvorein-genommene Beurteilung sowohl der Leistung als auch der Grenzen einer durch Beziehung zu Jesus als Retter vermittelten Gottesbeziehung.

Bibliographie

ALETTI, Jean-Noël, *Sagesse et Mystère chez Paul:* Réflexions sur le rappro-chement de deux champs lexicographiques, in: Trublet, Jacques, La Sagesse Biblique. De l'Ancien au Nouveau Testament (Lectio Divina 160), Paris: du Cerf 1995, 357–384.

ASSMANN, Jan, *Das kulturelle Gedächtnis.* Schrift, Erinnerung und politi-sche Identität in frühen Hochkulturen, München: Beck 1992.

BIBLIA PATRISTICA, *Index des Citations et Allusions Bibliques dans la Lit-térature Patristique,* Bde. 1–7, Paris: CNRS Éditions 1975–2000.

BERGER, Klaus / NORD, Christiane, *Das Neue Testament und frühchrist-liche Schriften.* Übersetzt und kommentiert von Klaus Berger und Christiane Nord, Frankfurt / Leipzig: Insel Verlag 1999.

BLASS, Friedrich / DEBRUNNER, Albert / REHKOPF, Friedrich, *Grammatik des neutestamentlichen Griechisch*, Göttingen: Vandenhoeck & Ruprecht [17]1990.

BRUMLIK, Micha, *Die Gnostiker.* Der Traum von der Selbsterlösung des Menschen, Frankfurt am Main: Eichborn 1992.

CHRIST, Felix, *Jesus Sophia.* Die Sophia-Christologie bei den Synoptikern (AThANT 57) Zürich: Zwingli-Verlag 1970.

FEUILLET, André, *Le Christ Sagesse de Dieu d'après les Épitres Paulinien-nes*, Paris: Librairie Lecoffre 1966.

FITZMYER, Joseph A., *Romans.* A New Translation with Introduction and Commentary (The Ancor Bible 33), New York / London / Toronto / Syd-ney / Auckland: Doubleday 1993.

FURNISH, Victor Paul, *II Corinthians*. Translated with Introduction, Notes and Commentary by Victor Paul Furnish (The Anchor Bible 32a), Garden City, NY: Doubleday 1984.

GARCÍA MARTÍNEZ, Florentino / TIGCHELAAR, Eibert J. C. (Hrsg.), *The Dead Sea Scrolls Study Edition*. Volume One 1Q 1 – 4Q 273, Leiden / New York / Köln: Brill 1997.

HATCH, Edwin / REDPATH, Henry A., *A Concordance to the Septuagint and the other Greek Versions of the Old Testament (including the Apokryphal Books)*, Bde. I und II, Graz: Akademische Druck und Verlagsanstalt 1954.

JOHANNES CHRYSOSTOMUS, *In epistulam ad Philippenses argumentum et homiliae*, homilia XI (= Joannis Chrysostomi opera omnia 11), in: Patrologiae cursus completus. Accurante J.-P. Migne (PG 62), Paris 1862.

KÄSEMANN, Ernst, *An die Römer* (HNT 8a), Tübingen: Mohr, 1973.

KÖSTER, Helmut, *Grundtypen und Kriterien frühchristlicher Glaubensbekenntnisse*, in: Köster, Helmut / Robinson, James M., Entwicklungslinien durch die Welt des frühen Christentums, Tübingen: Mohr 1971, 191–215.

KOPERSKI, Veronika, *The Knowledge of Christ Jesus my Lord*. The High Christology of Philippians 3:7–11 (Contributions to Biblical Exegesis & Theology 16), Kampen: Pharos 1996.

KÜCHLER, Max, *Frühjüdische Weisheitstraditionen*. Zum Fortgang weisheitlichen Denkens im Bereich des frühjüdischen Jahweglaubens (OBO 26), Freiburg (Schweiz): Universitäts-Verlag / Göttingen: Vandenhoeck & Ruprecht 1979.

LIETZMANN, Hans, *An die Korinther I/II* (HNT 9), Tübingen: Mohr (Paul Siebeck) [3]1931.

LIETZMANN, Hans, *Die Briefe des Apostels Paulus*. Einführung in die Textgeschichte der Paulusbriefe. An die Römer (HNT 3), Tübingen: Mohr (Paul Siebeck) 1919.

LIPS, Hermann von, *Weisheitliche Traditionen im Neuen Testament* (WMANT 64), Neukirchen-Vluyn: Neukirchener Verlag 1990.

LÖNING, Karl / ZENGER, Erich, *Als Anfang schuf Gott*. Biblische Schöpfungstheologien, Düsseldorf: Patmos 1997.

LÖNING, Karl, *Das Frühjudentum als religionsgeschichtlicher Kontext des Neuen Testaments*, in: Frankemölle, Hubert (Hrsg.), Lebendige Welt Jesu und des Neuen Testaments. Eine Entdeckungsreise, Freiburg i. Br.: Herder 2000, 48–68.

MAIER, Johann, *Die Qumran-Essener*. Die Texte vom Toten Meer. Bd. I: Die Texte der Höhlen 1–3 und 5,11 (UTB 1862), München / Basel: Ernst Reinhardt 1995.

NIEBUHR, Karl-Wilhelm, *Heidenapostel aus Israel*. Die jüdische Identität des Paulus nach ihrer Darstellung in seinen Briefen (WUNT 62), Tübingen: Mohr 1992.

ORR, William F. / WALTHER, James Arthur, *I Corinthians*. A New Translation. Introduction with a Study of the Life of Paul, Notes and Commentary by William F. Orr and James Arthur Walther (The Anchor Bible 32), Garden City, NY: Doubleday 1976.

PILHOFER, Peter, *Philippi*. Die erste christliche Gemeinde Europas, Bd. 1 (WUNT 87), Tübingen: Mohr 1995.

REICHERT, Angelika, *Der Römerbrief als Gratwanderung*. Eine Untersuchung zur Abfassungsproblematik (FRLANT 194), Göttingen: Vandenhoeck & Ruprecht 2001.

SCHENK, Wolfgang, *Die Philipperbriefe des Paulus*. Kommentar, Stuttgart: Kohlhammer 1984.

SCHMELLER, Thomas, *Schulen im Neuen Testament?* Zur Stellung des Urchristentums in der Bildungswelt seiner Zeit (HBS 30), Freiburg u. a.: Herder 2001.

SCHRAGE, Wolfgang, *Der erste Brief an die Korinther*. 3 Teilbände (Evangelisch-Katholischer Kommentar zum Neuen Testament VII,1–3), Solothurn / Düsseldorf: Benziger / Neukirchen-Vluyn: Neukirchener 1991 / 1995 / 1999.

SODEN, Hermann von, *Die Schriften des Neuen Testaments in ihrer ältesten erreichbaren Textgestalt*. Hergestellt auf Grund ihrer Textgeschichte von Hermann von Soden. I. Teil: Untersuchungen, I. Abteilung: Die Textzeugen, Berlin: Arthur Glaue 1902.

SODEN, Hermann von, *Die Schriften des Neuen Testaments in ihrer ältesten erreichbaren Textgestalt*. Hergestellt auf Grund ihrer Textgeschichte von Hermann von Soden. I. Teil: Untersuchungen, III. Abteilung: Die Textformen B. des Apostolos mit Apokalypse, Berlin: Arthur Glaue 1910.

SODEN, Hermann von, *Die Schriften des Neuen Testaments in ihrer ältesten erreichbaren Textgestalt*. Hergestellt auf Grund ihrer Textgeschichte von Hermann von Soden. II. Teil: Text mit Apparat nebst Ergänzungen zu Teil I, Göttingen: Vandenhoeck und Ruprecht 1913.

TISCHENDORF, Constantinus, *Novum Testamentum Graece*. Ad antiquissimos testes denuos recensuit, apparatum criticum omni studio perfectum, apposuit commentationem isagogicam, Volumen II, Leipzig: J. C. Hinrichs [8]1872.

WACHTEL, Klaus / WITTE, Klaus, *Das Neue Testament auf Papyrus*. Bd. II: Die paulinischen Briefe, Teil 2: Gal, Eph, Phil, Kol, 1 u. 2 Thess, 1 u. 2 Tim, Tit, Phlm, Hebr, bearbeitet von Klaus Wachtel und Klaus Witte, mit einer Einleitung von Barbara Aland (Arbeiten zur neutestamentlichen Textforschung 22), New York: Walter de Gruyter 1994.

WALLIS, Ian G., *The Faith of Jesus Christ in early Christian traditions* (MSSNTS 84), Cambridge: University Press 1995.

WEISS, Bernhard D., *Die paulinischen Briefe im berichtigten Text*, Leipzig: J.C. Hinrichs'sche Buchhandlung 1896.

WILCKENS, Ulrich, *Weisheit und Torheit*. Eine exegetisch-religionsgeschichtliche Untersuchung zu 1 Kor 1 und 2 (BHTh 26), Tübingen: Mohr 1959.

ZENGER, Erich u. a., *Einleitung in das Alte Testament* (Kohlhammer Studienbücher Theologie 1,1), Stuttgart: Kohlhammer [3]1995.

Iris Maria Blecker

Die *παραθήκη* rettenden Wissens nach den Pastoralbriefen

1,12d Ich bin überzeugt,
daß ER mächtig ist,
mein anvertrautes Gut (*παραθήκη*) zu bewahren bis zu jenem Tag.

13 Du halte fest am Vorbild der gesunden Worte,
die du von mir gehört hast in Glauben und in der Liebe in Jesus Christus!

14 Bewahre das schöne anvertraute Gut (*παραθήκη*) durch den Heiligen Geist,
der in uns wohnt!

(2 Tim 1,12d–14)

I. Fragestellung

Das Wort *παραθήκη* begegnet innerhalb des Neuen Testaments nur im Ersten und Zweiten Timotheusbrief: 2 Tim 1,12d–14 und 1 Tim 6,20. In der außerbiblischen Literatur wird es vornehmlich juristisch gebraucht und bezeichnet ein wertvolles, jemandem zum Aufbewahren anvertrautes Gut bzw. das durch das Hinterlegen zwischen Deponent und Depositarius entstehende Rechtsverhältnis selber.[1] Der Kontext zeigt, daß es sich in den Pastoralbriefen[2] nicht etwa um Sachgut, sondern um *Wissensgut* handelt.[3] Im Unter-

---

[1] Vgl. dazu WEGENAST, *Verständnis*, 144–149.

[2] Vgl. auch das entsprechende Verb in 1 Tim 1,18: Ταύτην τὴν παραγγελίαν **παρατίθεμαί** σοι.

schied zu dem Begriff παράδοσις bezeichnet παραθήκη eine Wissenstradition, die an eine bestimmte Gründerperson gebunden ist.[4] In 2 Tim 1,14 und 1 Tim 6,20 ist das Wort Bestandteil eines Imperativs zur Aufbewahrung des dem Paulus zugeschriebenen Lehrgutes der »gesunden Worte«. Durch den Gebrauch der Wissensmetapher παραθήκη wird die Dynamik der »gehörten Worte« (2 Tim 1,13) stark relativiert. Mündliche Tradition wird schriftlich fixiert; paulinische Verkündigung wird objektiviert und normiert.[5] Wir haben es mit Wissen als *Kultur* zu tun.

Dieses *Wissenskonzept* der Pastoralbriefe soll im folgenden näher untersucht werden, und zwar im Hinblick auf seine ekklesiologischen und theologischen Implikationen. Zwar wird in den Briefen keine explizit theologische Lehre von der Kirche entwickelt,[6] aber es wird deutlich, wie eng die Lebenswirklichkeit der Glaubenden mit ihrer Theologie zusammenhängt. Hinter dem Begriff Ekklesiologie verbirgt sich nicht weniger als die Soziologie der Gemeinschaft, die sich Ekklesía[7] Gottes (1 Tim 3,15) nennt. Sie definiert ihre soziale Identität über gemeinsames Wissen,[8] und zwar insofern das Wissen um die Erscheinung des rettenden Handelns Gottes in Christus Jesus die Glaubenden erst zum Gottesvolk und die Gegenwart zur Heilszeit macht (Tit 2,11–14). Theologie, die in den Pastoralbriefen wesentlich als Offenbarungstheologie und Soteriologie erscheint, fundiert[9] somit das Selbstbild dieser Gesellschaft, näherhin ihre Struktur und das ethische Ver-

---

[3] K. Wegenast und M. Wolter sprechen von »Lehrgut«, L. Oberlinner von »Glaubensgut«. WEGENAST, *Verständnis*, 149; WOLTER, *Pastoralbriefe*, 124; OBERLINNER, *Epiphaneia*, 197.

[4] »Nur der ‚Erste' hinterlegt die Tradition als Paratheke. Demgegenüber haben παράδοσις / παραδίδωμι ihren Ort im personal indifferenten Altersbeweis, wonach einer Praxis und Lehre dadurch Verbindlichkeit zukommt, daß sie ‚alt' und ‚traditionell' sind [...].« WOLTER, *Pastoralbriefe*, 125.

[5] Der zusammenfassende und fixierende Charakter des παραθήκη-Begriffs wird noch unterstrichen durch die Stellung der beiden Befehle, zunächst im 2 Tim einführend im Proömium und dann im 1 Tim abschließend im Epilog.

[6] Vgl. LÖNING, *Säule*, 410f.

[7] Der Begriff Ekklesía bleibt ebenso wie Episkopos und Diakonos in dieser Arbeit unübersetzt, weil die deutschen Äquivalente »Kirche«, »Bischof« und »Diakon« bei heutigen Lesern Assoziationen und Konnotationen von Kirchenstrukturen und (Weihe-)Ämtern wecken, die die Begriffe in den Pastoralbriefen gerade *nicht* hergeben!

[8] Das »Konzept von Zugehörigkeit aufgrund von (höherem) Wissen« ist konstitutiv für alle Varianten neutestamentlicher Ekklesiologie. Vgl. LÖNING, *Frühjudentum*, 66f.

[9] Zum Begriff des Fundierens vgl. ASSMANN, *Archäologie*, 204.

halten ihrer Glieder. Wegen dieses spezifischen Zusammenhangs von theologischer und sozialer Dimension bietet sich als hermeneutische Folie der
Untersuchung die *Wissenssoziologie* an, deren Möglichkeiten für die Exegese des Neuen Testaments vereinzelt bereits dargelegt worden sind.[10]

II. Rettendes Wissen

1. Die Soziologie des Wissens

Die Grundannahme der Wissenssoziologie[11] besagt, daß Denkprozesse nicht
unabhängig von leiblich-individuellen und sozialen Kontexten sind. Ihr Ziel
ist »der Aufweis des Zusammenhangs von intellektuellen und sozialen Phänomenen.«[12] Analog läßt sich sagen, daß auch Offenbarung Gottes als In-
teraktionsprozeß von Mitteilen und Erkennen nicht außerhalb der Welt geschieht. Da sie auf Kommunikation mit Menschen zielt, muß sie sich in
menschlichen Wahrnehmungs- und Äußerungs-Kategorien vollziehen, v. a.
in Sprache. Die Vermenschlichung von Offenbarung und die zwischen-
menschliche Verständigung darüber folgen also den Regeln kollektiven
Wissens.[13] Entsprechend sind die Grundmuster der biblischen Offenba-
rungszeugnisse kommunikativ. Zum einen läuft Verkündigung als Ver-

---

[10] Dies geschah im Gefolge der sozialgeschichtlichen Exegese. Als erster wertete 1977
Klaus BERGER, *Wissenssoziologie*, brauchbare Positionen der Wissenssoziologie aus.
1983 legte Gerd THEIẞEN, *Christologie*, seiner Studie zu wissenssoziologischen Aspekten paulinischer Christologie die Einsicht zugrunde, daß religiöse Überzeugungen erst
im Kontext bestimmter sozialer Strukturen plausibel werden. 1991 veröffentlichte THEI-
ẞEN, *Weisheit*, in dem Sammelband: *Weisheit. Archäologie der literarischen Kommunikation Bd. 3*, hg. von A. Assmann, seine Beobachtungen zur sozialen Funktion frühjüdischer und urchristlicher Weisheit. Schließlich wandte 1997 Peter LAMPE, *Annäherung*,
das wissenssoziologische Modell der Soziologen STENGER / GEIẞLINGER, *Transformation* (1991), auf neutestamentliche Beispiele an und verwies auf die Notwendigkeit einer
relativierenden, weil stärker sozial und konstruktivistisch orientierten, Theologie-
geschichte. Das für 1997 angekündigte Buch desselben Autors: *Die Wirklichkeit als
Bild. Das Neue Testament als Grunddokument abendländischer Kultur im Lichte konstruktivistischer Epistemologie und Wissenssoziologie*, ist leider nicht erschienen.
[11] Vgl. zum folgenden BERGER / LUCKMANN, *Konstruktion*; STENGER / GEIẞLINGER,
Transformation; BERGER, *Wissenssoziologie*; LAMPE, *Annäherung*.
[12] BERGER, *Wissenssoziologie*, 126.
[13] Vgl. ebd., 124, unter Berufung auf M.-D. Chenu.

menschlichung von Offenbarung in neutestamentlichen Texten über *Lektüre*. Zum anderen sind zumindest die Pastoralbriefe auch inhaltlich weniger an der Geschichte Jesu als vielmehr an der erschienenen und verkündeten *Botschaft* vom Retterwillen Gottes interessiert. Das Heil, um das es den Briefen geht, ist nicht die Applikation einer Art Heilsüberschuß aus dem Leiden und Sterben Jesu Christi, sondern die im Christusgeschehen epiphan gewordene und werdende *Offenbarung rettenden Wissens*, nämlich des universalen *Heilswillens* Gottes, »der will, daß alle Menschen *gerettet werden* und zur Erkenntnis der *Wahrheit* kommen« (1 Tim 2,4).[14] Das verdeutlichen z. B. die Wissensbegriffe ἀλήθεια, λόγος, μυστήριον, μαρτύριον, ὁμολογία, die die Kommunikation über das Christusgeschehen verbalisieren. Insofern ist die wissenssoziologische Betrachtungsweise der neutestamentlichen Zeugnisse von Offenbarung und Glaube eine schlichte Notwendigkeit.

Die Schlüsselbegriffe wissenssoziologischer Theorie sind Welt und Bewußtsein bzw. *Wirklichkeit* und *Wissen*, zwischen denen ein doppelter Zusammenhang besteht: Zum einen ist nach dieser Theorie Wirklichkeit nichts anderes als der Gegenstand reflektierten und kommunizierten Wissens über die Welt. D. h. was uns real erscheint, ist in seiner ontologischen Gestalt nicht erkennbar; es wird im intersubjektiven Austausch zu Wirklichkeit. Zum anderen beanspruchen Wissenseinheiten als Aussagen über die Welt selber Realitätscharakter; sie behaupten, wahr zu sein. Bei diesem Verständnis von Wissen handelt es sich nicht um »Klugheit«, also lebenspraktisches Alltagswissen, sondern um »Weisheit«, d. i. reflektiertes Meta-Wissen: Wissen über Wissen.[15]

Die Prozesse, in denen Erfahrungen sich zu Realität verdichten, sind gekennzeichnet durch die Tätigkeit denkenden Bewußtseins und durch Kommunikation. Das, was wir Wirklichkeit nennen, bzw. unser Wissen darüber ist das Ergebnis *sozialer Sinnzuschreibungsprozesse*. Diese lassen sich folgendermaßen schematisieren: Erfahrungen gewinnen in komplexen Sinnzusammenhängen (Kontexten) Bedeutung. Es entsteht Plausibilität, »die Gewißheit des So-Seins der Dinge«[16]. Das geschieht unter der Einwirkung von

---

[14] Vgl. in dem Beitrag von Karl LÖNING zu diesem Sammelband: *Die Konfrontation des Menschen mit der Weisheit Gottes*, Kap. 3; vgl. auch HASLER, *Epiphanie*; OBERLINNER, *Epiphaneia*.

[15] Vgl. HAHN, *Soziologie*, 48–53.

[16] STENGER / GEIßLINGER, *Transformation*, 254.

Evidenzquellen.[17] Dazu gehören *kognitive Konstruktionen* – aufgrund von Koinzidenzen oder Kongruenzen im Vergleich mit anderen gewonnenen Erfahrungen –, *soziale Bestätigung* – unter der Voraussetzung von Ausbreitung und Wiederholung einer Erfahrung in bestimmter Bedeutung – und *emotionales Erleben*. Wichtig ist für unsere Betrachtungsweise v. a. der soziale Faktor, gilt doch dasjenige Wissen als »objektiv«, welches »sich in intersubjektiven, überindividuellen, institutionalisierten Kontexten als [...] brauchbar erweist«.[18]

Auf diese Weise gewinnen Gesellschaften »einen Schatz von Annahmen, Kenntnissen, Auffassungen, die als sozial gültiges Wissen angesehen werden«.[19] Dabei ist zu beachten, daß Wissensaussagen sich nur auf bestimmte gesellschaftliche Wirklichkeit beziehen. Sie sind niemals per se universalgültig, sondern gruppenspezifisch. Über ihre Gültigkeit muß je neu verhandelt werden. Für Gesellschaften und Gruppen wirken gültige Wissensbestände identitätsbegründend und -stabilisierend. Zwischen Wissen und Wirklichkeit auf der einen und sozialer Identität auf der anderen Seite besteht somit ein unlösbarer wechselseitiger Zusammenhang.

»Richtiges« Wissen ist demnach aus wissenssoziologischer Sicht nicht an einem ontologischen Wahrheitsgehalt zu messen, sondern im Hinblick auf seine Brauchbarkeit für eine Gruppe. Wahrheit und Richtigkeit sind keine objektiven, sondern zunächst einmal intersubjektive Kriterien. Auch wenn Wissensaussagen häufig als absolut wahr formuliert werden, z. B. durch ideologische oder metaphysische Fundierung, ist dieser Anspruch mit menschlichen Kriterien nicht überprüfbar. Womit allerdings nicht gesagt sein will, daß es eine transzendente Wahrheit jenseits menschlicher Wahrnehmung und Kommunikation nicht gäbe, im Gegenteil: Die neutestamentlichen Texte erheben ja gerade den Anspruch, Erfahrungen mit dieser zu bezeugen. Transzendente Wirklichkeit kann aber nicht Gegenstand wissenssoziologischer Untersuchung sein, weil sie nicht *erkennbar* und berechenbar ist.[20] Wenn Menschen sich aber über ihre *Erfahrungen* mit Gottes Heilszuwendung austauschen, dann können diese Erfahrungen durchaus real sein,

---

[17] Vgl. STENGER / GEISSLINGER, *Transformation*, 253–256; LAMPE, *Annäherung*, 353f.

[18] STENGER / GEISSLINGER, *Transformation*, 250; vgl. auch LAMPE, *Annäherung*, 351.

[19] HAHN, *Soziologie*, 47.

[20] Vgl. LAMPE, *Annäherung*, 351.

und die Kommunikation über sie in der Form des Glaubens[21] soziale, d. h. in diesem Fall: christliche, Identität stiften.

Der Austausch über das, was man für richtig, gültig und wahr hält, ist in Gesellschaften in der Regel solange im Fluß, bis »ein Problem auftaucht«.[22] Dann werden Wissenseinheiten als gültige Wahrheit proklamiert und fixiert. Explizit formulierte Wahrheitsansprüche in Texten sind daher meist Hinweise auf Krisen und entsprechende Konsolidierungsversuche in ihren Trägergruppen.

Die Kommunikation über Wissen geschieht durch Sprache und kann mündlich oder schriftlich geschehen. Kulturgeschichtlich bedeutet *Schriftlichkeit* einen immensen Fortschritt im Hinblick auf die Stabilität gesellschaftlicher Wissensbestände. Während Mündlichkeit auf Wiederholung angewiesen ist, ermöglicht schriftliche Kommunikation Dauer. Texte erfüllen die Funktion von Wissensspeichern im Funktionszusammenhang zeitlich und räumlich zerdehnter Kommunikation.[23] Sie bilden nicht nur Geschichte ab, sondern ermöglichen immer wieder neu aktuelle Kommunikation. Texte – auch die Schriften des Neuen Testaments – lassen sich folglich als *Zeugnisse und Medien sprachlicher Kommunikation über gesellschaftliches Wissen* lesen.

Das in den neutestamentlichen Texten gespeicherte Wissen über christliche Wirklichkeit gewinnt seine Plausibilität im sozialen Rahmen ekklesialer Gemeinschaften. Diese bauen ihre soziale Identität auf das gemeinsame Wissen über Jesus Christus als Manifestation des rettenden Handelns Gottes. In allen neutestamentlichen Schriften begegnet – explizit oder implizit – die Vorstellung der Zugehörigkeit aufgrund von Wissen.[24]

Dennoch sind die spezifischen Hintergründe der Texte verschieden. Und v. a. in den Briefen zeigt sich, daß sie jeweils eigene Wirklichkeits- und Wissenskonzepte mit konkreten Wahrheitsansprüchen vermitteln. Der Erste Timotheusbrief nennt als Subjekt des sozial gültigen Wissens die »Ekklesía

---

[21] *Πίστις* ist im Neuen Testament wesentlich ein *Beziehungsbegriff*, der sich auf die Beziehung zwischen Mensch und Gott bzw. Jesus Christus bezieht. Im Anschluß daran wird *πίστις* zum *Wissensbegriff*, wobei Glauben gerade nicht im Gegensatz zu Wissen steht, sondern ein *religiöses Wissen* meint. In den Pastoralbriefen schließlich ist *πίστις* auch Ausdruck für eine umfassende christliche Lebenseinstellung oder *Kultur*.

[22] BERGER / LUCKMANN, *Konstruktion*, 45.

[23] Vgl. ASSMANN, *Archäologie*, 202–204.

[24] Vgl. LÖNING, *Frühjudentum*, 66–68.

Gottes«. Sie wird durch die Bilder »Säule und Fundament der Wahrheit« (1 Tim 3,15) als stabile Trägerin und verläßliche Botschafterin ebendieser charakterisiert. Obwohl also eine bestimmte Gruppe hinter den Texten steht, ist hier ein absoluter Wahrheitsanspruch formuliert. Im Hintergrund dieses Anspruchs steht ein ausgeprägtes Krisenbewußtsein.[25]

Die Pastoralbriefe lassen sich als Maßnahme werten, das eigene »richtige« Wissen einer Gruppe im Angesicht krisenhafter Gegenwart zusammenfassend zu formulieren und in mehrfacher Hinsicht abzusichern. Dies geschieht u. a. durch die Einkleidung von Theologie in Wissensterminologie sowie den Entwurf einer Bildungs-Kette, deren wichtigste Elemente die Gründerfigur Paulus und der offenbarende Gott sind.[26] Es geschieht weiter durch die direktive Kommunikation über ethische Normen. Das alles hat zum Ziel, soziale, d. h. hier: christliche Identität festzuschreiben und zu stabilisieren. Die Verallgemeinerung der Trägergruppe als ἐκκλησία und οἴκος θεοῦ (1 Tim 3,15) sowie die Verabsolutierung des Wissens als Offenbarung Gottes ermöglichen außerdem zusammen mit der Konstatierung einer universalen Geltung des Heilswillens Gottes (1 Tim 2,3f.) die Ausweitung der Grenzen des gesellschaftlichen Systems.[27]

2. Die soteriologische Relevanz von Wissen

Zu Weisheit und Wissen gehört wesentlich ein Wertelement, das sich in verschiedenen Ausprägungen findet: von persönlichem Wohlergehen oder Beglückung über Macht, Reichtum und Ansehen bis hin zur Hoffnung auf ewiges Leben oder Seelenheil.[28] Diese »traditionelle Allianz von Wissen und Heil«[29] existiert bereits in der altorientalischen Spruchweisheit. Primär geht es um die Notwendigkeit richtigen Wissens – zunächst im Sinne von Klugheit – zum Leben und Überleben. Man muß wissen, wie man Nahrung beschafft, sich gegen tödliche Bedrohung verteidigt und sich der Leben spendenden und Leben erhaltenden Zuwendung von Gottheiten versichert.

---

[25] S. u.

[26] S. u.

[27] Nach FLASCHE, *Heil*, 72, ist der universale Anspruch das Kennzeichen der sogenannten Missionsreligionen im Unterschied zu Volks- und Stammesreligionen.

[28] Vgl. ASSMANN, *Weisheit*, 26f.

[29] Ebd.

Aber auch in ausdifferenzierteren Formen reflektierter Weisheit ist diese immer »das rechte Wissen vom Leben«, ihr Ziel »das Erlernen, Praktizieren und Weitergeben von Lebenkönnen, von Lebenskunst«.[30] Unter religionswissenschaftlicher Perspektive ist Heil bzw. Rettung die zentrale Vorstellung aller Religionen. »Dabei geht es immer um Leben, sei es als Lebenserhaltung, als Wiederherstellung der alten Lebenszusammenhänge oder das ewige Leben.«[31]

Die Überzeugung, daß das rechte Wissen nicht nur Leben und Wohlergehen bringt, sondern Hilfe und Rettung, zieht sich refrainartig durch das heilsgeschichtlich angelegte Kapitel Weish 10: »Die Weisheit aber rettete ihre Diener aus jeglicher Mühsal.« (Weish 10,4.6.9.15) Hier ist unter dem Einwirken von Krisenerfahrungen, die offenbar akut lebensbedrohlich wirkten, der Heilsfaktor des Wissens als *Rettung* aus (Todes-) Not artikuliert.[32] Diese Erfahrung der rettenden Wirkung von Wissen ist konstitutiv auch für die neutestamentlichen Soteriologien.[33] Die neutestamentlichen Texte bezeugen alle ein mehr oder weniger ausgeprägtes Krisenbewußtsein und vermitteln zugleich das für das Bestehen der krisenhaften Gegenwart notwendige Wissen.[34] Denn σωτηρία ist eine Wirklichkeit, die zunächst auf der Wissensebene wirksam wird. Rettung bzw. Heil wird von Gott erwartet und sapiential vermittelt. Für die ersten Christusgläubigen bestand es im geschichtlichen Eingreifen Gottes, das die Wende vom Tod zum Leben bringt. Es konkretisierte sich in der soteriologischen Deutung von Tod und Auferweckung Jesu, später auch in der narrativen Theologie vom Erscheinen der rettenden Weisheit Gottes in der Person Jesu Christi. Die Teilhabe an der heilbringenden Kraft des Christusgeschehens ist aber nur auf der *Wissensebene* möglich. Für Paulus ist die entsprechende Haltung des Menschen »Glaube«: πίστις, ein auf die Wissensebene transformierter Beziehungsbegriff.[35] Für die Christusgläubigen der zweiten und dritten Generation gilt das Angewie-

---

[30] ZENGER, *Eigenart*, 224.

[31] FLASCHE, *Heil*, 67.

[32] In den alttestamentlichen Texten sind Rettung und Hilfe nicht wirklich unterschieden. Es geht ihnen »primär um das menschliche Todesgeschick, das durch Jahwes rettendes Eingreifen zum Leben gewendet wird.« JANOWSKI, *Rettungsgewißheit*, 5.

[33] Die Texte lassen noch die Krisenerfahrung der Begegnung zwischen Judentum und Hellenismus spüren. Vgl. LÖNING, *Frühjudentum*.

[34] Vgl. ebd., 48, sowie im Beitrag Karl LÖNINGs zu diesem Sammelband Kap. 3.3.

[35] Vgl. Anm. 21.

sen-Sein auf die Möglichkeit der *sapientialen* Teilhabe am göttlichen Heil verstärkt aufgrund des zeitlichen Abstands zum soteriologischen Grunddatum. Als Ereignis der Vergangenheit wird die rettende Epiphanie Gottes in Christus Jesus *erinnert*; als Gegenstand der Hoffnung wird die rettende Epiphanie des Kyrios Christus im Endgericht erwartet.[36] *Erinnern* und *Hoffen* sind Vorgänge auf der Wissensebene, die im gemeinsamen (liturgischen) Vollzug bereits ihre heilbringende Wirkung entfalten.

III. Die Pastoralbriefe als Zeugnisse der Kommunikation über rettendes Wissen

1. Urchristliche Wissensformen

Die Pastoralbriefe gehören als Teil der neutestamentlichen Paulusbriefsammlung zu den Dokumentationen urchristlicher Wissensformen, mittels derer Menschen über ihr Wissen von Wirklichkeit kommunizieren und sich ihrer sozialen Identität vergewissern. Nach dem von A. Assmann vorgestellten »Weisheitskompaß«[37] lassen sie sich den väterlichen bzw. schulischen Wissensformen zuordnen, tragen aber auch Züge der magisch-geheimen Weisheit.

Väterliche Weisheit[38] ist nach A. Assmann sprichwörtlich und landläufig, sie beinhaltet lebenspraktische Weisungen und will zu Gesellschaftstüchtigkeit erziehen. Deshalb wird sie von einer Generation an die nächste weitergegeben. Eine Transformation dieses Typs ist das *Schulwissen*. Nicht mehr die Familie, sondern Bildungseinrichtungen und Lehrer sorgen für die Sozialisation junger Menschen. Das Wissen nimmt die Form des autoritativen Imperativs an. Damit zusammen hängt die Transformation des Pädagogen vom Vater zum professionellen Lehrer und Weisen. Die Autorität des Weisen beruht auf seinem persönlichen Charisma und seiner Vorbildfunktion.[39] In den Pastoralbriefen wird in typisch pädagogischer Deixis ein Modell von

---

[36] Genauer s. u.

[37] ASSMANN, *Weisheit*, 28.

[38] Ebd., 32–39.

[39] Ebd.; vgl. auch SCHMELLER, *Schulen*, 78–80.

Lehren und Lernen entworfen, in dem der Absender Paulus als Weiser und die Adressaten Timotheus und Titus als Meisterschüler und Lehrer vorgestellt werden. Die Lehrmethoden sind Unterweisung (παραγγελία: 1 Tim) und Nachahmung bzw. Erinnerung an das Vorbild (μνήμη: 2 Tim). Die paulinische Schlüsselstelle, an die der Autor der Pastoralbriefe mit seinem pädagogischen Konzept anknüpfen konnte, ist 1 Kor 4,16f.[40]: Paulus ist einer, der lehrt (διδάσκω); und Timotheus, sein geliebter Sohn, wird an des Paulus Wege erinnern (ἀναμνήσει). Davon ausgehend entwickelte sich über die deuteropaulinische Vorstellung von den lehrenden Briefabsendern Paulus und Timotheus (!) (Kol 1,28) sowie der einander belehrenden Adressaten (Kol 3,16) das Konzept der Pastoralbriefe mit seiner Paulusfiktion als *Lehrer*, der Adressatenfiktion des Timotheus als τέκνον ἀγαπητόν (1 Kor 4,17; 2 Tim 1,2; 1 Tim 1,2), der Gesamtanlage des Zweiten Timotheusbriefes als *Erinnerung* und des Ersten Timotheusbriefes als *Weisung*.[41]

Dem weitergegebenen Wissen haftet eine gewisse Exklusivität an, was es in die Nähe der *magischen Weisheit*[42] rückt. Bei dieser Wissensform handelt es sich nach A. Assmann um Teilhabe am geheimen Wissen des Weltschöpfers. Magisches Wissen ist göttliche Weisheit, die durch Offenbarung in den Besitz auserwählter Wissensträger gelangt. Es erscheint in der Form des Geheimnisses, »in der es sich nicht revidieren, befragen, falsifizieren oder überhaupt auch nur bekämpfen läßt«.[43] Das Mysterium ist unwißbares und unsagbares, aber gerade als solches thematisiertes Wissen. Dadurch, daß es innerhalb einer Gesellschaft mitgeteilt, nach außen aber verschwiegen wird, dient es der Selbstvergewisserung und Abgrenzung sozialer Identität. »Ein Geheimnis charakterisiert die Personen, die es teilen, als eine Gruppe.«[44] Auch auf diese Weise wird also soziale Identität durch Wissen konstituiert.

---

[40] Paulus selber war einem Selbstverständnis als Lehrer gegenüber eher zurückhaltend; er verstand sich primär als Apostel. Abgesehen von der zitierten Stelle kennen die echten Paulusbriefe die Selbstbezeichnung διδάσκαλος nicht. Vgl. SCHMELLER, *Schulen*, 127f.

[41] S. u.

[42] ASSMANN, *Weisheit*, 30–32.

[43] ASSMANN, *Geheimnis*, 13. Dies zeichnet auch die frühjüdische Konzeption der *apokalyptischen Weisheit* aus, zu deren Ausläufern die Pastoralbriefe noch zählen. Vgl. auch in dem Beitrag Karl LÖNINGS zu diesem Sammelband Kap. 2.

[44] HAHN, *Aspekte*, 27.

Worauf Lehren und Lernen in den Pastoralbriefen beruhen, ist letztlich Gottes geheimes Wissen selbst. Ethik und Theologie sind als Teilgebiete der paulinischen Verkündigung unter das göttliche Offenbarungswissen subsumiert, das exklusiv an den Apostel Paulus gebunden ist und nun über dessen Schüler der Ekklesía zugänglich wird (vgl. Tit 1,1–4; 2 Tim 1,1f.8–14; 1 Tim 1,1f.). Diese Exklusivität kommt in dem Wort μυστήριον zum Ausdruck (1 Tim 3,9.16). In Zusammenschau mit der Aussage über Gottes Heilswillen (1 Tim 2,4) sowie den Revelationsschemata[45] (Tit 1,2f.; 2 Tim 1,9f.) erscheint es als Gottes Weisheit, sein λόγος (Tit 1,2f.), seine πρόϑεσις und χάρις (2 Tim 1,9), einst verborgen, jetzt aber in Christus dem Apostel und seinen Adressaten enthüllt. Damit knüpfen die Pastoralbriefe an den nachpaulinischen Mysterium-Begriff[46] an. Dieser beinhaltet drei Aspekte: Als Bestandteil von Revelationsschemata bezeichnet er Gottes einst verborgenes, jetzt offenbartes Wissen (vgl. auch Kol 1,26f.; Eph 1,9 – 3,12; Röm 16,25) und bezieht sich auf Christus (vgl. auch Kol 1,27; 2,2; 4,3; Eph 3,3f.). Dem Plan (πρόϑεσις, ϑέλημα) Gottes korrespondiert dessen Ausführung (οἰκονομία) durch Paulus, den Verkünder des geheimen Wissens (Kol 4,3; Eph 3,3f.; 6,19; Röm 16,25). Anknüpfungspunkte finden sich bereits beim echten Paulus im Ersten Korintherbrief, wo μυστήριον Teil eines Revelationsschemas ist (2,7) und mit der Verkündigungstätigkeit des Paulus korrespondiert (2,1; 4,1; 15,51).[47] In dieser Bedeutung ist μυστήριον ein klassischer Topos der apokalyptischen Weisheit[48], der in den Pastoralbriefen in Anbindung an die paulinische Verkündigung in ein pädagogisches Konzept eingebunden ist.

---

[45] S. u.

[46] Das Wort findet sich sechsmal im Epheser-, viermal im Kolosser- und einmal im Zweiten Thessalonicherbrief. Außerdem begegnet es im nachpaulinischen Schluß des Römerbriefes.

[47] Vgl. auch Röm 11,25.

[48] Vgl. in dem Beitrag Karl LÖNINGs zu diesem Sammelband Kap. 2. Während für die Tora-Weisheit Gottes Schöpfungsplan als in der Tora manifestiert galt, betrachtete die apokalyptische Weisheit diesen als geheim und verborgen. So zieht sich z. B. der Begriff »Geheimnisse des Gewordenen« neben »Wahrheitsgeheimnis« und »Geheimnis seiner Wunder« durch einige Fragmente von 4Q 418 aus Qumran. Vgl. MAIER, Qumran-Essener, 414f.449f.453f.459.466.473.475. Vgl. dazu auch KÜCHLER, Weisheitstraditionen, 69; THEISSEN, Weisheit, 194f.

2. Fiktionale Paulus-Briefe am Ende des Paulinismus

Im paulinischen Christentum ist die Bezugsgröße der pädagogischen Wissenstradition Gottes Handeln in Jesus Christus, in dem sich seine Weisheit offenbart. Daran kann man auf der Wissensebene durch πίστις Anteil bekommen. Die Pastoralbriefe dokumentieren, wie sich die bei Paulus noch personal-dynamische Wissenstradition eine Generation später weiter verändert und kulturell verfestigt. Paulus als Wissensmittler gewinnt gegenüber dem Wissen an Bedeutung.[49] Wer die Briefe liest, kann sich des Eindrucks der Verfestigung von sozialen Strukturen und theologischen Aussagen kaum erwehren. Nicht zuletzt aus diesem Grund wurde in der Forschung häufig von *Frühkatholizismus* und *christlicher Bürgerlichkeit*, von *Ämterstrukturen* und *Kirchenordnungen* gesprochen.[50] Diese Begriffe sind historisch problematisch und literarisch unangemessen, weil sie auf einer anachronistischen Methode beruhen. Sie projizieren jüngere kirchliche Entwicklungsstufen in ältere Texte zurück, deren Aussagen dieses nicht zwingend beinhalten. Zur Entstehungszeit der Pastoralbriefe blickte man nicht nach vorn auf die apostolische Väter-Tradition aus, sondern zurück auf Paulus.

Die Briefe an Timotheus und Titus werden im Forschungskonsens als zusammengehörend eingestuft und seit dem 18. Jh. unter der Bezeichnung Pastoralbriefe zusammengefaßt.[51] Kontrovers wird zuweilen die Verfasserfrage diskutiert. Mittlerweile gilt aber als sicher, daß es sich um pseudepigraphische Paulusbriefe handelt,[52] die von einem anonymen Autor der dritten christlichen Generation verfaßt worden sind – und zwar durchaus auch in der Absicht, seine intendierten Leser von der Autorschaft des Paulus zu überzeugen.[53] Pseudepigraphie wurde in der Antike keineswegs nur negativ bewertet.[54] Auf diesem Hintergrund scheint es geboten, die Pastoral-

---

[49] S. u.

[50] SCHULZ, *Mitte*, 108f., spricht von der Umbildung des paulinischen Erbes »in frühkatholischem und das heißt in unpaulinischem Sinne« sowie vom Ideal »der christlichen Bürgerlichkeit wie eines frommen Lebens«. Vgl. kritisch dazu LÖNING, *Epiphanie*, 107–109; LÖNING, *Gnade*, 241.

[51] Vgl. OBERLINNER, *1. Timotheusbrief*, XXII.

[52] Vgl. ebd., XXIf.

[53] Vgl. ebd., XLI. Daß es auch ursprüngliche Leser gab, die die Pseudepigraphie durchschauten, was durchaus im Interesse des Verfassers lag, vermutet jüngst SCHMELLER, *Schulen*, 224.229.

[54] Vgl. HENGEL, *Anonymität*, 199.235.

briefe nicht als Fälschungen[55] zu bewerten, sondern stattdessen die spezifischen pragmatischen Funktionen ihrer literarischen Gestalt zu beachten. Als
Textphänomen basiert die Pseudepigraphie nämlich auf den allgemeinen
Möglichkeiten der Schriftlichkeit, dauerhaft Wirklichkeit zu konstruieren
und Wahrheit zu behaupten. Die wichtigste Funktion der religiösen Pseudepigraphie ist das Anknüpfen an eine verklärte normative Vergangenheit,
um die eigene, negativ empfundene Gegenwart in Kontinuität zu dieser
darzustellen und besser zu bewältigen. Insofern ist – zumindest die helleni-
stisch-jüdische und die neutestamentliche – Pseudepigraphie ein Krisenphänomen.

Unter rezeptionsästhetischer Perspektive hat die Paulus-Pseudepigraphie zur
Folge, daß man die Pastoralbriefe – damals wie heute – als Post fremder
Leute liest. Die Briefsituation wird als vergangene rezipiert, was für spätere
Leser ja auch bei den echten Paulusbriefen der Fall ist. Der Unterschied
aber liegt darin, daß die Briefsituation in den Pastoralbriefen bereits im Pro-
duktionsprozeß bewußt als »damalig« angelegt worden ist. Die Zeit, über
die man liest, sollte die Vergangenheit sein, in welcher der Apostel Paulus
noch am Leben war. Seine real nicht mehr gegebene Anwesenheit ist im
Brief fiktionalisiert und konserviert. Dies geschieht v. a. durch *Parusietopoi*,[56] welche die raumzeitliche Trennung der Briefpartner zu überwinden
versuchen, indem sie die geistige Anwesenheit des Absenders im Brief suggerieren. In den Pastoralbriefen gehören sie zur fiktiven Briefsituation.[57] In
2 Tim 4,9.21a sowie Tit 12f. begegnen z. B. Reisebefehle an die Adressaten,
in 1 Tim 3,14f. ein Ausdruck der Hoffnung auf persönliche Begegnung
zusammen mit einer Äußerung der möglichen Parusieverzögerung. Innerhalb der literarischen Fiktion ist die physische Abwesenheit des »Paulus«
eine Folge seines Aufenthalts an einem anderen Ort, für die in Wirklichkeit
gemeinten Leser aber ist der Fall, »daß ich mich verspäte ...« (1 Tim 3,14)
zum Dauerzustand geworden. Durch die Pseudepigraphie wird auch in die-

---

[55] BROX, *Verfasserangaben*, 6, votiert dennoch für den Begriff der »Fälschung«, betont
aber dessen Neutralität und will ihn »ohne jede Funktion einer Wertung« verstanden
wissen.

[56] Vgl. KLAUCK, *Briefliteratur*, 153–156.

[57] Vgl. die Parusietopoi in den echten Paulusbriefen: Neben der direkten Formulierung
1 Kor 5,3 gibt es Ausdrücke des Schmerzes über die Trennung bzw. der Sehnsucht nach
Aufhebung derselben (z. B. Röm 1,11), die Bitte um einen Brief, Reisepläne (z. B.
Röm 15,24.28), etc.

ser Situation die epistolare Gegenwart des Apostels inszeniert.[58] Seitens der
Leser ist diese dann jederzeit in der Lektüre aktualisierbar.

Die Pastoralbriefe sind nicht für konkrete Situationen entstanden, sondern in
einem zwar zeitlich und räumlich begrenzten, aber doch relativ allgemeinen
Rahmen. Der Titusbrief richtet sich nicht an eine bestimmte Stadtgemeinde
(wie z. B. jene in Korinth) und auch nicht an einen Gemeindeverbund (etwa
wie in Galatien). Er entwirft vielmehr ein allgemeines ekklesiales Modell
für »die Städte auf der Insel Kreta« (Tit 1,5), was vermutlich ebenso literarische Fiktion ist wie die programmatische Adresse des paulinischen Missi-
onszentrums Ephesos in den Timotheusbriefen (1 Tim 1,3; 2 Tim 1,18).
Trotz ihres individuell-personalen Empfängers sind die Pastoralbriefe –
zumindest der Titus- und der Erste Timotheusbrief – wesentlich Gemeinde-
briefe. Sie sind so allgemein gehalten, daß sie überall rezipierbar sind, wo
die grundlegenden Verstehensvoraussetzungen gegeben sind. Im großen und
ganzen geht es um ein dauerhaftes christliches Gemeindeleben in römisch-
hellenistischem Umfeld.

Nach L. Oberlinner ist die nachpaulinische Zeit durch zwei Tendenzen gekennzeichnet: »Es zeigt sich zum einen das Anliegen, das Wort des Paulus
zu *erhalten* und es als autoritatives Wort weiterzugeben. Und es wird zum
anderen als Aufgabe erkannt, das Wort des Paulus [...] zu *aktualisieren*.«[59]
Man sammelt also Paulusbriefe, kopiert und tauscht sie und betrachtet ihre
Weisungen als allgemeinverbindlich. Diese Entwicklung lag offenbar bereits im Interesse des Paulus selbst.[60] Auf diesem Hintergrund stellte es kein
Problem dar, drei irgendwo auftauchende »Paulusbriefe« auch als solche zu
rezipieren, zumal die Adressatenfiktionen bekannte Persönlichkeiten des
paulinischen Schülerkreises bemühen. Timotheus und Titus sind nach Auskunft der authentischen Paulusbriefe enge Mitarbeiter des Apostels, die
dessen Autorität in verschiedenen Gemeinden während seiner Abwesenheit
vertreten haben.[61] In der pseudepigraphischen Fiktion der Pastoralbriefe

---

[58] Unter konstruktivistischer Perspektive wäre zu diskutieren, ob diese Form der Parusie
weniger real ist als die körperliche, räumlich und zeitlich direkte Anwesenheit einer
Person.

[59] OBERLINNER, *1. Timotheusbrief*, XLV (Hervorhebungen I. M. B.).

[60] Vgl. 1 Thess 5,27; Gal 1,2 sowie im deuteropaulinischen Kol 4,15ff.

[61] Timotheus ist genannt als *Mitabsender* in den Präskripten des 1 Thess, 2 Kor, Phil,
Phlm sowie der deuteropaulinischen 2 Thess und Kol. Er taucht auf als *Mitarbeiter* in
Röm 16,21 und 2 Kor 1,19 sowie als *Bote* in 1 Kor 4,17; 16,10; Phil 2,19.23 und

fungieren sie als Garanten der Echtheit – zwar nicht der Briefe, aber der paulinischen Wissenstraditionen,[62] welche nun in der zweiten Generation im Namen des Paulus erweitert und aktualisiert werden.

3. Briefe als Krisen-Reaktion

Auf den ersten Blick mag es anachronistisch anmuten, die Pastoralbriefe als Krisenphänomen zu betrachten. Angesichts des Sich-Einrichtens in der Welt und der Festigung von Strukturen und Wissensbeständen drängt sich eher die Frage auf: »Wo führt das Evangelium die Welt noch in die Krise?«[63] Dennoch reagieren die Pastoralbriefe auf eine Krise. Diese ist allerdings weniger realgeschichtlich zu verorten als vielmehr zunächst textimmanent spürbar. Gemeint ist nicht ein historisches Datum, sondern ein literarischer Topos, der charakteristisch ist für neutestamentliches und allgemein apokalyptisch-weisheitliches Denken.[64] In diesem wird die Gegenwart grundsätzlich als Krise erfahren, die Vergangenheit häufig verklärt und von der Zukunft Rettung und Heil erwartet. Als Krise der Pastoralbriefe erscheint im Text das *Fehlen des identitätsstiftenden Wissensmittlers Paulus.* Dies läßt sich als Variante des apokalyptisch-weisheitlichen Krisenmotivs »der nach ihrer Abweisung aus der Menschenwelt verschwundenen Weisheit«[65] verstehen, welches sich in prägnant narrativer Form z. B. in äthHen 42,1–3 findet.

---

1 Thess 3,2.5.6; außerdem wird seine Freilassung aus einer Gefangenschaft in Hebr 13,23 erwähnt. Literarische Abhängigkeit könnte vorliegen zwischen den Präskripten der Timotheusbriefe und 1 Kor 4,17: τέκνον ἀγαπητὸν καὶ πιστόν. Titus taucht auf als *Gefährte* in Gal 2,1.3 und in einer größeren Tradition im 2 Kor 2,13 als *Bruder* sowie 7,6–8.13–16 und 12,18 als *Mitarbeiter* und *Bote.*

[62] Vgl. u. a. STENGER, *Timotheus.*

[63] LAMPE / LUZ, *Christentum,* 209.

[64] Zum Krisenbewußtsein der neutestamentlichen Texte vgl. LÖNING, *Frühjudentum,* 48f. KÜCHLER, *Weisheitstraditionen,* 66, nennt als ein Charakteristikum der apokalyptischen Weisheit »das Bewußtsein von einem radikalen Bruch, welcher die Geschichte der Menschen in definitives Unheil ausgehen läßt ...«. Bezüglich realgeschichtlicher Hintergründe ließe sich am ehesten auf die nachhaltige Krise der Begegnung des Judentums mit dem Hellenismus verweisen, in welcher die apokalyptische Weisheit als Strömung frühjüdischen Denkens ihren Anfang nahm. Vgl. LÖNING, *Frühjudentum,* 49.

[65] LÖNING, *Frühjudentum,* 182 (Anm. 38); vgl. auch KÜCHLER, *Weisheitstraditionen,* 70.

Jenseits der fiktiven Briefsituation des anderswo seienden Paulus ist der
Mangel des real endgültig abwesenden Apostels deutlich spürbar. Der Paulus der Pastoralbriefe ist zu einer Parallelgestalt der abgewiesenen göttlichen Weisheit geworden.[66] Er, der Prototyp des Weisen (vgl. die Bitte um
Mantel, Bücher und Pergamente in 2 Tim 4,13), ist wie die Weisheit selbst
von allen Vertrauten verlassen und von vielen abgewiesen worden
(2 Tim 1,15; 4,10–16), er leidet für sein Wissen (2 Tim 1,8.12; 2,9f.; 3,11),
und sein Weggang hin zu Gott steht bevor (2 Tim 3,6–8). Auch die kurze
Erzählung des Besuchs des Onesiphoros bei »Paulus« in Rom (2 Tim 1,16–
18) ist eine Variante des apokalyptisch-weisheitlichen Topos vom Suchen
und Finden der Weisheit Gottes. Solange sie da ist, kann man sie finden,
nach ihrer Abweisung aber breiten sich Unwissenheit, Ungerechtigkeit und
Chaos aus.[67] Diese Zeit, innerhalb der Brieffiktion in der Zukunft liegend
(2 Tim 4,6; 3,1ff.; 1 Tim 4,1ff.), entpuppt sich bei näherem Hinsehen als
Gegenwart von Autor und Lesern der Pastoralbriefe (Tit 1,10–16;
1 Tim 1,3–11). Auf den Weggang des Wissensmittlers folgt die Anfechtung
des rechten Wissens durch Falsch-Lehrer. So werden häufig auktoriale
Wortmeldungen des lehrenden Paulus mit Beschreibungen der gegenwärtigen Krise aufgrund des Auftretens von Falschlehrern[68] (2 Tim 1,15–18;

---

[66] Vgl. LÖNING, *Gnade*, 256.

[67] Vgl. äthHen 42,1–3 und 4 Esra 5, 9bf.

[68] Die Rede von denen, »die im Glauben Schiffbruch erlitten haben« bzw. »auf Abwege
geraten sind« (2 Tim 2,18; 1 Tim 6,21), zeigt, daß Gegner aus den eigenen Reihen gemeint sind. (Vgl. u. a. WOLTER, *Pastoralbriefe*, 237.) Die Pastoralbriefe bündeln gegne-
rische Strömungen ihrer Zeit in einer allgemeinen Gegnerschelte, die literarisch-
pragmatischer Topos ist: Der eigene Standpunkt wird auf dem Hintergrund von Gegnern
geschildert und erreicht dadurch größere Plausibilität. Es entspricht einer sozialpsycho-
logischen Grundeinsicht, daß soziale Identität nicht nur durch positive Bestätigung,
sondern v. a. auch in Abgrenzung von anderen formiert bzw. formuliert wird. (Vgl.
MUMMENDEY, *Verhalten*, 199–204.) *Gnostische* Tendenzen lassen sich aufgrund fehlender inhaltlicher Aussagen und historischer Diskontinuität zu den ältesten gnostischen
Texten nicht explizit nachweisen. Ein Zusammenhang wäre im Hinblick auf asketisch-
rigoristische jüdische Gruppierungen denkbar, zu denen auch jene Gruppe gehören
mochte, die sich aus Sicht des Autors der Pastoralbriefe »fälschlicherweise« γνῶσις
nennt (vgl. 1 Tim 6,20) und aus denen vielleicht die spätere christliche Gnosis hervorgegangen ist. In jedem Fall ist dieser Satz aus dem Epilog des Ersten Timotheusbriefes
zum Grunddatum christlicher Gnosisbekämpfung bei Irenäus von Lyon in seinem Werk
Adversus haereses »Entlarvung und Widerlegung der *fälschlich so genannten Gnosis*«,
was jedoch nicht heißt, daß die in den Pastoralbriefen erwähnte Gnosis mit jener bei
Irenäus bezeugten identisch sein muß. Vgl. dazu im Beitrag von Barbara ALAND zu
diesem Sammelband Kap. I.

3,1 – 4,8; 1 Tim 3,14 – 4,5) kontrastiert. Dabei sind sowohl die Aktivitäten des Paulus und seiner Schüler als auch jene der Gegner in Wissensbegriffen verbalisiert. Z. B. heißt es in 2 Tim 3,7 über diese, sie würden ständig lernen (μανθάνοντα) und doch niemals zur Erkenntnis der Wahrheit (εἰς ἐπίγνωσιν ἀληθείας) kommen können. (Der scharfe Gegensatz zu 1 Tim 2,4 ist offensichtlich.) 2 Tim 3,14f. knüpft an 3,10 an und mahnt Timotheus: »Du aber bleibe in dem, was du gelernt (ἔμαθες) und als gewiß angenommen hast (ἐπιστώθης), wissend (εἰδώς), von wem du gelernt hast (ἔμαθες), und weil du von Kind auf die heiligen Schriften kennst (οἶδας), die dich weise machen können (σοφίσαι) zur Rettung durch den Glauben (πίστις) in Christus Jesus!« Das Auftreten von Lehrkonkurrenten und das Fehlen des Wissensmittlers sind quasi zwei Seiten einer Medaille;[69] beide sind Elemente des apokalyptisch-weisheitlichen Krisenmotivs.

Eine Folge der Krise aufgrund der Abwesenheit des Paulus ist die Ausbildung eines *kulturellen Gedächtnisses* an diesen. Nach J. Assmann[70] ist vierzig Jahre nach einem wichtigen Ereignis oder dem Ableben einer Person eine »kritische Schwelle« erreicht. Weil die zur Zeit des Ereignisses erwachsene Generation der Augenzeugen ausstirbt, wendet man sich fixierender Erinnerungsarbeit zu. Über einen Zeitraum von maximal achtzig Jahren können Erinnerungen im kommunikativen Gedächtnis einer Gesellschaft gespeichert sein, d. h. durch mündliche Kommunikation wachgehalten werden. Weiter zurückliegende Daten bleiben nur in der sozialen Erinnerung haften, wenn sie Bestandteil des kulturellen Gedächtnisses geworden sind, welches in objektivierter, schriftlicher bzw. ritueller Form Ereignisse der älteren Vergangenheit bewahrt. Der Übergang vom kommunikativen ins kulturelle Gedächtnis, von der mündlichen zur schriftlich fixierten und normierten Erinnerung, setzt also vierzig Jahre nach einem Ereignis ein. Nimmt man den Tod des Paulus für das Jahr 56 an,[71] so folgt die Abfassungszeit der Pastoralbriefe um die Jahrhundertwende etwa vierzig Jahre später. Demnach lassen sich die Briefe als Dokumente *paulinischer Erinnerungskultur* beschreiben.[72]

---

[69] Vgl. WOLTER, *Pastoralbriefe*, 136, der auf das Gegenüber von identitätsbedrohender Krise und fehlender Mittlergestalt als Grundstruktur der Gattung Testament verweist.

[70] Vgl. zum folgenden ASSMANN, *Gedächtnis*, 48–56.

[71] Vgl. u. a. GNILKA, *Paulus*, 313.

[72] S. u.

Die Krise des Fehlens der Gründerfigur und der Bedrohung der inneren
Einheit fand ihren Niederschlag in einer Reflexion des eigenen Standpunk-
tes derer, die sich als Orthodoxie verstanden, und zwar in einer retrospekti-
ven Formalisierung und Normierung tradierter, auf Paulus zurückgehender
Wissensbestände. In dieser Situation schreibt ein in der Autorität des Apostels Paulus auftretender unbekannter Autor drei Briefe, von denen der Titusbrief und der Zweite Timotheusbrief wohl die älteren und als einander
ergänzende konzipiert sind.[73] Der Erste Timotheusbrief wirkt durch die
stärkeren Normierungstendenzen wie nachgereicht, um ein für allemal das
richtige Wissen einzuschärfen. Während der Zweite Timotheusbrief literarisch die individuelle Adresse durchhält und als *persönliches Testament*[74]
gelesen werden kann, stehen der Titus- und der Erste Timotheusbrief formal
eher der weisheitlichen Textsorte *Paideutikon* nahe. Charakteristisch dafür
ist die Belehrung des Lehrers, damit dieser seinerseits andere lehre,[75] eine
Rededeixis, die ihren Ursprung im pädagogischen Kontext hat und dem
Bereich des Schulwissens zuzuordnen ist. Analog gestaltet, allerdings weniger pädagogisch als direktiv-amtlich sind die *mandata principis*, Instrukti-
onsschreiben an Weisungsbefugte, z. B. königliche oder römisch-kaiserliche
Gouverneure und Provinzstatthalter.[76]

In den Pastoralbriefen wird also in Rückbindung an die Person und Lehrautorität des Apostels Paulus über identitätsstiftendes Wissen kommuniziert.
Im Hintergrund steht die Krisenerfahrung der Abwesenheit des Wissensmittlers, die sich zum einen in Gegnerpolemik und zum anderen in der Betonung des für das Überstehen der Krise notwendigen eigenen Wissens artikuliert. Das entworfene Wissenskonzept ist das einer pädagogischen Wis-
sens-Sukzession, nach welcher göttliches Offenbarungswissen über den
Apostel Paulus an seine Schüler vermittelt wird mit dem Ziel, daß diese es
an die gemeindlichen Stände und Funktionsträger weitergeben, die sich
untereinander belehren. Das einst dynamische Offenbarungswissen hat sich

---

[73] Anders z. B. L. Oberlinner, der den Zweiten Timotheusbrief als testamentarischen
Abschluß bewertet. Vgl. OBERLINNER, *1. Timotheusbrief*, XLII; DERS., *2. Timotheusbrief*, 5.

[74] Vgl. OBERLINNER, *2. Timotheusbrief*, 1–5; BERGER, *Formgeschichte*, 79; WOLTER,
Pastoralbriefe, 222–241.

[75] Vgl. BERGER, *Formgeschichte*, 210f.

[76] Vgl. BERGER, *Einführung*, 144; WOLTER, *Pastoralbriefe*, 164–180.

vierzig Jahre nach Paulus zur *Kultur* verfestigt. Es ist zum Bildungsgut objektiviert, zu Schulwissen institutionalisiert und zur Lehre normiert worden.

IV. Die παραϑήκη rettenden Wissens

Das kulturelle Wissen der Pastoralbriefe bezieht sich im wesentlichen auf zwei Bereiche: die soziale Struktur und Ethik der Ekklesía sowie ihre Theologie. Letztere wird im Unterschied zu den echten Paulusbriefen nicht mehr argumentativ entfaltet, sondern in Form von begründenden Traditionselementen nur noch in Erinnerung gerufen. Ethik wird imperativisch angemahnt. Eine Schlüsselstelle für die Art, wie ethische und theologische Wissensbestände miteinander verknüpft werden, ist 1 Tim 3,14–16. Hier rahmen Begriffe aus der Sinnlinie *Wissen* solche aus der Sinnlinie *Ethik*. Unter der Überschrift ὁμολογουμένως μέγα ἐστὶν τὸ τῆς εὐσεβείας μυστήριον folgt in 3,16 ein christologisches Bekenntnis (Sinnlinie *Theologie*). Der Brief hat demnach den Anspruch, für die Zeit der Abwesenheit des Paulus wichtiges Wissen mitzuteilen, das den Lebenswandel in der Ekklesía betrifft und seinen Grund im gemeinsamen Wissen um das rettende Christusgeschehen hat. Zu den soteriologischen Traditionselementen gehören z. B. die Doxologien in Proömien und Epilogen (2 Tim 4,18c; 1 Tim 1,17; 6,14b–16), durch die sogenannte πιστὸς ὁ λόγος-Formel bekräftigte Aussagen (Tit 3,8; 2 Tim 2,11; 1 Tim 1,15; 3,1a; 4,9) und die Revelationsschemata im Präskript des Titus- und im Proömium des Zweiten Timotheusbriefes. Auch die theologische Begründung ethischer Paränese in größeren Teiltexten ist charakteristisch für die Pastoralbriefe. Als Beispieltext für die nähere Betrachtung beider Wissensbereiche dient im folgenden Tit 2,1–10 mit 11–14 (vgl. auch 1 Tim 2,1–2 mit 3–6; Tit 2,15 – 3,2 mit 3,3–8a).

1. Wissen, wie man sich im Haus Gottes verhalten muß: Ethik

[2,1] Du aber <u>rede</u> (λάλει), was der gesunden Lehre entspricht:

[2] **Ältere Männer** sollen nüchtern sein, ehrbar, besonnen, gesund im Glauben, in der Liebe, in der Geduld.

[3] Ebenso (sollen) **ältere Frauen** in der Haltung heiligmäßig (sein), nicht verleumderisch, nicht vielem Wein ergeben, gute Lehrerinnen,

> [4] *damit* sie **die jungen Frauen** zur Vernunft bringen,
> daß diese ihre Männer lieben und Kinder lieben, [5] besonnen sind,
> rein, häuslich, gut, sich ihren Männern unterordnen,

damit das Wort Gottes nicht geschmäht wird.

[6] **Die jungen Männer** <u>ermahne</u> (παρακάλει) ebenso, besonnen zu sein [7] in allem,

> indem du dich selbst als Vorbild in guten Werken darbietest,
> in der Lehre Unverdorbenheit, Würde, [8] gesunde, unanfechtbare Rede,
> *damit* der aus der Gegnerschaft beschämt wird,
> weil er nichts Schlechtes gegen uns sagen kann.

[9] **Sklaven** (sollen) sich ihren Herren in allem unterordnen, wohlgefällig sein, nicht widersprechend, [10] nicht veruntreuend, vielmehr alle gute Treue erweisen,

> *damit* sie die Lehre unseres Retters Gottes in allem schmücken.

(Tit 2,1–10)

Im Rahmen eines Lehrbefehls auf der Ebene der direkten Briefkommunikation (2,1) befindet sich eine *soziale Paränese* (2,2–10).[77] Der Text beginnt mit einem Imperativ zum Reden (λάλει), der durch einen weiteren Imperativ zum Ermahnen präzisiert wird. Das entsprechende Hauptsatzverb παρακάλει findet sich allerdings erst in V. 6. Davon abhängig sind vier AcI-Konstruktionen, die das ethische Verhalten der älteren Männer, älteren Frauen, jungen Frauen, jungen Männer und Sklaven betreffen. Syntaktisch auffällig ist die relative Unselbständigkeit der Frauenparänesen: In dem AcI (V. 3) fehlt der Infinitiv; dieser ist aus der Männerparänese in V. 2 zu ergänzen. Die Verhaltensanweisung für die jungen Frauen ist als AcI nicht in Abhängigkeit vom Hauptsatzverb (V. 6), sondern von der Frauenparänese in

---

[77] Direkter Adressat nicht nur der individuellen, sondern auch der sozialen Paränesen ist immer der fiktive Briefempfänger, der die Weisungen an indirekt angesprochene Adressaten weitergeben soll. Zum typischen Wechsel von direkter Anrede und Ediktstil vgl. BERGER, *Einführung*, 144.

V. 3 konstruiert.[78] Dem entspricht auf der semantischen Ebene die Art des Lehr-Lerngefüges: Der Briefabsender unterweist den Adressaten, welcher die älteren und jungen Männer, die Sklaven und die älteren Frauen ermahnen soll. Letztere haben sich um die Unterweisung der jungen Frauen zu kümmern. Damit ist die Welt der Frauen als eigener pädagogischer Mikrokosmos dargestellt. Der Männerparänese in den VV. 6–8 kommt dagegen besonderes Gewicht zu. Syntaktisch ist sie durch besondere Länge und durch den Umstand, daß sich hier das Hauptsatzverb befindet, hervorgehoben; semantisch-pragmatisch dadurch, daß der fiktive Briefempfänger als direktes Vorbild bzgl. des Verhaltens und Lehrens ins Spiel gebracht wird. Offenbar haben wir es bei den jungen Männern mit der aktuellen Lehrer-Generation zur Zeit der Pastoralbriefe zu tun.

An dem Textbeispiel ist die Grundstruktur der sozialen Paränesen der Pastoralbriefe[79] gut erkennbar. Sie besteht aus den Formelementen *Adressaten*, *Verhaltenskatalog* und (meist finale) *Begründung*. Die hier genannten Adressaten gehören zu den nach Alter, Geschlecht und Status definierten gemeindlichen Ständen.[80] Die *Ständeparänesen* (1 Tim 2,1 – 3,1a; 5,1–16; 6,1–2b; 6,7–19; Tit 1,5–9) haben Ähnlichkeiten mit Haustafeln, allerdings wird hier nicht das Beziehungsgefüge eines Haushalts, bestehend aus Hausherr, Hausfrau, Kindern und Sklaven, sondern die Sozialstruktur des viel größeren sozialen Gebildes der Ekklesía, bestehend aus vielen Menschen beider Geschlechter, aller Altersstufen und verschiedener sozialer Stellung, entworfen. Entsprechend werden die Ständeparänesen ergänzt durch *ekklesiale Paränesen* (1 Tim 3,1b–16; 5,17–20; Tit 2,1–10) für die gemeindlichen Funktionsträger Episkopos, Presbyter, Diakone und Diakoninnen.[81] Von fest umrissenen kirchlichen Ämtern ist in den Pastoralbriefen aller-

---

[78] Dies ist im Textbeispiel durch die Einrückung von VV. 4–5a kenntlich gemacht.

[79] Im Zweiten Timotheusbrief fehlen soziale Paränesen.

[80] In den Pastoralbriefen insgesamt finden sich die Stände *Männer* (1 Tim 2,8) und *Frauen* (1 Tim 2,9–15), *ältere* und *jüngere Männer* und *Frauen* (Tit 2,2–8; 3,1; 1 Tim 5,1f.), *Witwen* (1 Tim 5,3–16), *Sklaven* (Tit 2,9f.) und *Reiche* (1 Tim 6,17–19). Die Ausbildung eines über Standesmerkmale hinausgehenden ekklesialen Witwendienstes ist erst später anzusetzen, hat sich aber aus dem sozialen Witwenstand entwickelt. Vgl. OBERLINNER, *1. Timotheusbrief*, 220f. Anders WAGENER, *Ordnung*, 239f.

[81] Zur Terminologie vgl. WAGENER, *Ordnung*, 62; OBERLINNER, *1. Timotheusbrief*, 8f.; OBERLINNER, *Titusbrief*, 103f. Die Begriffe »Ständeparänese« und »ekklesiale Paränese« korrigieren die problematischen bzw. für die Pastoralbriefe unzutreffenden Begriffe »Haus-« bzw. »Ständetafel« sowie »Amtsspiegel« oder »Gemeindetafel«.

dings noch keine Rede. Sie haben lediglich gemeindliche Funktionsträger im Blick. *Presbyter* sind im Wortsinn die ältesten und angesehensten Männer der Gemeinde, die nach jüdischem Vorbild einen Gemeinderat bilden. Vermutlich ist einer von ihnen *Episkopos*, Vorsteher des Gremiums (vgl. Tit 1,5–9).[82] Über die genaue Anzahl, Aufgaben, Einsetzung, etc. sind keinerlei Angaben gemacht. Dem Verfasser geht es vielmehr bei allen Mitgliedern der Ekklesía um ihren Lebenswandel, ihre Integrität und ihr Image. Dies ist wesentlicher Bestandteil des notwendigen Wissens, »wie man im Haus Gottes wandeln muß« (1 Tim 3,15).

Zur Beschreibung dieses Lebenswandels wird an ethische Vorstellungen der hellenistischen Umwelt angeknüpft. So steht Ökonomiktradition im Hintergrund, wenn es über den Umgang des Briefempfängers mit den Gemeindegliedern vergleichend (nicht metaphorisch!) heißt, er solle sie *wie* Väter, Brüder, Mütter und Schwestern behandeln (1 Tim 5,1f.), wenn es um die Unterordnung von Frauen und Sklaven geht (Tit 2,4f.9; 1 Tim 2,11f.) oder wenn die Sorge für Haus und Hausgenossen (οἰκεῖοι) als Voraussetzung der Sorge für die Ekklesía vorgestellt (1 Tim 3,4f.12; 5,8) und der Episkopos θεοῦ οἰκονόμος genannt (Tit 1,7) wird. Der οἶκος dient aber weder als »Leitmetapher« noch als »Strukturmodell«.[83] Die Sozialstruktur der Ekklesía wird nicht *als* Haus, sondern *mit Hilfe* von Vorstellungen und Begriffen aus dem Hauswesen beschrieben. 1 Tim 3,15 zeigt aber, daß der οἶκος zentrales *Leitbild* der Gemeindevorstellung der Pastoralbriefe ist.[84]

Daneben entstammen auch das Konzept des Anleitens der Jüngeren durch die Älteren sowie die listenartig aufgezählten Verhaltensanweisungen helle-

---

[82] Diesen Zusammenhang legt v. a. der kausale Anschluß zwischen der Presbyter- und der Episkoposparänese nahe. Im Unterschied dazu werden aber im Ersten Timotheusbrief der Episkopos im Zusammenhang mit den Diakonen (1 Tim 3,1–13) und die Presbyter im Anschluß an die Witwen (1 Tim 5,3–16.17–20) behandelt.

[83] Von Oikos-Kirche bzw. -Struktur sprechen LÜHRMANN, *Haustafeln*, 94ff., und LAUB, *Hintergrund*, 261. Dagegen ist einzuwenden, daß der Oikos keineswegs das einzige prägende Sozialmodell für das Urchristentum war (vgl. SCHÖLLGEN, *Hausgemeinden*, 76; WAGENER, *Ordnung*, 36).

[84] Die These der ekklesiologischen Leitmetapher vertritt im Anschluß an G. Schöllgen U. WAGENER, *Ordnung*, 65.236. Dagegen ist einzuwenden, daß die Ekklesía in den Pastoralbriefen nicht in ihrer Komplexität metaphorisch als Haus beschrieben wird, sondern Bildelemente des Hauswesens auf einzelne Glieder und Bereiche der ekklesialen Sozialstruktur übertragen werden. Außerdem verwendet 1 Tim 3,15 οἶκος zwar als Bild, aber nicht als Metapher, da eine Erklärung des Bildbegriffes folgt.

nistischer Ethiklehre. Solche Kataloge waren bis in die frühe römische Kaiserzeit weit verbreitet.[85] Typisch für diese Art der ethischen Unterweisung ist ihr Handbuchformat, d. h. die mnemotechnisch motivierte Form der Reihung kurzer Handlungsmaximen[86] und der Verzicht auf ausholende rationale Begründungen[87]. Formal handelt es sich bei den Verhaltenskatalogen der Pastoralbriefe um – häufig oppositionell angelegte – Aufzählungen im Nominalstil. Bei den ekklesialen Diensten sind die Kataloge als konditionaler Nebensatz (Tit 1,6) formuliert oder in eine Konstruktion mit δεῖ ... εἶναι (Tit 1,7; 1 Tim 3,2 und zu ergänzen in 3,8) eingebettet. Sie erfüllen die Funktion von *Dienstvoraussetzungen*, wie die Formulierung »sie sollen zuerst geprüft werden, dann sollen sie dienen, wenn sie untadelig sind« (1 Tim 3,10) zeigt. Für die Stände dagegen werden dem jeweiligen Status entsprechende Verhaltensweisen angemahnt, die im unpersönlichen Imperativ der 3. Person Plural oder als AcI formuliert sind.

Inhaltlich lassen sich die Verhaltensweisen gruppieren in *persönliche Laster* (Eigenmächtigkeit, Jähzorn, übermäßiger Weingenuß, Gewalttätigkeit und schändliche Gewinnsucht), *persönliche Tugenden* (Liebe zum Guten, Besonnenheit, Gerechtigkeit, Heiligkeit, Selbstbeherrschung, Unbescholtenheit, Nüchternheit und Ehrbarkeit), *soziale Tugenden* (Gastfreundschaft, Einehe und gute Kindererziehung), *standesspezifische Tugenden* (die Unterordnung der Ehefrauen, ihre Keuschheit und Häuslichkeit, Reichtum an guten Werken, die Liebe zu Ehemännern und Kindern sowie die Unterordnung der Sklaven und die Freigebigkeit der Reichen) und *standesspezifische Laster* (Widerspruchsgeist, Veruntreuung und Hochmut der Sklaven). Diese Tugenden und Laster gehören zum hellenistischen Gemeingut. Die Pastoralbriefe übernehmen die angesehenen Verhaltensweisen ihrer direkten Umwelt, wobei die Kardinaltugend Besonnenheit (σωφροσύνη) und die Ehrbarkeit (σεμνότης) am häufigsten genannt werden. Daneben finden sich in

---

[85] Sie finden sich z. B. in der Stoa, der kynisch-stoischen Popularphilosophie und in frühjüdischen Schriften. Parallelen gibt es außerdem zum apodiktischen Recht des Alten Testaments. Vgl. GIELEN, *Lasterkataloge*; WAGENER, *Ordnung*, 61f.

[86] Vgl. DIHLE, *Ethik*, 664.669; HADOT, *Philosophie*, 18. Als klassisches Beispiel sei hier auf Epiktets Handbüchlein der Moral (ἐγχειρίδιον) verwiesen. Die Aufforderung zur Erinnerung findet sich bei Epiktet sehr häufig.

[87] Die klassische philosophische Ethik zeichnete sich gerade durch ihren Intellektualismus aus. Vgl. DIHLE, *Ethik*, 649ff. Im Hellenismus nahm dies zugunsten der Ethik im Handbuchformat ab.

paulinischem Vokabular auch die *christlichen Tugenden* Glaube (πίστις), Liebe (ἀγάπη) und Geduld (ὑπομονή).[88]

Insgesamt sind die sozialen Verhaltensweisen wenig differenziert. In stereotypen Begriffen werden für Funktionsträger wie Stände bekannte und bewährte ethische Lebensregeln verbindlich gemacht. Im Kontext hellenistisch-römischer Verhältnisse vertreten die Pastoralbriefe eine eher konservative Ethik:[89] Sklaven werden als Teil des sozialen Gefüges akzeptiert und in ihrem Status bestärkt. Frauen haben sich unterzuordnen. Ihr Verhalten ist reziprok definiert – im Hinblick auf den Ehemann und die Kinder. Sie lehren im allgemeinen nicht, sondern lernen – und zwar in Stille. Ihr pädagogischer Mikrokosmos ist dem Innenbereich des Hauses zugeordnet. Reichtum wird nicht kritisiert, sondern toleriert. Man soll ihn lediglich zum Wohl aller einsetzen.[90]

Auffällig ist die Opposition zwischen den Bereichen *vollkommen* und *gewöhnlich*, die durch die Tugend- und Lasterkataloge entsteht. Die Kontrastierung positiv formulierter Tugenden und negativ formulierter Laster hat unter pragmatischer Perspektive die Funktion, durch die rhetorische Totalität der Abgrenzung zu solchen, die sich lasterhaft verhalten, das idealisierte tugendhafte Selbstverständnis der eigenen Gruppe als Elite zu formulieren. Dabei wird jedoch ein allgemein akzeptables Sittlichkeitsideal propagiert, wobei mit zunehmender Verantwortung einzelner für das Gemeindeleben der Stellenwert des ethischen Verhaltens wächst.[91] So werden durch die ethischen Anforderungen an die Funktionsträger profilierte Leitfiguren entworfen, die im Innen- und Außenbereich der Gemeinde Anerkennung finden können.[92]

---

[88] Natürlich handelt es sich hierbei auch um griechisch-hellenistische Begriffe, die aber im paulinischen Kontext bereits eine spezifisch christliche Konnotation aufweisen.

[89] K. Thraede hat darauf aufmerksam gemacht, daß die späthellenistische Ökonomik vor dem Hintergrund einer Lockerung patriarchaler Strukturen und Sitten für die traditionelle Grundordnung von Herrschaft und Unterordnung in »anti-egalitärer« Stoßrichtung Partei ergreift. Trotzdem geht damit eine Humanisierung einher: Die geforderte ὑποταγή wird vielfach durch ἀγάπη abgemildert. Die Ständetafeln der Pastoralbriefe markieren die »Zunahme des autoritären Elements auch in der Kirche.« THRAEDE, *Hintergrund*, v. a. 367.

[90] Der Unterschied zur jesuanischen Ethik der Bergpredigt liegt auf der Hand.

[91] Vgl. OBERLINNER, *1. Timotheusbrief*, 111.

[92] Vgl. ebd., 110.

Der elitäre Anspruch der allgemein akzeptablen Ethik klärt sich erst im Licht ihrer theologischen Begründung. Demnach ist ethisches Verhalten mehr als nur antike Ökonomie, es ist vielmehr die Antizipation der endzeitlichen Gerechtigkeit Gottes.[93] Das »Leben in der jetzigen Welt« (Tit 2,12) ist ausgespannt zwischen der rettenden Epiphanie der Gnade Gottes in der Vergangenheit (Tit 2,11.14), wie das Ereignis der Wissensstiftung im Christusgeschehen hier genannt wird, und der endzeitlichen Bewahrheitung der Hoffnung in der »Erscheinung der Herrlichkeit des großen Gottes und unseres Retters Jesus Christus« (Tit 2,13).[94] Die Zeit dazwischen ist die Zeit der Bewährung, in der Ethik Befolgung der Pädagogik Gottes ist. Somit erweist sich die Ethik der Pastoralbriefe als Erbe weisheitlicher (παιδεύουσα) und apokalyptischer (ἐν τῷ νῦν αἰῶνι, τῆς δόξης τοῦ μεγάλου ϑεοῦ) Traditionen.

2. Wissen über Grund und Ziel christlichen Lebens in der Ekklesía: Theologie

[2,11] Denn erschienen ist (ἐπεφάνη) die Gnade Gottes,
heilbringend (σωτήριος) allen Menschen,
[12] uns erziehend,
damit wir,
wenn wir uns von der Gottlosigkeit und den weltlichen Begierden losgesagt haben,
besonnen und gerecht und gottesfürchtig leben in der jetzigen Welt,
[13] erwartend (προσδεχόμενοι) die selige Hoffnung (ἐλπίδα) und Erscheinung (ἐπιφάνειαν) der Herrlichkeit des großen Gottes
und unseres Retters (σωτῆρος) Jesus Christus,
[14] der sich für uns gegeben hat (ἔδωκεν),
damit er uns von aller Gesetzlosigkeit erlöse (λυτρώσηται)
und für sich ein auserlesenes Volk reinige (καϑαρίσῃ),
das eifrig nach guten Werken strebt.

(Tit 2,11–14)

Der die vorausgehende ethische Paränese (Tit 2,1–10) begründende Teiltext Tit 2,11–14 ist ein einziger hypotaktischer Satz. Es lassen sich aber einzelne untergeordnete Sprechakte beschreiben. Zunächst wird auf das rettende Erscheinen der Gnade Gottes in der Vergangenheit zurückgeblickt und deren erzieherisches Wirken im Hinblick auf den ethischen Lebenswandel in

---

[93] Vgl. im Beitrag von Karl LÖNING zu diesem Sammelband Kap. 3.1.

[94] Vgl. ebd., Kap. 3.2. Hier liegt der klassische Fall einer revelatorischen Zukunftsaussage vor. Vgl. ERLEMANN, *Endzeiterwartungen*, 61 u. ö.

der Gegenwart der Wir-Gruppe formuliert (11–12). Davon ausgehend wird auf die zukünftige Erscheinung der Herrlichkeit Gottes in Christus Jesus, dem Retter, ausgeblickt sowie dessen vergangenes Wirken mit den traditionellen soteriologischen Begriffen »dahingeben«, »erlösen« und »(kultisch) reinigen« in seiner Bedeutung für die Wir-Gruppe in Erinnerung gerufen und schließlich wieder eine ethische Konsequenz für die Gegenwart formuliert (13–14). Auffällig ist die doppelte Thematisierung der *Epiphanie* und die zweimalige Nennung von Wörtern des Wortfeldes σωτηρία mit je unterschiedlichem Akzent. Sowohl das Wort ἐπιφάνεια als auch der Titel σωτήρ entstammen der hellenistischen Umwelt und sind charakteristisch für die Neuformulierung christlich-paulinischer Theologie in den Pastoralbriefen.[95]

Die beiden Wörter des Wortfeldes σωτηρία beziehen sich – hier wie auch an den beiden weiteren Stellen im Titusbrief (1,3.4; 3,4.6) – je einmal auf Gott und einmal auf Christus.[96] Mit σωτήρ verwendet der Autor einen hellenistischen Begriff, der bereits religiös geprägt war und in Götterverehrung sowie Herrscherideologie vorkam. Gottheiten wurden als *Helfer* und *Retter* aus irdischen Nöten angerufen, als *Arzt* und ganz allgemein als *Wohltäter* verehrt. In der letzten Bedeutung findet sich der Titel dann auch als Beiname einiger ptolemäischer und seleukidischer Könige. Die Septuaginta gebraucht ihn für JHWH als Retter in allen genannten Bedeutungsvarianten. Dem entsprechend nennt auch das Neue Testament Gott den Retter. Wenn die Pastoralbriefe den Titel daneben[97] auch Christus zuerkennen,[98] dann ist das (noch) nicht Ausdruck der Gottgleichheit,[99] sondern geschieht in Anlehnung an hellenistisch-ägyptische Herrscherideologie, derzufolge Pharaonen und hellenistische Könige σωτῆρες sind, weil sich in ihnen eine Gottheit manifestiert und sie dadurch die göttliche Wohltäter-Funktion für Land und

---

[95] Vgl. OBERLINNER, *Epiphaneia*, 195–203.

[96] Anders in den Timotheusbriefen: In 2 Tim 1,10 ist σωτήρ auf Christus bezogen, in 1 Tim 1,1; 2,3 und 4,10 auf Gott.

[97] Sie tun dies wirklich nebeneinander, und nicht identifizierend, wie der Übersetzungsvorschlag der Einheitsübersetzung zu Tit 2,13 glauben macht. Diese falsche Übersetzung suggeriert Wesensidentität zwischen Gott und Christus Jesus, die die Pastoralbriefe gerade noch nicht explizit vertreten.

[98] Vgl. auch bereits Phil 3,20.

[99] Vgl. HASLER, *Epiphanie*, 200: »Von einer Vergottung des Christus Jesus kann in den Hirtenbriefen keine Rede sein.«

Volk repräsentieren.[100] Christus ist Retter, weil sich der Heilswille Gottes in ihm manifestiert und geschichtlich konkretisiert hat. Somit vertreten die Pastoralbriefe eigentlich keine soteriologische Christologie, sondern eine »Soter-Theologie«.[101]

Σωτηρία kann im allgemeinen Sprachgebrauch sowohl die *Rettung* im Sinne einer dramatischen Wende zum Positiven als auch deren Folge *Heil* bzw. *Wohlergehen* im Sinne des herbeigeführten positiven Zustandes bedeuten. Neben dem gegenwärtigen Heil gibt es die Vorstellung der Rettung aus der Macht des Todes, die zu einem zukünftigen (ewigen) Leben führt. Die σωτηρία-Vorstellung der Pastoralbriefe umfaßt beides. Die Rettung, die in Gottes transzendentem Willen verankert ist (1 Tim 2,3f.), hat bereits mit dem vergangenen Christusereignis (2 Tim 1,10; 1 Tim 1,15) oder der Taufe der Gemeindeglieder (Tit 3,4–8a) begonnen, ist in der Gegenwart (Tit 2,11) als vorläufige erfahrbar und wird endgültig für die Zukunft beim Erscheinen des Kyrios Christus zum Endgericht erhofft (Tit 2,13; 2 Tim 2,10–13; 4,18; 1 Tim 4,9f.). Handelndes Subjekt ist immer Gott. Jesu Christi Retterfunktion ist der Souveränität Gottes untergeordnet.[102] Charakteristisch ist zudem, daß Rettung als weisheitliches Geschehen erfahren wird: Gerettet-Werden ist identisch mit Erkenntnis der Wahrheit.[103] Gottes Gnade erscheint als Pädagogin, Erinnern an das geschehene sowie Erhoffen des zukünftigen Heils sind immer auch kognitive Vorgänge. Daß man dabei nicht stehenbleibt, sondern dem Wissen Taten folgen sollen, zeigen die Nachordnung der guten oder gerechten Werke als Folge und Wirkung der rettenden Zuwendung Gottes (2 Tim 1,9; Tit 2,14; 3,5–7), der Zusammenhang zwischen ethischer Paränese und soteriologischer Begründung (u. a. Tit 2,1–10 mit 11–14; 2,15 – 3,2 mit 3,3–8a; 1 Tim 2,1–2 mit 3–6) sowie nicht zuletzt das

---

[100] FOERSTER, σωτήρ, 1009f.

[101] HASLER, *Epiphanie*, 195.

[102] Vgl. OBERLINNER, *Epiphaneia*, 199.

[103] Zumindest ist Identifizierung *eine* Möglichkeit, die Konjunktion καί in dem AcI zu interpretieren. Vgl. BORNEMANN / RISCH, *Grammatik*, 264. In den Pastoralbriefen lassen sich (noch) keine »gnostischen« Inhalte erkennen. Das Konzept einer auf Erkenntnis und Kommunikation basierenden Soteriologie ist Kennzeichen aller neutestamentlichen Texte. Für die spätere »Gnosis« wird eine mythisierende Kosmologie typisch, verbunden mit individuellen Erkenntnis- und Rettungserfahrungen, die nicht an ein bestimmtes (heils-) geschichtliches (Christus-) Ereignis gebunden sind. Letzteres aber ist die Basis aller neutestamentlichen Soteriologien, auch der Epiphanietheologie der Pastoralbriefe.

Tit 2,12 formulierte Ziel eines besonnenen, gerechten und gottesfürchtigen Lebens.

Eng mit der Soter-Theologie verbunden sind die Epiphanieaussagen. Auch diese entstammen in religiöser Prägung der hellenistischen Götterverehrung und Herrscherideologie. Neben dem σωτήρ-Titel findet sich auch ἐπιφανής als Beiname hellenistischer Könige.[104] Ἐπιφάνεια bedeutet ganz allgemein das rettende »Eingreifen eines Gottes zugunsten seiner Verehrer«, und zwar nicht als plötzlichen Einbruch, sondern als komplexe Hilfsaktion.[105] So gebraucht es auch die Septuaginta: als rettende Zuwendung JHWHs, seines Namens, seines Angesichtes oder seiner Herrlichkeit zu seinem Volk Israel (vgl. Gen 35,7; Dtn 33,2; Ps 66,2; Jes 60,2 LXX u. a.).

Das Wort hat mehrere Bedeutungskonnotationen. Es schwingt *Lichtmotivik* mit,[106] der beim Rezipienten der Vorgang des Sehens entspricht. Damit verbunden ist die jüdische Vorstellung von der *kābōd* als Art der Gegenwart des transzendenten Gottes in der Welt. Die Septuaginta übersetzt diese mit δόξα, Herrlichkeit. Daneben gibt es auch ein auditives Moment. JHWH offenbart sich als Redender, als Geber von Geboten und Dialogpartner von hörenden Menschen. In diesem Sinne ist Epiphanie ein *Offenbarungs-* und *Verkündigungsgeschehen*.[107] Entsprechend wird das in hellenistischer Zeit neu entstandene Verbum φανερόω im Neuen Testament in der Bedeutung *offenbaren* gebraucht.[108] Sowohl der pagane als auch der jüdische Epiphaniebegriff hat *Gemeinschaftscharakter*,[109] insofern das rettende Erscheinen Gottes im sozialen Kontext einer Gemeinde von Verehrern geschieht, die das Retterhandeln an sich erfahren haben bzw. ein geschehenes Rettungsereignis im Kult feiern. Auch Epiphanien an einzelne Menschen sind an die Weitergabe in einer Gemeinschaft gebunden.

Epiphanieaussagen begegnen in den Pastoralbriefen in verschiedenen Ausprägungen. Ob nun die Rede ist vom Erscheinen der *Gnade* Gottes

---

[104] Vgl. PAX, *Epiphanie* (1962), 844ff.

[105] Vgl. LÜHRMANN, *Epiphaneia*, 190f.

[106] Diese tritt deutlicher in den Vordergrund in Lk 1,79, wo JHWHs »erhellende Erscheinung für die in Finsternis und Todesschatten Sitzenden gepriesen« wird; MÜLLER, ἐιφάνεια, 112.

[107] Vgl. PAX, *Epiphanie* (1969), 941; DERS., *Epiphanie* (1962), 861f.869.

[108] Vgl. BULTMANN / LÜHRMANN, φαίνω, 5.

[109] Vgl. PAX, *Epiphanie* (1962), 869.

(Tit 2,11), seiner *Herrlichkeit* (Tit 2,13) oder seiner *Güte* und *Menschen-freundlichkeit* (Tit 3,4), gemeint ist das Erscheinen Gottes selber – unter je verschiedenen Wirkungsaspekten. Im Hintergrund dieser Aussagen steht das weisheitliche Motiv vom Erscheinen der *Weisheit* Gottes in der Menschen-welt,[110] ein Motiv, das Tora-Weisheit und apokalyptische Weisheit gemein-sam haben. Nach Sir 24,9–12 wird die Weisheit eingesetzt auf dem Zion, bleibt in Jerusalem und wurzelt im Volk Israel. Nach Bar 3,37 – 4,1 erscheint (ὤφθη) die Erkenntnis (ἐπιστήμη) auf Erden und wohnt unter den Menschen. Nach äthHen 42,1f. jedoch geht die Weisheit zwar aus, um unter den Menschenkindern zu wohnen, kehrt aber nach ihrer Abweisung durch jene frustriert zurück in die Himmel. Die Pastoralbriefe knüpfen mit ihrem zweifachen Epiphaniebegriff an den apokalyptischen Typ an. In Tit 2,11–14 ist neben der vergangenen Erscheinung der Gnade Gottes (ἐπεφάνη) von der zukünftigen ἐπιφάνεια Christi als σωτήρ die Rede. Dahinter verbirgt sich die Vorstellung, daß Gottes rettende Weisheit in der Vergangenheit bereits er-schienen ist, aber nur von wenigen Menschen erkannt worden ist. In der Gegenwart regieren daher Unwissenheit und Ungerechtigkeit. Für eine ko-gnitive Minderheit aber, in diesem Fall die Trägergruppe der Pastoralbriefe, entfaltet die erschienene Gnade Gottes trotz der gegenwärtigen Krise ihre weisheitliche Funktion: Sie erzieht (παιδεύουσα) zum Leben im Hier und Jetzt. Zur endgültigen Überwindung der Krise aber wird das Wieder-kommen von Gottes Weisheit im großen Gericht für die Zukunft noch er-wartet.

Für die Pastoralbriefe beziehen sich sowohl die vergangene als auch die zukünftige Epiphanie auf Christus Jesus.[111] Ἐπιφάνεια ist dabei mehr als ein punktuelles Ereignis; sie ist nicht mit παρουσία identisch,[112] sondern »umfaßt die Gesamtheit des helfenden Eingreifens Gottes, seines Retter-Seins«[113]. Deshalb läßt sich die vergangene Epiphanie auch nicht ohne weiteres als Ereignis der Jesusgeschichte verorten, sondern umfaßt das Christusgesche-hen als ganzes. Letztlich ist es Gott selbst, der in Christus Jesus und durch ihn erscheint.

---

[110] Vgl. LÖNING, *Frühjudentum*, 58.

[111] Christologisch sind Tit 2,13; 3,4–7; 2 Tim 1,10; 4,8; 1 Tim 6,14. Dagegen läßt 2 Tim 4,1 den Bezug auf Christus oder Gott offen.

[112] Vgl. die Differenzierung in 2 Thess 2,8.

[113] OBERLINNER, *Epiphaneia*, 202.

Nach V. Hasler sind die epiphanietheologischen und soteriologischen Aussagen der Pastoralbriefe Teil einer übergeordneten Offenbarungstheologie.[114] Es geht um die Weitergabe von *Wissen*. In der Epiphanie Christi
Jesu wird nämlich der universale *Rettungswille* Gottes *offenbar*:

> [2,3] Dieses (ist) schön und wohlgefällig vor unserem Retter, Gott,
> [4] der will ($\vartheta\acute{\epsilon}\lambda\epsilon\iota$),
> daß alle Menschen gerettet werden ($\sigma\omega\vartheta\tilde{\eta}\nu\alpha\iota$)
> und zur Erkenntnis der Wahrheit ($\dot{\epsilon}\pi\acute{\iota}\gamma\nu\omega\sigma\iota\nu$ $\dot{\alpha}\lambda\eta\vartheta\epsilon\acute{\iota}\alpha\varsigma$) kommen.
>
> [5] Denn (es gibt) einen Gott
> und einen Mittler ($\mu\epsilon\sigma\acute{\iota}\tau\eta\varsigma$) zwischen Gott und Menschen,
> (den) Menschen Christus Jesus,
> [6] der sich als Lösegeld für alle gegeben hat,
> das Zeugnis ($\mu\alpha\rho\tau\acute{\upsilon}\rho\iota\sigma\nu$) für die bestimmten Zeiten.
>
> [7] Dazu <u>bin</u> ich <u>eingesetzt</u>
> als Verkündiger ($\varkappa\tilde{\eta}\rho\upsilon\xi$) und Apostel ($\dot{\alpha}\pi\acute{o}\sigma\tau o\lambda o\varsigma$)
> – ich sage (die) Wahrheit und lüge nicht –,
> als Lehrer der Völker ($\delta\iota\delta\acute{\alpha}\sigma\varkappa\alpha\lambda o\varsigma$ $\dot{\epsilon}\vartheta\nu\tilde{\omega}\nu$) in Glauben und Wahrheit.
>
> (1 Tim 2,3–7)

Ebenso wie $\dot{\epsilon}\pi\acute{\iota}\gamma\nu\omega\sigma\iota\varsigma$ $\dot{\alpha}\lambda\eta\vartheta\epsilon\acute{\iota}\alpha\varsigma$ ist auch das Wort $\vartheta\acute{\epsilon}\lambda\epsilon\iota\nu$ Bestandteil der Sinnlinie *Wissen*. Es bedeutet Wollen im Sinne von Planen. Gemeint ist das
Entwerfen und kognitive Antizipieren von Zukunft. Dem – verborgenen und
geoffenbarten – Plan Gottes entspricht auf Seiten der Menschen das Erkennen desselben.[115] Die Erkenntnis hat insofern soteriologische Relevanz, als
sie einerseits das Wissen vom Heil ist und andererseits Heil bringt. Ebenso
gilt umgekehrt, daß $\sigma\omega\tau\eta\rho\acute{\iota}\alpha$ ein weisheitliches Geschehen ist. Die sapientiale und v. a. kommunikative Dimension des Christusgeschehens als Wortge-
schehen wird zudem in der Charakterisierung Christi Jesu als *Mittler*
($\mu\epsilon\sigma\acute{\iota}\tau\eta\varsigma$) zwischen Gott und den Menschen sowie als *Zeugnis* ($\mu\alpha\rho\tau\acute{\upsilon}\rho\iota\sigma\nu$)[116]
deutlich. Der universale Heilswille Gottes wird von dem Mittler Christus
Jesus als rettendes Wissen *bezeugt*. »Er ist das in der Epiphanie offenbarte

---

[114] Vgl. HASLER, *Epiphanie*, 193.197.203 und 205: »Wieder werden christologische
Elemente im übernommenen geprägten Gut nicht auf ihre eigene Heilsbedeutung hin,
sondern im Zusammenhang des epiphanen Offenbarungsschemas verstanden.«

[115] Vgl. das breit entfaltete Verständnis des $\vartheta\acute{\epsilon}\lambda\eta\mu\alpha$ Gottes in Eph 1,1.5.9.11 sowie
Kol 1,1.9, an das auch 2 Tim 1,1 anknüpft.

[116] Vgl. HASLER, *Epiphanie*, 204f. Martyrion wird hier nicht im Sinne von Blutzeugnis
verstanden, sondern in seiner ursprünglichen Bedeutung als *Wissensbegriff*, was sich
auch aus dem adverbiellen Zusatz $\varkappa\alpha\iota\rho o\tilde{\iota}\varsigma$ $\dot{\iota}\delta\acute{\iota}o\iota\varsigma$ (1 Tim 2,6 vgl. auch Tit 1,3; 1 Tim 6,15)
ergibt.

Geheimnis Gottes (1 Tim 3,16). Er ist die erschienene, verläßliche *Heils-wahrheit* Gottes, der nicht lügen kann (Tit 1,2f.), sein ‚zur bestimmten Zeit' [...] (1 Tim 2,6) offenbartes [...] unverbrüchliches *Wort.*«[117] Dieses Zeugnis Jesu ist sein *Bekenntnis*, auf das auch der Briefempfänger verpflichtet wird (ὁμολογία: 1 Tim 6,12–13 vgl. Joh 18,33–37). Es wird zur *Homologie* der Gemeinde (1 Tim 3,16).

In diesen Zusammenhang gehört auch das *Revelationsschema*, das in den Pastoralbriefen 2 Tim 1,9f.; Tit 1,2f. begegnet.[118] Es handelt sich um einen apokalyptisch-weisheitlichen Topos zum Thema Offenbarung,[119] der v. a. in der deuteropaulinischen Literatur eine wichtige Rolle spielt (Kol 1,25f.; Eph 3,4f.; Röm 16,25ff.). Die Pastoralbriefe knüpfen an Röm 16,26 sowie Kol 1,26 an und formulieren das Offenbarwerden der früher verheißenen, einst verborgenen und jetzt enthüllten Wahrheit als *Epiphaniegeschehen*. Dieses Ereignis der Stiftung rettenden Wissens ist epochaler Wendepunkt und bereits Teil der eschatologischen Endzeit. Für die Pastoralbriefe liegt das νῦν bereits in der näheren Vergangenheit (vgl. 2 Tim 1,10). Wie in allen deuteropaulinischen Revelationsschemata stellt schließlich die paulinische und nachpaulinische Evangeliumsverkündigung die Fortführung des Offen-barens göttlichen Wissens dar (2 Tim 1,11–14; Tit 1,3f). Im sogenannten *soteriologischen Kontrastschema*[120] (Tit 3,3–7) wird dieser epochale Wan-del auf die anthropologische Ebene transformiert: Rettung ist in der Le-benswende jedes einzelnen Menschen erfahrbar, bleibt aber ausgerichtet auf das eschatologische Ziel.

3. Wissen als Kultur

Der Paulus der Pastoralbriefe erscheint im Kontext der Aussagen der Reve-lationsschemata konsequenterweise als κῆρυξ, ἀπόστολος und διδάσκαλος ἐθνῶν (1 Tim 2,7; vgl. 2 Tim 1,11). Die durch Jesus Christus bezeugte Bot-schaft vom universalen Rettungswillen Gottes ist das εὐαγγέλιον des »Pau-lus«, das dieser seinen Nachfolgern weitergibt, damit diese es ihrerseits

---

[117] HASLER, *Epiphanie*, 205 (Hervorhebungen I. M. B.).

[118] Zu Begriff und Form des Revelationsschemas vgl. DAHL, *Beobachtungen*, 4f.; CON-ZELMANN / LINDEMANN, *Arbeitsbuch*, 108; BERGER, Formgeschichte, 269.

[119] Vgl. äthHen 48,6f.; 62,7f.

[120] Vgl. DAHL, *Beobachtungen*, 5f.

weitergeben. In 2 Tim 1,13 liest man, wie »Timotheus« die von »Paulus« gehörten Worte als παραθήκη bewahren soll, in 2,1–3, daß dieser sie weitergeben soll (παράθου) an Menschen, die andere lehren (διδάξαι).[121] Hier wird mündliches Offenbarungswissen zu kulturellem Schulwissen transformiert und eine pädagogische *Wissenssukzession*[122] konstruiert.[123] Auf diese wird immer wieder zurückgegriffen, v. a. je zu Beginn der Briefkommunikation in den Präskripten und Proömien (Tit 1,1–4; 2 Tim 1,10–14; 2,2), aber auch an anderen prominenten Stellen, die als Eröffnung oder Beendigung neuer Briefteile auf die briefkommunikative Ebene Bezug nehmen (Tit 2,1.15; 1 Tim 3,14; 6,2e) bzw. diese direkt zum Thema haben (2 Tim 3,10–13 mit 14–17; 4,1–5; 1 Tim 4,11–16). Die ursprüngliche Pädagogin in der Traditionskette ist dabei die Gnade Gottes selber:[124] So wird die rettende Epiphanie Christi als »weisheitliches Projekt« vorgestellt, »das sich in der besonderen Bildung der Glaubenden und ihrer entsprechenden Lebensart äußert«.[125]

Es ist auffällig, daß »Paulus« als literarisierte Figur in dieser Kette stärker profiliert ist als Jesus Christus. Er ist der auserwählte Wissensträger[126] und eigentliche Offenbarungsmittler. *Ihm* folgt man nach, mit *ihm* zusammen leidet man (2 Tim 1,8–9). Das Motiv »sich des Evangeliums nicht schämen« ist echt paulinisch (Röm 1,16; 2 Tim 1,8a), die Variation »sich meiner (des Paulus) nicht schämen« jedoch ist typisch für die Paulus-Literarisierung der Pastoralbriefe. Daß man nicht nur seine Verkündigung hören, sondern ihn auch in seinem Leiden für das Evangelium nachahmen soll, macht den Wissensmittler zugleich zur Identifikationsfigur. Der ganze Zweite Timotheusbrief erscheint als Stiftung eines *kulturellen Paulus-Gedächtnisses*. Wörter der Sinnlinie μνήμη, *Erinnerung*, ziehen sich durch Präskript, Proömium und Korpusbeginn: An das personale Gedenken »ich

---

[121] Διδασκαλία und διδάξαι sind Zentralbegriffe der Pastoralbriefe. Von 21 Vorkommen im Neuen Testament finden sich 15 in den Pastoralbriefen.

[122] Der Begriff ist geeignet, sowohl das zentrale Thema Bildung und Wissen als auch die pädagogische Kommunikationsstruktur der Pastoralbriefe auszusagen. Er korrigiert den Begriff »Amtssukzession« (vgl. WOLTER, *Pastoralbriefe*, 239f.). Denn das, was weitergegeben wird, ist (noch) keine Amtsvollmacht, sondern rettendes Wissen.

[123] Es handelt sich hier um einen klassischen Topos der in hellenistischer und römischer Zeit weit verbreiteten Gattung Paideutikon (s. o.). Ganz ähnlich beginnt z. B. der Passus über die Zwei-Wege-Lehre 1QS III,13.

[124] Tit 2,11–14. S. o.

[125] LÖNING, *Epiphanie*, 123.

[126] Ein Topos der apokalyptischen bzw. magischen Weisheit, s. o.

denke an dich« (1,3–5) schließt sich die mahnende Erinnerung »ich erinnere dich« (1,6) an. Darauf folgt später die Mahnung zur intransitiven Erinnerung »behalte im Gedächtnis Jesus Christus« (2,8) und schließlich der Auftrag zur transitiven Erinnerung »erinnere du sie« (2,14). Im Prozeß der Lektüre und Kommunikation konstituiert sich die Trägergruppe als »Erinnerungsgemeinschaft« und vergewissert sich ihrer sozialen, d. h. paulinisch-christlichen Identität.[127]

Noch stärker fixiert und v. a. normiert ist die Vorstellung vom rettenden Wissen im Ersten Timotheusbrief, der vermutlich als letzter der drei Briefe entstanden ist. Der Brief läßt sich zusammenfassend als παραγγελία, An- oder Unterweisung[128], charakterisieren: Zunächst wird im Proömium die Haupttätigkeit des Adressaten mit dem Verb παραγγέλλειν (1,3) und dem Substantiv παραγελλία (1,5) benannt. In einem performativen Akt wird diese schließlich dem Adressaten vom Absender bildhaft übergeben: Ταύτην τὴν παραγγελίαν παρατίθεμαί σοι (1,18). Später folgen dann Imperative zum Unterweisen παράγγελλε (4,11; 5,7) und die performative Anweisung des Absenders παραγγέλλω σοι (6,13).

Insgesamt kann man in den Pastoralbriefen eine zunehmende Tendenz zur Fixierung, Objektivierung und Normierung von ethischen und theologischen Wissensbeständen beobachten. Beide Bereiche sind prägnant und mnemotechnisch günstig in Katalogen, Formeln oder kurzen Homologien formuliert. Wissen ist im Brief schriftlich fixiert, als παραθήκη objektiviert, als παραγγελία normiert und als διδασκαλία institutionalisiert. Objektivationen, Normen und Institutionen ihrerseits sind die Grundpfeiler gesellschaftlicher Kultur. *Kultur* ist dabei keineswegs im Gegensatz zu Religion zu verstehen,[129] sondern als »Komplex an symbolisch vermittelter Gemeinsamkeit«[130] im Sinne der Gesamtheit aller Lebensäußerungen einer Gesellschaft.

---

[127] Vgl. ASSMANN, *Gedächtnis*, 39f.53.

[128] Diesem Begriff aus dem militärischen Bereich entspricht im Deutschen am ehesten das Wort »Befehl«. »An- und Unterweisung« betonen jedoch den weisheitlichen und zugleich normativen Grundgehalt des Begriffs in den Pastoralbriefen besser.

[129] »Ist Christentum ein Streben zur Überwindung der Sündhaftigkeit, um zum Glück im Jenseits zu gelangen, so ist *cultura* ein Streben zur Überwindung des *status naturalis*, der Barbarei, um zum Glück im Diesseits zu gelangen.« (RAUHUT, *Herkunft*, 14.) Dieser aufgeklärte und säkularisierte Kulturbegriff existiert seit dem 17. Jh. und verschleiert mehr als er klärt.

[130] ASSMANN, *Gedächtnis*, 139. »Symbolisch« ist hier Gegenbegriff zu »biologisch« ähnlich der Opposition zwischen *Natur* und *Kultur* im Kulturbegriff der Aufklärung.

Diese sind nicht beliebig, sondern werden von der Gesellschaft festgelegt, zumindest bestätigt und kontrolliert, da sie die Fundierung und Reproduktion sozialer Identität zum Ziel haben. Die soziale Identität der Trägergruppe der Pastoralbriefe ist eben wesentlich eine christliche, und zwar paulinisch-christliche Identität. Insofern läßt sich von *religiöser Kultur* sprechen, und genau das meint der Begriff παραϑήκη.

Dieses kulturelle Wissen, das die Pastoralbriefe vermitteln, ordnet und fundiert aber nicht nur die soziale Identität und Struktur der Ekklesía, sondern hat soteriologische Qualität. Denn das, was zum mitgeteilten Ereignis und bewahrenden Wissen geworden ist und als παραϑήκη bewahrt werden muß, ist die rettende Epiphanie Gottes selbst. Die Botschaft von seinem Heilswillen, die im Zeugnis Jesu Christi erschienen und im Evangelium des Paulus manifestiert ist, entfaltet ihre rettende Wirkung im Erkennen der Wahrheit und im rechten Lebenswandel.

Somit markieren die Pastoralbriefe eine wichtige Etappe auf dem Weg zur Entwicklung der Kultur des Christentums. Der Rückblick auf Paulus als Wissensmittler begründet neue kulturelle Identität, ist aber zugleich auch ein Abschluß. Als jüngste Schriften der Paulusbriefsammlung bilden die Pastoralbriefe quasi den dreistimmigen Schlußakkord des neutestamentlichen Paulinismus.

Bibliographie

ASSMANN, Aleida, *Was ist Weisheit?* Wegmarken in einem weiten Feld, in: Assmann, Aleida (Hrsg.), Weisheit. Archäologie der literarischen Kommunikation 3, München: Fink 1991, 15–44.

ASSMANN, Aleida / ASSMANN, Jan, *Exkurs: Archäologie der literarischen Kommunikation*, in: Pechlivanos, Miltos / Weitz, Michael (Hrsg.), Einführung in die Literaturwissenschaft, Stuttgart / Weimar: Metzler 1995, 200–206.

ASSMANN, Aleida / ASSMANN, Jan, *Das Geheimnis und die Archäologie der literarischen Kommunikation*. Einführende Bemerkungen, in: Assmann, Aleida (Hrsg.), Schleier und Schwelle. Geheimnis und Öffentlichkeit.

Archäologie der literarischen Kommunikation 5,1, München: Fink 1997, 7–16.

ASSMANN, Jan, *Das kulturelle Gedächtnis*. Schrift, Erinnerung und politische Identität in frühen Hochkulturen, München: Beck [2]1997.

BERGER, Klaus, *Wissenssoziologie und Exegese des Neuen Testaments*, in: Kairos 19 (1977), 124–133.

BERGER, Klaus, *Formgeschichte des Neuen Testaments*, Heidelberg: Quelle und Meyer 1984.

BERGER, Klaus, *Einführung in die Formgeschichte* (UTB 1444), Tübingen: Franke 1987.

BERGER, Peter L. / LUCKMANN, Thomas, *Die gesellschaftliche Konstruktion der Wirklichkeit*. Eine Theorie der Wissenssoziologie, Frankfurt/M.: Fischer 1998 (= [5]1977; amer. Orig. 1966).

BORNEMANN, Eduard / RISCH, Ernst, *Griechische Grammatik*, Frankfurt/M.: Diesterweg [2]1978.

BROX, Norbert, *Falsche Verfasserangaben*. Zur Erklärung der frühchristlichen Pseudepigraphie (SBS 79), Stuttgart: Kath. Bibelwerk 1975.

BULTMANN, Rudolf / LÜHRMANN, Dieter, Art. φαίνω etc., in: ThWNT IX (1973), 1–11.

CONZELMANN, Hans / LINDEMANN, Andreas, *Arbeitsbuch zum Neuen Testament* (UTB 52), Tübingen: Mohr [3]1977.

DAHL, Nils A., *Formgeschichtliche Beobachtungen zur Christusverkündigung in der Gemeindepredigt*, in: BZNW 21 (1954), 3–9.

DIHLE, Albrecht, Art. *Ethik*, in: RAC VI (1966), 646–796.

ERLEMANN, Kurt, *Endzeiterwartungen im frühen Christentum* (UTB 1937), Tübingen / Basel: Francke 1996.

FLASCHE, Rainer, Art. *Heil*, in: HRWG IV (1993), 66–74.

FOERSTER, Werner / FOHRER, Georg, Art. σῴζω etc., in: ThWNT VII (1964), 966–1022.

GIELEN, Marlis, Art. *Lasterkataloge*, in: LThK[3] VI (1997), 658–659.

GNILKA, Joachim, *Paulus von Tarsus*. Apostel und Zeuge, Freiburg u. a.: Herder 1996 (= HThK Suppl.).

HADOT, Pierre, *Philosophie als Lebensform*. Geistige Übungen in der Antike, Berlin: Gatza 1991.

HAHN, Alois, *Zur Soziologie der Weisheit*, in: Assmann, Aleida (Hrsg.), Weisheit. Archäologie der literarischen Kommunikation 3, München: Fink 1991, 47–57.

HAHN, Alois, *Soziologische Aspekte von Geheimnissen und ihren Äquivalenten*, in: Assmann, Aleida / Assmann, Jan (Hrsg.), Schleier und Schwelle. Geheimnis und Öffentlichkeit. Archäologie der literarischen Kommunikation 5,1, München: Fink 1997, 23–39.

HASLER, Victor, *Epiphanie und Christologie in den Pastoralbriefen*, in: ThZ 33 (1977), 193–209.

HENGEL, Martin, *Anonymität, Pseudepigraphie und »literarische Fälschung« in der jüdisch-hellenistischen Literatur*, in: Ders., Judaica et Hellenistica. Kleine Schriften I (WUNT 90), Tübingen: Mohr 1996, 196–251.

JANOWSKI, Bernd, *Rettungsgewißheit und Epiphanie des Heils*. Das Motiv der Hilfe Gottes »am Morgen« im Alten Orient und im Alten Testament. Bd. I: Alter Orient (WMANT 59), Neukirchen-Vluyn: Neukirchener 1989.

KLAUCK, Hans-Josef, *Die antike Briefliteratur und das Neue Testament*. Ein Lehr- und Arbeitsbuch (UTB 2022), Paderborn u. a.: Schöningh 1998.

KÜCHLER, Max, *Frühjüdische Weisheitstraditionen*. Zum Fortgang weisheitlichen Denkens im Bereich des frühjüdischen Jahweglaubens (OBO 26), Freiburg (Schweiz): Universitäts-Verlag / Göttingen: Vandenhoeck & Ruprecht 1979.

LAMPE, Peter / LUZ, Ulrich, *Nachpaulinisches Christentum und pagane Gesellschaft*, in: Becker, Jürgen u. a., Die Anfänge des Christentums. Alte Welt und neue Hoffnung, Stuttgart u. a.: Kohlhammer 1987, 185–216.

LAMPE, Peter, *Wissenssoziologische Annäherung an das Neue Testament*, in: NTS 43 (1996), 347–366.

LAUB, Franz, *Sozialgeschichtlicher Hintergrund und ekklesiologische Relevanz der neutestamentlich-frühchristlichen Haus- und Gemeindetafelparänese*. Ein Beitrag zur Soziologie des Frühchristentums, in: MThZ 37 (1986), 249–271.

LÖNING, Karl, *Epiphanie der Menschenfreundlichkeit*. Zur Rede von Gott im Kontext städtischer Öffentlichkeit nach den Pastoralbriefen, in: Lutz-

Bachmann, Matthias (Hrsg.), Und dennoch ist von Gott zu reden, FS Herbert Vorgrimler, Freiburg u. a.: Herder 1994, 107–124.

LÖNING, Karl, *»Gerechtfertigt durch seine Gnade« (Tim 3,7)*. Zum Problem der Paulusrezeption in der Soteriologie der Pastoralbriefe, in: Söding, Thomas (Hrsg.), Der lebendige Gott. Zur Theologie des Neuen Testaments, FS Wilhelm Thüsing, (NTA NF 31), Münster: Aschendorff 1996, 241–257.

LÖNING, Karl, *»Säule und Fundament der Wahrheit« (1 Tim 3,15)*. Zur Ekklesiologie der Pastoralbriefe, in: Kampling, Rainer / Söding Thomas (Hrsg.), Ekklesiologie des Neues Testaments, FS Karl Kertelge, Freiburg u. a.: Herder 1996, 404–430.

LÖNING, Karl, *Das Frühjudentum als religionsgeschichtlicher Kontext des Neues Testaments*, in: Frankemölle, Hubert (Hrsg.), Lebendige Welt Jesu und des Neues Testaments, Freiburg u. a.: Herder 2000, 48–68.

LÜHRMANN, Dieter, *Epiphaneia*. Zur Bedeutungsgeschichte eines griechischen Wortes, in: Jeremias, Gert / Kuhn, Heinz-Wolfgang / Stegemann, Hartmut (Hrsg.), Tradition und Glaube. Das frühe Christentum in seiner Umwelt, FS Karl Georg Kuhn, Göttingen: Vandenhoeck & Ruprecht 1971, 185–199.

LÜHRMANN, Dieter, *Neutestamentliche Haustafeln und antike Ökonomik*, in: NTS 27 (1981), 83–97.

MAIER, Johann, *Die Qumran-Essener:* Die Texte vom Toten Meer Bd. 2 (UTB 1863), München: Ernst Reinhardt 1996.

MÜLLER, Paul-Gerd, Art. ἐπιφάνεια, in: EWNT III (1983), 110–112.

MUMMENDEY, Amélie, *Verhalten zwischen sozialen Gruppen*: Die Theorie der sozialen Identität, in: Frey, Dieter (Hrsg.), Theorien der Sozialpsychologie Bd. 2: Gruppen- und Lerntheorien, Bern u. a.: Huber 1985, 185–216.

OBERLINNER, Lorenz, *Die »Epiphaneia« des Heilswillens Gottes in Christus Jesus*. Zur Grundstruktur der Christologie der Pastoralbriefe, in: ZNW 71 (1980), 192–213.

OBERLINNER, Lorenz, Die Pastoralbriefe, Erste Folge: *Kommentar zum Ersten Timotheusbrief* (HThK XI/2,1), Freiburg u. a.: Herder 1995.

OBERLINNER, Lorenz, Die Pastoralbriefe, Zweite Folge: *Kommentar zum Zweiten Timotheusbrief* (HThK XI/2,2), Freiburg u. a.: Herder 1995.

OBERLINNER, Lorenz, Die Pastoralbriefe, Dritte Folge: *Kommentar zum Titusbrief* (HThK XI/2,3), Freiburg u. a.: Herder 1996.

PAX, Elpidius, Art. *Epiphanie*, in: RAC IV (1962), 832–909.

PAX, Elpidius, Art. *Epiphanie I* und *II*, in: LThK III (1969), 940f.

RAUHUT, Franz, *Die Herkunft der Worte und Begriffe »Kultur«, »civilisation« und »Bildung«*, in: Rauhut, Franz / Schaarschmidt, Inge (Hrsg.), Beiträge zur Geschichte des Bildungsbegriffs, Weinheim/Bergstr.: Julius Beltz 1965, 11–22.

SCHMELLER, Thomas, *Schulen im Neuen Testament?* Zur Stellung des Urchristentums in der Bildungswelt seiner Zeit (HBS 30), Freiburg u. a.: Herder 2001.

SCHÖLLGEN, Georg, *Hausgemeinden, Oikos-Ekklesiologie und Monarchischer Episkopat.* Überlegungen zu einer neuen Forschungsrichtung, in: JAC 31 (1988), 74–90.

SCHULZ, Siegfried, *Die Mitte der Schrift.* Der Frühkatholizismus im Neuen Testament als Herausforderung an den Protestantismus, Stuttgart: Kreuz 1976.

STENGER, Horst / GEIßLINGER, Hans, *Die Transformation der sozialen Realität.* Ein Beitrag zur empirischen Wissenssoziologie, in: Kölner Zeitschrift für Soziologie und Sozialpsychologie 43 (1991), 247–270.

STENGER, Werner, *Timotheus und Titus als literarische Gestalten.* Beobachtungen zur Form und Funktion der Pastoralbriefe, in: Kairos 16 (1974), 252–267.

THEIßEN, Gerd, *Christologie und soziale Erfahrung.* Wissenssoziologische Aspekte paulinischer Christologie, in: Ders., Studien zur Soziologie des Urchristentums (WUNT 19), Tübingen: Mohr [2]1983, 318–330.

THEIßEN, Gerd, *Weisheit als Mittel sozialer Abgrenzung und Öffnung.* Beobachtungen zur sozialen Funktion frühjüdischer und urchristlicher Weisheit, in: Assmann, Aleida (Hrsg.), Weisheit. Archäologie der literarischen Kommunikation 3, München: Fink 1991, 193–204.

THRAEDE, Klaus, *Zum historischen Hintergrund der Haustafeln des Neuen Testaments*, in: Dassmann, Ernst / Frank, Karl Suso (Hrsg.), Pietas, FS Bernd Kötting (JAC Erg. 8), Münster: Aschendorff 1980, 359–368.

WAGENER, Ulrike, *Die Ordnung des »Hauses Gottes«*. Der Ort von Frauen in der Ekklesiologie und Ethik der Pastoralbriefe (WUNT II, 65), Tübingen: Mohr 1994.

WEGENAST, Klaus, *Das Verständnis der Tradition bei Paulus und den Deuteropaulinen* (WMANT 8), Neukirchen-Vluyn: Neukirchener 1962.

WOLTER, Michael, *Die Pastoralbriefe als Paulustradition* (FRLANT 146), Göttingen: Vandenhoeck & Ruprecht 1988.

ZENGER, Erich, *Eigenart und Bedeutung der Weisheit Israels*, in: Zenger, Erich u. a. (Hrsg.), Einleitung in das Alte Testament, Stuttgart u. a.: Kohlhammer [2]1995, 224–230.

Andreas Leinhäupl-Wilke

Rettet ein Buch?

Spurensuche in den Rahmenteilen des Johannesevangeliums

1. Vergewisserungen

»Die ihn aber aufnahmen, denen gab er die Macht, Kinder Gottes zu werden« (Joh 1,12). Mit dieser Aussage faßt der Prolog des Johannesevangeliums in knappster Form das identitätsstiftende Konzept zusammen, das sich
wie ein roter Faden durch das gesamte Buch zieht und das sich bei genauerem Hinsehen als so etwas wie das kommunikative Einverständnis
zwischen Autor und Leser manifestiert, kurz: das den Kommunikations-
prozeß, der sich über das Buch ereignet, wesentlich substituiert. Daß es sich
bei diesem roten Faden um ein Programm rettenden Wissens handelt, daß
also die zentrale Achse des Johannesevangeliums bestimmt ist durch eine
klare soteriologische Perspektive für die sich über das Buch verständigende
Erzählgemeinschaft, soll im vorliegenden Beitrag erarbeitet werden.

Rettet ein Buch? Um diese Frage auch nur ansatzweise mit Blick auf das
Johannesevangelium beantworten zu können, müssen wir uns zunächst
stichwortartig einige hermeneutischer Annahmen vergegenwärtigen, die
unseren Überlegungen zugrunde liegen.

a. Für die neutestamentlichen Evangelien – und damit auch für das Johannesevangelium – ist dabei zunächst der Hinweis auf die *Vermittlungsform
des Erzählens* unerläßlich. Erzählen hat erfahrungsvermittelnde Funktion:
Die Form der Erzählung nimmt Wirklichkeit auf und sucht produktiv mit
den Spannungen und Irrtümern der jeweiligen Zeit umzugehen, d. h. der

Gattung Erzählung eignet ein identitätsstiftender Charakter.[1] Das Erzählen
von Geschichten dient dazu, ein Wirklichkeitsverständnis als Alternative
gegen ein anderes Wirklichkeitsverständnis zu setzen. Erzählen läßt sich
definieren als »Kategorie der Rettung von Identität«[2].

b. Damit eng verbunden ist die Kategorie Erinnerung, die Jan Assmann
unter kulturwissenschaftlicher Perspektive mit dem Stichwort *Kulturelles
Gedächtnis* etabliert hat:[3] Mit Hilfe bestimmter Erinnerungsfiguren wird aus
individuellen Gedächtnisstrukturen ein kollektives Gedächtnis geschaffen,
das in der Lage ist, auf die Sinnbedürfnisse der jeweiligen Gegenwart zu
reagieren. Das kulturelle Gedächtnis zeichnet sich in diesem Zusammenhang dadurch aus, daß es – auch auf lange Sicht hin – faktische Geschichte
in erinnerte Geschichte transformiert. Wichtige Strukturhilfe dabei ist die
Ausbildung einer *Schriftkultur*, denn als »Prinzip einer kollektiven Identitätsstiftung und -stabilisierung«[4] entsteht durch Verschriftlichung dauerhaft
Identität als Widerstand gegen Unterdrückung.

c. Ein weiteres Stichwort ist *Intertextualität*. Aus sozio-linguistischer Per-
spektive haben die Amerikaner Malina und Rohrbaugh ein modifiziertes
Verfahren intertextuellen Verstehens entwickelt:[5] Durch die Aufnahme und
Neustrukturierung bestimmter Begriffe und Erzählzusammenhänge aus den
kulturellen Bedingungen, in denen man sich befindet, entsteht eine neue
Sprache, die in diesem Entwurf *antilanguage* genannt wird und für eine
besondere Gruppe identitätsstiftende Inhalte freisetzt. Die sich über den
Text verständigende Gemeinschaft avanciert auf diese Weise zu einer *anti-
society*, d. h. es entsteht eine Alternative zur *normalen* Gesellschaft. Nach
Malina / Rohrbaugh hieße das für das Johannesevangelium, daß sich die
johanneische Erzählgemeinschaft durch eine alternative und marginalisierte
Realität gegenüber der Welt auszeichnet, in der sie zu überleben versucht.[6]
Die Dialektik von *antilanguage* und *antisociety* bietet nicht einfach nur eine

---

[1] Vgl. zu diesen Überlegungen die Beiträge von METZ, *Apologie*; WEINRICH, *Theologie*.

[2] METZ, *Glaube*, 80.

[3] Vgl. ASSMANN, *Gedächtnis*.

[4] ASSMANN, *Gedächtnis*, 127.

[5] Neben verschiedenen Seminarpapieren und Aufsätzen sind zwei interessante Kommentare erschienen: MALINA / ROHRBAUGH, *Social Science Commentary on the Synoptic Gospels*; MALINA / ROHRBAUGH, *Social Science Commentary on the Gospel of John*.

[6] Vgl. MALINA / ROHRBAUGH, *Commentary*, 9.

spezielle Technik sprachlicher Verfahrensweise, sondern vielmehr eine echte alternative Konzeption von Wirklichkeit.

Mit diesen Vergewisserungen können wir uns unserem Untersuchungs-gegenstand – den Rahmenteilen des Johannesevangeliums[7] – und der ein-gangs gestellten Frage widmen. Anfang und Ende des Buches sind als text-licher Bezugsrahmen besonders geeignet, da sie als äußere Pole der Lektüre neuralgische Punkte für die konzeptionelle und inhaltliche Konsistenz des Werkes bilden. Dabei sollen zwei Zugangsweisen miteinander verschränkt werden: (a) Zu Beginn des Buches (1,1–18) wie auch in den Schlußpassa-gen (20,30f. und 21,24f.) findet – wie wir sehen werden – auf metanarrati-ver Ebene ein direkter Austausch zwischen Autor und Leser über unser Thema statt. (b) Die einzelnen Episoden der Rahmenteile spielen diese Grundaussage in unterschiedlichen Färbungen, mit variierten Erzählstrate-gien sowie mit Hilfe von besonderen Figuren und deren Beziehung zur Hauptfigur Jesus durch. Anhand dieser Figuren und deren Funktion für den Verlauf des Gesamtentwurfes soll gezeigt werden, wie die Wissenskonzep-tion auf der Ebene der erzählten Welt in Szene gesetzt wird. Beide Zugänge zusammengenommen ergeben eine weiterführende Perspektive: In ihrem Brennpunkt nämlich läßt sich die Verschränkung von innertextlicher und außertextlicher Wirklichkeit erahnen. Hier zeigt sich im Text selbst, in wel-chem Zusammenhang die fiktive Welt der Erzählung und die reale Welt der johanneischen Erzählgemeinschaft stehen.

2. Die metanarrativen Aussagen vom Anfang und vom Ende des Buches – oder: Warum man überhaupt etwas wissen muß

2.1 »Kinder Gottes werden ...!« – Zur Funktion des Prologs

Dem Prolog des Johannesevangeliums kommt aufgrund seiner deutlich vom Rest des Evangeliums abgesetzten literarischen Form sowie seiner exponier-ten Stellung eine besondere Funktion zu: Er kann als »Einstieg verstanden

---

[7] Als *Rahmenteile* bezeichnen wir den Prolog (1,1–18), die große Exposition (1,19 – 2,12) sowie die Kapitel 20 und 21.

werden, der die richtige Entschlüsselung der nachfolgenden Erzählung ermöglicht«[8]. Dabei bildet dieser Teiltext des Evangeliums allerdings weder
eine klassische Einleitung noch eine theologische Zusammenfassung des
Buches, er ist vielmehr Rückblick und Vorgriff zugleich, es besteht so etwas
wie ein dialektisches Verhältnis zwischen dem Prolog und dem Rest des
Evangeliums. Was hier festgelegt wird, ist der hermeneutische Rahmen,
innerhalb dessen eine gelingende Lektüre verläuft, oder wie Zumstein es
gesagt hat: Im Prolog wird ein »Lektürevertrag« abgeschlossen, in dem das
wissende Einverständnis zwischen Erzähler und Leser hergestellt wird, das
den Figuren der erzählten Handlung fehlt.[9] Aus dem vielschichtigen literarischen und theologischen Angebot, das diese achtzehn Verse machen,[10] sind
für unsere Frage folgende Anmerkungen relevant:

Der Prolog bildet einen Lektürevertrag von fundamentalster Bedeutung, da
er den Leser des Buches bei der Frage nach dessen eigener Identität zum
absoluten Anfang zurückführt. Es geht nicht um einen zeitlichen Anfangs-
punkt, der eine kontinuierliche Linie eröffnet, sondern »es geht um die Bezeichnung des Anfangsgrundes, des schlechthinnigen Ursprungs, auf den
die folgende Erzählung bezogen ist, in dem sie gründet.«[11] Mit dem Einstieg
ἐν ἀρχῇ stellt der Autor den ersten und auffälligsten intertextuellen Bezug
her: Er erinnert an den Anfang seiner eigenen Bibel. Daß hier eine Verbindung zu Gen 1,1 hergestellt wird, liegt auf der Hand. Der Gesamtentwurf
wurzelt unmittelbar auf dem Boden ersttestamentlich-jüdischer Tradition.
Der Gott Israels, der in Gen 1 als Schöpfer der Welt vorgestellt wird, ist
auch für die Inhalte des folgenden Buches verantwortlich, allerdings in einer
modifizierten Variante, denn ganz entscheidend ist nun die Verbindung mit
dem Logos, der als eigenständig handelndes Subjekt eingeführt und später
als Jesus von Nazaret identifiziert wird.

---

[8] ZUMSTEIN, *Prozess*, 21.

[9] Vgl. ZUMSTEIN, *Prolog*, 88. Zumstein weist darauf hin, daß v. a. das Stilmittel der
Ironie, welches das gesamte Buch durchzieht, über dieses gemeinsame Wissen von
Erzähler und Leser überhaupt erst verstehbar wird.

[10] Zur literarischen und theologischen Struktur des Prologs vgl. aus der Vielzahl der
Beiträge LÖNING, *Anfang*, 90–104.

[11] WENGST, *Johannesevangelium (1)*, 42. Vgl. auch LÖNING, *Anfang*, 95: »Das Wissen,
das der fleischgewordene Logos als Offenbarer erschließt, ist ursprüngliches Wissen
schlechthin, das im ursprünglichen Verhältnis des Logos zu Gott gründet. Dieses Wissen ist göttlicher Art.«

Wichtig ist weiterhin die Anlehnung an den jüdischen Weisheitsmythos.[12]
Das präexistente Sein bei Gott, die Anwesenheit beim Schöpfungsakt, das
Kommen in die Welt, alles das sind Komponenten, wie sie der Leser aus
Sir 24, Spr 8,22ff., Bar 3,9 – 4,4, Weish 9 kennt: Der personifizierten Weisheit – in allen Fällen trotz des angesprochenen uranfänglichen Seins deutlich von der Seinsweise Gottes unterschieden – kommt eine Mittlerfunktion
zwischen Himmel und Erde zu. Ihre Aufgabe ist es, »Gott dem erkennenden
und denkenden Menschen«[13] zu erschließen. In Sir 24 wird dieser Vermitt-
lungsvorgang fokussiert auf das Finden einer geeigneten Ruhestätte im Volk
Israel, d. h. die Tiefendimension des Weisheitsmythos besteht in der Ver-
schmelzung von »universaler Urgeschichte und exklusiver Heilsgemein-
de«[14]. Der Johannesprolog, der nicht zuletzt über das Stichwort »Wohnen«
(1,14) mit diesen Überlegungen verknüpft ist, bietet zunächst jedoch eine
tragische Variante an, wie sie im frühjüdischen Bereich etwa äthHen 42
favorisiert:[15] Die Weisheit bleibt bei ihrer Suche nach einer Wohnung unter
den Menschenkindern erfolglos, kehrt an ihren Ort zurück und nimmt bei
den Engeln ihren Sitz ein; statt dessen kommt die Ungerechtigkeit aus ihren
Kammern und wohnt bei den Menschen. Ein ähnliches Schicksal widerfährt
dem Logos: Er kommt in die Welt, wird von der Welt jedoch nicht erkannt
(V. 10), und die Seinen nehmen ihn nicht auf (V. 11). Was sich hier nieder-
schlägt, ist die apokalyptisch radikalisierte Form des Weisheitsdenkens, eine
Reflexion über das rettende Eingreifen Gottes in den Lauf der Geschichte,
wie wir sie grundlegend im Danielbuch vorfinden. Das entsprechende Weltbild ist bestimmt durch den Verfall der Welt und durch das unaufhaltsame
Zulaufen auf einen Äonenwechsel (vgl. Dan 2). In einem solchen Szenario
stellt sich das apokalyptisch-weisheitliche Wissen als Medium dar, um die
endzeitliche Katastrophe zu überstehen und in einer von Ungerechtigkeit
beherrschten Welt den eigenen Ort zu finden. Apokalyptisches Wissen ist
im Sinne dieser Texte göttliches Geschenk, es ist das exklusive Wissen einer marginalisierten Gruppe, das sich durch die Gewißheit des baldigen
Eingreifens Gottes zur Beendigung der Unheilsgeschichte auszeichnet, d. h.

---

[12] Vgl. zu diesem Punkt grundlegend sowie in aller Ausführlichkeit KÜCHLER, *Weisheitstraditionen* sowie SCHIMANOWSKI, *Weisheit*; KUSCHEL, *Zeit*.

[13] SCHIMANOWSKI, *Weisheit*, 35.

[14] SCHIMANOWSKI, *Weisheit*, 60.

[15] Vgl. dazu KÜCHLER, *Weisheitstraditionen*, 65–87.

es handelt sich um ein dezidiert *rettendes Wissen*.[16] Der Prolog legt mit
diesem Rückgriff auf die apokalyptische Spielart des Weisheitsmythos die
Regeln der Lektüre in eindeutiger Weise fest.

In V. 11f. formuliert der Autor diesbezüglich allerdings einen Gegensatz
zwischen *den Seinen* und *den Kindern Gottes*. Während die einen den Logos
nämlich nicht annehmen, erhalten die anderen aufgrund der Tatsache, daß
sie ihn annehmen und daß sie an seinen Namen glauben, die Macht, Kinder
Gottes zu werden. Über das Stichwort »er kam in sein *Eigentum*« wird hier
die Beziehung Gottes zu seinem Volk Israel eingespielt,[17] so daß die textliche Fiktion ein Konkurrenzverhältnis zwischen *Israel* und einer als *Kinder
Gottes* bezeichneten Gruppe aufbaut. Wie dies zu bewerten ist, läßt sich
über den in V. 10 eingeführten *Kosmos*-Begriff eruieren: Der Kosmos fungiert als Territorium der Abweisung des Logos und bleibt auch für den weiteren Verlauf des Buches der fiktive Raum der Auseinandersetzung der Wir-
Gruppe mit dem *Rest der Welt*. Grundsätzlich verbirgt sich hinter dem Begriff Kosmos das Bild für Gottes gute Schöpfung, das allerdings die apokalyptisch-weisheitliche Tradition zu einer oppositionellen Vorstellung von
der Welt als dem Ort des Ungehorsams der Menschen auf der einen und
dem Ort Gottes auf der anderen Seite modifiziert, d. h. es wird eine Scheidung zwischen *dieser* und *jener Welt* aufgebaut.[18] Diese Diskrepanz kennzeichnet der Prolog durch die Opposition *Licht – Finsternis* (V. 4f.): Gottes
rettende Liebe wird durch den Auftritt des Logos als *erleuchtendes Licht*
jedem Menschen zugesagt (V. 9). Die soteriologische Funktion des Kommens des Logos erhält damit einen grundsätzlich inklusiven, ja universalen
Charakter, d. h. sie muß nicht auf eine bestimmte Gruppe beschränkt sein,
sondern ist für den gesamten Kosmos möglich.[19] Damit ergibt sich eine
paradoxe Situation, nämlich auf der einen Seite die exklusive Abgrenzungsstrategie, auf der anderen die inklusive Rettungsperspektive. Und genau
darin liegt die Spitze der johanneischen Konzeption: Die eschatologische
Rettung ist tatsächlich einer sich in der Situation der Ausgrenzung befindli-
chen Gruppe vorbehalten, die sich über ein exklusives Wissen in Bezug auf
die Offenbarung Gottes definiert. Indem das Kommen Gottes zu den Men-

---

[16] Vgl. LÖNING, *Anfang*, 103.

[17] Vgl. etwa in Ex 19,5 oder Sir 24,12.

[18] Vgl. als Verweistexte etwa 4 Esr 4,26ff.; äthHen 48,7; Jub 10,1ff.

[19] Vgl. HASITSCHKA, *Befreiung*, 127–131.

schen in der realen Person des Jesus von Nazaret vollzogen wird, besteht
jedoch auch über diesen kleinen Kreis der kognitiven Minderheit hinaus die
Möglichkeit der Rettung. Das alles entscheidende Kriterium, ob der Kosmos
das von Gott geschenkte Heil annimmt oder sich dem Offenbarungs-
geschehen verschließt, ist die Relation zur Hauptfigur des Buches. Der narrative Täufereinschub (V. 6f.) bietet dafür die strategische Vorgabe: *Zeugnis
ablegen für das Licht* heißt das alternative Handlungsschema, über das alle
die Möglichkeit zum *Glauben an ihn* erhalten. Dies wird in V. 16 noch einmal explizit bestätigt: »Aus seiner Fülle haben *wir alle* empfangen Gnade
über Gnade«. Die oppositionelle Struktur des Teiltextes hat also nichts zu
tun mit einem Ablösungsmodell in Bezug auf das Judentum, sondern legt
lediglich die Spielregeln für die Überwindung der von der Welt selbst geschaffenen Problemlage fest: Sie besteht in der »durchdringenden Erkenntnis der Menschwerdung und ihrer Geschichte in ihrer ganzen Bedeutung für
Welt und Geschichte der Menschen«[20].

Daß dem tatsächlich so ist, untermauert der explizite Eintrag des kulturellen
Wissens (V. 17): Mose und die Gabe der Gesetze werden als fundamentale
Instanz angeführt, d. h. der Autor spielt auf »eines der konstitutiven Elemente des alttestamentlich-jüdischen Glaubens, auf die Offenbarungshand-
lung par excellence (Ex 24; 34), durch die Gott seine Herrlichkeit enthüllt
(Ex 24,15–16)«[21], an. Wenn im gleichen Atemzug gesagt wird, daß die
Gnade und die Wahrheit durch Jesus Christus geworden sind, so läßt sich
vom textlichen Befund her auch an dieser Stelle kein inhaltlicher Gegensatz
ausmachen, vielmehr geht es »auch an dieser Stelle um die Einheit Gottes,
des Gottes Israels«[22]. Beide Vorgänge sind auf ihre Weise Vollzugsformen
der Offenbarung Gottes. Was in der Sinai-Offenbarung initialisiert wurde,
wird nun durch die Offenbarung des Logos für die Wir-Gruppe neu und in
unüberbietbarer Weise greifbar gemacht.[23]

Halten wir fest: Der Prolog ist so etwas wie der Stiftungstext für das Wissen
der Wir-Gruppe auf metareflexiver Ebene. Das, was über den Logos vorgetragen wird, muß der Rest des Buches an der realen menschlichen Gestalt
des Jesus von Nazaret noch durchspielen. Der Leser kann die Lektüre dieses

---

[20] BLANK, *Krisis*, 197.

[21] ZUMSTEIN, *Prolog*, 90.

[22] WENGST, *Johannesevangelium (1)*, 72. Vgl. dazu auch LÖNING, *Anfang*, 101–104.

[23] Vgl. dazu auch SCHENKE, *Christologie*, 448f.

Buches auf dieser Grundlage gelassen angehen, denn der Spannungsbogen von schlechthinnigem Anfang und Fleischwerdung bietet das sichere Wissen der Rettung, oder formulieren wir es anders: Präexistenz und Inkarnation beschreiben gewissermaßen einen Kausalzusammenhang zugunsten der Menschen: »Theologie und Soteriologie fallen zusammen.«[24]

2.2 Zwei Schlüsse für ein Buch? – Eine Sache der Perspektive!

Neben dem Prolog fallen im Blick auf das gesamte Evangelium am deutlichsten die beiden Buchschlüsse (20,30f. und 21,24f.) aus der Ebene der erzählten Welt heraus.

Ganz behutsam setzt dieser Vorgang am Ende der johanneischen Ostergeschichten (20,30f.) ein. Der Übergang von der Ebene der erzählten Welt hin zur metanarrativen Verständigung wird Schritt für Schritt vorgenommen: Während V. 30 noch über die Taten Jesu vor seinen Jüngern spricht, dabei allerdings schon reflektierenden Charakter besitzt, wendet sich V. 31 explizit an die Leser des Buches. Die Spitzenaussage findet sich genau an der Schnittstelle der beiden Verse, wo das, was nicht geschrieben ist, dem gegenübergestellt wird, was geschrieben ist. Dabei sind die *vielen anderen Zeichen* Jesu[25] für die Pragmatik *dieses Buches* weniger relevant als diejenigen, die im Verlauf der vorangehenden Lektüre zu rezipieren waren. Die Substitution ταῦτα bezieht sich in diesem Zusammenhang nicht ausschließlich auf die Zeichen Jesu, sondern fungiert als zusammenfassender Rückblick auf den gesamten Verlauf des Evangeliums.[26] Die schriftliche Fixierung, von der wir in unseren Ausgangsüberlegungen gesprochen hatten, wird für dieses Buch also explizit als konstitutives Rahmenelement genannt, oder formulieren wir es anders: Das *(Auf-)Schreiben* der erzählten Geschichte bietet für die johanneische Erzählgemeinschaft langfristig so etwas wie ein identitätssicherndes Faktum. Warum dem so ist, wird in V. 31 mit direktem Stichwortbezug zum vorangehenden Textblock weiter ausgeführt:

---

[24] ZUMSTEIN, *Prolog*, 96.

[25] Hier besteht eine Stichwortverbindung zur großen Exposition, die mit diesem Begriff abgeschlossen wird (2,11); vgl. LÖNING, *Anfang*, 118.

[26] Vgl. WENGST, *Johannesevangelium (2)*, 305: »Indem Johannes unter diesem Begriff hier auf sein gesamtes Werk zurückblickt, weitet er ihn auf das in ihm dargestellte Wirken Jesu überhaupt aus.«

Der Faktor Glauben, der den Verlauf der Osterepisoden bestimmt, wird nun auch für den Leser des Buches als maßgeblich qualifiziert. Allerdings muß der Leser sich nicht den gleichen Bedingungen aussetzen wie zuvor die Figuren der erzählten Welt. Für ihn ist der Weg zur Erkenntnis viel einfacher: Das Buch selbst ist der Grund dafür, daß der Leser glauben und daraus Lebensperspektiven entwickeln kann. Um zu glauben, hat er nur eine einzige Bedingung zu erfüllen: Er muß das Buch lesen! Der Schluß des 20. Kapitels nimmt damit die Perspektive des Lesers ein: »damit *ihr* glaubt«; »damit *ihr* Leben habt in seinem Namen«, oder wie Wengst es zusammenfaßt: »Das lesende Durchschreiten des Evangeliums, das im Nachgehen des Weges Jesu Gott begegnet, will zu solchem Glauben, solchem Vertrauen führen.«[27] Dieser Glaube, für den das Buch als Garant steht, ist durch zwei Größen näher definiert: Auf der einen Seite bekräftigt der Autor die christologische Ausrichtung seines Entwurfes durch den Hinweis, daß es sich um den Glauben an Jesus, den *Christus* und den *Sohn Gottes,* handelt (vgl. auch die Verbindung zur großen Exposition 1,34.41).[28] Gerade deshalb birgt dieser Glaube auf der anderen Seite die Sicherheit, *Glauben in seinem Namen* zu haben, d. h. die Ausrichtung des Buches weist für den Leser eine deutlich soteriologische Perspektive auf.[29] Mit Zumstein können wir den Charakter dieser Verse folgendermaßen zusammenfassen: »Am Ende der Erzählung trifft der Leser auf den hermeneutischen Schlüssel, mit dessen Hilfe er überprüfen kann, ob seine Lektüre sachgemäß erfolgte.«[30]

Mit ganz ähnlichen Mitteln arbeitet auch der zweite Buchschluß (21,24f.), weist dabei jedoch eine andere Perspektive auf. Die letzte Szene des narrativen Teils (21,20–23) führt den Leser bereits deutlich an die Grenze zwi-

---

[27] Vgl. LÖNING, *Anfang*, 118: »Er [d. i. der Leser, A. L.-W.] ist in der Geschichte immer schon als der an der Handlung Interessierte vorgesehen gewesen. Jetzt wird ihm darüber hinaus gezeigt, daß er in diesem Buch gesucht worden ist als der eigentlich verständige Schüler Jesu.«

[28] Vgl. SCHENKE, *Christologie*, 448f.: »Es dürfte somit in 20,31 auf Jesus der Ton liegen, in dem Sinne, daß dieser Mensch *Jesus* von Nazaret der *Sohn Gottes* war und ist. Das vom Leser offenbar längst im Bekenntnis angenommene und ausgesprochene Wissen: ,*Der Logos ist Mensch (Fleisch) geworden, und wir haben seine Herrlichkeit geschaut*' (1,14) soll durch die erzählten Zeichen Jesu als glaubwürdig erwiesen werden.« (Hervorhebungen im Original).

[29] Vgl. ZUMSTEIN, *Lektüre*, 186.

[30] ZUMSTEIN, *Lektüre*, 186f.

schen der erzählten Welt und der metanarrativen Verständigung, wobei das Schicksal des Lieblingsjüngers ganz entscheidend ist. Dieser *Jünger* wird in V. 24 in zweifacher Funktion vorgestellt, nämlich erstens als derjenige, der *Zeugnis* ablegt über die vorangehend beschriebenen Ereignisse und zweitens als derjenige, der diese Ereignisse selbst *aufgeschrieben* hat. Die erste Funktion stellt eine deutliche Korrelation zu der mit Johannes dem Täufer im Prolog begonnen Linie her, wobei das Zeugnis im Fall des Lieblingsjüngers noch explizit durch das Attribut ἀληθής qualifiziert wird. Letzteres ist deshalb so interessant, weil es mit Hilfe einer *Wir-Form* (οἴδαμεν) aus der Perspektive des Autors zum gemeinsamen Wissensgut der johanneischen Erzählgemeinschaft erhoben wird.[31] Die zweite Funktion evoziert eine der meist diskutierten Fragen in bezug auf das Johannesevangelium: Ist der Lieblingsjünger der Autor dieser Schrift? Wir werden am Ende des Beitrags auf diese Frage zurückkommen. An dieser Stelle nur so viel: Indem der Lieblingsjünger, der immer wieder als idealer Schüler auffällt (13,23ff.; 18,15f.; 19,26.35; 20,4ff.), mit seinem Zeugnis für die Wahrheit des Aufgeschriebenen bürgt, kommt dem vorliegenden Buch in seiner Gesamtheit auf Dauer höchste Autorität zu.

In V. 25 knüpft der Autor an den ersten Schluß des Buches (20,30f.) an. Zwar verzichtet er dabei auf die Wiederholung des Zeichenbegriffs, er stellt jedoch fest, daß es noch vieles andere gibt, was Jesus getan hat, und daß, wenn all das eins nach dem anderen geschrieben würde, die ganze Welt die dann geschriebenen Bücher nicht fassen würde. Der Autor trifft offensichtlich eine Auswahl hinsichtlich des Erzählenswerten über die Hauptfigur Jesus, und genau in dieser Auswahl liegt das identitätsstiftende Wissen für die spezielle johanneische Erzählgemeinschaft. Gleichzeitig öffnet der Autor damit im letzten Vers sein Werk: »Er bringt das schon abgeschlossene Evangelium gleichsam zum Überlaufen«[32], d. h. die in sich schlüssige Konzeption des Kommens Gottes in Jesus von Nazaret bleibt offen, womit wir

---

[31] Vgl. WENGST, *Johannesevangelium (2)*, 326: »Hier in V. 24 faßt er sich mit seiner Leser- und Hörerschaft zusammen, weil es um das sozusagen experimentell gewonnene und zu gewinnende Wissen derjenigen geht, die sich auf das im Evangelium gegebene Zeugnis eingelassen haben und einlassen möchten und es als für ihr Leben tragfähig erfahren.«

[32] WENGST, *Johannesevangelium (2)*, 328. Wengst vergleicht dies mit dem aus der rabbinischen Tradition bekannten Bild von der »Unerschöpflichkeit der auf der Tora gründenden Lehre«.

wieder bei jenem inklusiven Charakter wären, wie wir ihn im Prolog ausfindig gemacht haben.

Daß es sich bei diesem zweiten Schluß um die Perspektive des Autors handelt, macht die Ich-Form (οἶμαι) mehr als deutlich. Daß die letzten beiden Worte des gesamten Evangeliums *Schreiben* und *Bücher* heißen, expliziert erneut das hermeneutische Anliegen der metanarrativen Rahmenpassagen. Es geht tatsächlich um die Verständigung zwischen Autor und Leser und um eine Strategie zur Entwicklung einer gemeinsamen Lebensperspektive. Das Medium hierzu ist das Buch, das als gemeinsamer Wissensbestand dient. Damit ist auch gleichzeitig die Frage beantwortet, wie man Wissen erlangt: Man kann dem Offenbarungsmittler nicht mehr persönlich begegnen. Die Beziehung zu ihm wird nun über das Buch vermittelt. Erzählen, Erinnern und Wissen spielen hier eine entscheidende Rolle. Was sich genau hinter dieser Trias verbirgt, läßt sich in den narrativen Passagen der Rahmenteile und v. a. in der Zeichnung der eingesetzten Erzählfiguren ausmachen.

3. Die Figuren der »großen Exposition« (1,19 – 2,12) – oder: Was man wissen muß

3.1 Johannes der Täufer – Verbindungsglied zwischen Himmel und Erde (1,19–34)

Über Johannes den Täufer ist der Prolog mit dem narrativen Teil des Evangeliums verbunden. Mit Hilfe einer überschriftartigen Bemerkung (1,19) wird diese Erzählfigur, die übrigens an keiner Stelle des Buches mit der Funktionsbezeichnung *Täufer* versehen ist,[33] in den Duktus der erzählten Welt eingeführt. Die Stichwortverbindung über μαρτυρία macht die enge Verknüpfung deutlich: War dort grundsätzlich die Rede vom Zeugnis für das Licht (1,6 – 8,15), muß sich die μαρτυρία nun in einem ganz konkreten Fall bewähren: Eine Gesandtschaft aus Jerusalem trifft bei Johannes ein, um nach dessen Identität zu fragen.

---

[33] Vgl. dagegen z. B. Mk 1,14.

Die narrative Struktur dieser Episode (1,19–28)³⁴ ist schnell auf den Punkt gebracht: Der erste Teil (1,19–23) besteht aus drei Gesprächssequenzen, in denen Johannes jeweils nach einer möglichen Identität (der Gesalbte, Elija, der Prophet) gefragt wird und dreimal die Zuweisung verneint. Im zweiten Teil (1,24–28) wechselt dann die Fragerichtung der Gesandten und zielt auf den Sinn der Taufe. Die Antwort des Täufers ist zweigeteilt: In einem ersten Durchgang (V. 23) wird ihm ein Jesaja-Zitat (Jes 40,3) in den Mund gelegt, mit Hilfe dessen er seine eigene Identität »unter Berufung des kanonischen Wissens der jüdischen Religion«³⁵ chiffrieren kann. Der zweite Teil besteht wiederum aus drei Komponenten: Erstens qualifiziert Johannes seine eigene Taufe als Wassertaufe (V. 26) und grenzt sie damit gegen irgendeine, nicht näher bestimmte Art von Taufe ab. Zweitens weist die Antwort auf die Unwissenheit der Emissäre hin, da diese *den* nicht erkennen, der *mitten unter ihnen* (μέσος ὑμῶν) steht und um den es eigentlich gehen müßte (V. 26). Und drittens setzt er sich zu diesem bisher Unbekannten in Relation: Es handelt sich um jemanden, der nach ihm kommt und dessen Sandalriemen er nicht würdig ist zu lösen (V. 27). Nach dieser komplexen Antwort werden die Jerusalemer Gesandten ohne weitere Bemerkung aus der Szenerie ausgeblendet. Ihr Wissensdefizit hinsichtlich der Identität des Johannes hat sich nicht aufgelöst. Die Kommunikation zwischen Johannes und den Gesandten aus Jerusalem scheitert damit auf ganzer Linie, d. h. die Identifizierung des Ankündigenden mißlingt genauso wie die des Angekündigten für das Establishment der religiösen Metropole Jerusalem, was noch dadurch untermauert wird, daß der abschließende V. 28 in der Art eines Autorkommentars eigens darauf hinweist, daß sich das Geschehene »in Betanien, jenseits des Jordan« zugetragen hat. Für die Wissenskonzeption des Buches ergeben sich aus der Erzählstrategie bis zu dieser Stelle folgende Schwerpunkte:

Die Figur Johannes übernimmt eine Brückenfunktion zwischen der mythischen Darstellung des Prologs und dem narrativen Verlauf des übrigen Buches. Dies wird semantisch v. a. über das Zeugnis-Motiv zum Ausdruck gebracht. Johannes ist der erste, durch Gott selbst legitimierte Zeuge der Offenbarung. Das Zeugnis des Johannes richtet den Gang der erzählten

---

³⁴ Wie vielfach angemerkt, ist die große Exposition mit Hilfe eines Tagesschemas gegliedert. Dadurch entstehen in Kapitel 1 über die dreimalige Wiederholung der Formel »am folgenden Tag« (1,29.35.43) vier Episoden, die Schilderung der Hochzeit zu Kana (2,1–12) ist als fünfte Episode über die Formel »am dritten Tag« angeschlossen.
³⁵ LÖNING, *Anfang*, 111.

Handlung auf den Logos aus, der im weiteren Verlauf als Jesus von Nazaret identifiziert werden wird. Das Zeugnis-Motiv – in der frühjüdischen Literatur häufig als dezidiertes Offenbarungsmoment eingesetzt[36] – durchzieht das Johannesevangelium wie ein roter Faden,[37] wobei stets ein Geschehen göttlicher Offenbarungsmitteilung im Hintergrund steht. Der Begriff μαρτυρία avanciert damit in der ersten Episode zu einer eröffnenden *In-Group-Vokabel*, d. h. die spezifische Verwendung dieses Motivs bildet das Fundament einer gemeinsamen Identitätsvergewisserung.

Die *Identität* des Täufers Johannes wird zunächst als *Nicht-Identität* zum Ausdruck gebracht. Die drei verneinten Titel (Gesalbter, Elija, Prophet) weisen allesamt eschatologische Konnotationen im Sinne des im Hintergrund stehenden kulturellen Wissens auf.[38] Die spannungsreiche Inszenierung verdeutlicht ein Grundanliegen der johanneischen Offenbarungstheologie: Es geht um die Suche nach der Weisheit in ihrer radikalsten Form. Indem Johannes diese Titel für seine Person zurückweist, erscheint er zunächst als der, der er nicht ist. Die semantischen Gehalte der Titel bieten für den Leser zu Beginn des Buches eine Grundsatzbestimmung, aus der er bei der weiteren Lektüre eschatologische Gehalte erinnern und aktualisieren kann.

Der direkte Verweis auf die Schrift (Jes 40,3) führt diese Linie fort: Johannes fungiert auf der Erzählebene als Rezipient jüdischer Tradition und eröffnet dem Leser damit den Deuterahmen für das gesamte Evangelium: Identitätsstrukturen werden über die Verarbeitung von bekanntem Wissen aus der eigenen Kultur installiert.[39]

Schließlich ist auf die auffällige Diskrepanz der Ortsangaben hinzuweisen: Das Wissen um die Offenbarungsgeschichte Gottes läuft – jedenfalls im

---

[36] Vgl. dazu die ausführliche Zusammenstellung bei BEUTLER, *Martyria*, 75–168.

[37] Die vielen Verweisstellen im Johannesevangelium lassen sich über die Subjekte ordnen, die Zeugnis ablegen: Jesu Selbstzeugnis (z. B. 5,31f; 8,31), das Zeugnis des Vaters (5,32.37), das Zeugnis der Jünger (15,27), das Zeugnis der Menge (12,17). Ebenfalls als Zeugnissubjekte fungieren die Werke (5,37), die Schriften (5,39) und nicht zuletzt der Geist (15,26f.).

[38] Zum Stichwort Gesalbter vgl. neben den einschlägigen Lexikonartikeln HAHN, *Hoheitstitel*, 67–132. Zur Elija-Tradition vgl. ZELLER, *Elija*, 154–171. Die religionsgeschichtlichen Hintergründe des Propheten-Titels beschreibt sehr ausführlich KRÄMER, προφήτης, 783–795.

[39] Vgl. dazu ZENGER, *Gott*, 15–22.

Sinne des Johannesevangeliums – an Jerusalem vorbei. Die Rolle des Täufers Johannes als Verbindungsglied zwischen Himmel und Erde wird konsequent auf horizontaler Ebene weitergedacht, um auch für die konkrete
Situation des Lesers die entsprechenden Weichen zu stellen.

Die sich anschließende zweite Episode (1,29–34) setzt das Zeugnis des Johannes in Monologform weiter fort. Nachdem im einleitenden Vers zu dieser Rede (1,29) die Hauptfigur Jesus explizit genannt und über den Wahrnehmungsvorgang *Sehen* in den Duktus der Handlung eingeführt ist, folgt
ein zweiteiliger Monolog,[40] für den in der Erzählung nicht eindeutig geklärt
ist, welchen Adressatenkreis er anspricht. Das komplexe Argumentations-
gebilde läßt sich im wesentlichen auf drei Thesen reduzieren: Jesus ist erstens das *Lamm Gottes*, das die *Sünden der Welt* hinwegnimmt (V. 29).
Jesus ist zweitens der *Präexistente* (V. 30). Jesus ist drittens der *Sohn Gottes*
(V. 34c). Damit ändert sich deutlich die Zugangsweise zu den identitätsstiftenden Modi, denn nun ist einzig und allein die Identität Jesu ausschlagge-
bend, oder anders gesagt: Rettendes Wissen wird nun über christologische
Zusammenhänge formatiert. Durch die Identifizierungszuweisungen *Lamm
Gottes*, *Präexistenz* und *Sohn Gottes* entsteht ein Bild, das in der Form theo-
logischer Kategorien die eschatologisch-soteriologische Funktion des
Kommens Jesu qualifiziert. Alle drei lassen sich religionsgeschichtlich in
die weisheitlichen Traditionen ersttestamentlich-frühjüdischer Provenienz
einordnen[41] und setzen somit die in der ersten Episode begonnene Linie des
Erinnerungspotentials fort.

Als Begründung für das Wirken des Täufers wird die *Offenbarung Jesu vor
Israel* angegeben, die Wassertaufe also als ausschlaggebendes Element am
Beginn der hier vorgestellten Offenbarungsgeschichte benannt (V. 31). Die
Aufgabe des Täufers liegt im wahrsten Sinne des Wortes darin, das *Sicht-
bar-Werden* der sich in Jesus ereignenden Wirklichkeit Gottes zu initialisie-
ren. Johanneische Offenbarungstheologie wird im Laufe des Buches durch

---

[40] Die Zweiteilung ergibt sich durch den Einschnitt in V. 32 »Und es bezeugte Johannes,
sagend …«. Über das Stichwort *Bezeugen* ist einerseits der Bezug zur ersten Episode
hergestellt, andererseits wird der zweite Teil der vorliegenden Rede besonders pointiert.

[41] Umfassende Ausführungen zur Semantik und zu den religionsgeschichtlichen Hintergründen des Begriffs Lamm Gottes finden sich bei HASITSCHKA, *Befreiung*. Zur Prä-
existenzvorstellung im Johannesevangelium vgl. KUSCHEL, *Zeit*, sowie HABERMANN,
Aussagen. Die einzelnen Schattierungen des Stichworts Sohn Gottes hat RINKE, *Kerygma*, 135ff., zusammengestellt.

Wahrnehmungsvokabeln (Sehen, Hören, Erkennen, Wissen, Erinnern) konkretisiert,[42] d. h. in bezug auf die Autor-Leser-Kommunikation wird ein
Einverständnis hinsichtlich der heilsmächtigen Wirksamkeit Gottes auch für
die eigene Situation erzielt. Das Stichwort Offenbarung verbindet die literarische Fiktion der Jesusgeschichte mit den realen Gegebenheiten der johanneischen Erzählgemeinschaft, das Sichtbarwerden Gottes in Jesus von
Nazaret verschmilzt mit dem gemeinsamen Wissen um die mögliche Rettung eigener Identitätsstrukturen. Daß in diesem Zusammenhang explizit
von der *Offenbarung vor Israel* die Rede ist, stellt dieses Konzept eindeutig
in Kontinuität zur jüdischen Tradition und hält gleichzeitig die Möglichkeit
der Realisierung der Offenbarung auch gruppenübergreifend für das gesamte Volk fest. Der Autor baut seine Abgrenzungsstrategie konsequent gegen
die Gesandten aus der religiösen und politischen Metropole auf und bezieht
dies im weiteren Verlauf des Buches auf die Gegner, die mit der Bezeichnung Ἰουδαῖοι versehen sind. Über die Täuferfigur wird gleich zu Beginn der
Lektüre eindeutig geklärt, daß das Kommen des Logos die kontinuierliche
Fortführung der Offenbarungsgeschichte Gottes mit Israel bedeutet und daß
die Auseinandersetzung mit den in der textlichen Fiktion eingesetzten Gegnern als Abarbeiten einer innerjüdischen Konfliktgeschichte zu lesen ist.[43]

Unterstützt wird dies durch den Hinweis, daß das Wissen des Täufers auf
seine bereits aus dem Prolog bekannte göttliche Berufung zurückgeht. In
V. 33 spricht der Täufer über diese Berufung durch Gott und zitiert dabei
das Wort, mit dem Gott ihm das für die Ausführung seiner Sendung erforderliche Wissen mitteilt. Dieses Wort liefert die Begründung sowohl für die
Wassertaufe als auch dafür, daß der Geist in der Form einer Taube als Er-
kennungszeichen für den Angekündigten zu verstehen ist. Auf der Ebene
Text im Text wird auf diese Weise Gott als Subjekt eingeführt, eine erzähl-
technische Variante, die für das Johannesevangelium sehr außergewöhnlich
ist und die den hohen Stellenwert dieser Zuordnung betont.[44]

---

[42] Vgl. MUSSNER, *Sehweise*, 18–41.

[43] Vgl. WENGST, *Johannesevangelium (1)*, 85: »Es ist vielmehr zu betonen, dass Johannes trotz der bedrängenden Erfahrungen, die die weithin negative Redeweise von den
‚Juden' bedingen, an einem positiven Gebrauch des Begriffs ‚Israel' festhält – und
damit die Juden meint. Er ist ein jüdischer Autor, der so auch eine primäre Bedeutung
Jesu für Israel formuliert.«

[44] Es gibt lediglich eine weitere Stelle: 12,28 ist Teil einer Rede Jesu an einige Griechen.
Als Antwort auf den Anruf Jesu zum Vater ertönt die Stimme aus den Himmeln, die

Die strukturellen und inhaltlichen Andeutungen weisen darauf hin, daß es sich bei der Rede des Täufers um so etwas wie ein *hermeneutisches Manifest* handelt. Indem die Details der ersten Episode weiterentwickelt und modifiziert werden, entsteht ein theoretischer Überbau, der als theologische Grundlage den Gesamtentwurf der großen Exposition untermauert und dabei die narrative (bzw. im Fall der Rede die argumentative) Struktur des Textes auf die Situation des Lesers hin ausweitet. Die eingangs offengelassene Frage nach dem Adressatenkreis der Rede dürfte damit beantwortet sein: »Das Publikum wird von der Leser- bzw. Hörerschaft des Evangeliums gebildet.«[45]

Halten wir insgesamt fest: Die Funktion der Figur Johannes besteht in den Anfangspassagen des Buches darin, den Leser zu aktivieren, ihn mit einer Fülle von semantischen Angeboten zu konfrontieren, die in der Form von Erinnerungspotential den Lektüreprozeß entscheidend steuert. Dabei bietet der Täufer keinen direkten Identifikationszugang für den Leser, vielmehr kulminieren in ihm die hermeneutischen Vorgaben. Der Autor gibt mit dem Auftritt dieser Figur ein erstes Beispiel dafür, wie man rettendes Wissen in erzählte Handlung umsetzt.

3.2 Natanael – Gewährsmann für kulturelles Wissen (1,43–51)

Die zweite herausragende Figur im Verlauf der großen Exposition ist Natanael. Sein Auftritt erfolgt in der vierten Episode (1,43–51) und ist inszeniert als vorläufiger Schlußpunkt der markanten johanneischen Variante der Berufungsgeschichten, die als sukzessiver Prozeß nach dem Schema »Suchen – Finden« gestaltet sind. Im Mittelpunkt der Natanael-Szene stehen zwei Gesprächssituationen:

Zunächst wird erzählt, wie Philippus den Natanael findet – man achte dabei auf die Wir-Form (εὑρήκαμεν),[46] die die voranschreitende Gruppenbildung neben der Einbeziehung der entsprechenden Erzählfiguren auch auf den

---

sowohl die Bitte Jesu um Verherrlichung des Namens des Vaters als bereits geschehen konstatiert als auch die erneute Verherrlichung in Aussicht stellt.

[45] WENGST, *Johannesevangelium (1)*, 83.

[46] Vgl. LÖNING, *Anfang*, 113, der an dieser Stelle den »Wir-Stil einer wissenden Gruppe« ausmacht.

Leser ausdehnt und dabei Jesus von Nazaret als den qualifiziert, »von dem
geschrieben hat Mose im Gesetz und die Propheten« (V. 45). Die bisherige
Identifikation Jesu wird um die Angabe einer gemeinsamen Wissensquelle
ergänzt, die für die Identitätsstruktur der Erzählgemeinschaft von höchstem
Interesse ist. Erzählökonomisch ist auffällig, daß die Kombination dieser
Quelle mit dem Hinweis auf den Herkunftsort Nazaret für Natanael Grund
genug ist, vorläufig abweisend auf den Bericht des Philippus zu reagieren
(»Aus Nazaret kann etwas Gutes sein?«, V. 46).[47] Es entsteht ein erzähleri-
sches Ungleichgewicht, das der Verlauf der Episode klären muß. Interessant
ist der Hinweis auf *Mose und die Propheten*: Dieser direkte Eintrag des
kulturellen Wissens darf – wie schon im Prolog – als hermeneutischer
Schlüssel angesehen werden, innerhalb dessen man sich bewegt und den
man als vorgegebene Richtlinie akzeptiert.[48] Rettendes Wissen basiert auf
solchen durchgehenden Erinnerungsmodellen: Die Berufung auf klassische
Gewährsleute des Gottesvolkes impliziert die uneingeschränkte Kontinuität,
die dem vorliegenden Entwurf zugrunde liegt.[49]

Vor diesem semantischen Hintergrund beginnt die zweite Kommunikations-
runde der Episode (1,47–51). Erzähltechnisch wird nicht geklärt, warum
Natanael trotz seines Zweifels der Aufforderung des Philippus (»Komm und
sieh«) folgt. Entscheidend ist, daß sich nun ein Dialog zwischen Jesus und
Natanael entwickelt, bei dem die Initiative von Jesus ausgeht. Er identifiziert den kommenden Natanael mit den Worten »wahrhaft ein Israelit, in
dem keine Arglist ist«. Das ist deshalb so auffällig, da es in den vorangehenden Abschnitten immer nur um die Identifikation der Hauptfigur Jesus
ging. Daß Natanael mit dem Gentilium Ἰσραηλίτης identifiziert wird, macht
ihn um so mehr zu einem herausragenden Gewährsmann, denn aufgrund

---

[47] Vgl. WENGST, *Johannesevangelium (1)*, 93, weist darauf hin, daß »die Skepsis des
Natanael nicht aus der Luft gegriffen« ist, da »Nazaret im ersten Jahrhundert ein unbe-
deutender Flecken« war. »Vor allem aber wird es nirgends in der Schrift erwähnt und
kommt auch nicht in der jüdischen Traditionsliteratur vor.«

[48] Vgl. dazu GAWLIK, *Mose*, 35.

[49] Vgl. dazu die Ausführungen bei FRANKEMÖLLE, *Mose*, v. a. 83f. Frankemölle weist
dezidiert darauf hin, daß bei all diesen typologischen Einträgen (neben der mehrfachen
Erwähnung des Mose ist auch auf den Einsatz Abrahams hinzuweisen) keinesfalls von
Überbietung, Verdrängung, Ersetzung oder Enterbung die Rede sein kann. Die Verhältnisbestimmung von Judentum und Christentum charakterisiert Frankemölle in diesem
Zusammenhang folgendermaßen: »Christliche Identität gibt es nur als jüdisch-
christliche, Jesus-Nachfolge gibt es für Christen nur als Weg, als Halacha nach Mose.«

dieser Zuordnung wird er zum Hoffnungsträger innerhalb der Fiktion des Buches und bietet eine zentrale Zugangsmöglichkeit für den Leser, läßt sich doch der Terminus Ἰσραήλ als Identifikationskriterium des Gottesvolkes ausweisen.[50] Modifiziert wird diese Aussage durch die ergänzende Apposition »in dem keine Arglist ist«. Der Autor adaptiert eine in ersttestamentlichen Zusammenhängen gängige Sprachvariante: Mit der Vokabel δόλος wird der gottabgewandte, trügerische Mensch gekennzeichnet, der im Kontrast steht zum Gottesfürchtigen und Gerechten.[51] Erzählstrategisch hebt die negative Variante (»in dem Arglist *nicht* ist«) in unserem Fall die Erzählfigur besonders hervor (vgl. ein ähnliches Vorgehen in Ps 32). Der Bezug zu Zef 1 – 3 präzisiert diese Überlegungen: Dort ist davon die Rede, daß der *Rest von Israel* kein Unrecht mehr tut und in ihrem Mund keine trügerische Zunge (δολία) mehr gefunden wird (Zef 3,13). Von hier aus gelesen avanciert Natanael im johanneischen Kontext zum literarischen Repräsentanten dieses Restes, d. h. er »ist derjenige, der den von JhWh vor seinem Tag übriggelassenen Rest Israels vertritt und die Hoffnung aufbewahrt sein läßt, daß JhWh dereinst sein Volk retten wird«[52].

Der erzählerischen Anlage eignet in Verbindung mit den semantischen Details eine soteriologische Perspektive, was im weiteren Verlauf des Dialogs zwischen Jesus und Natanael noch spezifiziert wird. Auf die weiterhin skeptisch wirkende Anfrage Natanaels »Woher kennst du mich?« (V. 48) erhält dieser eine klare Antwort, die abermals mit Wahrnehmung zu tun hat: Jesus habe ihn »unter dem Feigenbaum seiend« *gesehen*, bevor Philippus ihn gerufen habe. Was uns – neben der Tatsache, daß wieder einmal eine offensichtlich wichtige Information für den Leser nachgereicht wird – besonders interessiert, ist der Eintrag des Feigenbaummotivs. Dieses Motiv – im Neu-

---

[50] Ob es sich bei der ergänzenden Information ἀληθῶς um ein Attribut oder um eine adverbiale Bestimmung handelt, wird in der Literatur kontrovers diskutiert (vgl. KUHLI, *Nathanael*, 11–19). Am plausibelsten ist die Entscheidung für eine adverbiale Bestimmung, da es doch letztlich darauf ankommt, daß »die Faktizität der Gesamtaussage aus dem Blickwinkel des Sprechers bekräftigt« wird (KUHLI, *Nathanael*, 18f.).

[51] Vgl. OBERLINNER, δόλος, 830, der etwa auf Ps 10,7; 36,4; 52,4; 55,12: Spr 12,5.20; 16,28; Weish 1,5; 4,11; 14,25; Sir 1,30; 19,26 u. a. hinweist. Im neutestamentlichen Bereich sind zu nennen: Mt 26,4; Mk 7,22; 14,1; Apg 13,10; Röm 1,29; 2 Kor 12,16; 1 Thess 2,3; 1 Petr 2,1.22; 3,10.

[52] STEIGER, *Nathanael*, 53.

en Testament nur sehr sparsam eingesetzt[53] – stellt im ersttestamentlichen Bereich in der Kombination mit dem Weinstock eine für das Gottesvolk Israel markante Perspektive dar: Das *Sitzen unter Feigenbaum und Weinstock* gilt als Bild der sich ständig wiederholenden Landnahme und damit auch als Bild vom eschatologischen Sein Israels.[54] Das *Sitzen unter Feigenbaum und Weinstock* gibt einen Vorgeschmack auf die Teilhabe an der göttlichen Heilszeit, wie Sach 3,10 es treffend zum Ausdruck bringt: »An jenem Tag – Spruch des Herrn – wird jeder seinen Nächsten einladen unter Feigenbaum und Weinstock.«[55] Wenn wir nun auf unsere Natanaelepisode zurückkommen, wird evident, daß die Verwendung des Feigenbaummotivs die Betonung des kulturellen Wissens im Zusammenhang mit dieser Erzählfigur weiter fortsetzt. Als derjenige, der unter dem Feigenbaum sitzt, stilisiert der Autor ihn zu einer Art Platzhalter für die eschatologische Existenz des Gottesvolkes. Es fällt allerdings gleichzeitig auf, daß das Feigenbaummotiv hier nur alleine Verwendung findet, daß es sich also gewissermaßen um eine Halbierung des Bildes von der endzeitlichen Sammlung Israels handelt, da die Metapher vom Weinstock fehlt. Daraus ergibt sich erzähltechnisch ein zusätzliches Spannungsmoment, da für den kundigen Leser natürlich die Frage nach dem zweiten Element im Raume steht und für den weiteren Verlauf der Lektüre eine klare Erwartungshaltung aufgebaut wird. Schon die nächste Episode birgt diesbezüglich einen ersten überraschenden Anhaltspunkt, indem das *Weinmotiv* eine entscheidende Rolle für die Autor-Leser-Kommunikation übernimmt, dabei allerdings explizit auf die Rede vom *Weinstock* verzichtet. Erst an viel späterer Stelle – in den Abschiedsreden (15,1.5) – wird der Autor dann aber auch den Weinstock selbst noch

---

[53] Im Joh bleibt es bei den beiden Stellen in der Natanaelepisode, in den synoptischen Evangelien fallen v. a. die Erzählungen über die Verwünschung des Feigenbaums (Mk 11,13–14.20–25; Mt 21,18–22) sowie das Feigenbaumgleichnis (Mk 13,28; Mt 24,32; Lk 21,29) ins Auge. Vgl. darüber hinaus Jak 3,12 und Offb 6,13.

[54] In 1 Kön 5,5 markiert dieses Motiv den Abschluß der Landnahme und gleichermaßen den Start für den Tempelbau unter Salomon. Damit wird das zur Vollendung gebracht, was in Dtn 8,7 durch JHWH verheißen wurde, daß nämlich die Landgabe als entscheidendes identitätsstiftendes Ereignis dafür sorgt, daß »Israel und Juda in Sicherheit leben können von Dan bis Beerscheba«. Vgl. dazu STEIGER, *Nathanael*, 58f.

[55] Die Motivkombination als Bild für das endzeitliche Sein Israels findet sich auch z. B. in Hos 9,10; 10,1; Mich 4,4. Vgl. TRUDINGER, *Israelite*, 118. Trudinger weist darauf hin, daß das Sitzen unter dem Feigenbaum in der rabbinischen Literatur wieder aufgenommen wird und als Bild für den die Tora studierenden Juden steht.

zum Einsatz bringen und somit die aufgebaute Erwartungshaltung ein-
lösen.[56]

Auf der Ebene der erzählten Handlung darf dann im folgenden V. 49 der als
wahrer Israelit identifizierte Natanael seinerseits seinen Dialogpartner identifizieren, und zwar als *Rabbi*, als *Sohn Gottes* und als *König Israels*. Aus
seiner Rolle als überzeugter Zweifler konvertiert er damit zu einem Beken-
ner von höchstem Format, was allerdings durch die abschließende Antwort
der Hauptfigur Jesus (V. 50f.) noch einmal relativiert wird, die den Glauben
des Natanael allein auf die zuvor gehörten Worte zurückführt.[57] Das Ziel
dieser Relativierung besteht darin, Natanael zum Demonstrationsobjekt für
eine Zukunftsvision Jesu dienstbar zu machen: Auf die erste Ankündigung
»Größeres wirst du sehen« (V. 50) folgt ein zweiter Redeteil (V. 51), der
zwar immer noch an Natanael gerichtet ist, die Ebene der erzählten Welt
jedoch verläßt und den Gesamtzusammenhang der Offenbarungsgeschichte
in den Blick nimmt. Vor dem Hintergrund der ersttestamentlichen Geschichte vom Traum Jakobs (Gen 28,10–22) wird die Vision vom geöffneten Himmel und den Engeln Gottes, die hinaufsteigen und auf den Menschensohn hinabsteigen, im Sinne der johanneischen Gesamtidee eingespielt.[58] Durch die Kulmination in dieser visionären Ankündigung erhält die
gesamte Erkennungs- und Identifizierungsepisode zwischen Jesus und Natanael zum Schluß einen offenen, d. h. pragmatisch relevanten Charakter.[59]
Die Verarbeitung des kanonischen Wissens macht es möglich, die gesamten
Berufungsgeschichten als spezielles literarisches Angebot jenes gesellschaftlichen Gegenentwurfes zu lesen, in den der Leser mit dem Prolog
eingestiegen ist.

Fazit: Die Rolle Natanaels als eschatologischer Hoffnungsträger[60] ist damit
erzählökonomisch und semantisch höchst effektvoll und mit klar metanarra-

---

[56] In der Abschiedsrede wird Jesus selbst als Weinstock identifiziert, der Vater als
Weingärtner und die zuhörenden Jünger als Weinreben, deren Fruchttragen sich am
Bleiben in Jesus bemißt. Es entsteht somit ein aussagekräftiges Bild, das die Möglichkeit der endzeitlichen Rettung im Brennpunkt der Dreierbeziehung Vater – Sohn – Jünger fokussiert.

[57] Vgl. LÖNING, *Anfang*, 114. Löning weist darauf hin, daß der Autor den Faktor Glaube
an dieser Stelle nicht »ohne Ironie« ins Spiel bringt.

[58] Vgl. LENZTEN-DEIS, *Motiv*, 303ff.

[59] Vgl. die Verwendung der 2. Person Plural bei ὄψεσθε.

[60] Vgl. dazu STEIGER, *Nathanael*, 57.

tiver Ausrichtung in Szene gesetzt. Diese Figur ist – wie schon im Falle des
Täufers Johannes – nicht dazu geeignet, sich direkt mit ihr zu identifizieren.
Dennoch bietet die Zeichnung Natanaels ein Höchstmaß an identifikatori-
schen Bezugsmöglichkeiten, die sich wiederum über das Stichwort Erinnerung auf einen Nenner bringen lassen: Die Berufung auf Gewährsleute des
Gottesvolkes impliziert die uneingeschränkte Kontinuität, die dem vorliegenden Entwurf zugrunde liegt. Die Figur Natanael fungiert dabei auf der
Ebene der erzählten Welt als Hypercharakter, also als hermeneutisches Modell, über das die Aneignung identifikatorischer Strukturen für den Leser
denkbar und verstehbar wird, was wiederum die erzählerische Strategie des
Textes selbst zum Ausdruck bringt.

3.3 Die Mutter Jesu – Eckpfeiler eines alternativen Wissenskonzeptes (2,1–12)

Die große Exposition des Johannesevangeliums endet mit der Erzählung
von der Hochzeit zu Kana (2,1–12), in deren Verlauf eine dritte herausragende Erzählfigur auf den Plan tritt: die Mutter Jesu, deren erstes Spezifi-
kum darin besteht, daß sie im Gegensatz zu Jesus und den Jüngern »(schon)
da ist« (V. 1). Nach der Beschreibung der äußeren Umstände (V. 1f.) fällt
ihr die initiale Rolle der Konstatierung des Weinmangels zu (V. 3), die mit
einer schroffen Abweisung der Hauptfigur Jesus quittiert wird. Erzähltechnisch läßt sich an dieser Szene die elliptische Form verdeutlichen, die die
gesamte Episode charakterisiert: Erzählt wird nur das notwendige Gerüst,
die eigentlichen Spitzen muß der Leser zwischen den Zeilen suchen und
finden. Die scharfe Reaktion Jesu auf die zunächst als bloße Feststellung
wirkende Äußerung seiner Mutter läßt nämlich darauf schließen, daß in
eben dieser Äußerung eine versteckte Aufforderung mitschwingt. Mit der
Argumentation, seine Stunde sei noch nicht gekommen, lehnt Jesus die implizite Aufforderung zur Handlung ab, wobei allerdings die Erfüllung des
Wunsches der Mutter zu einem späteren Zeitpunkt durchaus denkbar ist.

Die sich anschließende zweite Szene (V. 5) besteht lediglich aus einer offenen Sequenz: Die Mutter reagiert nicht auf die Zurückweisung des Sohnes,
sondern wendet sich nun an die Diener des Hauses. Unter deutlicher Ver-
schärfung des Erzähltempos wird berichtet, wie sie mit knappen Worten die
Diener anweist, alles zu tun, was Jesus ihnen sagt. Die Spannungskurve der
Erzählung steigt damit deutlich an: Die Mutter setzt alles auf eine Karte, sie

reagiert unerwartet, denn ihre Aktion im Anschluß an die Zurückweisung entspricht nicht der *konventionellen* Lektüreerwartung. Für den Leser entsteht die Vorahnung einer ungewöhnlichen Fortführung der Erzählung.[61]

Damit endet bereits der kurze Auftritt der Mutter. Der weitere Verlauf der Episode ist allerdings für die Interpretation ihrer Rolle ganz wichtig: Nach der Hintergrundinformation des Autors, daß sechs steinerne Wasserkrüge in Reichweite stehen (V. 6),[62] folgen zwei Sequenzen nach dem Schema »Aufforderung – Ausführung«. Jesus fordert die Diener auf, die Krüge zu füllen, und die Diener füllen die Krüge (V. 7). Jesus fordert sie anschließend auf, die Krüge zum Speisemeister zu bringen, und die Diener führen auch diesen Auftrag anstandslos aus (V. 8).[63] Diese recht unscheinbar wirkenden Sequenzen haben erzähltechnisch eine besondere Funktion. Sie reagieren erstens auf den Auftrag Jesu, zweitens bedienen sie die Aufforderung der Mutter aus V. 5, und drittens schließlich nehmen sie auch Bezug auf die implizite Bitte der Mutter aus der ersten Szene (V. 3), denn wenn sich dahinter tatsächlich eine Aufforderung zu einer wie auch immer gearteten Handlung verbergen sollte, dann tragen die Aktionen der Diener diesem Anliegen Rechnung.

Ganz entscheidend ist nun die letzte Szene dieser Episode (V. 9ff.), die direkt mit einem erneuten Erzählerkommentar einsetzt und die noch offenen Fragen zu lösen beginnt. Daß hier Wasser zu Wein geworden ist, wird fast beiläufig erwähnt und scheint nicht das zentrale Anliegen dieser Geschichte zu sein. Vielmehr wird der Blick auf eine Antithese von Wissen und Nicht-Wissen fokussiert. Der Speisemeister, dessen Funktion lediglich darin be-

---

[61] Vgl. SCHNELLE, *Evangelium*, 60.

[62] Zu den Wasserkrügen, »die gemäß der Reinigung der Juden vorhanden waren«, sei an dieser Stelle nur so viel angemerkt: Der Autor verfolgt hiermit nicht das Ziel, ein Überbietungs- oder Ablösungsmodell zu installieren (vgl. etwa WELCK, *Zeichen*, 136). Vielmehr geht es doch darum, selbst in bezug auf das mehr oder weniger problematische Stichwort *Reinigung*, die gemeinsame Wurzel zu identifizieren und in produktiver Auseinandersetzung die eigene Position zu bestimmen. Es werden an dieser Stelle also nicht etwa die levitischen Gesetze für obsolet erklärt, sondern als Grundlage zur Demonstration verschiedener Wissenskonzepte zum Einsatz gebracht. Vgl. dazu WENGST, *Johannesevangelium (1)*, 101, der das Problem darin sieht, »dass unverständige christliche Überheblichkeit darin nur ‚äußeres Ceremoniell' und Gesetzlichkeit sieht – und nicht gewahrt, wie sie daran erinnern und zugleich Ausdruck dessen sind, dass Leben vor dem Angesicht Gottes geschieht und deshalb seiner Heiligkeit entsprechen muss.«

[63] Syntaktisch fällt dabei v. a. der gehäufte Einsatz von Imperativen auf.

steht, die Qualität des ihm vorgesetzten Weines zu konstatieren,[64] *weiß nicht, woher* der Wein kommt, während die Diener auf der *wissenden* Seite stehen. Die Frage nach dem *Woher* stellt ein Entscheidungskriterium für das richtige Wissen dar.[65] Daß der Speisemeister dabei komplett auf die falsche Karte setzt, zeigt die sich anschließende Gesprächssequenz (V. 9b), in der er dem ansonsten funktionslosen Bräutigam die eigene irrtümliche Variante für das Vorhandensein des Weines vorträgt. Gegen die geltende Konvention, zuerst den guten Wein vorzusetzen und im Fall von allgemeiner Trunkenheit den weniger guten, habe der Bräutigam verstoßen. Durch den erzählerisch aufgebauten Widerspruch zum Wissen der Diener eignet dieser Deutung ein ironischer Unterton, der sich pragmatisch weiterverarbeiten läßt. Für den Leser scheinen die Probleme der Geschichte auf den ersten Blick längst gelöst, da die zu Beginn beschriebenen Mangelsituationen behoben sind. Natürlich ist nun wieder Wein vorhanden, und die Hochzeitsfeier kann in der gewohnten Form fortgesetzt werden. Die Spitze der Erzählung zielt jedoch auf eine ganz andere Kernaussage: Die Unwissenheit des Speisemeisters bildet das vorläufig *tragische Ende* einer sich auf und ab bewegenden Geschichte. Für den Leser gilt es, in diesem verwobenen Spiel von Wissen und Nicht-Wissen am Ende der großen Exposition seinen eigenen Standort als Ausgangsbasis für die weitere Lektüre des Buches zu finden.

Die Rolle der Mutter Jesu bietet für unsere Fragestellung einen ganz wichtigen Baustein in mehrfacher Hinsicht:

a. Rein erzähltechnisch verkörpert sie ein echtes Alternativangebot, indem sie sich von dem abweisenden Kommentar Jesu nicht beeinflussen läßt und den Gang der Handlung durch eigene Initiative weiter vorantreibt. Sie interpretiert also die für den Leser noch unverständliche Begründung Jesu für dessen Nichteinstieg in die Handlung richtig und weiß dementsprechend auch insgesamt mehr als der Leser, der sich die notwendigen Hintergrundinformationen im Laufe der Lektüre noch erarbeiten muß.

b. Die Rolle der Mutter erhält ihre Schärfe in der Gegenüberstellung zur Funktion des Speisemeisters. Während sich dieser nämlich lediglich durch

---

[64] Gegen SCHNELLE, *Evangelium*, 61, der das Gegenteil behauptet: »Der Tafelmeister beglaubigt nun den Vollzug des Wunders.« Davon ist im Text selbst nicht die Rede. Treffender beschreibt SCHENKE, *Johanneskommentar*, 53, den Speisemeister als »nüchternen Fachmann, der den Wein beurteilen kann«.

[65] Dem Leser ist die Frage nach dem *Woher* aus den vorangehenden Episoden bestens bekannt (vgl. 1,48 aber auch 1,38f.).

die Kenntnis des Greifbaren (der vorgesetzte Wein) sowie durch das Auf-
bieten traditioneller Denkstrukturen (die klassisch klingende Weinregel)
auszeichnet und mit diesem auf Sicherheit ausgerichteten Konzept im Laufe
der Erzählung immer mehr der Unwissenheit überführt wird, setzt die Mutter auf die unsichere, die gefährliche Variante, die eben nicht dem normativen Querschnitt entspricht. Damit verkörpert sie auf der Ebene der erzählten
Welt so etwas wie die Grundstruktur jener gruppenspezifischen Identität,
über die sich die Erzählgemeinschaft zu verständigen versucht.

c. Über die Figur der Mutter wird das – im Prolog über das Stichwort *Kinder Gottes* bereits angedeutete – Thema *Familie* als entscheidendes Moment
johanneischer Erzählstrategie in den Gang der Handlung eingetragen. Während im weiteren Verlauf immer wieder das Verhältnis zwischen *Vater* und
Sohn sowie der Einsatz der *Brüder* maßgeblich sein werden, ist der Abschluß der großen Exposition über die *Mutter* definiert, d. h. die große Exposition insgesamt läßt sich lesen als Gründungsurkunde einer *Wissensfamilie*. Der Leser erhält über diese Verwandtschaftstopoi die Garantie,
»daß die Lektüre dieses Buches ihn in die auf Wissen begründete Beziehung
zu diesen Zentralgestalten der ‚Familie' Jesu setzt«[66].

d. Im Blick auf den Gesamtzusammenhang des Buches fungiert die Mutter
als *weisheitlicher Eckpfeiler*: Neben dem besprochenen initialen Einsatz zu
Beginn wird sie erst wieder unter dem Kreuz aufgerufen (19,25–27), wo der
Autor mit ihrer Hilfe in den Erzählzusammenhang von Schuld, Folter und
Tod ein fast harmonisches Bild von Familienidylle zeichnet und die Beziehungen innerhalb der *Familie* für die eschatologische Situation neu ordnet.
Der am Kreuz hängende Jesus legt dabei die Spielregeln selbst fest, indem
er den Lieblingsjünger der Mutter als Sohn und umgekehrt dem Jünger seine eigene Mutter als Mutter zuweist.[67] Entscheidend ist dabei der abschließende Hinweis auf die Stunde (V. 27), da sich hier der Stichwortbezug zur
Kana-Episode ergibt: Die Stunde des Todes Jesu ist der zentrale Zeitpunkt
für die Identitätsstruktur der Erzählgemeinschaft, die eher verhaltene Aussage in 2,4 (»noch nicht ist gekommen meine Stunde«) damit deutlicher
Ausgangspunkt für die endgültige Bestimmung der Wissens-Familie, die

---

[66] LÖNING, *Frühjudentum*, 68.

[67] Vgl. CULPEPPER, *Anatomy*, 134: »There is the beginning of a new family of the chil-
dren of God.«

sich über die lange Distanz des Evangeliums noch an mancher Auseinandersetzung abarbeiten muß.

Fazit: Die Auftritte der Mutter sind extrem sparsam inszeniert, und der Leser erkennt erst beim zweiten Hinsehen, welche fundamentale Funktion der Mutter für das Wissenskonzept des Buches zukommt. Auch die Mutter ist keine Figur, mit der man sich direkt identifizieren könnte. Wie schon in den beiden vorangehenden Fällen handelt es sich um eine Erzählfigur mit hermeneutischem Zuschnitt. Die Alternativrealität, die durch die textliche Fiktion angeboten wird, zeichnet sich dadurch aus, zur rechten Zeit am rechten Ort zu sein und über ein zunächst exklusives Wissen zu verfügen, dessen umsichtiges, aber durchaus auch gewagtes Einbringen eine Veränderung der situativen Bedingungen erwirkt. Wenn wir auf unsere Überlegungen zum Prolog zurückkommen, so wird mit Hilfe der Mutter Jesu das dort beschriebene apokalyptisch-weisheitliche Wissen in Szene gesetzt, das der Autor in V. 11 explizit noch einmal mit dem Stichwort »Offenbarung« in Verbindung bringt. Die als »Anfang der Zeichen Jesu« qualifizierte Geschichte bildet die literarische Folie, auf deren Grundlage die Offenbarung der Herrlichkeit Gottes mitteilbar wird. Dieses theologische Programm – und damit wird für den Leser die Verbindung zum Prolog in Gänze hergestellt – ereignet sich im *Glauben*.

4. Die Figuren der »Ostergeschichten« – Glauben und Wissen: eine Frage von Nähe und Distanz

4.1 Das doppelte Disäquilibrium: Teil 1 (20,1f.)

Für den Verlauf der johanneischen Ostergeschichten kommt der Figur Maria von Magdala eine entscheidende Funktion zu. Völlig unvermittelt situiert der Autor sie in der Exposition (20,1f.) an der Grabkammer.[68] Nach dem Hinweis, daß sich die Szene »am Tag eins der Woche« sowie »frühmorgens, als noch Finsternis war,« abspielt, erhält sie die Aufgabe, über den

---

[68] Es wird weder die Motivation noch die Notwendigkeit für diesen Auftritt angegeben. Das ist um so erstaunlicher, da diese Figur nicht zu dem Kreis gehört, der bei der Grablegung anwesend war (vgl. 19,38–42).

Wahrnehmungsvorgang *Sehen*[69] eine für den weiteren Verlauf der Geschichte entscheidende neue Bezugsgröße zu konstatieren: das leere Grab.
Allerdings bleibt es in dieser Exposition zunächst beim Sehen des weggenommenen Steines, d. h. es wird nicht erzählt, was sich hinter dieser Information verbirgt, so daß Leser und Erzählfigur sich auf dem gleichen Wis-
sensstand befinden. Was nicht erzählt wird, wird dann jedoch besprochen:
Maria von Magdala verläßt das Grab, läuft zu Petrus und dem Lieblingsjünger und berichtet, »daß sie den Herrn weggenommen haben aus der Grabkammer« (V. 2), d. h. die Figur deutet nun ihre Beobachtung, ohne dabei
auf sicheres Wissen zurückgreifen zu können, und kommt dabei vorläufig
zu einer falschen Interpretation.[70] Die Erzählstrategie bringt das inhaltliche
Problem auf den Punkt: Das Grab ist leer und es herrscht völlige Ungewiß-
heit darüber, wo sich der Leichnam Jesu befindet. Im zweiten Teil der kurzen Rede wird dies noch einmal dezidiert formuliert, wobei v. a. das kollektive *Wir* auffällt (οἴδαμεν), das diese erste Ostererfahrung auf die gesamte
Wissensfamilie hin öffnet.[71]

Halten wir fest: Der erste Kontakt mit dem leeren Grab – und damit der
Umgang mit dem abwesenden Jesus – ist geprägt durch den Faktor Distanz
und durch fehlendes Wissen sowohl auf Seiten der Erzählfiguren als auch
auf Seiten des Lesers.

4.2 Petrus und der Lieblingsjünger: Kommen, Sehen, Glauben ... (20,3–10)

Während Maria von Magdala nach ihrem kurzen Auftritt vorläufig aus der
Geschichte ausgeblendet wird, tritt als nächstes ein Figurenpaar auf den
Plan, das dem Leser aus der Lektüre des Buches bereits bekannt ist:[72] Petrus
und der Lieblingsjünger. Der Autor läßt sie prompt auf die Botschaft vom
weggenommenen Stein reagieren, sie gehen hinaus und kommen zur Grabkammer (V. 3). Wichtig ist der Hinweis des Autors, daß beide *zusammen*

---

[69] Vgl. die Einführung der Hauptfigur Jesus zu Beginn der zweiten Episode der großen
Exposition (3.1).

[70] Vgl. CULPEPPER, *Anatomy*, 144.

[71] Vgl. STENGER, *Lektüre*, 220, der die Form οἴδαμεν als »inklusiven Plural« interpretiert
und auf diese Weise die Jünger als Empfänger der Nachricht mit einbezieht.

[72] Vgl. den Auftritt der beiden in der Fußwaschungsepisode (13,23–26).

laufen, d. h. gleich zu Beginn der Geschichte wird Wert darauf gelegt, daß
es sich um eine gemeinsame Aktion der beiden handelt,[73] die im weiteren
Verlauf aber offensichtlich von unterschiedlichen Konditionen bestimmt ist.
Denn der folgende Erzählverlauf bietet zwei modifizierte Zugangsweisen
zur Grabkammer: Der Lieblingsjünger *läuft* schneller, *kommt* als erster an,
sieht in der Grabkammer die Leinentücher, *geht* jedoch *nicht hinein* (V. 4f.).
Petrus hingegen *kommt* etwas später an, *geht* sofort in die Grabkammer
hinein, *sieht* ebenfalls die Leinentücher und zusätzlich das Schweißtuch, das
getrennt zusammengewickelt an einer besonderen Stelle liegt (V. 6f.). Danach *geht* auch der Lieblingsjünger hinein, *sieht* und *glaubt* (V. 8). Die Motivation für das anfängliche Zögern des Lieblingsjüngers wird nicht geklärt,
wohl aber erhält der Leser in der Form eines Autorkommentars (V. 9) eine
verklausulierte Begründung für den plötzlichen Glauben, die eigentümli-
cherweise wieder beide Figuren gemeinsam betrifft: »Denn noch nicht
kannten sie die Schrift, daß es nötig sei, daß er von den Toten auferstehe.«
Aufgeklärt ist damit gar nichts, ganz im Gegenteil: Die Episode endet mit
einem offenen Schluß, der aufgrund der recht nüchternen Abschlußnotiz
(V. 10: »weg gingen die Jünger wieder zu sich«) weder die aufgebaute
Dramatik der erzählten Handlung noch das Ausgangsproblem zu einer Auflösung zu bringen vermag. Es bleibt weiterhin fraglich, wo sich der nicht
mehr vorhandene Leichnam Jesu befindet, was noch ergänzt wird durch die
Unkenntnis über die kanonischen Zusammenhänge dieser Problematik.
Wenn die Spitze der so temporeich inszenierten Episode tatsächlich der
Glaube des Lieblingsjüngers ist, dann bleibt nach alledem die Frage, *was* er
denn eigentlich glaubt. Der Satz »und er sah und glaubte« ist absolut formuliert, ohne Objekte. Für den Leser ist das umso erstaunlicher, da er einerseits
den Lieblingsjünger aus der Lektüre des Buches als entscheidendes Mitglied
der Wissensfamilie kennt (vgl. 19,26f.) und seit dem Prolog weiß, was unter
der Kategorie *Glaube* zu verstehen ist.

Festzuhalten ist an dieser Stelle, daß im Verlauf dieser Episode durch Bewegung und Wahrnehmung die Distanz zur leeren Grabkammer Schritt für
Schritt aufgehoben wird. Mit Hilfe der beiden Figuren ermöglicht der Autor
dem Leser einen Blick in das Innere des Grabes und schafft durch die auffällig differenzierte Beschreibung der Begräbnisutensilien (Leinentücher

---

[73] Bereits hier lassen sich alle Wettlauf-Theorien entkräften, die als interpretatorisches
Ergebnis eine hierarchische Unterscheidung kirchlicher Amtsträger aufweisen, wie z. B.
ZELLER, *Ostermorgen*, 158 mit Anm. 58.

und Schweißtuch) ein weiteres Spannungsmoment hinsichtlich der Frage nach der abwesenden Hauptfigur. Die beiden Jünger werden aufgrund ihres Wissensdranges zu Sympathieträgern für den Leser. In ihrem Ringen nach Aufklärung der Situation verkörpern sie das Bild der bedrängten Gemeinde. Da aber der Glaube des Lieblingsjüngers inhaltlich nicht konkretisiert wird und auch nicht als Bekenntnis und Zeugnis formuliert wird, verlangt die erste Osterperiode nach einer Fortsetzung; um nicht »völlig folgenlos«[74] zu bleiben.

4.3 Maria von Magdala: »Geh und sag meinen Brüdern ...« (20,11–18)

Nachdem Petrus und der Lieblingsjünger aus dem Rampenlicht verschwunden sind, tritt erneut Maria von Magdala auf (V. 11). Wie schon zu Beginn der Ostergeschichten wird sie wieder ohne Angabe näherer Hintergründe an der Grabkammer positioniert. Allerdings bietet der Autor in diesem Fall zwei besondere Details in bezug auf diese Figur an: Zum einen geht auch sie nun dazu über, direkten Kontakt mit der Grabkammer zu suchen (»sie bückte sich nieder in die Grabkammer«), zum anderen wird sie zweimal als »weinend« gekennzeichnet, womit offensichtlich die ausschlaggebende Motivation für den Blick ins leere Grab benannt wird.[75] Der späte Blick ins Grab, der erst denkbar ist, nachdem bereits die anderen beiden Jünger ihre *Annäherungserfahrung* gemacht haben, wird mit einer besonderen Wahrnehmung belohnt. Während die beiden Jünger lediglich die Begräbnisutensilien inspizieren durften, bringt der Autor nun eine andere Dimension ins Spiel: Zwei Engel in weißen Gewändern sitzen dort, wo vorher das Haupt und die Füße des Leichnams Jesu gelegen hatten. Der Begründungszusammenhang für die Leere des Grabes wird auf eine vertikale Linie umdefiniert,[76] durch die explizite Nennung von Haupt und Füßen Jesu, im Gegensatz zu Leinentüchern und Schweißtuch, wird die Überwindung der Distanz

---

[74] WENGST, *Johannesevangelium (2)*, 279.

[75] Zur Funktion des Weinens vgl. LÖNING, *Konfrontationen*, 169: »Die Trauer der Maria Magdalena (Joh 20,11.13) wird zwar als Nicht-Wissen (vgl. 20,2.13.14) dem Erkennen des Auferweckten kontrastierend gegenübergestellt, dabei wird die Trauer aber nicht als Unverständnis im markinischen Sinne aufgefaßt, sondern als die Suche des Menschen nach der Wahrheit, die durch die Offenbarung Jesu zur Erkenntnis findet.«

[76] Vgl. STENGER, *Lektüre*, 222.

zur abwesenden Hauptfigur wiederum ein Stück weiter vorangetrieben. Der kurze Diskurs zwischen den Engeln und Maria (V. 13) will den Grund des Weinens eruieren, bleibt aber im Ergebnis bei der bereits bekannten Auskunft über die Wegnahme des Herrn und die Unkenntnis über den Verbleib desselben. Interessant dabei ist allerdings, daß Maria nun nicht mehr im kollektiven Wir (vgl. V. 2) antwortet, sondern ihre ganz persönliche Unwissenheit (οὐκ οἶδα) formuliert. Damit wird die Klärung der Frage nach dem leeren Grab für den weiteren Verlauf der Geschichte zur Sache der Figur Maria von Magdala.

Was sich nun anschließt, dürfte wohl die bekannteste Verwechslungsgeschichte im Neuen Testament sein (20,14–18). Daß sich der Identifizierungsdialog zwischen Maria und Jesus als eine solche darstellt, teilt der Autor dem Leser im einleitenden V. 14 mit, indem er eigens darauf hinweist, daß Maria Jesus *sieht*, allerdings *nicht weiß*, daß er es ist.[77] Zum zweiten Mal also wird dieser Figur Unwissenheit attestiert, was die erste Gesprächssequenz (V. 15) dann illustriert: Die initiale Frage «Frau, was weinst du, wen suchst du?«, die die Worte der Engel wörtlich wieder aufnimmt und sich zusätzlich des bekannten Phänomens der *Suche* bedient (vgl. 1,38), wäre bestens geeignet, um nun auch einen erfolgreichen Klärungsprozeß einzuleiten. Die kompositionelle Idee des Autors jedoch bringt Maria entgegen jeder Leseerwartung von der Lösung des Problems ab. Sie muß Jesus als Gärtner identifizieren und ein weiteres Mal um Auskunft darüber bitten, wer den Leichnam weggetragen hat. Die zweite Gesprächssequenz (V. 16) bringt Aufklärung: Als Jesus ihren Namen sagt, erkennt sie ihn und nennt ihn im Gegenzug *Rabbi*, d. h. dort, wo die Kommunikation auf das absolute Minimum reduziert ist, gelingt sie. Maria reagiert erst, als sie bei ihrem Namen gerufen wird.[78] Die Identifizierung des Auferstandenen gelingt nur auf der persönlichen Beziehungsebene, wobei die immer konkreter werdende Nähe – immerhin steht diese Figur nun dem auferstandenen Jesus direkt gegenüber – durch die folgende Bemerkung der Hauptfigur (V. 17) noch einmal ein retardierendes Moment erfährt: »Fasse mich nicht

---

[77] Vgl. ZUMSTEIN, *Lektüre*, 187. Zumstein schreibt dieser Sequenz eine »komische Wirkung« zu.

[78] Vgl. CULPEPPER, *Anatomy*, 144: »Neither the empty tomb nor the vision of Jesus lifted the veil for Mary Magdalene, only the words of Jesus.«

an«[79] – eine Zurückweisung, die eigentlich in keinem logischen Zusammenhang mit der vorangehenden Sequenz steht, gerade wenn man die erläutern-
de Notiz »denn noch nicht bin ich aufgefahren zum Vater« hinzunimmt.
Hier ist der Leser gefordert, eine echte Leerstelle im Text auszufüllen.[80] Mit
Hilfe der bisher immer wieder angezeigten Diskrepanz von Nähe und Distanz wird das möglich: Was innerhalb der Geschichte nun aufgeklärt ist, ist
die Frage nach dem leeren Grab. Was allerdings noch offen bleibt – und
darauf geht die Rede Jesu im folgenden ein – ist die Frage, wie man mit der
künftigen Trennungssituation umgeht. Was sich hinter dem leeren Grab
verbirgt, kann man (jedenfalls in diesem Fall) nicht über Berührung in Erfahrung bringen. Lediglich das Wissen darum, daß der irdische Jesus dorthin zurückgeht, wo sein eigentlicher Platz ist und von wo er ursprünglich
gekommen ist, bildet das zentrale Wissen der Auferstehung. Dieses Wissen,
das Maria von Magdala an die Brüder weitergeben soll, ist noch um die
entscheidende Nuance angereichert, daß es sich um den *gemeinsamen Vater*
und den *gemeinsamen Gott* Jesu und der um ihn versammelten Gruppe handelt. Mit dieser Botschaft wird eine Unterscheidung im Gottesverhältnis
aufgehoben, d. h. der Text formuliert die innerste Einheit zwischen Jesus
und den Jüngern und legt auf diese Weise ein wichtiges Identitätskriterium
der sich über den Text verständigenden Erzählgemeinschaft fest.[81]

Fazit: Der Figur Maria von Magdala fällt im äußeren Spiel zunächst die
Rolle der *Fehlinterpretatorin* und der *Verwechslerin* zu. Auf semantischer

---

[79] Vgl. zu dieser auffälligen Formulierung die Interpretation von EBNER, *Wer liebt mehr*,
44f.: Im Rückgriff auf vergleichbare ersttestamentliche Texte (wie etwa Spr 6,29) vermutet Ebner, daß »mit dem Verb ἅπτομαι in Vers 17 gar ein Terminus für den ehelichen
Verkehr gewählt« und über die Verneinungsform »ein derartiges Ansinnen schon pro-
phylaktisch unter Verdikt gestellt« wird. Die erotisch gefärbte Vokabel stehe zu dem
Zweck zur Verfügung, »den Anagnorismus des erhöhten Herrn durch die liebende Jüngerin Maria von Magdala als Erkenntnis der Liebe zu qualifizieren« (ebd., 253).

[80] Vgl. zur Funktion dieser Leerstelle THEOBALD, *Osterglaube*, 102: »... doch die guten
Erfahrungen, die man allenthalben mit der johanneischen Erzählkunst macht, ermuntern
auch hier dazu, dem szenischen Zusammenhang in seiner Knappheit zu vertrauen und
die scheinbare Leerstelle zum Anlaß zu nehmen, über den tieferen Sinn des Verbots
Jesu im Kontext nachzudenken.«

[81] Vgl. dazu als klassisches Beispiel Rut 1,16, wo am Punkt der Entscheidung die for-
melhafte Wendung einen selbstidentifikatorischen Prozeß einleitet. THEOBALD, *Osterglaube*, 113, nennt diesen Vers »den hermeneutischen Schlüssel für das Kap. 20, den
der Evangelist hier durch den auferweckten Jesus selbst seinen Lesern und Leserinnen
überreichen läßt«.

Ebene sind ihr allerdings entscheidende Motive zugeordnet, die sie am Ende zu einer echten Offenbarungszeugin werden lassen. Sie durchläuft »einen Glaubensweg, der von der Verzweiflung zur Verantwortung führt«[82] und verkörpert auf diese Weise die bedrängte Gemeinde – im übrigen bereits einen Schritt weiter als die beiden Jünger zuvor. Die zunächst weinende Maria, die an die Brüder die Botschaft »Ich habe den Herrn gesehen« weitergeben kann, bietet dem Leser in ihrer Entwicklungsfähigkeit ein Höchstmaß an Identifikationspotential.[83]

4.4 Thomas (20,19–29) – Hartnäckiger Skeptiker und großartiger Zeuge

Der Auftritt des »ungläubigen Thomas« wird vorbereitet durch die Erscheinung Jesu im Kreis der »aus Furcht vor den Juden hinter verschlossenen Türen«[84] versammelten Jünger: Jesus *kommt, tritt in ihre Mitte* ($\varepsilon\dot{\iota}\varsigma\ \tau\grave{o}\ \mu\acute{\varepsilon}\sigma o\nu$),[85] *spricht* den Segensgruß (V. 19) und *zeigt* ihnen Hände und Seite (V. 20). Der Autor baut für die Jüngergruppe damit ein komplettes Erkennungsangebot auf, das Jesus als den Auferstandenen identifiziert und das die Jünger mit *Freude* quittieren (V. 21) – ein deutlicher Kontrast zur Aus-

---

[82] ZUMSTEIN, *Lektüre*, 183.

[83] Vgl. WENGST, *Johannesevangelium (2)*, 288. Er weist darauf hin, daß Maria in diesem Kapitel mehrfach die erste ist und interpretiert ihre Botschaft »Wir haben den Herrn gesehen« folgendermaßen: »Schon in dieser Darstellung zeigt es sich, wie unter der Herrschaft dieses einen Herrn patriarchale Herrschaftsansprüche zerbrechen und Geschwisterlichkeit entsteht.«

[84] Die eröffnende Zeitangabe »als es nun Abend war an jenem Tag, dem Tag eins der Woche« weist den folgenden Block deutlich als Gegenkonzeption zur ersten Episode aus, vgl. STENGER, *Lektüre*, 219: »Das ‚frühmorgens’ läßt Ausschau halten nach dem ‚Abend jenes Tages’. Beide Angaben zusammen lassen vermuten, daß sich in den zwei Zeitabschnitten Verschiedenes, aber aufeinander Bezogenes ereignen wird, das die kalendarisch bereits begonnene neue Zeit handlungsmäßig einholen wird.« Die Notiz »die Türen waren verschlossen« bietet im Gegensatz zur vorangehenden Bewegungsvielfalt ein eher statisches Konzept von Abgrenzung, das durch das Stichwort *Furcht* unterstützt wird. WENGST, *Johannesevangelium (2)*, 290, interpretiert den Zustand der Jünger folgendermaßen: »Sie sind noch paralysiert vom Eindruck harter, leidvoller Realität.« Und er folgert weiter: »Wieder einmal mehr parallelisiert Johannes die Situation seiner Gemeinde mit der Situation der Schüler Jesu vor ihrer Ostererfahrung.«

[85] Vgl. die Konzeption in der ersten Episode der großen Exposition: Dort wurde den Gesandten aus Jerusalem vorgeworfen, sie würden den nicht erkennen, der *mitten unter ihnen* steht.

gangssituation. Daran anschließend wiederholt ein zweigliedriger Sprechakt der Figur Jesus (V. 21) zunächst den Friedensgruß, integriert allerdings nun die Stichworte *Senden* (»wie gesandt hat mich der Vater ...«) und *Schicken* (»... auch ich schicke euch«), womit der ganzen Aktion eine erste theologische Dimension verliehen wird.[86] V. 22 führt dies noch einen Schritt weiter, indem über das Medium des *Anhauchens* den Jüngern *heiliger Geist* zugesprochen wird, was die abschließende Rede Jesu (V. 23) bestätigt und mit Blick auf die damit verbundene Befähigung zur Sündenvergebung konkretisiert.[87] Damit endet die Erscheinung Jesu im Kreis der Jünger. Beschrieben wird insgesamt eine ideale Situation einer zwar im Verborgenen lebenden Gruppe, der jedoch eine Perspektive über die Grenzen der räumlichen Abgeschlossenheit hinaus gegeben wird. Beiläufig schreitet übrigens über den Vorgang des Anhauchens auch das *Annäherungsverfahren* an den Auferstanden weiter voran, wobei die Initiative nun erstaunlicherweise von Jesus selbst ausgeht.

Diesen Erzählverlauf unterbricht der Autor in V. 24 durch die Information, daß einer nicht dabei war: Thomas, einer von den Zwölfen, genannt Zwilling. Der Aufbau der kurzen Szene (V. 24f.) spiegelt die scharfe Diskrepanz zwischen dem Erzählen des Erlebten und dem Zweifel des Nichtdabeigewesenen wider: Die Mitteilung der Jünger – zu achten ist auf den erneuten Einsatz des kollektiven *Wir* (vgl. 20,2) – besitzt in gewisser Weise direktiven Charakter, der Angesprochene soll die gleiche Freude erfahren wie zuvor die versammelte Jüngergruppe. Die Reaktion des Thomas hingegen ist als bedingter Widerspruch zu interpretieren, denn er knüpft seine Freude und damit letztendlich seinen Glauben an bestimmte Voraussetzungen: *Sehen* und *Berühren* heißen die Forderungen, eine Kombination also aus gut bekannten Größen der bisherigen Lektüre.[88] Damit wird das Ergebnis der vorangehenden Szene klar in Frage gestellt, Sendungsaussage und Geistzusage sind zunächst einmal obsolet, die bereits kurz vor dem Abschluß

---

[86] Zur johanneischen Sendungstheologie sowie deren kultur- und religionsgeschichtlichen Voraussetzungen vgl. grundlegend BÜHNER, *Gesandte*.

[87] Das Motiv des Anhauchens greift ersttestamentliche Erzählstrategien auf. So ist etwa in Gen 2,7 die Rede davon, daß Gott dem Adam Lebensodem in die Nase einhaucht. In Ez 37,9 fordert der Prophet den Geist auf, die Erschlagenen anzuhauchen, damit sie leben.

[88] Daß das Zusammenspiel der beiden Größen Sehen und Glauben wieder einmal eine entscheidende Rolle spielt, wird dadurch verdeutlicht, daß die beiden Lexeme einen Rahmen um den Sprechakt bilden.

stehende Lösung der Gesamtproblematik droht zu kippen, und der Leser befindet sich am Rande der Frustrationsgrenze, da eine Antwort auf die offenen Fragen wieder einmal in weite Ferne gerückt zu sein scheint.

Sehen wir uns die Funktion der Figur Thomas in diesem Zusammenhang etwas näher an: Es stellt sich nämlich die Frage, ob diese Verweigerung des spontanen Glaubens eher ein Identifikationshindernis darstellt oder ob nicht gerade aufgrund des so inszenierten Auftritts der Figur Thomas ein ganz besonderes Identifikationspotential für den Leser geschaffen wird. Denn bei genauem Hinsehen bietet der Autor mit dieser Figur doch eben das Defizit an, das für den Leser das Hauptproblem im Umgang mit dem abwesenden Jesus und mit dem Vorgang der Auferstehung darstellt: Er war nicht dabei.[89] Die Forderungen des Thomas erscheinen dem Leser »ebenso attraktiv wie unerreichbar«, denn »die Bedingungen, unter denen Thomas nicht zustimmt, sind die gleichen, unter denen der Leser liest«[90], in jedem Fall jedoch verleihen sie der Figur sympathische Züge. Beschreiben wir es noch einmal aus der Sicht der Erzählökonomie: Die Figur durchbricht durch den naheliegenden Zweifel die immer harmonischer werdende Erzählfolge ein letztes Mal aufgrund einer persönlichen Einschätzung.[91] Daß Sehen und Glauben nicht als Kausalzusammenhang verifizierbar sind, weiß der Leser bereits aus den vorangehenden Episoden. Trotzdem legt der Autor es mit dieser Konstruktion darauf an, die schon sicher geglaubte Gewißheit noch einmal zum Risiko werden zu lassen. Für die Frage danach, was man denn eigentlich wissen müsse, bildet diese Stelle so etwas wie eine Zerreißprobe: Jetzt muß endgültig eine Entscheidung fallen.

Und der Fortgang der Geschichte (20,26–29) klärt den Leser auf: Nach einem Zeitraum von acht Tagen wird noch einmal fast das gleiche Setting beschrieben wie bei der ersten Erscheinung Jesu, mit einer Ausnahme:

---

[89] Der These von STIBBE, *John*, 206, durch die Kombination von falschem Draufgängertum und Unverständnis werde Thomas zum Prototypen des Ungläubigen abgestempelt, ist nicht ohne weiteres zuzustimmen.

[90] LÖNING, *Anfang*, 117.

[91] Vgl. dazu THEOBALD, *Osterglaube*, 119f.: »Nicht, daß er Zweifel in bestimmter Hinsicht, nämlich an der Leiblichkeit des Auferweckten hätte (...), es geht ihm viel grundsätzlicher um sein eigenes Recht, sich der von anderen behaupteten österlichen Wirklichkeit Jesu selbst auch vergewissern zu dürfen. Damit spricht er nur aus, was die Nachgeborenen durchweg zu denken geneigt sind, denen jene anscheinend überwältigenden Beweise für Jesu österliche Wirklichkeit eben nicht mehr gewährt werden; Thomas (der wie sie am Osterabend nicht dabei war) ist *ihr* Sprachrohr.«

Thomas ist nun dabei. Jesus *kommt, tritt in ihre Mitte* und *spricht* den Friedensgruß (V. 26). Dann aber ändert sich die Erzählstrategie und zur Ver-
wunderung des Lesers fordert Jesus jetzt den Thomas direkt auf, seine Fin-
ger in die Wunde der Hände und seine Hand in die Wunde der Füße zu legen mit dem abschließenden Ergebnis: »und nicht sei ungläubig, sondern
gläubig« (V. 27).[92] Die Ausführung dieser Befehle wird nicht mehr erzählt,
die Reaktion des Thomas statt dessen als Lippenbekenntnis von höchster
Güte formuliert: »Mein Herr und mein Gott« (V. 28). Implizit sind jedoch
die Bedingungen des Thomas für den Glauben an den Auferstandenen erfüllt und der Abschluß des Annäherungsprozesses an den auferstandenen
Jesus endgültig erreicht. Merkwürdigerweise wird damit die Logik der bisherigen Erzählung auf den Kopf gestellt, denn was bisher als Negativfolie
galt, wird nun als maßgeblich erachtet: der Zusammenhang von Sehen, Berühren und Glauben.

Aber unser Autor wäre nicht der Autor des Johannesevangeliums, hätte er
nicht noch eine allerletzte Überraschung für den Leser parat: Der kommen-
tierende Sprechakt der Hauptfigur (V. 29) relativiert die Begründung für das
zuvor erzählte Gläubigwerden des Thomas mit dem Hinweis auf jene, die
auch ohne die Bedingung des Sehens zum Glauben kommen. Diese Gruppe,
die dem Thomas sprachlich mit Hilfe eines Makarismus gegenübergestellt
wird, zeichnet sich offensichtlich durch eine höhere Risikobereitschaft aus.
Es ist eine Gruppe, die außerhalb der Jüngerversammlung zu suchen ist,
denn die in der erzählten Handlung eingesetzten Figuren mußten – ob sie
wollten oder nicht – die Bedingung des Sehens erfüllen. Es ist der Hinweis
auf die Strukturen der außertextlichen Wirklichkeit, die im ersten Buchschluß (20,30f.) dann explizit formuliert wird.[93]

---

[92] Insgesamt läßt der Autor seine Hauptfigur an dieser Stelle sehr autoritär auftreten,
denn die Sprechhandlung, die Jesus zugewiesen wird, ist als scharfe Aufforderung mit
direktivem Charakter zu charakterisieren, was sprachlich durch den Einsatz von vier
Imperativen unterstützt wird.

[93] Vgl. dazu die Ausführungen in Abschnitt 2.2. Vgl. auch SÖDING, *Schrift*, 368: »Der
Makarismus, den Jesus auf das Thomas-Bekenntnis folgen läßt, richtet sich dann freilich
an die nachösterlichen Leser des Evangeliums. Sie werden nicht erfahren, was Jesus
dem Thomas – gleichsam als eine letzte Ausnahme – gewährt: Jesus in so eindrucksvol-
ler Weise als ihn selbst, als Kyrios und Gott, zu sehen, daß dieses Sehen das Glauben
und Bekennen begründet. Würden sie auf dem Standpunkt beharren, den Thomas in
20,25 markiert: ‚wenn ich nicht sehe … glaube ich nicht!', wäre ihnen der Glaube überhaupt, damit aber die Teilhabe am ewigen Leben versperrt.«

5. Die Figuren im »eschatologischen Nachspiel« (21,1–25) – oder: Wie man sich auf die Endzeit vorbereitet

Das 21. Kapitel des Johannesevangeliums beginnt mit einer überschriftartigen, metanarrativen Bemerkung über den wiederholten Auftritt des auferstandenen Jesus am Meer von Tiberias vor seinen Jüngern. Dabei fällt die doppelte Verwendung des Stichworts »Offenbarung« ins Auge, welches das eschatologische Nachspiel ganz deutlich an die große Exposition zurückbindet (vgl. 1,31 und 2,11) und über dieses rahmende Element das ganze Buch als offenbarungstheologischen Gesamtentwurf kennzeichnet. Daß dabei wiederum Galiläa eine wichtige Rolle spielt, liegt nach den Analysen der Anfangsepisoden auf der Hand. Mit einem solchen Einstieg in den neuen Textblock öffnet der Autor die verschlossenen Türen des zwanzigsten Kapitels für eine weiterführende Perspektive.[94]

Vom eingesetzten Figureninventar her zentriert sich im Verlauf der Erzählung erneut alles auf die bereits bekannte Zweiergruppe Petrus – Lieblingsjünger. Im Anschluß an die Schilderung des erfolglosen Fischzuges (V. 2f.), der auf die Initiative des Petrus durchgeführt wird, bietet der Autor eine weitere Erkennungs- und Identifizierungsszene (VV. 4–8).[95] Mit der Hintergrundinformation für den Leser, daß die Jünger *nicht wissen*, daß es sich um Jesus handelt (vgl. dazu 20,14), gibt dieser den Auftrag, erneut hinauszufahren und die Netze auf der anderen Seite des Bootes auszuwerfen, was zum Fangerfolg im Übermaß führt (V. 5f.). Während damit der erste Mangelzustand der Episode (Erfolglosigkeit beim Fischfang) behoben ist, bleibt das zweite Defizit (die Unwissenheit der Jünger) weiter offen. Zu diesem Zweck führt der Autor den zuvor offensichtlich anwesenden, jedoch namentlich noch nicht genannten Lieblingsjünger in die Szenerie ein, der an Petrus gerichtet und völlig zielsicher diese Frage auflöst: »Der Herr ist es.« Woher diese Figur die Kenntnis über die Identität Jesu hat, wird nicht erzählt, entscheidend ist, daß der Lieblingsjünger den Petrus – und damit auch die anderen Figuren der erzählten Welt – auf den gleichen Kenntnisstand bringt, auf dem sich der Leser schon seit V. 4 befindet, d. h. er stellt sein

---

[94] Vgl. STENGER, *Lektüre*, 234. Zum überschriftartigen Charakter vgl. auch KREMER, *Osterevangelien*, 204.

[95] Zur Struktur vgl. RUCKSTUHL, *Aussage*, 329–341.

Sonderwissen der Gemeinschaft zur Verfügung und macht es damit zu einem identitätsstiftenden Wissen.

Schwer zu interpretieren ist die sich anschließende Reaktion des Petrus: Er gürtet das Oberkleid um und springt in den See (V. 7b). Wie immer man diese Aktion deutet,[96] wichtig ist, daß die Figur Petrus durch den Sprung ins Wasser aus dem Kreis der übrigen Insassen des Bootes hervorgehoben wird, was der Autor in V. 8 eigens betont (»aber die anderen Jünger kamen mit dem Boot«) und was auch durch seine besondere Aufgabe in der nächsten Episode (20,9–14) – er trägt das schwere Netz mit Fischen ganz alleine an Land – weiter aufrechterhalten wird. Interessant an dieser sich anschließenden Szene, in der der am Strand auftretende Jesus die Jünger zum *Offenbarungsfrühstück* einlädt (V. 12), ist die Tatsache, daß nun alle Anwesenden das notwendige Wissen in bezug auf die Identität des von den Toten auferstandenen Jesu erlangt haben (V. 12b), ein Wissen, das der abschließende V. 14 noch einmal dezidiert mit dem Stichwort *Offenbarung* in Verbindung bringt.

Entscheidend sind nun die letzten beiden Szenen des Buches, die dem Leser Auskunft über das Schicksal der beiden Jüngerfiguren erteilen:

Der dreifache Test des Simon Petrus (21,15–19) besteht – jeweils modifiziert – aus der Anfrage Jesu nach der Liebe des Petrus ihm gegenüber, aus der positiven Antwort des Petrus sowie aus der Aufforderung Jesu, Petrus solle seine Schafe weiden.[97] Dabei sind im Verlauf der Szene folgende Besonderheiten zu beobachten:

Erzählstrategisch verlagert sich die Frageperspektive von einem Vergleich der Liebe des Petrus mit der Liebe der anderen (V. 15) über ein eher neutra-

---

[96] Die Sekundärliteratur bietet im wesentlichen zwei Möglichkeiten: Auf der einen Seite wird vermutet, Petrus springe ins Wasser, um mit einem Vorsprung vor den anderen an Land zu gehen und damit als erster bei Jesus zu sein (vgl. z. B. KÜGLER, *Jünger*, 383, der die gesamte übrige Literatur zusammenstellt). Eine solche Absicht ist allerdings aus dem Text heraus nicht direkt abzuleiten; vgl. WENGST, *Johannesevangelium (2)*, 314: Simon Petrus ist an dieser Stelle »von den anderen Schülern getrennt, für eine Weile buchstäblich untergetaucht. Man muss sich um ihn keine Sorgen – und auch keine Gedanken machen; er wird schon wieder auftauchen.« Auf der anderen Seite wird die Reaktion als großes Schamgefühl des Petrus interpretiert (vgl. STIBBE, *John*, 211, der einige andere Stellen im Johannesevangelium anführt, die ein solches Schamgefühl untermauern sollen), wobei letztere Version stark psychologisierend erscheint und aufgrund des Textbefundes nicht zu verifizieren ist.

[97] Zur strukturellen Analyse dieser Szene vgl. RUCKSTUHL, *Aussage*, 342–344.

les Element (V. 16) hin zur Klärung des ganz persönlichen Schicksals dieser Erzählfigur (V. 17f.). Der Leser erhält einen direkten Zugang zu dieser Erzählfigur und dem damit verbundenen Identifikationsangebot.

Inhaltlich wird das Thema *Liebe* (ἀγαπάω; φιλέω) als Entscheidungskriterium aufgerufen. Die Kategorie, die den Lieblingsjünger seit seinem ersten Auftritt auszeichnet – vom Herrn geliebt zu werden – und die diese Figur ohne Frage besonders hervorhebt, wird nun auch für das weitere Schicksal des Petrus als Richtschnur festgelegt.[98]

Interessant ist zudem die Wiederaufnahme der Hirtenmetaphorik. Alle drei Gesprächssequenzen münden in die Aufforderung Jesu »Weide meine Schafe«.[99] Aus dem zehnten Kapitel des Evangeliums weiß der Leser bereits, daß das *Hüten der Schafe* als Konstitutionsmerkmal der endzeitlichen Rettung zu verstehen ist.[100] Während das dort natürlich über die Hauptfigur Jesus verifiziert wurde, erscheint das Bild nun im Zusammenhang eines der Mitglieder der Wissensfamilie, d. h. der Autor benutzt wieder einmal seine bereits bekannte Strategie der Umsetzung vertikaler Zuweisungen in horizontale Linien.

Schließlich ist darauf hinzuweisen, daß hier ein übergreifendes Zeitmodell angeboten wird. Die Personalien der Figur Petrus betreffen sowohl die Vergangenheit (»Als du jünger warst, gürtetest du dich selbst und gingst umher, wohin du wolltest«) als auch die Zukunft (»Wenn du aber alt geworden bist, wirst du ausstrecken deine Hände und ein anderer wird dich gürten und führen, wohin du nicht willst«), was schließlich durch einen Autorkommentar (V. 19) interpretiert wird: »Dies aber sagte er, anzeigend mit welchem Tod er *verherrlicht* werde vor Gott«. Damit erhält die oppositionelle Gegenüberstellung der Lebensphasen ihre Begründung, denn es geht um eine eschatologisch-soteriologische Perspektive, was wir mit zwei kleinen Beobachtungen untermauern können: Erstens nämlich hat der Leser eine ganz ähnliche Formulierung aus 12,32 im Kopf. Dort hatte der Autor seine

---

[98] Vgl. EBNER, *Wer liebt mehr*, 55: »Bereits die ‚Vision' der Maria bei ihrem Grabbesuch wurde als liebende Wiedererkennung gedeutet. Und es ist genau dieses Kriterium der Liebe, das für die Anerkennung des Petrus als Hirten im Nachfolgekapitel die entscheidende Rolle spielt (21,15–17).«

[99] Daß dabei für Schaf / Lamm zwei verschiedene Vokabeln zum Einsatz kommen (ἀρνίον, πρόβατον), sei nur am Rande erwähnt.

[100] Vgl. KOWALSKI, *Hirtenrede*, v. a. 194–231 sowie 271–276 als Ausblick auf das Kapitel 21.

Hauptfigur eine Vision über den eigenen Tod vortragen lassen und mit dem entsprechenden Kommentar interpretiert. Dazu kommt zweitens, daß das eingesetzte Verb δοξάζω im Johannesevangelium ansonsten einzig und allein das Verhältnis zwischen Jesus und dem Vater beschreibt.[101] Wenn der Autor diese bisher gültige semantische Festschreibung durchbricht, hebt er die Figur Petrus ganz besonders ins Rampenlicht, d. h. er ist neben der Hauptfigur Jesus in der Fiktion des Buches der einzige, der explizit Gott verherrlichen wird. Die abschließende Aufforderung Jesu (»Folge mir«) macht dies auf der Ebene der Erzählung mehr als deutlich.

Die Rolle des Petrus erhält zum Schluß des Buches eine deutliche Wende: In der großen Exposition etwas verschlüsselt als »Fels« (1,42) und für den Leser damit zunächst nicht mehr als ein Mitglied der Wissensfamilie mit besonderem Beinamen ausgewiesen,[102] durchläuft er eine zumindest ambivalente Karriere[103] und wird für die zukünftige Perspektive als Modellcharakter mit ekklesiologischer Ausrichtung ausgebaut.

In der letzten Szene des Buches (VV. 20–23) wird die Figur Lieblingsjünger in die Dialogsituation zwischen Jesus und Petrus integriert, allerdings nicht als aktiv Handelnder, sondern nur in der Form eines Wahrgenommenen (βλέπει) und damit als Gesprächsthema. Als Zusatzinformation erinnert der Autor noch einmal daran, daß es sich um die Figur handelt, die während des Mahles (Kap. 13) an der Brust Jesu gelegen und dort die Frage nach dem Verräter gestellt hat. Daß dieser in der vorliegenden Szene durch Petrus über den Wahrnehmungsvorgang *Sehen* eingeführt wird, dürfte mittlerweile zum Standard der Erzählstrategie gehören.[104] Die einzige Sequenz dieser Szene (V. 21f.) beschäftigt sich mit dem Informationsbedarf des Petrus hinsichtlich des künftigen Schicksals des Lieblingsjüngers, was von Jesus durch eine eindeutige Antwort klargestellt wird: Der Verbleib dieses Jün-

---

[101] Vgl. 7,39; 8,54; 11,4; 12,16; 13,31; 14,13 usw.

[102] Vgl. WENGST, *Johannesevangelium (1)*, 90: »... hier bleibt es bei der bloßen Benennung, und es fehlt jeder Hinweis auf eine ekklesiologische Bedeutung. Können diese Besonderheiten anders gedeutet werden, als dass der Evangelist eine antihierarchische Tendenz verfolgt?«

[103] Vgl. etwa das übertriebene Engagement in der Fußwaschungsepisode, die Verleugnungsszene, den ungeklärten Sprung ins Meer.

[104] Daß dabei auf Seiten des Petrus der Faktor *Umdrehen* eine Rolle spielt, verknüpft den Teiltext sehr eng mit der zweiten Episode der Ostergeschichten (vgl. 20,14.16).

gers sei für Petrus bis zur Wiederkunft Jesu irrelevant.[105] Durch die erneute
Aufforderung »Du, folge mir« wird der Dialog endgültig beendet. Was sich
daran anschließt (V. 23), ist die Ausweitung des Erzählten auf einen zukünftigen Bereich hin. Mit deutlichem Stichwortbezug zum Prolog wird berichtet, daß dieses Wort (λόγος) ausgeht zu den Brüdern, wobei es sich allerdings um eine zu korrigierende Falschaussage handelt. Offensichtlich wurde
in einer nicht näher definierten späteren Zeit das Gespräch zwischen Jesus
und Petrus falsch interpretiert, und der Autor klärt seinen Leser darüber auf,
daß ein solches Gerücht (dieser Jünger werde nicht sterben) keinesfalls als
Interpretament des Gesprächs in Frage kommt.[106] Lediglich der exakte
Wortlaut ist maßgeblich, womit ein äußerst verklausuliertes Wissen den
narrativen Teil des Johannesevangeliums abschließt.

Erzählökonomisch übernimmt der Lieblingsjünger in dieser Szene eigentlich keine Funktion. Dennoch ist seine Erwähnung für unsere Überlegungen
zentral: Die Zukunftsvision hat bei genauerem Hinsehen weniger mit dem
Problem des Sterbens bzw. Nicht-Sterbens des Lieblingsjüngers zu tun, ihre
Spitze liegt vielmehr im Schnittpunkt von *Bleiben* und *Kommen*.[107] Beide
Vorgänge wurden für den Leser im Verlaufe des Buches ausführlich durchgespielt, sie stellen einen entscheidenden Bezug zu den Anfangsepisoden
her und vergewissern somit zum Schluß die Grundmotivation der gesamten
Offenbarungskonzeption: Es geht um das konkrete Wissen, wie man sich
dem in die Welt gekommenen Logos gegenüber verhält, wie man Mitglied
in der Wissensfamilie wird, die sich zu Beginn des Evangeliums gesammelt
hat und wie man schließlich mit der Situation der Trennung vom Logos
zurechtkommt. Eben diese Spannung führt die Dialektik zwischen dem

---

[105] Das etwas schroff wirkende τί πρός erinnert den Leser an die Abweisung der Mutter
Jesu im Zusammenhang der Kana-Episode (2,4) sowie an die Zurückweisung gegenüber
Maria Magdalena in den Ostergeschichten (20,17). Dieses Erzählmotiv stellt somit eine
doppelte Verknüpfung dieser Szene her.

[106] Vgl. STENGER, *Lektüre*, 241, der von einer »zweifachen Zukunft« spricht: »In einer
ersten war eine Interpretation dieses Wortes Jesu wirksam, derzufolge die Gemeinde des
‚geliebten Jüngers' das Wort als Ansage verstand, der ‚geliebte Jünger' werde nicht
sterben, so daß es zu einer Opposition käme, in der Petrus der Tod verheißen würde und
dem ‚geliebten Jünger' sein Angenommensein vom Tod bis zur Parusie des Herrn. Vom
Standpunkt einer zweiten Zukunft aus, in der der ‚geliebte Jünger' wie Petrus schon
gestorben ist, wird diese Interpretation jedoch zurückgewiesen und der Wortlaut des
Wortes Jesu über ihn nochmals zitiert.«

[107] Vgl. THYEN, *Johannes*, 168.

Bleiben des Lieblingsjüngers und dem *Kommen* Jesu über die Grenzen der erzählten Welt hinaus. Nach der Dokumentation von Auferstehung und Wiederkunft wird an dieser Schnittstelle die andauernde Relevanz der Gewißheit der endzeitlichen Rettung zum Ausdruck gebracht. Ganz langsam werden erzähltechnisch die Grenzen von Raum und Zeit außer Kraft gesetzt, der Lieblingsjünger fungiert auf der Schwelle zwischen der Ebene der Erzählung und der Ebene der Autor-Leser-Kommunikation als idealer Gewährsmann, um die Geschichte vom Kommen des Logos in die Welt und seine Rückkehr zum Vater für den Leser verstehbar zu machen. Nicht zuletzt sein anonymes Auftreten trägt dazu bei, denn der Leser erhält über einen solchen erzähltechnischen Kniff alle Möglichkeiten der Aktualisierung von Identifikationspotentialen.[108] Wie diese Idee in V. 24 weiter ausgebaut wird, haben wir weiter oben bereits angedeutet. Als wichtigen Verbindungsfaktor können wir noch einmal festhalten: Die Funktion des Lieblingsjüngers korrespondiert stark mit der Rolle des Johannes zu Beginn des Buches. Während Johannes die Verbindung zwischen Himmel und Erde hergestellt hat, gelingt durch den Lieblingsjünger die Verknüpfung der Jesusgeschichte mit der konkreten Geschichte der johanneischen Erzählgemeinschaft.[109]

Wie ist nun abschließend die Zeichnung dieser beiden Erzählfiguren auf der Ebene der erzählten Handlung zu bewerten, und welche Funktion kommt ihnen für die Autor-Leser-Kommunikation zu? Das Konkurrenzverhältnis zwischen dem Lieblingsjünger und Petrus, das im Laufe des Buches immer wieder spürbar war, wird nun zum Schluß relativiert. Beide stehen auf ihre Weise in einem besonderen Verhältnis zu Jesus, was jeweils über das Stichwort *Nachfolge* auf den Punkt gebracht wird, und beide übernehmen im Blick auf die Wir-Gruppe eine wichtige Rolle für die Zukunft. Die Figur Petrus erhält eine späte Rehabilitation, indem er einen pastoralen Auftrag

---

[108] Vgl. THYEN, *Johannes*, 181.

[109] THYEN, *Johannes*, 184, formuliert das folgendermaßen: »Erkennt man das ganze Evangelium [...] als das wahre und übereinstimmende Zeugnis dieser beiden Zeugen, nämlich zunächst des ‚von Gott gesandten Mannes, mit Namen Johannes', wie er bereits im Prolog feierlich eingeführt wird, und danach des ‚Jüngers, den Jesus liebte', der als der einstige Schüler und der geheimnisvolle Namensvertreter des ersten so zu sagen, oder vielmehr: ‚so zu raten' der zweite Johannes ist, so zeigt sich bald, dass diese beiden Figuren nicht nur ‚im Kopf des Evangelisten', sondern in dem auf der Textebene manifesten Spiel zwischen dem omniszienten Erzähler und seinem idealen Zuhörer miteinander zu kommunizieren beginnen.«

übernimmt und damit Schritt für Schritt an die Stelle Jesu tritt.[110] Der Autor
öffnet über eine solche Strategie die textliche Fiktion und bietet für seine
Erzählgemeinschaft eine echte Möglichkeit des Zusammenlebens im Bewußtsein des nicht mehr anwesenden Jesus. Der Lieblingsjünger ist bereits
in der Szene unter dem Kreuz (19,26f.) durch die neuen familiären Zuweisungen in die *Fußstapfen Jesu* getreten und hat eine normative Funktion als
Repräsentant Christi übernommen.[111] Am Ende von Kapitel 21 wird dies
durch geheimnisvolle Aussagen untermauert: Er *bleibt* aufgrund seines
Zeugnisses. Es geht also – wie der Text selbst sagt – nicht darum, ob er
gestorben ist und weiterlebt, oder ob er der tatsächliche Autor des Buches
ist.[112] Diese Figur verkörpert ganz entscheidend und dauerhaft die Gewähr-
leistung des rettenden Wissens, das sich über die Grenzen der erzählten
Welt hinweg im vorliegenden Buch manifestiert. Er ist so etwas wie die
personifizierte Fiktion, in der die gesamte Anlage der vorgetragenen Offenbarungsgeschichte kulminiert und von daher zur Sache des Lesers wird. Die
Kombination der Funktionen beider Figuren ergibt für den Leser eine optimale *Ausrüstung*, in bedrängter Situation langfristig Lebensperspektiven im
Namen Jesu zu entwickeln.

6. Zum Schluß noch einmal: Rettet ein Buch?

Am Ende unserer Analysen müssen wir noch einmal auf die Ausgangsfrage
zurückkommen und eine zusammenfassende Antwort versuchen.

a. Die metanarrativen Rahmenteile (1,1–18; 20,30f.; 21,24f.) formulieren als
explizites Einverständnis zwischen Autor und Leser die Begründungs-
zusammenhänge dafür, daß das Buch insgesamt als Grundlage rettenden
Wissens für die johanneische Erzählgemeinschaft fungiert. Dabei bietet der
hermeneutische Entwurf des Prologs (1) den Rückbezug zum schlechthinnigen Anfang aller Überlegungen, (2) die Verortung in der jüdischen Weisheitstradition, (3) den Hinweis darauf, daß dem für die marginalisierte Wir-
Gruppe entworfene Wissenskonzept ein durchaus inklusiver Charakter eignet sowie (4) den klaren Aufweis der Kontinuität zur Offenbarungs-

---

[110] Vgl. ZUMSTEIN, *Endredaktion*, 210f.

[111] Vgl. ZUMSTEIN, *Endredaktion*, 212f.

[112] Vgl. THYEN, *Johannes*, 168.

geschichte Gottes mit seinem Volk Israel. Die Kategorien *Erinnerung* und *Neuanfang* wirken dabei in der Art eines dialektischen Prinzips zusammen: Rettendes Wissen, das immer wieder über das Stichwort *Glauben* präzisiert wird, ist nur auf der Basis der eigenen Tradition greifbar.

Die beiden Buchschlüsse betonen in diesem Zusammenhang aus der Perspektive des Lesers (20,30f.) sowie aus der Perspektive des Autors (21,24f.) die Funktion des *Buches* als Instanz der Vermittlung. *Glauben* und *Leben in seinem Namen haben*, das erreicht man einzig und allein über das Schreiben und Lesen des Buches. Der hermeneutische Schlüssel für eine soteriologische Gewißheit liegt tatsächlich im Buch selbst.

b. Die einzelnen Inhalte des Wissens lassen sich über die eingesetzten Figuren abrufen. Auch hier ist eine interessante Verschiebung vom Anfang zum Schluß des Buches zu beobachten. Die drei besprochenen Figuren der großen Exposition sind allesamt durch eine hermeneutische Rollenbeschreibung ausgewiesen: Der Täufer Johannes stellt die Verbindung vom ursprünglichen Sein bei Gott zur realen Geschichte des Jesus von Nazaret und darüber hinaus zur Rezeptionssituation der johanneischen Gemeinde her. Natanael fungiert als exzellenter Gewährsmann für das kanonische Wissen und damit für die uneingeschränkte Kontinuität zum Gottesvolk Israel. Die Mutter Jesu zeichnet sich aus als Eckpfeiler eines alternativen Wissenskonzeptes, das wir religionsgeschichtlich mit der apokalyptisch-weisheitlichen Tradition in Verbindung bringen können.

Die Figuren in den Ostergeschichten hingegen zeichnet der Autor viel stärker als Charaktere zur direkten Identifikation: Maria von Magdala, Petrus, der Lieblingsjünger sowie Thomas – sie alle sind in diesem Kapitel auf ihre Weise Repräsentanten der bedrängten Gemeinde und damit echte Sympathieträger für den Leser. Der Autor verknüpft erzähltechnisch den Wahrnehmungsvorgang Sehen mit dem wunderbar inszenierten Spiel von Nähe und Distanz. Über die variantenreichen und immer konkreter werdenden Zugänge der Erzählfiguren zum leeren Grab bzw. zum nicht mehr vorhandenen Leichnam Jesu gelangt der Leser Schritt für Schritt in *greifbare Nähe* zum auferstandenen Christus.

Wieder etwas anders fungieren die Figuren im eschatologischen Nachspiel: Petrus und der Lieblingsjünger, die zuvor in den Kreis der direkten Identifikationspartner innerhalb des Textes eingeordnet waren, übernehmen nun im Blick auf die außertextliche Wirklichkeit für die Zeit nach der Rückkehr Jesu zum Vater erneut eine eher hermeneutische Rolle. In der Figur Petrus kulminieren die Inhalte des Buches auf ekklesiologischer Ebene, d. h. das rettende Wissen wird strukturell verankert. Der Lieblingsjünger übernimmt die Rolle des Garanten der Wahrheit der verschriftlichten Konzeption.

Insgesamt spiegelt das eingesetzte Figureninventar, das über die Zuordnung einer Fülle von semantischen Einzelheiten noch spezifiziert wird, ein umfassendes soteriologisches Modell wider: In der großen Exposition vergewissert man sich darüber, wo man herkommt und welche Grundoptionen das zugrundeliegende Wissensmodell bestimmen. Die Ostergeschichten kennzeichnen den Punkt, an dem man sich gerade befindet, d. h. sie konkretisieren die situativen Bedingungen der Erzählgemeinschaft. Das eschatologische Nachspiel klärt, worauf man sich zubewegt, d. h. es betont die dauerhafte Sicherstellung des rettenden Wissens.

c. In der Verschränkung der metanarrativen und der narrativen Passagen der Rahmenteile schafft der Autor ein Gemisch von direkter Kommunikation und erzählstrategischen Aussagen, das das Wissen der Erzählgemeinschaft grundlegend definiert. Rettendes Wissen basiert auf der erzählten Erinnerung des Christusereignisses, die sich im vorliegenden Fall als deutlicher Gegenentwurf – als Alternativrealität – gestaltet. Gottes rettendes Handeln, das sich in der Inkarnation des Logos manifestiert, wird für die johanneische Erzählgemeinschaft über das Buch greifbar. Nicht das Buch an sich rettet also, sondern das Buch in seiner Funktion als Kommunikationsmittel macht rettendes Wissen evident. Das Johannesevangelium erweist sich dafür als vortreffliches Beispiel.

Bibliographie

ASSMANN, Jan, *Das kulturelle Gedächtnis*. Schrift, Erinnerung und politische Identität in den frühen Hochkulturen, München: Beck 1992.

BLANK, Joseph, *Krisis*. Untersuchungen zur johanneischen Christologie und Eschatologie, Freiburg: Herder 1964.

BEUTLER, Johannes, *Martyria*. Traditionsgeschichtliche Untersuchungen zum Zeugnisthema bei Johannes (FTS 10), Frankfurt/M.: Knecht 1972.

BÜHNER, Jan A., *Der Gesandte und sein Weg im 4. Evangelium*. Die kultur- und religionsgeschichtlichen Grundlagen der johanneischen Sendungschristologie sowie ihre traditionsgeschichtliche Entwicklung (WUNT 2), Tübingen: Mohr 1977.

CULPEPPER, R. Alan, *Anatomy of the Fourth Gospel*. A Study in Literary Design, Philadelphia: Fortress Press 1983.

EBNER, Martin, *Wer liebt mehr?* Die liebende Jüngerin und der geliebte Jünger nach Joh 20,1–18, in: BZ 42 (1998), 39–55.

FRANKEMÖLLE, Hubert, *Mose in der Deutung des Neuen Testaments*, in: Kirche und Israel 9,1 (1994), 70–86.

GAWLICK, Matthias, *Mose im Johannesevangelium*, in: BN 84 (1996), 29–35.

HABERMANN, Jürgen, *Präexistenzchristologische Aussagen im Johannesevangelium*. Annotationes zu einer angeblich ‚verwegenen Synthese‘, in: Laufen, Rudolf (Hrsg.), Gottes ewiger Sohn. Die Präexistenz Christi, Paderborn u. a.: Schöningh 1997, 115–142.

HAHN, Ferdinand, *Christologische Hoheitstitel*. Ihre Geschichte im frühen Christentum, Göttingen: Vandenhoeck & Ruprecht [3]1966.

HASITSCHKA, Martin, *Befreiung von Sünde nach dem Johannesevangelium*. Eine bibeltheologische Untersuchung (IST 27), Innsbruck / Wien: Tyrolia 1990.

KOWALSKI, Beate: *Die Hirtenrede (Joh 10,1–18) im Kontext des Johannesevangeliums* (SBB 31), Stuttgart: Verlag Katholisches Bibelwerk 1996.

KRÄMER, Helmut, Art. Προφήτης, in: ThWNT VI, 783–795.

KÜCHLER, Max, *Frühjüdische Weisheitstraditionen*. Zum Fortgang weisheitlichen Denkens im Bereich des frühjüdischen Jahweglaubens (OBO 26), Freiburg (Schweiz): Universitäts-Verlag / Göttingen: Vandenhoeck & Ruprecht 1979.

KÜGLER, Joachim, *Der Jünger, den Jesus liebte*. Literarische, theologische und historische Untersuchungen zu einer Schlüsselgestalt johanneischer Theologie und Geschichte. Mit einem Exkurs über Joh 6 (SBB 16), Stuttgart: Verlag Katholisches Bibelwerk 1988.

KUHLI, Horst, *Nathanael – ,wahrer Israelit'?* Zum angeblich attributiven Gebrauch von αληϑῶς in Joh 1,47, in: BiNo 9 (1979), 11–19.

KUSCHEL, Karl-Joseph, *Geboren vor aller Zeit?* Der Streit um Christi Ursprung, München: Piper 1990.

LENTZEN-DEIS, Fritzleo, *Das Motiv der ,Himmelsöffnung' in verschiedenen Gattungen der Umweltliteratur des Neuen Testaments*, in: Bib 50 (1969), 301–327.

LÖNING, Karl / ZENGER, Erich, *Als Anfang schuf Gott*. Biblische Schöpfungstheologien, Düsseldorf: Patmos 1997.

LÖNING, Karl, *Das Frühjudentum als religionsgeschichtlicher Kontext des Neuen Testaments*, in: Frankemölle, Hubert (Hrsg.), Lebendige Welt Jesu und des Neuen Testaments. Eine Entdeckungsreise, Freiburg u. a.: Herder 2000, 48–68.

LÖNING, Karl, *Konfrontationen mit der Gewalt des Todes*, in: Richter, Klemens (Hrsg.), Der Umgang mit den Toten. Tod und Bestattung in der christlichen Gemeinde (QD 127), Freiburg u. a.: Herder 1990, 153–170.

MALINA, Bruce J. / ROHRBAUGH, Richard L., *Social-Science Commentary on the Gospel of John*, Minneapolis: Fortress Press 1998.

METZ, Johann B., *Glaube in Geschichte und Gesellschaft*. Studien zu einer praktischen Fundamentaltheologie, Mainz: Matthias-Grünewald [5]1992.

METZ, Johann B.: *Kleine Apologie des Erzählens*, in: Conc 9 (1973), 334–341.

MUSSNER, Franz, *Die johanneische Sehweise und die Frage nach dem historischen Jesus* (QD 28), Freiburg u. a.: Herder 1965.

OBERLINNER, Lorenz, *Art. δόλος*, in: EWNT I, 830.

RINKE, Johannes, *Kerygma und Autopsie*. Der christologische Disput als Spielgel der johanneischen Gemeindegeschichte (HBS 12), Freiburg u. a.: Herder 1997.

RUCKSTUHL, Eugen, *Zur Aussage und Botschaft von Johannes 21*, in: Ders. (Hrsg.), Jesus im Horizont der Evangelien (SBA 3), Stuttgart: Verlag Katholisches Bibelwerk 1988, 327–353.

SCHENKE, Ludger *Christologie als Theologie*. Versuch über das Johannesevangelium, in: Hoppe, Rudolf / Busse, Ulrich (Hrsg.), Von Jesus zum Christus. Christologische Studien, FS Paul Hoffmann, Berlin / New York: de Gruyter 1998, 445–465.

SCHENKE, Ludger, *Johanneskommentar*, Düsseldorf: Patmos 1998.

SCHIMANOWSKI, Gottfried, *Weisheit und Messias*. Die jüdischen Voraussetzungen der urchristlichen Präexistenzchristologie (WUNT II, 17), Tübingen: Mohr 1985.

SCHNELLE, Udo, *Das Evangelium nach Johannes* (ThHKNT 4), Leipzig: Evangelische-Verlags-Anstalt 1998.

SÖDING, Thomas, *Die Schrift als Medium des Glaubens*. Zur hermeneutischen Bedeutung von Joh 20,30f., in: Backhaus, Knut (Hrsg.), Schrift und Tradition, FS Joseph Ernst, Paderborn: Schöningh 1996, 343–371.

STEIGER, Johann Anselm, *Nathanael – ein Israelit, an dem kein Falsch ist*. Das hermeneutische Phänomen der Intertestamentarizität aufgezeigt an Joh 1,45–51, in: BThZ 9 (1992), 50–73.

STENGER, Werner: *Strukturale Lektüre der Ostergeschichte des Johannesevangeliums (Joh 19,31 – 21,25)*, in: Ders., Strukturale Beobachtungen zum Neuen Testament, Leiden: Brill 1990, 202–242.

STIBBE, Mark W. G., *John*, Sheffield: JSOT Press 1996.

THEOBALD, Michael, *Der johanneische Osterglaube und die Grenzen seiner narrativen Vermittlung (Joh 20)*, in: Hoppe, Rudolf / Busse, Ulrich (Hrsg.), Christologische Studien, FS Paul Hoffman, Berlin / New York: de Gruyter 1998, 93–123.

THYEN, Hartwig, *Noch einmal: Johannes 21 und ,der Jünger, den Jesus liebte'*, in: Fornberg, Tord / Hellholm, David (Hrsg.), Texts and Contexts. Biblical Texts in their Textual and Situational Contexts, FS Lars Hartman, Oslo u. a.: Scandinavian Univ. Press 1995, 147–189.

TRUDINGER, L. Paul, *An Israelite in Whom there is no Guile*. An Interpretative Note on John 1,45–51, in: EQ 54 (1982), 117–120.

WEINRICH, Harald, *Narrative Theologie*, in: Conc 9 (1973), 329–333.

WELCK, Christian, *Erzählte Zeichen*. Die Wundergeschichten des Johannesevangeliums literarisch untersucht. Mit einem Ausblick auf Joh 21 (WUNT II, 69), Tübingen: Mohr 1994.

WENGST, Klaus, *Das Johannesevangelium* (Teilbde. 1 und 2), Stuttgart: Kohlhammer 2000 / 2001.

ZELLER, Dieter, *Der Ostermorgen im 4. Evangelium (Joh 20,1–18)*, in: Oberlinner, Lorenz (Hrsg.), Auferstehung Jesu – Auferstehung der Christen. Deutungen des Osterglaubens, Freiburg u. a.: Herder 1986, 145–161.

ZELLER, Dieter, *Elija und Elischa im Frühjudentum*, in: BiKi 41 (1986), 154–171.

ZENGER, Erich, *Der Gott des Exodus in der Botschaft der Propheten – am Beispiel des Jesajabuches*, in: Conc 28 (1987), 15–22.

ZUMSTEIN, Jean, *Der Prolog, Schwelle zum vierten Evangelium*, in: Ders., Kreative Erinnerung. Relecture und Auslegung im Johannesevangelium, Zürich: Pano-Verlag 1999, 78–98.

ZUMSTEIN, Jean, *Der Prozess der Relecture in der johanneischen Literatur*, in: Ders., Kreative Erinnerung. Relecture und Auslegung im Johannesevangelium, Zürich: Pano-Verlag 1999, 15–30.

ZUMSTEIN, Jean, *Die Endredaktion des Johannesevangeliums*, in: Ders., Kreative Erinnerung. Relecture und Auslegung im Johannesevangelium, Zürich: Pano-Verlag 1999, 192–216.

ZUMSTEIN, Jean, *Narratologische Lektüre der johanneischen Ostergeschichte*, in: Ders., Kreative Erinnerung. Relecture und Auslegung im Johannesevangelium, Zürich: Pano-Verlag 1999, 178–191.

Sylvia Hagene

Der Weg in die eschatologische Sabbatruhe

(Mt 11,28–30; Hebr 3,7 – 4,13 und »Evangelium Veritatis«)

Das Thema der Suche nach »Ruhe« oder einem »Ruheort« verdichtet sich im NT in zwei Texten, in Mt 11,28–30 und Hebr 3,7 – 4,13. Als jeweilige griechische Korrelate tauchen dort ἀνάπαυσις bzw. κατάπαυσις zur Bezeichnung der ersehnten »Ruhe« auf. Statistisch gesehen bleibt die Verwendung des Lexems κατάπαυσις und seiner Derivate im NT auf die Apostelgeschichte und den Hebräerbrief beschränkt,[1] während die in Mt 11,28 verzeichnete Variante des Wortstamms mit dem Präfix ἀνα- sonst noch in Mt 12,43 (par Lk 11,24), ferner in Mt 26,45 vorkommt und daneben einige Einträge bei den anderen Synoptikern, in der paulinischen Literatur sowie in Offb kennt.[2] Es fällt dabei auf, daß nur Hebr 3,7 – 4,13 und Mt 11,28 die Ruhe oder das Ruhen als eine Qualität beschreiben, die von Gott selbst bzw. von Jesus verliehen und mit der Nähe zu ihm in Beziehung gesetzt wird. Mit dem Ruhe-Begriff werden hier die Aspekte assoziiert, die spätestens seit dem Exodus und der Verheißung des Endes eines heimatlosen Nomadendaseins zum soteriologischen Bekenntnis Israels geworden sind: Daß es einen von Gott für sein Volk bereiteten Heilsbereich gibt, der das Ziel seines Weges mit ihm ist und der die Befreiung von allen drückenden Lasten verspricht.

---

[1] Neben den acht Einträgen in Hebr 3,7 – 4,13 kommt die Wortgruppe noch in Apg 7,49 und 14,18 vor. In der Septuaginta (elfmal) sowie in der außerkanonischen Literatur ist κατάπαυσις äußerst selten; letztere kennt es fast ausschließlich als Zitat von Ps 94 LXX. Vgl. HOFIUS, *Katapausis*, 29.

[2] Diese sind: Mk 6,31; 14,41; Lk 12,19; 1 Kor 16,18; 2 Kor 7,13; Phlm 7; 1 Petr 4,14; Offb 4,8; 6,11; 14,11.13.

Die Sabbatfeier vermittelt gegenwärtig einen Vorgeschmack dieser endgültigen Erlösung.

Über die Synonymität von ἀνάπαυσις und κατάπαυσις werden unterschiedliche Ansichten vertreten. Die Präfixe ἀνα- und κατα- spiegeln ohne Zweifel
Bedeutungsnuancen wider, die im Falle von ἀνάπαυσις / ἀναπαύω eher auf
eine Übersetzung mit »Ruhe« oder »ruhen« drängen, während κατάπαυσις /
καταπαύω auch den Sinn von »aufhören« transportiert. Die Gebräuchlichkeit
sowohl von ἀνάπαυσις als auch κατάπαυσις zur Übersetzung von hebr. נוח
und מנוחה in LXX[3] spricht indes für eine weitgehende Bedeutungskohä-
renz beider Lexeme in den Texten des NT, die wahrscheinlich (wie Mt)
oder mit Sicherheit (wie Hebr) die Septuaginta rezipieren.

Genau wie im AT stellt die Ruhe in der Gnosis eine der soteriologischen
Hauptmetaphern dar. Die beiden neutestamentlichen Textstellen Mt 11,28–
30 und Hebr 3,7 – 4,13 sind deshalb in der Vergangenheit oft mit gnostischen Vorstellungsinhalten in Verbindung gebracht worden.[4] Auch wenn
die überwiegende Mehrheit der Exegeten auf Spekulationen über einen Zusammenhang mit der Gnosis heute verzichtet, lohnt sich dennoch ein neuer
Blick auf die Gemeinsamkeiten und feinen Unterschiede der Bedeutung von
ἀνάπαυσις / κατάπαυσις bei Matthäus, dem Autor des Hebräerbriefes und
einem Kronzeugen der valentinianischen Gnosis, dem *Evangelium Veritatis*.
Das legt nicht zuletzt die hohe Frequenz des griechischen Lehnwortes
ἀνάπαυσις in EV sowie der gesamten gnostischen Literatur nahe.[5] Der inner-
und außerkanonische Vergleich ist im Rahmen des vorliegenden Sammelbandes gerade auch deshalb angezeigt, weil die »Ruhe« in allen nachfol-
gend zur Untersuchung stehenden Texten als eine Frucht richtiger *Erkenntnis* erscheint und semantisch mit Begriffen aus dem Bereich der Epistemologie in Zusammenhang gebracht wird. Daß im folgenden ebenso da und
dort ein Seitenblick auf die Entfaltung des Ruhe-Themas in der übrigen

---

[3] Statistik bei HELDERMAN, *Anapausis*, 55.

[4] Vgl. für diese ältere Sicht exemplarisch die These Vielhauers, wonach »Ruhe« als
Heilsgut dem NT »fast völlig fremd« und ein »spezifisch gnostischer Begriff« sei. VIEL-
HAUER, *ΑΝΑΠΑΥΣΙΣ*, 281.

[5] Ausgiebige Studien zu diesem Thema existieren bereits. Zu verweisen ist v. a. auf die
Arbeit von HELDERMAN, *Anapausis*.

frühjüdischen sowie der rabbinischen Literatur zu werfen ist, versteht sich von selbst.

1. Der »Heilandsruf« Mt 11,28–30 – literarischer Kontext und synoptischer Vergleich

Mt 11 bildet insofern einen »kompositorischen Übergang«[6] im Evangelium, als zunächst thematisch auf den wundertätigen Jesus aus den Kapiteln 8 – 9 zurückverwiesen (vgl. Mt 11,5), dann jedoch auf das Ende vorausgeblickt wird. Das Motiv der παϱάδοσις des Vaters an den Sohn in Mt 11,27 begegnet erneut in Mt 28,18. Ab Kapitel 12 greift Matthäus wieder den markinischen Erzählfaden auf (Mk 2,23ff.), ohne diesen Neueinsatz gliederungstechnisch besonders hervorzuheben; die Wendung ἐν ἐϰείνῳ τῷ ϰαιϱῷ aus Mt 12,1 taucht bereits in 11,25 auf, so daß sich mit Blick auf die matthäische Gesamtkomposition das Bild eines fließenden Übergangs zwischen Q- bzw. Sondergut- und Markus-Stoffen darbietet.

Mt 11 enthält – bis auf das Schlußlogion in VV. 28–30 – ausschließlich Q-Material, dessen Kontext, angefangen mit der Frage der Johannesjünger nach der messianischen Identität Jesu, die endzeitliche Krisen- und Entscheidungssituation beleuchtet. Die geschlossene Präsentation der drei Logien in Mt 11,25–30 ist formal erkenntlich an der bereits erwähnten Einleitungs- bzw. Rahmennotiz ἐν ἐϰείνῳ τῷ ϰαιϱῷ.[7] Die textpragmatische Bedeutung der matthäischen Logienkette erhellt am besten der synoptische Vergleich. Lk 10,21–24 bietet die beiden im wesentlichen mit Mt 11,25–27 übereinstimmenden Logien, den sogenannten Jubelruf und den Dank Jesu für die Offenbarung an die Unmündigen, ergänzt sie allerdings um ein drittes Q-Logion, nämlich die Seligpreisung der sehenden Augen. Sowohl der Kontext als auch die Logienfolge bei Matthäus suggerieren einen stärkeren Öffentlichkeitsbezug als bei Lukas; durch die Anfügung des Sondergutlogions Mt 11,28–30 weitet der erste Evangelist den Horizont sogar noch aus, denn in V. 28 sind ausdrücklich »alle« (πᾶς) angesprochen. Thematisch

---

[6] LUZ, *Evangelium I*, 25.

[7] Zur rhetorischen Binnenstruktur der drei Logien, auf die hier nicht näher eingegangen wird, vgl. LUZ, *Evangelium II*, 198f.

wird dadurch an den zuvor variierten semantischen Gegensatz von »verbergen« und »enthüllen« (κρύπτω / ἀποκαλύπτω) bzw. »nicht kennen« und »kennen« (ἐπιγινώσκω) eine in soteriologischer Hinsicht optimistische Einladung angefügt: »Kommt her zu mir alle«. Lukas verengt dagegen den Blick auf die Jünger, deren Exklusivwissen er in Lk 10,23f. besonders nachdrücklich unterstreicht. Er plaziert die beiden Q-Logien in unmittelbarem Anschluß an die Erzählung von der Rückkehr der Zweiundsiebzig, so daß die spannungsvolle Opposition von »verbergen« / »enthüllen« im Rahmen einer Jüngerbelehrung lokalisiert ist und die pragmatische Stoßrichtung der Q-Aussagen auf eine Minderheitensituation zielt. Das ist anders bei Matthäus, wo der Wehruf über die Städte Galiläas vorausgeht. Hier wird explizit eine öffentliche Redesituation vorgestellt. Das ist wichtig sowohl für den christologischen als auch für den eschatologischen Kern des Logions Mt 11,28–30, das – christologisch – die Größe und Autorität des Messias und Lehrers Jesus und – eschatologisch – die Letztverbindlichkeit seiner Lehre proklamiert.[8] Jesu intimes Gottesverhältnis ist der Garant für seine Kompetenz, das »Geheimnis«, das heilsrelevante Wissen[9], unüberbietbar zu vermitteln. Dies geschieht bei Matthäus nicht im Verborgenen, im Binnenraum des Jüngerkreises, sondern von Anfang an öffentlich.

2. Das Lexem κοπιάω als makrotextueller Verstehenszugang

Die in Mt 11,28–30 allein quantitativ am stärksten hervortretenden Lexeme sind ζυγός und ἀνάπαυσις, ferner φορτίζω / φορτίον, die eine Inklusion bilden (VV. 28a.30). Um die Bedeutung des Substantives »Joch« und im weiteren Sinne des Ruhe-Begriffs im vorliegenden Kontext zu erfassen, ist es nötig, die Charakterisierung der angesprochenen Zielgruppe in den Blick zu nehmen, die das »Joch auf sich nehmen« und »Ruhe finden« soll. In V. 28a ist die Rede von »Sich-Abmühenden« und »Beladenen«. Das dort verwendete Partizip κοπιῶντες ist dabei auffallend durch den Makrokontext geprägt.

---

[8] Vgl. im einzelnen die Ausführungen unter 2. und 3.

[9] Substituiert wird es in Mt 11,25.27 mit dem Demonstrativum τοῦτο und dem Adjektiv πᾶς.

Gleich die erste und einzige sonstige Belegstelle im Matthäusevangelium
gibt den wortsemantisch entscheidenden Hinweis für das Verständnis von
κοπιάω in Mt 11,28: Mt 6,28 verwendet das Lexem im Beispielgleichnis der
sich »nicht abmühenden« Lilien.

In der Septuaginta läßt die Wortsemantik von κόπος / κοπιάω eine Bedeu-
tungsintensivierung gegenüber dem klassischen Griechisch erkennen, dem
das Wort offenbar weniger geläufig ist. LXX verwendet es bevorzugt für die
»harte Arbeit«, wobei hauptsächlich die Verbform Verwendung findet.[10]
Das Wort »Mühe« drückt den Gedanken einer Lebensmühsal aus, von der
Gott allein befreien kann.[11] Vor allem in der Weisheitsliteratur ist die »Mühe« dagegen häufiger positiv besetzt[12] – anders als in Mt 6,28, wo der Ausdruck »Mühe« gerade in seiner negierten Form die Kontrastfolie abgibt für
die Lebenswirklichkeit der Angesprochenen. Aus der Sicht von Mt 6,28
kennzeichnet das »Sich-Mühen« ein Verhalten, das der nahenden Gottesherrschaft gerade nicht adäquat ist[13] – übersetzt in die Sprache der Weisheitsliteratur: ungeeignet zum Finden oder zum Erwerb der Weisheit. Es
gibt einige alttestamentliche Texte, die gerade in dem Gedanken des Ver-
zichts auf Mühe mit der Aussage von Mt 6,28 koinzidieren. Die wichtigsten

---

[10] SPICQ, Lexicon I, 323.

[11] Generell bezeichnet κόπος die Lebensmühsal des Frommen, ist also vorrangig ein
Terminus der alttestamentlichen Leidensfrömmigkeit und »Gegensatzbegriff für die
eschatologische Hoffnung«. HAUCK, κόπος, 828.

[12] Es gibt genügend Texte, die den Einsatz von Mühe bei der Weisheitssuche loben
(Sir 24,34; 33,18; Weish 9,10; 10,17). In der neutestamentlichen Briefliteratur, vor
allem im Rahmen der paulinischen Selbstdarstellung, beschreibt »Mühe« dann grundsätzlich ein positives Arbeitsethos (Röm 16,6; 1 Kor 4,12; Eph 4,28; 2 Tim 2,6 u. a.;
vgl. auch Apg 20,35). Die alttestamentlichen Weisen betonen demgegenüber gelegent-
lich den geringen Aufwand an Mühe zum Erreichen des Zieles. Besonders Sir 51,27 ist
hervorzuheben, wo es heißt: »Seht mit eigenen Augen, daß ich mich nur wenig bemühte
[κοπιάω], aber viel Ruhe [ἀνάπαυσις] gefunden habe«. Der Vers bildet zu Mt 11,28–30
also gerade aufgrund des Zusammenhangs von »Mühe« und »Ruhe« ein Analogon. Zur
traditionsgeschichtlichen Verwandtschaft vgl. auch LUZ, Evangelium II, 217.

[13] Mt 6,33 par beschließt die Passage über die rechte Sorge (Rahmenstichwort ist das
soteriologisch bedeutsame Lexem μεριμνάω) mit der Aufforderung ζητεῖτε ... τὴν
βασιλείαν. Das Motiv der vergeblichen Mühe wird übrigens auffallenderweise in der
synoptischen Tradition und in Q unter Verwendung des Lexems κόπος / κοπιάω thematisiert (vgl. noch Lk 5,5) – ebenso wie μεριμνάω die falschen irdischen Sorgen kennzeichnet (Mt 13,22 par; Lk 21,34; Lk 10,41).

sind Weish 3,11 (vgl. Weish 6,14) und Ps 126 LXX (= Ps 127), wo die Septuaginta ebenfalls das Lexem κοπιάω verwendet. Die Weisheit erscheint hier als größter Besitz und zugleich als ein Geschenk, das mit falscher Geschäftigkeit und Betriebsamkeit nicht einzuholen ist (»... denn der Herr gibt es den Seinen im Schlaf«; Ps 126,2 LXX).

In Mt 11,28–30 werden letztlich zwei konkurrierende Methoden des Wissenserwerbs reflektiert: Das schwere »Sich-Mühen« tritt in Opposition zur Leichtigkeit des Ruhegewinns, die in dem Aufruf »kommt her zu mir« steckt. In eschatologischer Zuspitzung sind die »Sich-Abmühenden« und »Beladenen« aus Mt 11,28 auf dem Hintergrund von Mt 6,28 als diejenigen charakterisiert, die angesichts der drohenden Krise und des Kommens der Gottesherrschaft das Falsche suchen, die das »leichte Joch« Jesu und die »Ruhe« durch ihre Betriebsamkeit verspielen. Somit ist für die Interpretation von Mt 11,28–30 zunächst festzustellen, daß das zentrale Thema der Logienquelle, nämlich das Aufdecken von rechter und falscher Sorge angesichts der kommenden Gottesherrschaft, im matthäischen »Heilandsruf« fortgeführt wird.

3. Die »schweren Lasten« und das »leichte Joch«: Die größere Weisheit Jesu und der antipharisäische Hintergrund des Logions Mt 11,28ff.

In Verbindung mit Mt 11,28–30 wird noch ein weiterer Text aus dem Matthäusevangelium assoziiert, in welchem das Motiv des »Jochs« bzw. das Thema des Aufbürdens von Lasten eine große Rolle spielt: in der Wehrede gegen die Pharisäer in Mt 23,1–39, und dort konkret in der Aussage von V. 4, wo mit der Wendung φορτία βαρέα καὶ δυσβάστακτα sogar eine Stichwortbeziehung zu Mt 11,28.30 (φορτίζω, φορτίον) hergestellt wird.

Die matthäischen Aussagen zum »leichten Joch« Jesu und den schweren Lasten, welche die Gesetzeslehrer und Pharisäer den Menschen aufbürden, scheinen indes in einem Widerspruch zu stehen zu den toraverschärfenden Bestimmungen, die aus der Bergpredigt resultieren. Dort gewinnt der Leser zunächst ganz und gar nicht den Eindruck, die Ethik Jesu beinhalte eine Erleichterung im Sinne pharisäischer Epikie, d. h. eine Erleichterung im Hinblick auf die Praktikabilität und Bewältigung der einzelnen Gesetzesvorschriften im Alltag. In Mt 11,28–30 angekommen, sieht sich der Leser konfrontiert mit einer Qualifizierung des jesuanischen Anspruchs als »leicht«. Die Kennzeichnung des Anspruchs Jesu als »leicht« wird dann in Mt 23 noch untermauert und gegenüber anderen Interpreten des Gesetzes (den Gesetzeslehrern und Pharisäern) abgegrenzt.

Bei den Rabbinen, den schulmäßigen »Nachfahren« der Pharisäer, gibt es ebenfalls den Topos vom zu tragenden »Joch«, und in dem am häufigsten anzutreffenden Theologumenon vom »Joch der Tora« wird durchaus nicht die Feststellung getroffen, es handele sich um ein »schweres« Joch – im Gegenteil: Die Last der Tora nimmt man mit Freude auf sich (vgl. bereits Sir 6,23–31); die Kategorien von »schwer« und »leicht« sind geradezu der Sache unangemessen.[14] Demnach sind die matthäischen Aussagen zum »leichten Joch« Jesu und den »schweren Lasten« der Toralehrer nicht, wie bei den meisten Exegeten, »antijüdisch« zu lesen, so als ob sie a) eine Aussage darüber enthielten, daß der historische Jesus die Gesetzesauslegung der Pharisäer konterkariert habe bzw. als handele es sich b) um den Reflex des religionshistorischen Faktums einer grundsätzlichen Differenz zwischen frühchristlicher und jüdischer Ethik. Wohl ist dagegen ein manifester antipharisäischer Affront beim ersten Evangelisten auszumachen, der sich gegen eine dem Verfasser tendenziell nahestehende Gruppierung innerhalb des zeitgenössischen Judentums, nämlich die Chakhamim[15], richtet.

Im Anschluß an die Ausführungen zur Semantik von κοπιάω bei Matthäus dürfte daher als nächste rabbinische Parallele zum Bild vom leichten Joch und den schweren Lasten ein Text aus ARN 20 heranzuziehen sein, der die »sorgenvollen Gedanken an das Joch von Fleisch und Blut«[16] in den Mittel-

---

[14] In diesem Sinne verstehe ich Sanh 94[b]: »... Nicht wie die Früheren (d. h. das Reich Israel), die sich das Joch der Tora leicht machten; aber die Späteren (d. h. das Zeitalter des Hiskia) machten sich das Joch der Tora schwer«. STRACK / BILLERBECK, *Kommentar I*, 608. Vgl. auch BECKER, *Kathedra*, 149–161. Die Torapraxis der Rabbinen wird man sich nicht leichter und nicht schwerer vorzustellen haben, als es aus den jesuanischen Anweisungen der matthäischen Bergpredigt hervorscheint.

[15] Mt 23,34 (σοφοί) greift diese Selbstbezeichnung der jüdischen Gelehrten nach 70 n. Chr. auf, deren Vorläufer im NT in der (bei Matthäus bereits als Einheit aufgefaßten) Gruppe der »Schriftgelehrten und Pharisäer« zu suchen sind. Vgl. dazu ausführlich BECKER, *Kathedra*, 219–237 (Zusammenfassung und Schluß).

[16] STRACK / BILLERBECK, *Kommentar I*, 609.

punkt stellt. Gemeint sind – wie es der gleiche Text suggeriert – die »Gedanken an das Schwert«, an den »Hunger«, an »Unzucht«, die »Gedanken der Torheit« usw.[17] Das »Joch von Fleisch und Blut« ist geradezu der Antipode zum »Joch der Tora«, oder wie ein anderer Text ausführt (Aboth 3,5): »Wer das Joch der Tora auf sich nimmt, dem nimmt man (Gott) ab das Joch der Regierung und das Joch der irdischen Sorgen.«[18] Anders formuliert: Das »Joch der Tora« ist sogar vergleichsweise *leicht* – das Drückende ist vielmehr, die »Knechtschaft der Welt«[19], das »Joch von Fleisch und Blut« zu (er)tragen.

In der christologischen Zuspitzung von Mt 11,28–30 erscheint Jesus selbst – nicht die Tora oder eine andere kulturelle Institution – als letzter Repräsentant der Weisheit Gottes[20] und in dieser Funktion als Konkurrent der Schriftgelehrten und Pharisäer ($\mu\acute{\alpha}\vartheta\epsilon\tau\epsilon$ $\acute{\alpha}\pi'$ $\acute{\epsilon}\mu o\tilde{v}$).[21] Jesus selbst ist es, der einlädt und »Ruhe« verschafft. Die Integrität der Schriftgelehrten und ihrer Botschaft steht damit zur Disposition: Ihre Gerechtigkeit ist nur unzureichend, weil sie nach Aussage von Mt 23 $\acute{v}\pi o\kappa\varrho\iota\tau\alpha\acute{\iota}$ sind, d. h. die Gesetze nicht befolgen, die auf paradigmatische Weise der eine, ideale Lehrer, Chri-

---

[17] Das Bild des Jochs von »Fleisch und Blut« am Ende einer Aufzählung von Lastern und Untugenden wird als Überschrift über die ganze Reihe plausibel.

[18] Zitiert nach STRACK / BILLERBECK, *Kommentar I*, 608. Die Reihenfolge der aufgeführten rabbinischen Quellen zum »Joch« bei Strack / Billerbeck sowie der Einzelkommentar zu Mt 11,30 (»meine Last ist leicht«) spiegelt im übrigen die tendenziöse Darstellung der jüdischen Gesetzesobservanz in der christlichen Exegese wider, ihrerseits natürlich angeregt und genährt von Mt 23.

[19] Ebd.

[20] Im Zusammenhang mit der matthäischen Weisheitschristologie (vgl. u. a. Mt 11,19), auf die an dieser Stelle nicht näher eingegangen werden kann, ist der »Heilandsruf« Mt 11,28–30 gern als Parallele zu jüdischen »Einladungen der Weisheit« angesehen worden; LUZ, *Evangelium II*, 200. Die Zuspitzung auf eine Offenbarergestalt (Jesus), die mehr ist als ein bloßer »Ausleger« heiliger Texte, bezeichnet KÜCHLER, *Weisheitstraditionen*, 68, als konstitutiv für die sogenannte *apokalyptische Weisheit*.

[21] Die matthäische Christologie berührt darin ein zentrales Merkmal des späteren Chassidismus: »die Konstellation vom Meister und seinen Jüngern«. Der Zaddiq beansprucht eine Autorität, die parallel und unabhängig von der Tora existiert (Prinzip der Einheit von mündlicher und schriftlicher Tora). Die von GREEN, *Tradition*, 325, für den neuzeitlichen Chassidismus festgestellte Sozialstruktur ist bereits erkennbar im Rabbinismus der Javne-Generation.

stus (Mt 23,10), erfüllt hat.[22] Auf dem Hintergrund der Endzeitaussagen von Mt 11 werden aber jene, die das leichte Joch Jesu nicht auf sich nehmen, in der Krisis nicht bestehen können: μακάριος ἐστιν ὃς ἐὰν μὴ σκανδαλισθῇ ἐν ἐμοί (Mt 11,6).

Der Heilandsruf Mt 11,28–30 mit seiner Einladung an die »Sich-Abmühenden« und die »Beladenen«, bei Jesus Ruhe zu finden, gewinnt also seine pragmatische Schärfe aus der Konfrontation zweier benachbarter früh-jüdischer Gruppen. Seine soteriologische Reichweite resultiert aus dem Angebot eines alternativen Wissens: Im »Lernen von Jesus« artikuliert sich eine neue und grundsätzlich andere Erkenntnis der gegebenen Welt, deren Mühen und Lasten erträglich, da befristet sind.

4. Gliederung und Struktur von Hebr 3,7 – 4,13

Eine gliederungstechnische Schwierigkeit des Hebräerbriefes besteht darin, daß aufgrund der dichten Argumentation in sich abgeschlossene Perikopen anhand formaler Gliederungsmerkmale nur schwer abgegrenzt werden kön-nen; der Brief wirkt eben »wie ein theologischer Entwurf aus einem Guß«[23]. Hebr 3,7 setzt konsekutiv ein (διό), bezieht sich also direkt auf den voraus-gegangenen Zusammenhang, und Hebr 4,14 (ἔχοντες οὖν) gibt sich – zumin-dest formal – den Anschein einer unmittelbaren Folgerung aus dem voraus-gehenden Kontext.

Der Blick auf die Textsemantik erlaubt indes, größere Sinnabschnitte zu unterscheiden: Das Nomen ἀρχιερεύς in Hebr 4,14 wird zuerst in Hebr 2,17 und 3,1 als Christustitulatur benutzt – nach einer Pause von 23 Versen ist anzunehmen, daß Hebr 4,14 mit dem Stichwort ἀρχιερεύς den oben unterbro-chenen thematischen Faden wieder aufgreift.[24] In Hebr 3,7 beginnt eine Passage, die von dem refrainartig wiederholten Zitat aus Ps 94 LXX (=

---

[22] Das Thema der größeren Gerechtigkeit wird von Matthäus bereits in Mt 6,2–6.16–18 entwickelt, wo die ὑπόκρισις ebenfalls als falsche Einstellung zur Tora gebrandmarkt wird.

[23] GRÄSSER, Hebräerbrief, 24.

[24] Genau genommen bilden die Stichwörter οὐρανός, ἀρχιερεύς, Ἰησοῦς und ὁμολογία die Inklusion von Hebr 3,1 und 4,14; vgl. GUTHRIE, Structure, 78.

Ps 95) dominiert wird und gleich achtmal in Folge das Lexem κατάπαυσις verwendet. Weil der Gedankengang ständig um Ps 94 kreist, wird der Text in der Literatur häufig als gattungstypischer Psalmenmidrasch[25] bezeichnet. Hebr 3,7 – 4,13 ist aber auch eine Passage, die besonders schön die Konzentration des Verfassers auf bestimmte Leitmotive[26] erkennen läßt. Der mit Hebr 3,7 beginnende »Exkurs« aus einem christologischen Kontext endet mit den stilistisch und semantisch auffälligen Versen Hebr 4,12f., die nicht nur etliche neutestamentliche, sondern auch mehrere briefbezogene Hapaxlegomena enthalten. Auch hier erfolgt der Anschluß an Hebr 4,11 eng über die Konjunktion γάρ. Der wichtigste Bezugspunkt zum Vorausgehenden ist mit dem Lexem λόγος gegeben, ein Bestandteil des Syntagmas ὁ λόγος τῆς ἀκοῆς in Hebr 4,2.

Innerhalb der Texteinheit Hebr 3,7 – 4,13 fallen drei metakommunikative Anreden auf: In Hebr 3,12 eröffnet βλέπετε ἀδελφοί die Psalmenexegese, anschließend bilden die Wendungen φοβηθῶμεν οὖν und σπουδάσωμεν οὖν in 4,1.11 eine Inklusion. Alle drei Gliederungssignale fallen zudem dadurch auf, daß jeweils auf den Adhortativ ein finales μήποτε (3,12; 4,1) bzw. ἵνα μή (4,11) folgt, verbunden mit der Warnung vor ἀπιστία / ἀπείθεια (3,12; 4,11)[27] bzw. vor dem »Zurückbleiben« (4,1). Das Psalmzitat wird dadurch vor allem paränetisch funktionalisiert.

Weitere Rahmungen ergeben sich zunächst durch die Stichworte βλέπω sowie ἀπιστία in Hebr 3,12.19, die mit dem Inhalt der VV. 12–19 korrelieren: »Gesehen« werden am Beispiel der Generation von Kades (s. u.) die Folgen des »Unglaubens«. Das zentrale Movens des Glaubens – hineinzukommen in die κατάπαυσις – ist sodann Leitthema und Rahmenstichwort des anschließenden Textabschnitts (κατάπαυσις in Hebr 4,1.3.4.5), bevor in Hebr 4,6 bilanziert wird: ἐπεὶ οὖν ἀπολείπεται.

Die Verse Hebr 4,12–13 weisen einen eigenständigen Teiltext aus, der durch das Lexem λόγος gerahmt wird. Daß es sich um den Abschluß des Psalmenmidrasch Hebr 3,7 – 4,11, wenn nicht gar um den Abschluß des

---

[25] Vgl. dazu BERGER, *Formgeschichte*, 112.

[26] Das Verfahren einer Gliederung von Hebr anhand bestimmter »mot-crochets« (z. B. ἄγγελος, ἀρχιερεύς etc.) ist von VAGANAY, *Plan*, 269–277, begründet worden.

[27] Unglaube und Ungehorsam konkretisieren sich jeweils im »(Ab-) Fallen«: ἀφίσταμαι (3,12) und πίπτω (4,11).

ersten Briefteils handelt, geht zum einen aus einer statistischen Beobachtung hervor: Von Hebr 1,1 bis 4,13 einschließlich häufen sich die Wörter, die auf den Stamm λεγ- bzw. λαλ- rekurrieren.[28] In den letzten zwei Versen wird dann das »Wort« selbst zum Gegenstand einer Erörterung. Zum anderen beschließen die VV. 12–13 den Briefteil, der am meisten gespickt ist mit Schriftzitaten. Hebr 4,12f. läßt sich so als eine »λόγος -theologische Erörterung«[29] begreifen, eine Reflexion über Gottes heilvolles Sprechen, dessen »Exegese« sich Hebr insgesamt, besonders aber der Abschnitt 3,7 – 4,11 zum Anliegen gemacht hat.

5. Ps 94,7b–11 LXX als hermeneutischer Schlüssel zur Ruhe-Vorstellung

5.1 Die Rezeption der Überlieferung vom »Tag zu Kades« aus Num 14

Der in Hebr 3,7 – 4,11 leitmotivisch verwendete Abschnitt aus Ps 94 LXX wird ein einziges Mal, und zwar direkt zu Beginn der Perikope in den VV. 7–11, vollständig zitiert. Das Zitat fällt dadurch in zwei Teile, daß der Autor in V. 10 die Konjunktion διό einschaltet, die eine parenthetische Lesart des Psalms ermöglicht (als wäre βλέπετε in V. 12 das zugehörige finite Verb).[30] Auf der Ebene des Zitats birgt das statt καί gesetzte διό eine entscheidende Veränderung[31] gegenüber der LXX-Fassung des Psalms: Die

---

[28] Bereits im Exordium wird Gott ὁ θεὸς λαλήσας genannt. Vgl. BECKER, *Wort*, 259.

[29] BECKER, *Wort*, 261.

[30] Vgl. HOFIUS, *Katapausis*, 127, zur syntaktischen Struktur von Hebr 3,7ff.; dagegen BRAUN, *Hebräer*, 85.

[31] Kleinere Veränderungen liegen außerdem vor in V. 9, wo die Verbform ἐδοκίμασαν aus Ps 94,9 LXX dem Instrumentalis ἐν δοκιμασία gewichen ist; ferner wurde das Tempus von ὁράω im gleichen Vers variiert (vgl. εἶπα zu εἶπον in V. 10). Geändert wurde ebenfalls das Demonstrativum (γενεᾷ) ἐκείνῃ zu ταύτῃ in V. 10, und im gleichen Vers fehlt die Konjunktion καί aus LXX. In der Literatur werden diese kleinen Abweichungen als Marginalien gehandelt; letzten Endes liegt uns die vom Autor benutzte Textvorlage ja auch nicht mehr vor. Lediglich im Falle des Demonstrativums αὕτη könnte man eine bewußte Interpretation des Verfassers vermuten, der das Objekt γενεά aus der

Zeitbestimmung τεσσεράκοντα ἔτη wird an das »Sehen meiner Werke« angebunden; sowohl in der Septuaginta-Fassung des Psalms als auch im masoretischen Text gehört sie dagegen zum folgenden Vers mit der Aussage über den vierzigjährigen Zorn Gottes! Im Kontext von Hebr 3,7 – 4,11 ergibt sich eine merkwürdige Spannung zur Aussage von V. 17, die wie selbstverständlich die Zeitbestimmung »vierzig Jahre« mit dem Zorn-Motiv verbindet. Diese augenscheinliche Kohärenzstörung gewinnt an Plausibilität, wenn man berücksichtigt, daß der Autor des Hebräerbriefes Ps 94 (95) offensichtlich von Num 14 her interpretiert (s. u.).

In Ps 94 LXX werden zunächst zwei Ereignisse miteinander verbunden, die mit Num 14 nichts zu tun haben. Die Ortsangabe, die aus den Eigennamen »Massa« und »Meriba«[32] zu entnehmen ist, bezieht sich auf das in Ex 17,1–7 berichtete Geschehen in Refidim. Der Zweifel der Israeliten an der Gegenwart Gottes, ihre Verstockung also, zieht in Ps 94 (95) die Drohung nach sich, deshalb nicht in die »Ruhe« hineinzukommen. Hier liegt offenbar eine Anspielung auf Num 20,1–13 vor (»darum werdet ihr dieses Volk nicht *in das Land* hineinführen, das ich ihm geben will«; Num 20,13). Beide Wasserspendungswunder, das aus Ex 17 und das aus Num 20, werden als ein und dasselbe Geschehen zu Beginn der Wüstenwanderung identifiziert.[33] Daß der Autor des Hebräerbriefes Ps 94 LXX jedoch nicht primär auf dem Hintergrund von Ex 17 und Num 20, sondern von Num 14, der Überlieferung vom »Tag zu Kades«, liest, geht aus dem diatribenartigen Teil Hebr 3,16–19 hervor. Dort wird die Frage nach der Identität der im Psalmzitat angesprochenen Gruppe erörtert (τίνες γάρ / τίσιν δέ / τίσιν δέ) und mit konkreten Bezugnahmen auf Num 14 beantwortet: Den wichtigsten Hinweis liefert wohl die Erwähnung der in der Wüste (tot) liegenden Glieder (vgl. Num 14,29.32). Es gibt aber noch weitere Parallelen, die eine Assoziation des LXX-Textes von Num 14 in Verbindung mit Ps 94 LXX nahelegen: Dazu gehören bereits der Hinweis auf die »Stimme« (φωνή in Ps 94,7 LXX par Num 14,22), ferner die Motive der »Auflehnung« (παραπικρασμός in Ps 94,8 LXX; entsprechend ἡ συναγωγή ... ἡ ἐπισυνεσταμένη ἐπ᾽ ἐμέ in

---

zeitlichen Festlegung auf die Exodus-Generation herauszulösen und einer präsentischen Deutung zu öffnen versucht.

[32] Hebr 3,8: ἐν τῷ παραπικρασμῷ κατὰ τὴν ἡμέραν τοῦ πειρασμοῦ ἐν τῇ ἐρήμῳ.

[33] Vgl. HOFIUS, *Katapausis*, 35.

Num 14,35), der »Versuchung« ($\pi\epsilon\iota\rho\alpha\sigma\mu\acute{o}\varsigma$ in Ps 94,8 LXX par Num 14,22: $\pi\epsilon\iota\rho\acute{\alpha}\zeta\omega$) und der »Wundertaten« Gottes (Ps 94,9 LXX par Num 14,11b.22). Die »vierzig Jahre« unter dem »Zorn« Gottes sowie der »Schwur« Gottes haben entsprechende Analogien.[34]

Das Kohärenzproblem im Auftaktzitat Hebr 3,10 ($\delta\iota\acute{o}$) und die Unterscheidung zweier Zeiträume von jeweils vierzig Jahren in Hebr 3,9f. und 3,17 erklärt sich vor dem in Num 14 enthaltenen Gedanken der »adäquaten Vergeltung«[35], wie Num 14,34 ausführt: »So viele Tage, wie ihr gebraucht habt, um das Land zu erkunden, nämlich vierzig Tage, so viele Jahre lang – für jeden Tag ein Jahr – müßt ihr die Folgen eurer Schuld tragen.«

In sämtlichen Überlieferungen vom Tag zu Kades spielt die Erfahrung der Wunder in der Zeit der Wüstenwanderung eine elementare Rolle,[36] und die Ungeheuerlichkeit der Auflehnung Israels wird gerade auf dem Hintergrund dieser positiven Erfahrungen herausgekehrt. Die vierzig Jahre göttlicher Wunderoffenbarung sind in Hebr 3,9f. gemeint, während Hebr 3,17 darauf mit den vierzig Jahren des Zorngerichts Gottes antwortet. Getrennt werden beide Zeiträume durch den Schwur »nicht sollen sie hineinkommen in meine Ruhe«. Der erste Teil der Auslegung von Ps 94 LXX in Hebr 3,12–29 greift nur ein einziges Mal das Stichwort $\kappa\alpha\tau\acute{\alpha}\pi\alpha\upsilon\sigma\iota\varsigma$ auf (V. 18). Viel stärker treten das Motiv der »Ausrufung« (des »Heute«)[37] und in Korrespondenz dazu das »Hören«[38] in den Vordergrund. Programmatisch wird zu Beginn an die »Teilhabe« an Christus als eschatologische Berufung erinnert (V. 14; vgl. Hebr 2,14). Das Negativbeispiel der Wüstengeneration und ihr Fehlen hinsichtlich des Erreichens der Ruhe motivieren den in Hebr 4,1 beginnenden Abschnitt, der davon ausgeht, daß die Verheißung noch »aussteht«. M. E. läßt sich der schwierige Sinnzusammenhang von Hebr 4,3[39]

---

[34] Vollständige Übersicht bei HOFIUS, *Katapausis*, 130f.

[35] HOFIUS, *Katapausis*, 129.

[36] HOFIUS, *Katapausis*, 121ff., führt u. a. Ps 78,31f.; 106,21ff.; LibAnt (Ps.-Philo) 15,5 auf.

[37] V. 13: $\pi\alpha\rho\alpha\kappa\alpha\lambda\epsilon\widehat{\iota}\tau\epsilon$; V. 14: $\kappa\alpha\lambda\epsilon\widehat{\iota}\tau\alpha\iota$.

[38] $\mathrm{\dot{A}}\kappa o\acute{\upsilon}\sigma\eta\tau\epsilon$ in V. 15; $\dot{\alpha}\kappa o\acute{\upsilon}\sigma\alpha\nu\tau\epsilon\varsigma$ in V. 16.

[39] Zur Vergegenwärtigung der logischen Schwierigkeit des Satzes: »Wir kommen hinein ... so wie er gesagt hat: keineswegs sollen sie hineinkommen ..., obwohl die Werke seit Grundlegung der Welt geschaffen waren.«

verstehen als Verheißung der Ruhe unter eschatologischem Vorbehalt: Der
Konzessivsatz καίτοι τῶν ἔργων ἀπὸ καταβολῆς κόσμου γενηθέντων legt nahe,
daß hier die »Ruhe«, von der zuvor im Zitat die Rede war, als eines der
Schöpfungswerke Gottes identifiziert wird. Wenn die Gewißheit der Glaubenden, in die Ruhe hineinzukommen, mit der Negativaussage aus Ps 94,11
LXX konfrontiert wird, kann dies nur bedeuten, daß die verheißene Ruhe
zwar schon längst bereitet ist,[40] aber nur unter bestimmten Bedingungen,
genauer: unter der Bedingung des Hörens, erreicht werden kann. Daß diese
Bedingung von der Wüstengeneration nicht erfüllt wurde, ist wiederum der
Grund für die noch gültige Relevanz der Ausrufung des »Heute« im Buch
der Psalmen. Hebr 4,8 expliziert: »denn wenn sie Josua zur Ruhe gebracht
hätte, würde er nicht von einem anderen Tag reden«.[41] Das Hapaxlegomenon σαββατισμός[42] spannt schließlich den Bogen zurück zur schöpfungstheologischen Aussage von Hebr 4,3f. Der Sabbat als institutionalisierte Erinnerung an Gottes Bund mit seinem Volk bereichert die bisher mit dem Land-
nahmemotiv besetzte Ruhevorstellung und vervollständigt die aus dem AT
bekannten und mit der κατάπαυσις verbundenen Motiv-Cluster[43] in
Hebr 3 – 4. Übereinander gelesen werden hier die Ruhe Gottes nach der
Schöpfung, die Ruhe nach der Wüstenwanderung und die noch ausstehende
eschatologische Sabbatruhe, die noch »übrigbleibt«.[44] Ihre Qualität liegt in

---

[40] Der Analogieschluß von V. 4 »beweist«, daß Gott ja selbst nach seinem Schöpfungs-
werk nicht hätte ruhen können, wenn er nicht die Ruhe auch geschaffen hätte.

[41] Man beachte das typologische Spiel mit dem Namen »Josua« / »Jesus«!

[42] Vgl. hierzu die umfangreiche Wortstudie von HOFIUS, *Katapausis*, 102ff. Σαββατισμός
ist feststehender Ausdruck für die Sabbat*feier*.

[43] Land, Tempel und Königsherrschaft sind Fixpunkte sowohl im Zusammenhang der
Sabbattheologie als auch der Katapausis-Vorstellung. In Jes 66 werden alle diese Motive miteinander verknüpft: Hier erscheint die Schöpfung als Gottes Ruheort, aber Anspielungen auf den Tempel und den in ihm (wieder) vollzogenen Opferdienst fehlen
ebenfalls nicht.

[44] Die noch ausstehende eschatologische »Ruhe« ist auch ein apokalyptisches und rab-
binisches Theologumenon, vgl. PRE 18 mit der Rede vom »siebten Äon«, der »ganz
Sabbat und Ruhe im ewigen Leben« ist (ähnlich 1QH 7,15 »immerwährender Sabbat«).
Kommentare hierzu bei BERGER / COLPE, *Textbuch*, 301. Im AT scheint hier und da eine
eschatologische Konnotation des Sabbats auf, vgl. Jes 66,23. Jes 61 beschreibt die messianische Heilszeit u. a. in der Terminologie des Jubeljahres (vgl. Lev 25,10). Für das
»Jubeljahr« gibt es zwar nirgendwo die Bezeichnung »Sabbat«, Beziehungen zum Sabbat bestehen aber gleichwohl (vgl. Lev 25,8f.). Zum Kontext vgl. LAANSMA, *Rest*, 65f.

der Gottähnlichkeit der Ruhenden: Sie ruhen von ihren Werken »wie Gott von seinen eigenen«.[45]

Die Lektüre von Ps 94 LXX sub specie Num 14 schließt in Hebr 4,11, wo zum Abschluß der Psalmexegese die Wüstengeneration als ὑπόδειγμα (τῆς ἀπειϑείας) bezeichnet wird.

5.2 Das bleibende Angebot der Ruhe für die Hörenden

Zwei biblische »Bücher« und drei Stationen des Sprechens Gottes in der Geschichte Israels werden vom Autor aufgerufen und mit dem Motiv der Herzensverhärtung und dem Nicht-Erreichen der Ruhe verbunden: die Exodus-Generation, die am »Tag von Kades« Gottes Zorn provoziert, die Generation des Psalmisten, die als liturgiefeiernde Gemeinde in den Tempel einzieht,[46] und jene letzte, die durch das Reden Gottes im Sohn (Hebr 1,2) ausgezeichnet ist. Dreimal ergeht die Aufforderung zum Hören »heute«; die durch die Dekontextualisierung des Psalmtextes erreichte Intensivierung der Mahnung zum rechtzeitigen Hören erhebt das Heute der aktuellen Briefsituation zum eschatologisch qualifizierten Zeitpunkt.[47] Die Mehrdeutigkeit der angesprochenen Generation im Auftaktzitat (»dieses« Geschlecht) ergibt sich aus einer geschickten Erzähltechnik, die mit der Überlagerung mehrerer Zeitebenen spielt. Schrifthermeneutisch ist das für den Verfasser kein Problem, denn er rekurriert zwar in Hebr 4,7 ausdrücklich auf den (kanonischen) Sprecher des Psalms (Δαυίδ), weist aber das vollständige Zitat bereits in Hebr 3,7 als Rede des heiligen Geistes – und damit als Gottesrede – aus.[48] Die isolierte Verwendung des prophetischen Mahnwortes, also der VV. 7–11 aus Ps 94 LXX, welche ja in einem scharfen Kontrast zur Ein-

---

[45] Anders als in der Gnosis wird der Eingang in die Ruhe nicht als eine Art Wiedervereinigung getrennter und ursprünglich zusammengehöriger Teile gefeiert. Das tertium comparationis zwischen Gott und seinem Volk ist nach Hebr 4,9f. das »Ruhen« als ein Verhalten. Eine Idenitfizierung Gottes mit seinem Volk ist ausgeschlossen.

[46] HOFIUS, Katapausis, 40.

[47] Hebr 3,7 – 4,13 greift damit auf das Signalwort σήμερον im allerersten Psalm- und zugleich Schriftzitat des Briefes in Hebr 1,5 zurück (σήμερον γεγέννηκά σε).

[48] Bewußt offen bleibt deshalb, wer eigentlich der gedachte Sprecher in den übrigen Zitateinleitungen ist, also bei λέγεσϑαι in Hebr 3,15, εἴρηκεν in 4,3.4 und λέγων in 4,7.

zugsliturgie der VV. 1–6 stehen, mag wohl auch ein Grund dafür sein, den Geist – und nicht den Psalmisten – als Sprecher auftreten zu lassen.

In der Vergangenheit konzentrierten sich die Überlegungen zur Verwandtschaft von Hebr 3,7 – 4,13 mit gnostischem Gedankengut auf die mit κατάπαυσις bezeichnete Qualität: Ist der »Ruheort« eine rein lokale und statische Größe, dann meint er den »Himmel« im Gegensatz (und parallel) zur Erde.[49] Beschreibt κατάπαυσις jedoch viel umfassender den Zustand, der auch den σαββατισμός Gottes mit umfaßt, dann erstreckt sich der Begriff nicht nur auf eine lokale Dimension in der Art des obersten Äons eines mehrstufigen Kosmos,[50] sondern auf die Vollendung der Schöpfung; im vorliegenden Sinnzusammenhang auf die zukünftige, erneuerte Schöpfung.[51] Der Ruhebegriff würde so seine eschatologische Füllung erhalten. Der Vergleich mit dem Ruhe-Motiv in EV wird zeigen, daß sich die Frage nach der Differenz zwischen neutestamentlicher und gnostischer Katapausis-Vorstellung nicht an einer lokalen oder nicht-lokalen Bedeutung des Wortes als solchem entscheidet. Der Dualismus von himmlischer und irdischer Welt ist weder im sogenannten *Evangelium Veritatis* noch im Hebräerbrief so entwickelt, daß er einer Negation der Materie gleichkommt. Hebr kennt durchaus das Bild der Himmelsstadt, die am Ende *auf die erneuerte Erde* herabkommt (vgl. Hebr 2,5).[52] Und schließlich kennzeichnet auch die Apokalyptik ein Interesse an (Heils-)Orten, so daß das alte Raster »Kosmologie« versus »Eschatologie« getrost aufgegeben werden darf.

Das Eingehen in das ἅγιον, in die »Himmelsstadt« oder in die »Ruhe«, ist gleichbedeutend mit der größtmöglichen Nähe und Gegenwart Gottes[53] – ob nun zeitlich und / oder räumlich –, und das ist nun wieder eine Gemeinsam-

---

[49] Vgl. zuerst KÄSEMANN, *Gottesvolk*. Weitere Autoren, die zwar nicht unbedingt die »lokale« Interpretation Käsemanns übernehmen, aber gleichwohl Hebr 3,7 – 4,13 »gnostisch« interpretieren, sind genannt bei HOFIUS, *Katapausis*, 159f. (Anm. 97 und 98).

[50] Z. B. jenen »siebten Himmel«, die Hebdomas in der Gnosis.

[51] Ein apokalyptischer Vegleichstext liegt in 4 Esra 8,52 vor: »praeparatum est futurum tempus«; vgl. Hebr 6,5: μέλλων αἰών. Eine ausführliche Übersicht über die zahlreichen Wort- und Motivparallelen von 4 Esra und Hebr bietet HOFIUS, *Katapausis*, 92f.

[52] In etlichen apokalyptischen Texten ist die unsichtbare Stadt im Himmel aufbewahrt, bis sie am Ende auf die erneuerte Erde kommt, vgl. 4 Esra 5,45; 7,75; äthHen 45,5f.; TestLev 18,9. BRAUN, *Hebräer*, 91.

[53] Vgl. schon Ps 27,4; 52,10; 65,5; 84 u. a.

keit der eschatologischen Ruhevorstellung von Hebr und *Evangelium Veritatis* (vgl. Abschnitt 7).

6. Die epistemologische Bedeutung des Ruhe-Motivs in Mt 11,28–30 und Hebr 3 – 4

Mit dem Begriff der Ruhe wird ohne Zweifel sowohl in Mt 11,28–30 als auch in Hebr 3 – 4 eine positive Qualität beschrieben, ein letztes Ziel, welches mit Vorstellungen von Sicherheit, von Bleiben-Können, von *Heil* verknüpft ist.

Hebr 3,7 – 4,14 stellt eine Beziehung her zwischen dem Erreichen bzw. Nicht-Erreichen der Katapausis und dem rezeptiven Vorgang des Hörens (und des Öffnens der Herzen). »Unkenntnis« (οὐκ ἔγνωσαν; Hebr 3,10) und »Unglaube« (ἀπιστία; Hebr 3,12) erscheinen gleich zu Beginn als verschwisterte Begriffe. Die Polarität der zwei wichtigsten erkenntnistheoretischen Termini, πίστις und ἀπιστία bzw. ἀπείθεια, wird bis Hebr 4,11 einschließlich durchgehalten, bevor in den VV. 12–13 hymnisch das lebendige Wort Gottes zur »Scheidung der Geister« als die Quintessenz des Psalmenmidrasch gefeiert wird. Der Dreh- und Angelpunkt im Hinblick auf das Hineinkommen in die Ruhe wird in Hebr 4,2 so formuliert: »Das Wort des Hörens hat jenen nicht genützt, die nicht verbunden sind durch die Pistis mit jenen, die gehört haben.« Der Empfang des Wortes verändert den soteriologischen Status der Hörenden – in der Vergangenheit und in der Gegenwart. Noch »bleibt« zwar eine Sabbatruhe dem Volk Gottes übrig (Hebr 4,9), aber das Angebot der Rettung »bleibt« schon dann nicht mehr bestehen, wenn nach der schonungslosen Aussage von Hebr 10,26 vorsätzlich wider besseren Wissens gesündigt worden ist![54] Mit πίστις wird in Hebr 3,7 – 4,13 die formale Wissensvoraussetzung benannt, die über Gericht und Heil entscheidet.

In Mt 11,28–30 ergeht im Zusammenhang des Ruhe-Versprechens die Einladung Jesu, von ihm zu »lernen«. Das Lernen ist bereits von sich aus ein weisheitlicher Vorgang. Der Heilandsruf präzisiert – im Anschluß an zwei

---

[54] Hebr 4,6.9 und 10,26 sind im übrigen die einzigen Belegstellen für das Verb ἀπολείπομαι im Hebräerbrief.

offenbarungstheologische Q-Logien – das Lernen als einen eschatologischen Vorgang, der untrennbar ist von der Beziehung zum Messias und Retter Jesus. Die Stilisierung des Christus als des von Gott gesandten Offenbarers der rettenden Wahrheit wird zur zentralen »christologischen« Aussage der valentinianischen Gnosis (s. u.).

Formgeschichtlich läßt sich Mt 11,(25).28–30 als *Protreptikos Logos* einordnen, als eine »Werbeschrift« (hier: ein Werbe-»Wort«) für einen bestimmten philosophischen Weg, dessen Vorteile – häufig im Vergleich mit anderen Wegen – aufgezeigt werden.[55] Die »Wahl«, auf die rhetorische Protreptik ihrer Struktur nach zielt, betrifft immer die *Weisheit*; zwischen diesem begehrten Ziel und dem richtigen Gebrauch der Dinge, die dorthin führen, stellt die protreptische Rede eine Beziehung her, mit anderen Worten: Sie will eine Aktion auslösen und den Leser oder Hörer in die konkrete Richtung eines lebbaren Weges »bewegen«.[56] Sie tut dies nicht ein für allemal, sondern aus der Erfahrung und im drängenden Bewußtsein der ständigen Konkurrenz anderer philosophischer »Heilsangebote«. In Mt 11,28–30 ergibt sich die Motivation, auf Jesus zu hören, von ihm zu »lernen«, aus der Verheißung der *Ruhe*. Ganz ähnlich enthält auch Hebr 3,7 – 4,13 ein starkes protreptisches Element,[57] erkennbar an der Gegenüberstellung von Herzensverhärteten und solchen, die hören und letztlich in die verheißene Ruhe gelangen. Last but not least ergibt auch der formgeschichtliche Seitenblick einen wertvollen Hinweis auf den wissenssoteriologischen Impetus der beiden neutestamentlichen Textstellen.

---

[55] Vgl. BERGER, *Formgeschichte*, 217f.

[56] Vgl. JORDAN, *Protreptic*, 320: »... the aim of the protreptic is to produce a choice, an action – the passionate pursuit of a wisdom now thought to be obtainable ... What is discovered is just the decisive link between wisdom and the right use of things that produces satisfaction.«

[57] BERGER, *Formgeschichte*, 118, rechnet Hebr 3,7 – 4,13 der Tradition protreptischer Mahnrede zu.

7. Die Anapausis im »Evangelium Veritatis«

7.1 Der Text

Die titellose Schrift in NHC I,3/XII,2 wird nach ihrem Incipit *Evangelium Veritatis* genannt und im allgemeinen mit dem von Irenäus[58] den Valentinianern zugeordneten »Evangelium der Wahrheit« identifiziert. Der Text, über dessen Ursprache unterschiedliche Auffassungen vertreten werden,[59] kann mit hoher Wahrscheinlichkeit in das 2. Jh. datiert werden. Der Entstehungsort ist genauso ungeklärt wie die Verfasserschaft; sofern Valentinus als Autor postuliert wird, kommt Alexandria in Frage, nach der syrischen Urtext-Hypothese müßte man dagegen an Syrien als Abfassungsort denken. Die Nähe zum valentinianischen Schrifttum – und von daher die Spekulation über eine Verfasserschaft Valentins – ergibt sich zwar u. a. aus dem Umstand der Rezeption des EV im *Tractatus Tripartitus* (NHC I,5), bleibt aber letztlich hypothetisch.[60] Fest steht, daß das sogenannte *Evangelium Veritatis* nach dem *Thomasevangelium* die bekannteste und am meisten behandelte Schrift der im Jahre 1945 aufgefundenen Nag-Hammadi-Bibliothek ist.

Die Gattung des Evangelium Veritatis wird überwiegend als christlich-gnostische Homilie[61] bestimmt; Jan Helderman spricht differenzierter von einer »Lehrrede der geoffenbarten Gnosis« bzw. einer »laudatorischen Ansprache«[62]. Die Schwierigkeit der Gattungszuordnung rührt auch daher, daß

---

[58] Vgl. Iren. haer. III,11,9: »[...] Siquidem in tantum processerunt audaciae, ut quod ab his non olim conscriptum est, veritatis Evangelium, titulent, in nihilo conveniens Apostolorum Evangeliis, ut nec Evangelium quidem sit apud eos sine blasphemia [...]«.

[59] Fast alle Forscher sind der Ansicht, das Original des EV sei auf griechisch verfaßt worden. Als Alternativen werden koptisch und syrisch diskutiert. Vgl. SCHENKE, *Evangelium*, 29. Einen guten Forschungsüberblick liefert auch HELDERMAN, *Evangelium*, 4056–4060.

[60] HELDERMAN, *Evangelium*, 4101, notiert eine deutliche Tendenz in der Forschung hin zu einer Annahme der Verfasserschaft Valentins und Roms als Abfassungsort; demgegenüber hält Schenke fest: »es ist eine von allen anerkannte Tatsache, daß das EV eben keine konkreten und spezifisch valentinianischen Lehren und Motive aufweist.« SCHENKE, *Evangelium*, 31.

[61] SCHENKE, *Evangelium*, 30.

[62] HELDERMAN, *Evangelium*, 4072. Sprache und Stil des EV weisen nach Helderman eher in die »Sphäre der Dichtung« als in die der Homilie.

eine sinnvolle Struktur des Textes nicht erkennbar scheint. Jedenfalls ist das Incipit (»Evangelium«) nicht mißzuverstehen als Textsortenbezeichnung.

Was die Präsentation des Textes anbelangt, muß darauf hingewiesen werden, daß im jüngsten deutschen Editionsprojekt von Schenke bewußt auf die Zeilenangaben verzichtet wird; dort ist nur der Beginn einer neuen Seite im Text markiert. Zur besseren Nachprüfbarkeit ergänze ich sie im folgenden um die Angabe der Zeilen nach Jacques-E. Ménard.[63]

Das EV ist für den vorliegenden Untersuchungsschwerpunkt deshalb von besonderem Interesse, weil es zum einen von allen Nag-Hammadi-Schriften vergleichsweise die meisten Vorkommen des Ruhe-Begriffs enthält, nämlich insgesamt 16 auf 27 Textseiten.[64] Zum anderen scheint der Verfasser – sofern man eine literarische Abhängigkeit überhaupt nur postulieren darf – hauptsächlich das Matthäusevangelium zu benutzen, aus welchem soeben ein zentraler Text für das neutestamentliche Ruhe-Motiv studiert wurde.[65]

7.2 Die Ruhe als umfassendes Heil im »Evangelium Veritatis«

Als kleinsten gemeinsamen inhaltlichen Nenner aller gnostischen Schriften hat Helderman die »Wiedervereinigung von Getrenntem«[66] ermittelt. Dieses Motiv tritt auch in EV deutlich zutage: »Trennung« ist hierbei gleichbedeutend mit Unkenntnis; Wiedervereinigung bedeutet dementsprechend nichts anderes als Erkenntnis. Gleich zu Beginn wird der Aspekt der Trennung »vom Vater« im Motiv der unaufhörlichen Suche nach ihm entfaltet: »Weil alles nach dem, aus dem sie hervorgegangen waren, suchte – und dabei war doch alles innerhalb von ihm, dem Unbegreiflichen und Undenkbaren, der über jedes Denken erhaben ist –, verursachte die Unkenntnis in bezug auf

---

[63] MENARD, L'Evangile.

[64] Mit eingeschlossen sind in diese Zählung die koptischen Synonyme des griechischen Lehnwortes ἀνάπαυσις. HELDERMAN, Anapausis, 16f.228.

[65] Eine Studie zum Verhältnis von EV und synoptischer Tradition hat TUCKETT, Nag Hammadi, vorgelegt. Hinsichtlich einer Rezeption des Ruhebegriffs aus Mt 11,28 äußert sich Tuckett skeptisch und gibt die große Präsenz des Ruhe-Themas auch außerhalb der christlichen bzw. kanonischen Überlieferung zu bedenken (ebd., 64).

[66] HELDERMAN, Anapausis, 70.

den Vater Furcht und Schrecken« (EV 17,4–9; vgl. 24,16–20).[67] Die Unkenntnis (oder der Irrtum) hat in EV einen konkreten Namen: Sie ist die πλάνη und entspricht mehr oder weniger[68] dem Demiurgen in anderen gnostischen Texten.[69] Die personifizierte πλάνη ist der Gegensatz zur Wahrheit, sie ist identisch mit der *Torheit*, die »Nebel« und Vergessenheit um sich verbreitet.[70] Der eigentliche Gegenspieler Gottes und des Menschen ist also ein abstrakter, epistemologischer Begriff: die *Unkenntnis*. Erlösung ist dementsprechend gleichbedeutend mit der Erlangung des Wissens, wie EV 21,14–18 ganz prosaisch formuliert: »Denn jedem, der unwissend ist, fehlt etwas. Und es ist etwas Wichtiges, was ihm fehlt, weil ihm gerade das fehlt, was ihn vollenden würde.« Das für das EV fundamentale Disäquilibrium der Trennung vom Vater durch *Unkenntnis* wird letztlich in der Wiedervereinigung mit Gott, der Ankunft beim Vater, aufgehoben. Diese Ankunft ist identisch mit dem Augenblick der »Erkenntnis« und wird als Ereignis umfassender *Ruhe* verstanden. »Erkenntnis« und »Ruhe« sind auf der Bildebene dem Aufwachen bzw. Wachsein vergleichbar, wogegen »Unkenntnis« und »Unruhe« an einer Stelle mit dem Zustand des unruhigen Traumschlafes parallelisiert werden.[71]

Der Ruhe-Begriff in EV beinhaltet vielerlei, wie eine erste Durchsicht des semantischen Umfelds der 16 Vorkommen des Begriffs[72] zeigt:

---

[67] Weiter unten im Text, in EV 34,26–34, taucht die »Trennung« noch einmal wörtlich auf. Ihr wird die »Einheit des vollkommenen Denkens« gegenübergestellt.

[68] Ausführliche Diskussion zur πλάνη bei HELDERMAN, *Evangelium*, 4090–4096.

[69] Vgl. SCHENKE, *Evangelium*, 32.

[70] »Aus diesem Grunde kam die Täuschung zur Macht und brachte in törichter Weise diesen ihr eigenen Stoff hervor. Weil sie die Wahrheit nicht kannte, nahm sie in einer Nachbildung ihren Wohnsitz und stellte (dort), so schön sie eben konnte, den Ersatz der Wahrheit her« (EV 17,14–20). Freilich bleibt auch EV die Antwort schuldig, woher letztlich das Vergessen und die Trennung von Gott gekommen sind: »Es war über die Maßen erstaunlich, daß sie in dem Vater waren, ohne ihn zu erkennen und daß sie selbst in der Lage waren, (ihn) zu verlassen, weil sie nicht vermochten, den zu begreifen und zu erkennen, in dem sie waren« (EV 22,27–33).

[71] Vgl. EV 28,32 – 29,11: »So waren sie unwissend über den Vater, insofern er es ist, den sie nicht sahen ... (Es ist), wie wenn sie sich dem Schlafe hingeben und sich in unruhigen Träumen finden ...«.

[72] In EV 41,29 übersetzt Schenke mit »Erquickung«; die französische Version jedoch mit »repos«.

- Der Aufstieg nach »oben« zu den »Wissenden« (denn »ein Wissender stammt von oben«) verheißt *Ruhe* (EV 22,12).

- In einer Art Lobpreis auf das »Wort« (die »Schriftzeichen« des Vaters)[73] heißt es, »seine [des Vaters] *Ruhe*« habe es »aufgenommen« (EV 23,29).

- Die Offenbarung des Vaters im Sohn geschieht zu dem Zweck, daß die Äonen im Vater von ihrer Suche zur *Ruhe* kommen (EV 24,18.20).

- Die Auflösung der »Gestalt« in der Einheit und Vollendung mit dem Vater ist dem Wissenden bereits zuteil geworden; nun »ziemt es sich« für den Erkennenden, »dies Haus heilig und *ruhig*« zu halten (EV 25,24).

- Die Rückkehr aus dem »Denken der Täuschung« kommt einem Bußakt gleich: »Zu dem Zweck hat die Unvergänglichkeit einen Hauch ausgestoßen und ist dem, der gesündigt hatte, gefolgt, daß dieser zur *Ruhe* komme. Denn die Vergebung ist das, was (allein) übrig bleibt für das Licht im Mangel, das Wort der Fülle.« (EV 35,24–29).

- »Sein [des Vaters] Paradies ist sein *Ruheort*« (EV 36,39).

- »Der Wille aber ist es, worin der Vater *ruht*« (EV 37,20).

- Der Name des Vaters kommt zur *Ruhe* in den Kindern des Namens,[74] so wie die Kinder im Namen des Vaters zur Ruhe kommen (EV 38,29–32; 42,21f.).

- Die *Ruhestätte* ist auch der Ort, von dem alles gekommen ist (EV 40,33), die »Fülle« oder das »Haupt« des Vaters (EV 41,13f.29).

- Die *Ruhe* haben ist gleichbedeutend mit »Frische des Geistes« (EV 42,32).

---

[73] Der Passus EV 23,18–32 ist in der Textausgabe von Schenke als Absatz (Hymnus?) eingerückt.

[74] Der Name des Vaters wird zuvor identifiziert mit dem »Sohn«, in welchem der Name des Vaters erkennbar geworden ist (EV 38,6ff.).

- Abschließend (EV 43,1) reflektiert das literarische Ich noch einmal über den *Ruheort* als den »Ort der Seligen«, nach dessen Kenntnis es nichts Wichtigeres mehr geben kann.[75]

Aus den Stellen geht hervor, daß die Ruhe der Ausgangs- und Endpunkt schlechthin ist. Sie beschreibt sowohl eine Qualität des Vaters als auch das verheißene Ziel des Gnostikers, das ihm vom Vater bereitgehalten wird. »Ruhe« impliziert aber auch die »Antwort« des Gnostikers auf das Geschenk der Ruhe des Vaters (EV 25,24). Der Ruhe-Begriff enthält in EV also auch einen Aspekt von Reziprozität, denn nicht nur die Gnostiker sind unterwegs zur Ruhe des Vaters, sondern auch der Vater – als Ursprung aller Dinge – sucht seine Ruhe »in den Kindern seines Namens« (EV 38,29f.; 42,21f.). An diesem Punkt spielt auch die Figur Jesu als des Retters eine Rolle in EV, und zwar in der Form jener Offenbarerfigur, in der nicht nur Gott sichtbar geworden ist (EV 20,19f.), sondern die zuerst das entscheidende Wissen über die Rettung der Menschheit aufgeschlossen hat.[76] Und schließlich wird Jesu Tod der personifizierten πλάνη zur Last gelegt: »Deswegen wurde die Täuschung auf ihn [Jesus] zornig und verfolgte ihn. Sie geriet durch ihn in Bedrängnis und wurde zunichte gemacht. Er wurde an ein Holz genagelt und wurde (so) zu einer Frucht der Erkenntnis des Vaters« (EV 18,21–25). Aus der kanonischen Überlieferung werden nicht nur verschiedene Jesuslogien und Gleichnisse rezipiert,[77] sondern auch das Kreuzesgeschehen als solches, das als Augenblick der Wahrheit und mythisches Geschehen erinnert wird. Der Verfasser des EV arbeitet an dieser Stelle mit dem Motiv des Buches, in welchem nicht nur die Wahrheit, son-

---

[75] »Die übrigen mögen in ihren Orten zur Kenntnis nehmen, daß ich, nachdem ich in dem Ruheort gewesen bin, über nichts anderes mehr reden kann. Sondern er ist es, in dem ich sein werde, und (zwar) um jederzeit mit dem Vater des Alls und den wahren Brüdern beschäftigt zu sein ...«

[76] Bereits in EV 18,12–21 heißt es: »Den Vollkommenen hat sich dies Evangelium von dem, wonach sie suchen, durch die Barmherzigkeit des Vaters mitgeteilt. Durch dies verborgene Geheimnis hat Jesus Christus die erleuchtet, die aufgrund des Vergessens in der Finsternis sind. Er erleuchtete sie und zeigte (ihnen) einen Weg. Dieser Weg aber ist die Wahrheit, über die er sie belehrte.«

[77] Z. B. das Gleichnis vom verlorenen Schaf in EV 31,35ff. (par Mt 18,10–14) sowie Anspielungen auf die Heilungspraxis Jesu am Sabbat im Hintergrund des Gleichnisses vom Schaf, das in den Brunnen fällt in EV 32,18ff. (vgl. das Motiv in Lk 13,15).

dern auch die Geretteten aufgeschrieben sind (EV 21 – 23). »Buch« und »Kreuz« werden als das Wirken Jesu insgesamt kennzeichnende Attribute parallelisiert: »Jesus zeigte sich. Er bekleidete sich mit jenem Buche. Man nagelte ihn an ein Holz. Er veröffentlichte den Befehl des Vaters an dem Kreuz.« (EV 20,24–27) Die »Bekleidung mit Wissen« steht im Gegensatz zur »Nackheit« des Vergessens und wird durch das Verdienst Jesu allen zuteil, »die aufgeschrieben sind im Buch der Lebendigen« (EV 20,36 – 21,5). Im Zentrum der gnostischen Heilsökonomie wird also das Thema des Wissensverlustes und der (Wieder-) Gewinnung von Wissen erörtert – auch (oder gerade dann), wenn es um das Ereignis des Todes Jesu geht. Und im Begriff der Ruhe laufen immer wieder semantisch alle Fäden zusammen.

7.3 Zeitlos ruhig?

Eine Schwierigkeit, die wohl überhaupt zu den Grundfragen der Gnosisforschung gehört, ist die Frage nach der gnostischen Eschatologie, oder allgemeiner: nach den Zeitvorstellungen im Zusammenhang des Aufstiegs und der Erlösung des einzelnen sowie der Schöpfung. Die aufgeführten Stellen über die »Ruhe« belegen bereits eine gewisse Spannung: Da ist zum einen die Rede davon, daß der Schreiber (und die von ihm implizierten oder angesprochenen Erkennenden) bereits zum Wissen gelangt ist, den Ort der Ruhe schon geschaut hat (EV 25,24; 41,1ff.).[78] Zum anderen gibt es aber auch einen Ausblick auf einen noch scheinbar in der Zukunft liegenden Zeitpunkt des Wissensempfangs, der mit dem individuellen Lebensende identisch zu sein scheint (vgl. EV 37,36–38): »Er [Gott] kennt ihrer aller Anfang und ihr Ende. Denn an ihrem Ende wird er sie zur Rede stellen. Das Ende aber ist der Empfang des Wissens über das, was verborgen ist.« Aus den genannten Stellen ergeben sich keine eindeutigen Hinweise darauf, ob der Verfasser überhaupt ein Interesse an der Gegenüberstellung verschiedener Zeitkontingente hat. Die beiden genannten Stellen lassen für sich genommen noch nicht einmal eine große Differenz zu apokalyptischen Zeitvorstellungen ausmachen. Auch in EV ließe sich – wenn man danach suchte – ein Zeit-

---

[78] Auf der Linie einer solchen »präsentischen Eschatologie« präsentieren sich auch Mt 11,28–30 sowie das Logion in EvThom 51: »Es sagten zu ihm seine Jünger: Wann wird die Ruhe der Toten eintreten und wann wird die neue Welt kommen? Er antwortete: Die Ruhe, die ihr erwartet, ist ja schon gekommen. Aber ihr erkennt sie nicht.«

punkt der Wissensstiftung (das Erscheinen des Logos Jesus) und eine Zeit des Offenbarwerdens des Wissens vor aller Welt erkennen. Aber allein diese Uneindeutigkeiten und das offensichtlich fehlende Interesse des Verfassers an einer Dramatisierung von Zeit, wie sie z. B. in den neutestamentlichen apokalyptischen Endzeitreden aufscheint, geben bereits Aufschluß darüber, daß dieses Thema in EV nicht im Vordergrund steht.[79] Der Grundtenor der Erlösungsvorstellung in EV wird ahistorisch entwickelt; die individuelle (Wieder-)Erlangung der Erkenntnis und der »Aufstieg« der Erkennenden machen die gedankliche Mitte aus. Begriffe wie »Vergessen« und »Täuschung« zur Charakterisierung der Erfahrungswirklichkeit mythisieren die Gegenwart, die nicht mehr unter dem Aspekt einer Krisenzeit gezeichnet wird, die es mit dem richtigen Wissen zu bestehen oder zu meistern gilt.

8. Ergebnisse

(1) Eine Gemeinsamkeit der drei studierten Texte liegt darin, daß in ihnen allen – ausgesprochen und unausgesprochen – die ersehnte Ruhe als etwas erscheint, das weder durch geistige Mühe noch durch irgendeine physische Anstrengung *verdient* werden kann: Sie wird einfach dem Hörenden, dem Wissenden und Erkennenden geschenkt.[80]

(2) In allen Texten hat das Erreichen der Ruhe etwas zu tun mit dem Zugang zur letztentscheidenden Erkenntnis: Mt 11,28–30 stellt die Verheißung der Ruhe in den Kontext der Verborgenheit bzw. des Offenbarwerdens der Erkenntnis (vgl. Mt 11,25–27) und bietet als »Schlüssel« zur Ruhe das *Lernen* von Jesus an (Mt 11,29). Darüber hinaus kommt bei Matthäus noch der ebenfalls aus weisheitlichen Zusammenhängen geläufige Gedanke der *vergeblichen Mühe* dazu (vgl. Mt 6,28). Er unterstreicht die rettende Verbind-

---

[79] ALAND, *Gnosis*, 57, stellt entsprechend fest, für den Gnostiker sei die Zeit »belanglos« geworden.

[80] HELDERMAN, *Evangelium*, 4061, ist der Ansicht, daß in EV sehr wohl der Gedanke einer Verdienstlichkeit der Erkenntnis vorliege. Er konkretisiert die Differenz zwischen neutestamentlicher resp. »christlicher« und gnostischer Lehre am Gnadenbegriff: »Denn der gnostische Grundgedanke ist eben der, daß das geistige Element keine unverdiente Gnadengabe ist, sondern eine verdiente, gesicherte Gabe vom Vater, der seine Kinder, d. h. die aus ihm emanierten Wesenheiten bzw. seinen Samen, liebt.«

lichkeit eines Wissens, das neu ist, allein durch die Begegnung mit Jesus vermittelt wird und nicht aus dem Traditionsschatz der Väter gelernt werden kann. Auch in EV wird die fundamentale Andersartigkeit der Gnosis gegenüber der durch die πλάνη bestimmten menschlichen Erfahrung betont. Auch hier bedarf es des Offenbarungsmittlers[81] Jesus, um den Zugang zum erlösenden Wissen zu ermöglichen.

In Hebr 3,7 – 4,13 wird der Ruhebegriff – gerade durch seine refrainartige Wiederholung – noch stärker als bei Matthäus zu einem soteriologischen Paradigma, das durch die unterschiedlichen Epochen der Geschichte Israels durchgehalten wird bis zur aktuellen, letzten Generation, der sich Gott unüberbietbar im Sprechen seines Sohnes offenbart hat. Das Erreichen oder Nicht-Erreichen der Ruhe ist dabei abhängig vom Vohandensein oder Fehlen der πίστις. Gerade im Hinblick auf die πίστις ergibt sich allerdings eine Differenz zum Erkenntnis- oder Wissensbegriff im *Evangelium Veritatis*: Hebr 11 zufolge beschreibt πίστις ein Wissen, das noch nicht manifest ist, das zunächst im Anschluß an die *Zeugen* geglaubt und vor allem in der Erwartung der Zukunft *gehofft* wird. Hier ist der Ort, wo die Pistis soteriologisch wird. Die Zeugentheorie von Hebr 11 stellt nicht nur die Herausforderung des Glaubens für die noch nicht bekannte, *un*gewußte Zukunft vor Augen, sondern sie beschwört (positiv gewendet) geradezu die Bedeutung der Sukzessionskette der Glaubenden.

Es ist nicht zu leugnen, daß das EV die Kontinuität mit der christlichen, »kanonischen« Überlieferung sucht: Die Schlüsselfigur in der Heilsökonomie ist Jesus, der als Sohn Gottes und idealer Lehrer das richtige Wissen offenbart. Die im Neuen Testament erkennbare soteriologische Konzeption eines Verständnisses von Rettung aufgrund höheren Wissens ist in der Gnosis einseitig verstärkt worden. Die Euphorie über die mit der Erkenntnis erlangte Ruhe verdrängt im »Evangelium der Wahrheit« das Erfordernis eines innerzeitlichen (sozialen oder politischen) Engagements. Die Entwicklung alternativer Lebensentwürfe im Hinblick auf das innerweltliche Handeln ist aber konstitutiv für alle neutestamentlichen Schriften.

---

[81] Jesu irdisches Wirken wird auch in EV ausschließlich unter dem Aspekt seines Auftretens als Lehrer beschrieben; vgl. EV 19,18–26.

Bibliographie

ALAND, Barbara, *Was ist Gnosis? Wie wurde sie überwunden?* Versuch einer Kurzdefinition, in: Taubes, Jacob (Hrsg.), Gnosis und Politik (Religionstheorie und Politische Theologie 2), München: Fink 1984, 54–65.

BECKER, Eve-Marie, *»Gottes Wort« und »Unser Wort«.* Bemerkungen zu Hebr 4,12–13, in: BZ 44 (2000), 254–262.

BECKER, Hans-Jürgen, *Auf der Kathedra des Mose.* Rabbinisch-theologisches Denken und antirabbinische Polemik in Mt 23,1–12 (ANTZ 4), Berlin: Inst. Kirche und Judentum 1990.

BERGER, Klaus, *Formgeschichte des Neuen Testaments*, Heidelberg: Quelle & Meyer 1984.

BERGER, Klaus / COLPE, Carsten, *Religionsgeschichtliches Textbuch zum Neuen Testament* (NTD 1), Göttingen / Zürich: Vandenhoeck & Ruprecht 1987.

BRAUN, Herbert, *An die Hebräer* (HNT 14), Tübingen: Mohr 1984.

GRÄSSER, Erich, *Der Hebräerbrief (1938–1963)*, in: Ders., Aufbruch und Verheißung (BZNW 65), Berlin: de Gruyter 1992, 1–99.

GREEN, Arthur, *Eine Tradition auf der Suche nach Autorität.* Die Rolle des Weisen (zaddiq) im chassidischen Judentum, in: Assmann, Aleida (Hrsg.), Weisheit. Archäologie der literarischen Kommunikation III, München: Fink 1991, 325–343.

GUTHRIE, George H., *The Structure of Hebrews.* A Text-Linguistic Analysis (Supplements to Novum Testamentum 73), Leiden / New York / Köln: Brill 1994.

HAUCK, Friedrich, Art. κόπος, κοπιάω, in: ThWNT 3 (1938), 827–829.

HELDERMAN, Jan, *Die Anapausis im Evangelium Veritatis.* Eine vergleichende Untersuchung des valentinianisch-gnostischen Heilsgutes der Ruhe im Evangelium Veritatis und in anderen Schriften der Nag-Hammadi-Bibliothek (NHS XVIII), Leiden: Brill 1984.

HELDERMAN, *Das Evangelium Veritatis in der neueren Forschung*, in: ANRW II.25.5 (1988), 4054–4106.

HOFIUS, Otfried, *Katapausis*. Die Vorstellung vom endzeitlichen Ruheort im Hebräerbrief (WUNT 11), Tübingen: Mohr 1970.

JORDAN, Mark D., *Ancient Philosophic Protreptic and the Problem of Persuasive Genres*, in: Rhetorica 4 (1986), 309–333.

KÄSEMANN, Ernst, *Das wandernde Gottesvolk*. Eine Untersuchung zum Hebräerbrief (FRLANT 25), Göttingen:Vandenhoeck & Ruprecht [2]1957.

KÜCHLER, Max, *Frühjüdische Weisheitstraditionen*. Zum Fortgang weisheitlichen Denkens im Bereich des frühjüdischen Jahweglaubens (OBO 26), Freiburg (Schweiz): Universitäts-Verlag / Göttingen: Vandenhoeck & Ruprecht 1979.

LAANSMA, Jon, *I Will Give You Rest*. The Rest Motif in the New Testament with Special Reference to Mt 11 and Hebr 3 – 4 (WUNT II, 98), Tübingen: Mohr 1997.

LUZ, Ulrich, *Das Evangelium nach Matthäus*. Bde. 1–4: Mt 1 – 7 (EKK I/1–4), Zürich u. a.: Benzinger 1985 / 1990 / 1997 / 2002.

MENARD, Jacques-E., *L'Evangile de Vérité* (NHS II), Leiden: Brill 1972.

SCHENKE, Hans-Martin, *»Evangelium Veritatis« (NHC I,3/XII,2)*, in: Bethge, Hans-Gebhard / Kaiser, Ursula Ulrike / Schenke, Hans-Martin (Hrsg.), Nag Hammadi Deutsch I. NHC I,1 – V,1 (Koptisch-Gnostische Schriften II) (GCS NF 8), Berlin / New York: de Gruyter 2001, 27–44.

SPICQ, Ceslas, *Theological Lexicon of the New Testament*. Translated and edited by J. D. Ernest, Vol. 1–3, Peabody: Hendrickson 1994.

STRACK, Hermann L. / BILLERBECK, Paul, *Kommentar zum Neuen Testament aus Talmud und Midrasch*. Bd. 1: Das Evangelium nach Matthäus, München: Beck 1922.

TUCKETT, Christopher M., *Nag Hammadi and the Gospel Tradition*. Synoptic Tradition in the Nag Hammadi Library (Studies of the New Testament and its World), Edinburgh: T. & T. Clark 1986.

VAGANAY, Léon, *Le plan de l'Epître aux Hébreux*, in: Vincent, L.-Hugues (Hrsg.), Memorial Lagrange, Paris: Gabalda 1940, 269–277.

VIELHAUER, Philipp, *ΑΝΑΠΑΥΣΙΣ*. Zum gnostischen Hintergrund des Thomasevangeliums, in: Eltester, Walther / Kettler, Franz Heinrich (Hrsg.), Apophoreta, FS Ernst Haenchen (BZNW 30), Berlin: Töpelmann 1964, 281–299.

Barbara Aland

Gnosis und Christentum

Die Geschichte einer Konkurrenz?*

Hat antike Gnosis mit dem Thema dieses Bandes, das vornehmlich um das Neue Testament zentriert ist, zu tun, oder ist Gnosis als antike Weltreligion vom Neuen Testament streng zu scheiden? Ich denke, das erstere ist der Fall. Verbindungslinien in vielfältiger Gestalt können von hier nach da gezogen werden. Hier soll zunächst einmal eine Grundlage für das weitere Thema Gnosis und Neues Testament gelegt werden.

Erlauben Sie, daß ich mit einer persönlichen Bemerkung beginne. Ich befasse mich mit der Gnosis seit sehr langer Zeit (mit Abständen, gewiß, aber doch ohne grundsätzliche Unterbrechung). Warum? Was kann anziehend sein an diesen auf den ersten Blick merkwürdigen, ja abstrusen Texten? Nun, ich beschäftige mich mit der Gnosis aus einem sachlichen und einem persönlichen Grund. Der sachliche: Mir scheinen diese Texte in ganz unverwechselbarer Art die Situation des Menschen in der Welt in einer Weise zu klären, die unser subjektives existentielles Interesse bis heute verdient hat, die auch bis heute in positiver, vielleicht auch in negativer Weise weitergewirkt hat. Der persönliche Grund: Mir wurde das Verständnis für die Gnosis durch zwei meiner Lehrer erschlossen, in sehr unterschiedlicher, aber sich ergänzender Weise: Hermann Langerbeck und Hans Jonas. Langerbeck, klassischer Philologe, befaßte sich schon in den frühen 60er Jahren mit spätantiken christlichen Texten, was damals ganz ungewöhnlich war. Er

---

* In leicht abgeänderter Form am 23.3.2002 vor der Katholischen Akademie in Bayern vorgetragen, erscheint in einer Kurzversion in »Zur Debatte« 4 (2002).

entdeckte in den christlich-gnostischen Texten eines Valentin und Basilides
eine christliche Wahrheitssuche, die mit philosophischen Mitteln durchgeführt wurde[1]. Christliche Gnostiker stehen für ihn in der Tradition der
großen Philosophen griechischen Geistes; sie bedenken die Wahrheitsfrage
auf der Stufe der in Christus geoffenbarten Wahrheit und führen insofern
über die griechischen Philosophen hinaus. Langerbeck, ein lebhafter Mann,
querschnittsgelähmt nach einer schweren Kriegsverletzung, ergriff diese
gnostische Wahrheitsverkündigung mit Leidenschaft und christlichem
Ernst. Es konnte nicht ausbleiben, daß er auf seine Studenten wirkte. Mich
beeinflußte er zutiefst.

Später lernte ich Hans Jonas kennen, der sich mir, der Anfängerin, freund-
lich zuneigte. Auch er war alles andere als ein Gnostiker im abstrusen Sinne, vielmehr zutiefst von dem Phänomen Gnosis bewegt.[2] Jonas, ein Schüler
von Heidegger, wandte die Kategorien (»Existentiale«) von Heideggers
»Fundamental-Ontologie« und Existentialismus auf die Erscheinung der
Gnosis an und fand, wie er viel später rückschauend sagt, daß ihn die »Op-
tik«, die er in der Schule Heideggers erworben habe, instand setzte, Aspekte
des gnostischen Denkens zu sehen, die bis dahin nicht gesehen worden waren.[3] Jonas verfaßte sein bahnbrechendes zweibändiges Werk »Gnosis und
spätantiker Geist« 1934.[4] Es revolutionierte die Gnosisforschung, weil es in
den absonderlichen, skurrilen Texten der Gnosis einen Sinn offenlegen
konnte, der das Wesen des spätantiken Menschen zwischen Gott und Welt
deutlich machte. Damit fegte er die allzu obskuren Deutungen der religionsgeschichtlichen Schule hinweg, die gerade die »vulgären« Formen der Gnosis zum Hauptgegenstand ihres Interesses machte. Für Jonas beschreiben die
gnostischen Texte den Menschen als einen in diese Welt, die ihm feindlich
gegenübersteht, Geworfenen. Ein neues Daseinsverständnis und Weltgefühl
wird nach Jonas in gnostischen Texten sichtbar. In der Gnosis wird »die
erhabene Einheit von Kosmos und Gott [...] auseinandergespalten, eine un-
geheure, nie mehr ganz zu überbrückende Kluft tut sich auf; Gott und Welt,

---

[1] LANGERBECK, *Aufsätze*. S. bes. »Die Anthropologie der alexandrinischen Gnosis.
Interpretationen zu den Fragmenten des Basilides und Valentinus und ihrer Schulen bei
Clemens von Alexandrien und Origenes«, ebd., 38–82.

[2] Vgl. JONAS, *Wissenschaft*, 7–31, bes. 16–19.

[3] JONAS, *Gnosis* (1963), bes. 5; wieder abgedruckt in JONAS, *Organismus*, 292–316.

[4] JONAS, *Gnosis* (³1964) sowie Jonas, *Mythologie*.

Gott und Natur trennen sich, werden einander fremd, werden Gegensätze.«[5]
Ausgangspunkt für alle Gnosis ist daher für Jonas die Erfahrung der Weltfremdheit und nicht die in Christus geoffenbarte Wahrheit wie bei Langerbeck. Eine radikal dualistische Stimmung zwischen Gott und Welt sowie
Mensch und Welt durchzieht alle gnostischen Äußerungen. Jonas sieht darin
eine Parallele zum modernen Existentialismus mit seinen nihilistischen Zügen, der »eine Entfremdung zwischen Mensch und Welt mit dem Verlust
der Idee eines verwandten Kosmos« lehrt, »kurz: einen anthropologischen
Akosmismus«[6]. Jonas bekennt sich in seiner Methode ausdrücklich zu einer
»gewissen Zirkelhaftigkeit des Verfahrens«, d. h. einer gegenseitigen Erhel-
lung beider äußerlich und chronologisch so verschiedener geistiger Bewe-
gungen, des existentialistischen Nihilismus und der Gnosis des 2. Jh.[7]

Ich nehme hier nicht ausführlich zu den beiden kurz skizzierten Interpretationen der Gnosis Stellung. Eines aber mag deutlich geworden sein: In ihrer
jeweils mit Leidenschaft ergriffenen Darstellung des Themas zeigen sie
komplementäre, nicht konträre Aspekte des Themas auf. Während Langerbeck die gnostischen Texte zentral auf die Erlösung des Menschen durch die
Offenbarung in Christus befragt, also auf das »wovon wir erlöst sind und
wohin wir eilen« abhebt, stellt Jonas das »wohinein wir geworfen sind« in
den Mittelpunkt seiner Betrachtung der Texte. Gnosis ist für ihn eine Daseinshaltung, eine Haltung zum (als negativ beurteilten) Dasein, die prinzipiell im 2. wie im 20. Jh. identisch sein kann. »Der gnostische Mensch ist
geworfen in eine widergöttliche und daher widermenschliche Natur; der
moderne Mensch in eine gleichgültige.«[8] In dieser widermenschlichen Welt
entdeckt Jonas für den gnostischen Menschen die Behauptung einer authentischen Freiheit des Selbst: Nicht mehr vom Ganzen des griechischen Kos-

---

[5] JONAS, *Gnosis* (³1964), 149.

[6] JONAS, *Gnosis* (1963), 9. Jonas fügt hinzu, daß ein kosmischer Nihilismus als solcher,
durch welche historischen Bedingungen auch immer hervorgerufen, die Bedingung
schaffen würde, in der gewisse charakteristische Züge des Existentialismus sich entwik-
keln könnten. Das ist gewiß einleuchtend, aber ist es ein kosmischer Nihilismus, der der
Bewegung der Gnosis zugrunde liegt?

[7] Ebd., 5.

[8] Ebd., 23. Der damit bezeichnete Unterschied markiert auch die ungleich größere Radi-
kalität des modernen Nihilismus; s. dazu ebd., 23–25.

mos erhält er sein Gesetz, sondern er kann sich (und muß sich) wie sein moderner existentieller Zwilling frei entwerfen, selbst und eigentlich, kurz: »authentisch« existieren.

Beide Aspekte, der der Erlösung und damit des »wohin wir eilen« (Langerbeck) und der des Geworfenseins (Jonas), ergänzen sich so, daß kein gnostischer Text ohne die Beachtung beider Aspekte verstanden werden kann. Das wußte schon ein früher valentinianischer Autor, der in einer berühmt gewordenen Formel den Gegenstand der Gnosis in folgender Weise beschrieb: »Nicht das Bad macht uns frei, sondern was uns frei macht, ist die Erkenntnis: wer wir waren, wohinein wir geworfen wurden; wohin wir eilen, wovon wir erlöst werden; was Geburt ist und was Wiedergeburt.«[9]

Mein eigenes Interesse an den Texten kreist zwangsläufig auch um die beiden bezeichneten Punkte: um Erlösung und um das Geworfensein in diese Welt, das Sich-Vorfinden in dieser Welt. Welcher davon primär und welcher sekundär ist, werden wir sehen. Es handelt sich dabei um eine Grundsatzentscheidung für das Verständnis der Gnosis. An der Frage, wo man den Ausgangspunkt der Gnosis sieht, bei der Erlösung und dem entsprechenden Erlösungsjubel oder bei der Weltfremdheit, entscheidet sich auch, ob das Christentum als Wurzel für die Gnosis angesehen werden kann (was mir wahrscheinlich ist) oder nicht.

Zunächst aber zur Quellenlage. Ich übergehe ganz die Forschungsgeschichte und zwar eben wegen der Quellenlage. Diese hat sich durch neue Funde so sehr differenziert und aufgefächert, daß sich das Schwergewicht der Forschung zunächst auf die Edition und Erschließung der neuen Quellen richten mußte.

---

[9] Clem. Alex. exc. Thdt. 78,2.

I. Quellenlage und Bezug zum Christentum

Wir haben grundsätzlich zwei, bzw. wenn man es sehr weit faßt, drei Arten von Quellen zu unterscheiden:

1. Die Zitate der Gnostiker, die bei griechischen und lateinischen Kirchenschriftstellern aufbewahrt sind und häufig in polemischem Zusammenhang zitiert sind.

2. Die Originalschriften in koptischer Übersetzung, die 1945 bei Nag Hammadi in Oberägypten gefunden wurden. Beide Quellengattungen, die Zitate und die Coptica, sind nicht unmittelbar kommensurabel. Das, und nicht nur das, macht die Erforschung der Texte schwierig.

3. Die Zeugnisse zu Mani und dem Manichäismus sowie dem Mandäismus. Diese eigenständigen, aber gnostisch beeinflußten Gruppen sind in Kirchenväterzeugnissen, aber auch in den sog. Turfantexten in iranischer, alttürkischer und chinesischer Sprache erhalten, sowie in einer großen koptisch-manichäischen Bibliothek von Medinet Madi (Fajjum, 1930 gefunden) belegt.[10] Was die Mandäer – eine noch heute mit wenigen Anhängern bestehende gnostische Täufersekte – betrifft, liegen sogar moderne Zeugnisse dieses späten gnostischen Ausläufers vor.

Nur einige Bemerkungen zu diesen Quellengattungen:

Zu 1: Noch bis in die 50er Jahre des 20. Jh. hinein kannte man nur diese Quellen, die in Zitaten erhalten sind. Der wichtigste Häresiologe, d. h. Bekämpfer der Gnosis, ist Irenäus von Lyon, der als kleinasiatischer Grieche um 180 in Gallien wirkte. Wir kennen ihn als den ersten Dogmatiker der christlichen Kirche – man darf ihn so nennen – und es ist für unser Thema nicht unwichtig, daß Irenäus seine eigene großkirchliche Theologie gegen die gnostische, von ihm so genannte Häresie entwickelte, daß also für ihn die Abgrenzung von der gnostischen Philosophie die Klarheit schaffte, um großkirchliche Theologie zu entwickeln. Irenäus sagt im Vorwort seines

---

[10] Vgl. dazu wie zum gesamten Gebiet der Gnosis das immer noch sehr hilfreiche Handbuch RUDOLPH, *Gnosis* (1977), 355–357 (auch in neueren Auflagen erschienen). In jüngster Zeit erschienen gleich drei kürzere Einführungen in die Gnosis: MARKSCHIES, *Gnosis*; TRÖGER, *Gnosis*; IWERSEN, *Gnosis*.

Hauptwerkes »Aufweis und Widerlegung der fälschlich sogenannten Gnosis« deutlich, worum es ihm darin geht: Die Gnostiker sind für ihn deshalb
so ungeheuer gefährlich für christliche Gemeinden, weil sie so geschickt zu
reden wissen,[11] weil sie so scheinbar »ehrbar« christlich reden, daß schlichte
Gemeindeglieder meinen, sie hätten hier besonders geistbegabte, spirituelle
Lehrer vor sich, und damit gar nicht merken, wie sehr sie verführt werden.
Deshalb hält es Irenäus für notwendig, die Schriften dieser Leute, auf die er
gestoßen ist und die er gründlich studiert hat, offenzulegen, damit sich sein
Adressat, der Bischof einer benachbarten Diözese, ein Urteil bilden kann. In
Irenäus' eigenen Worten: »Ich habe Dir, mein Lieber, die bedeutungsvollen
und tiefsinnigen Mysterien zu zeigen, die ‚nicht alle fassen' (Mt 19,11), da
nicht alle ihr Gehirn verloren haben.«[12] Wir sollten den Mann, der einer so
scharfen Ironie fähig ist und der den Mut hat, die gnostischen Schriften zu
veröffentlichen, nicht unterschätzen, wie es heute in der Gnosisforschung
geschieht, weil man die Zuverlässigkeit seiner Berichte anzweifelt. Wenn
Irenäus nämlich widerlegen will, und das will er, dann wird er seine Berichte über die Gnosis nicht allzu sehr verzerrt haben dürfen. Denn diese
Berichte waren ja bei den Leuten, die er überzeugen will, bekannt. Verzer-
rungen der Berichte über sie würden also seinem eigenen Beweisziel zuwi-
derlaufen und ihn zu einem unglaubwürdigen Zeugen machen. Er will aber
ein zuverlässiger Berichterstatter sein, daher gibt er auch sehr genau seine
Quellen an. Gnostiker gehören zu Irenäus' Zeit noch zur christlichen Gemeinde. Die Zeit der Ausgrenzung beginnt erst.

Die wichtigsten übrigen Berichterstatter über die Gnosis sind Hippolyt (gestorben um 235) und Epiphanius (gestorben 403). Hippolyt versucht einen
enzyklopädischen Rundumschlag gegenüber sämtlichen Häresien, die es
jemals gegeben hat, beginnend bei den heidnischen Irrtümern. Das muß aber

---

[11] Die Gnostiker (ich nenne sie hier zusammenfassend so, wenn ich die Gegner des
Irenäus qualifiziere) »verführen mit hinterhältig zusammengeschmiedeter Überredungskunst den Sinn der Unerfahrenen« (praef. 1) und erweisen sich als »schlechte Exegeten
des gut Gesagten« (in der Schrift) und zwar unter dem »Vorwand der Erkenntnis«
(προφάσει γνώσεως, praef. 1). Schon hier begegnet ein später häufig vorkommendes
Argumentationsmuster, wonach Gnostiker und großkirchliche Christen um die Gewinnung der Schlichten in der Gemeinde streiten. Die gnostischen Christen versuchen,
durch ein angeblich tieferes Verständnis der Glaubenswahrheiten die Kirchenchristen zu
gewinnen. Vgl. dazu KOSCHORKE, *Polemik*, 183–203.

[12] Iren. haer. I, praef. 2; Übersetzung Norbert Brox.

nicht immer zu unzuverlässigen Ergebnissen führen, sondern auch Hippolyts Darstellungen hängen von der Güte seiner Quellen ab; die wichtigste ist Irenäus. Darüber hinaus aber hat er eine Irenäus noch nicht bekannte Quelle zur Verfügung, die Originaltexte von acht verschiedenen gnostischen Schulen enthält (den Naassenern, Peraten, Sethianern, Justin dem Gnostiker, Simon Magus, Basilides, den Doketisten und Monoimos dem Araber). Sie ist von hohem Wert für uns.[13] Epiphanius schließlich, der dritte jetzt zu behandelnde Häresiologe, stützt sich ebenfalls weitgehend auf seine Vorgänger. Er hat aber über diese hinaus ein Goldkorn zur frühen Gnosis in seinem großen Werk bewahrt, nämlich den langen und erstaunlichen Brief des Ptolemäus an die Flora, ein Dokument, das zu der Frage Stellung nimmt, wie man als Christ das Alte Testament lesen soll. Dabei ging es insbesondere um die Frage, ob das kultische Gesetz für den Christen Gültigkeit habe oder nicht. Der Valentinianer Ptolemäus entwickelt dazu eine ganz klare, völlig unallegorische Lösung, die uns nur beeindrucken kann.

Schließlich ist noch ein lateinischer Ketzerbestreiter zu nennen, nämlich Tertullian, der um 200 insbesondere ein großes Werk gegen die Marcioniten schrieb. Er ist damit die Hauptquelle für unsere Kenntnis über Marcion und seine Kirche. Seine leidenschaftliche, eruptiv-expressionistisch geprägte Polemik ist ganz individuell. Obwohl er Quellen zitiert, ist daraus nur schwer ein vollständiges Bild seiner Gegner zu entnehmen.

Zuletzt noch ein Wort zu Clemens von Alexandrien und Origenes als Quellen für die Gnosis. Sie sind völlig anders zu beurteilen als die bisher genannten Autoren. Sie leben in einer Stadt, in der es seit den Anfängen des 2. Jh. gnostische Lehrer und Intellektuelle gibt, in der die gnostische Variante selbstverständlich zum geistigen Leben gehört, in der man sich mit ihr auseinandersetzt und keinerlei Berührungsängste hat. Clemens und Origenes können voraussetzen, daß man die Gnosis kennt, sie wollen nicht berichten und dadurch entlarven, wie Irenäus, sondern sie setzen sich mit den Gnostikern auseinander – in Widerspruch, aber auch in Anknüpfung – und zitieren dabei aus Werken, die sie beim Leser als bekannt voraussetzen können. Es ist für uns manchmal schwierig, den Zusammenhang zu erkennen, aber der große Vorteil der Zitate bei diesen Autoren ist doch, daß sie ohne Argwohn, ohne möglicherweise verzerrende Bosheit gegeben werden.

---

[13] Vgl. dazu die Ausgabe von Marcovich: HIPPOLYTUS, *Refutatio*, 32–41.

Dies war also der Stand der Kenntnis über die Gnosis bis in die 50er Jahre des 20. Jh. hinein: Im ganzen, so muß man sagen, war der Quellenstand qualitativ nicht so schlecht, wie heute gern behauptet wird, aber eben doch, wie wir ebenfalls heute sagen können, sehr begrenzt.

Zu 2. Der Nag Hammadi-Fund in Oberägypten von 1945 ließ die Gnosis erst vollständig als das erscheinen, was sie für die Kirchenväter ist: eine vielköpfige Hydra[14], die kaum zu durchschauen und einheitlich zu beurteilen ist. 1945 wurden 53 Originalschriften in koptischer Übersetzung in 13 Bänden gefunden. Die Fundumstände sind merkwürdig, die Fundgeschichte nicht in allen Punkten eindeutig nachzuzeichnen. Auf jeden Fall danken wir es einer ganzen Gruppe von ägyptischen, europäischen und amerikanischen Forschern – stellvertretend genannt sei James M. Robinson, Claremont –, daß der Fund relativ schnell bekannt gemacht und ediert werden konnte.[15] Von einer wirklichen Durchdringung der Schriften sind wir aber noch weit entfernt. Das liegt an den Schwierigkeiten der koptischen Sprache, die nur schwer die griechischen Originale, die hinter den Übersetzungen stehen, erkennen und sie mit den griechischen Originalzeugnissen angemessen vergleichen läßt. Es liegt aber auch an der großen Vielfalt der verschiedenen Gattungen der in Nag Hammadi vorliegenden Schriften. Sie umfassen christliche, nichtchristliche und sekundär verchristlichte Texte. Darunter gibt es Mythen, d. h. bildhafte Dichtungen über Gott und Welt, oder Teilmythen in Prosa oder in poetischer Form. Es gibt magische Schriften, es gibt Anweisungen zur mythischen Praxis, Gebetstexte, liturgische Texte, Anweisungen zur Lebensführung, es gibt darüber hinaus apokryphe Evangelien in der Form von Logien Jesu, und es gibt Offenbarungsdialoge zwischen Jesus und seinen Jüngern aus der Zeit zwischen Auferstehung und Himmelfahrt u. s. f. Es gibt schließlich eine – schlechte – Übersetzung eines Auszugs aus Platons Staat (588b–589b).

Über die Interpretation der verschiedenen Einzeltexte und Gattungen hinaus, die uns Kenntnis von ganz verschiedenen gnostischen Gruppen geben, scheint mir die Bedeutung des Fundes darin zu liegen, daß uns hier gnosti-

---

[14] Iren. haer. I,30,15. Bei Irenäus wird der Begriff auf die valentinianische Schule bezogen.

[15] Neben der vollständigen Edition von ROBINSON, *Library*, vgl. jetzt BETHGE / KAISER / SCHENKE, *Nag Hammadi*.

sche Zeugnisse, die über einen längeren Zeitraum hin entstanden, erhalten sind. Das muß genutzt werden. Zwar ist die absolute Chronologie der Schriften schwierig zu erheben[16], aber es scheint doch eindeutig zu sein, daß Texte wie etwa das Evangelium Veritatis mit seiner jubelnden Freude und Dankbarkeit über die vom Vater der Wahrheit empfangene Erkenntnis[17] früher entstanden sind als die Texte, die von ethischen Mahnungen durchzogen sind.[18] In diesen trägt offenbar der eschatologische Jubel nicht mehr so, wie er es in der Anfangszeit tat. Vielmehr wirft der Widersacher – im Gegensatz zur eschatologischen Freude, die die frühe Gnosis bestimmt – »Traurigkeit« auf das Herz des Pneumatikers, bis er tief betrübt ist,[19] und er bedarf nun der ethischen Mahnung, um ihn an die Gabe seines Pneumas, die er suchen und wieder erwerben muß, zu erinnern. Das ursprüngliche gnostische »Lebensgefühl« ist schon durch Polemik bei den frühen ketzerbestreitenden Vätern bekannt und daher in das 2. Jh. zu datieren. Sein allmähliches Nachlassen, die gnostische Predigt, die auf müde werdende Hörer reagiert, die intensive ethische Mahnung sind wohl auch zeitlich später anzusetzen.

---

[16] Zwar gibt es Hinweise auf die vermutliche Herstellungszeit der Codices dadurch, daß Quittungen und Geschäftskorrespondenz aus der Mitte des 4. Jh. zur Stabilisierung der Einbände benutzt wurden. Sie ergeben einen Terminus ante quem für die koptischen Übersetzungen. Er liefert zwar noch keine genauen Hinweise auf die griechischen Vorlagen der koptischen Versionen, zumindest müssen diese aber aus der Zeit davor, wohl aus dem 2. und 3. Jh. stammen. Das paßt zu den unten anzustellenden Überlegungen über das sich im Lauf der Zeit verändernde Lebensgefühl der Gnostiker.

[17] Vgl. EV p. 16. Korrespondierend dazu ist der Gnostiker, der hier spricht, nicht mehr interessiert an dieser Welt. »Vielmehr ruhen sie in dem, der (in ihnen) ruht. Und in bezug auf die Wahrheit sind sie weder müde noch gehindert. Vielmehr sind sie selbst die Wahrheit. Und der Vater ist in ihnen, und sie sind in dem Vater.« (EV p. 42, vgl. auch p. 43; Übersetzung Hans-Martin Schenke).

[18] Vgl. u. a. den AuthLog (NHC 6,3), die Exegese über die Seele (NHC 2,6) und, in gewissem Ausmaß, die Lehren des Silvanus (NHC 7,4), deren gnostischer Charakter bestritten worden ist. Vgl. dazu FUNK, *Lehren*, 10.

[19] AuthLog p. 30–31. Der Pneumatiker wird hier – ganz im Gegensatz zur »Ruhe«, in die der Erkennende gelangt ist – als ein Kämpfender dargestellt, der, dem Willen des Vaters gemäß, die ihm geschenkte Erkenntnis kämpfend erwerben muß (p. 26). Vgl. auch AuthLog p. 34–35. In der Schrift »Die Exegese über die Seele« (ExAn) wird das Schicksal der auf der Erde irrenden Seele eindrücklich beschrieben und sie zur »Bewusstwerdung ihrer Eigentlichkeit« gemahnt. (Übersetzung H. Bethge).

Doch greift das vor und ist nur ein Aspekt zur Erschließung der Fülle des neuen Materials. Zwei grundlegende Fragen stellen sich jetzt aber besonders deutlich.

1. Gibt es einen zentralen Gehalt der Gnosis? Kann man definieren, was Gnosis ist, und was wäre das?

2. Der Fund enthält in großer Menge christliche Texte, genauer: solche, die christlich sein wollen, denn in ihnen kommt Christus als der entscheidende Erlöser vor. Es gibt daneben aber auch einige sog. nichtchristliche Texte[20], und es gibt einige möglicherweise sekundär verchristlichte oder aber entchristlichte, ursprünglich christliche Texte. D. h. also: Es muß geklärt werden, wie das Verhältnis der Entstehung der Gnosis zum jungen Christentum zu beurteilen ist. Damit wird die Bedeutung des Phänomens Gnosis für die Kirchengeschichte neu zu untersuchen sein.

II. Der Gehalt der Gnosis

Die kürzeste Definition von Gnosis, die ich kenne, umfaßt 10 Worte. Sie stammt von dem Philosophen Odo Marquard und ist im Anschluß an Hans Blumenberg formuliert. Marquard schreibt: »Gnosis ist die Positivierung der Weltfremdheit durch Negativierung der Welt«. Er fügt hinzu: »Sollte dieser Gnosisbegriff zutreffen, … würde diese Zustimmung bedeuten: … die Weltfremdheit zum Prinzip des Gegenteils der Weltfremdheit zu machen, und das kann nicht gut gehen.«[21] Diese Kurzdefinition meint – zugespitzt gesagt – folgendes: Der Gnostiker fühlt sich fremd in dieser Welt, das ist sein Ausgangsgefühl, und er behauptet nun, die Welt sei schlecht, elend und in jeder Beziehung miserabel und unzulänglich. Und durch diese Negativierung der Welt, die man vornimmt, erweist sich plötzlich das eigene Gefühl der Weltfremdheit als positiv. Indem man also die Welt als schlecht bezeichnet, schafft man eine Distanz zwischen dem als schlecht erkannten Objekt und sich selbst als erkennendem Subjekt. Dieses Subjekt entzieht

---

[20] So genannt, weil Christus als Erlöser in ihnen nicht vorkommt. Sind sie deshalb aber nicht christlich?

[21] MARQUARD, *Rezidiv*, 31–36, bes. 31.

sich durch den Akt des Erkennens dem vorher unausweichlichen Würgegriff der elenden Welt, in der es versank. Marquard hat recht: Eine auf einem derartigen Trick aufgebaute Rettung aus der Weltfremdheit kann nicht gutgehen.

Marquard und Blumenberg gehen, wie viele andere, letztlich zurück auf die Interpretation der Gnosis von Hans Jonas, wonach Gnosis als Ausfluß einer einzigen Daseinshaltung zu begreifen ist, und diese Daseinshaltung besteht eben in dem Gefühl einer einsamen Fremdheit in dieser Welt, in der man sich nicht heimisch fühlt, mehr: der man nicht wirklich zugehört. In Jonas' eigenen Worten: »Allem voraus liegt … das Gefühl einer absoluten Kluft zwischen dem Menschen und dem, worin er sich findet – der Welt.«[22] Und noch einen Schritt weiter: »Der gemeinsame Zug, den es zu betonen gilt, ist die radikal-dualistische Stimmung, die der gnostischen Haltung als ganzer zugrunde liegt … Der Dualismus besteht zwischen Mensch und Welt und parallel zwischen Welt und Gott.«[23] Das zweite Satzglied versteht man aus der radikal negativen Einschätzung der Welt. Daraus ergibt sich, daß etwas ganz anderes, Positives, existieren muß, und das ist Gott. Ihm fühlt man sich zugehörig, und nur weil man ihm zugehört, kann man die Welt so negativ einschätzen, sich so gänzlich fremd in ihr fühlen.

Ich bin skeptisch gegenüber einer so einheitlichen bzw. eindeutigen Ableitung und Definition von Gnosis, womit ich ihr Wahrheitsmoment nicht verkenne. Ich stelle als Arbeitshypothese eine Beschreibung gnostischer Wesenszüge voran, die als communis opinio der Gnosisforschung gelten kann. Es handelt sich dabei um eine Zusammenstellung formaler Bestandteile der Gnosis, ich werde im Anschluß daran eine mehr systematische Definition vorlegen.

---

[22] JONAS, *Gnosis* (1963), 11.

[23] Ebd. Auch für Jonas ist die Erkenntnis der wesenhaften Zusammengehörigkeit von Mensch und Gott gegenüber der Welt Gegenstand der Offenbarung. Aber er sieht darin die Projektion der gnostischen Grunderfahrung von der Weltfremdheit, die – wie er sagt – sich dadurch ihre eigene Offenbarungswahrheit erst schafft. Es ist aber die Frage, ob diese Offenbarungswahrheit der Gnostiker nicht Ausdruck einer anderen, der christlichen Erfahrung ist.

III. Wesenszüge der Gnosis[24]

1. Aller Gnosis liegt ein ausgeprägter *Dualismus* zugrunde, der sowohl in der Kosmologie (zwischen Gott und Welt) als auch in der Anthropologie (zwischen Mensch und Welt) bzw. auch im *Menschen* zwischen göttlichem Wesenskern (Selbst) und dem übrigen Menschen (Seele und Leib) besteht. Typischer Ausdruck dafür ist, daß die Weltschöpfung auf einen untergeordneten, unvollkommenen oder bösartigen Schöpfer zurückgeht, den Demiurgen. Der Dualismus ist also antikosmisch.

2. Gleichzeitig besteht ein »monistischer Sachverhalt«, d. h. eine Art geistige Klammer im Hintergrund dieses Dualismus. Die Klammer ist der Mensch, denn er gehört einerseits zu Gott, zu der Überwelt Gottes, die allein gut ist. Er gehört dazu in dem, was sein Selbst ausmacht bzw. seinen eigentlichen Wesenskern. Andererseits hat der Mensch aber an dieser elenden Welt, an der Finsternis und dem Chaos, durch das sie entstand, teil, und zwar durch seinen Leib und seine Seele. Sein Selbst, das dem jenseitigen Gott zugehört, ist also die Klammer, die die Überwelt quasi im Rücken der feindlichen Weltmächte zusammenhält. Von diesem Selbst, so füge ich hinzu, weiß der Gnostiker von Natur aus nichts. Daher ist der dritte Punkt der Wesensbeschreibung notwendig.

3. Die Soteriologie. Erlösung geschieht durch Gnosis, Erkenntnis, und zwar Erkenntnis dessen, daß der Mensch in seinem eigentlichen Selbst nicht dieser chaotischen Welt zugehört, in der er lebt, sondern daß er in seinem eigentlichen Kern, der seine Person ausmacht, der anderen Seite des Dualismus, nämlich Gott, zugehört.

Diese Offenbarung muß geschenkt oder verkündet werden. Wenn ich das sage, nehme ich Abstand von der Definition Marquards, die letztlich auf Jonas zurückgeht, nach der Gnosis die Positivierung der Weltfremdheit durch die Negativierung der Welt ist. Ich nehme Abstand insofern, als ich behaupte, man könne sich nicht am eigenen Schopf aus dem Sumpf ziehen, oder anders gesagt, man könne nicht durch bloße Behauptung, daß die Welt negativ sei, das eigene Gefühl der Weltfremdheit überwinden, oder: sich selbst entwerfen, wie der moderne Existentialismus sagt.

---

[24] RUDOLPH, *Gnosis* (1986), 2–6; in ausführlicher Darstellung vgl. RUDOLPH, *Gnosis* (1977), 58–219.

In diesen drei Punkten, dem Dualismus, dem monistischen Sachverhalt, oder anders gesagt, der Lehre vom Menschen als dem eigentlichen Kampfplatz dieses Dualismus, und drittens in der Soteriologie bestehen Wesen und Struktur der Gnosis, ohne daß in dieser Aufzählung angegeben wäre, wo das eigentliche erste movens der Gnosis läge. Ich selbst meine diese drei Punkte in etwas anderer Schwerpunktsetzung beschreiben zu müssen.[25] Danach ist Ausgangspunkt gnostischer Texte und Erfahrung:

a) Freude und grenzenloser Jubel. Beides rührt daher, daß die Gnostiker die »Gnosis« eines transzendenten Gottes erfahren haben und sich ihm als zutiefst zugehörig erfahren, mehr noch: sich in ihrem Selbst als mit diesem Gott identisch erkennen. Das bedeutet Erlösung von dieser Welt und ihren Zwängen. Davon reden gnostische Texte. So das EV: »Das Evangelium der Wahrheit bedeutet Freude für die, denen es vom Vater der Wahrheit gnädig gewährt worden ist, ihn zu erkennen …«[26] Oder Marcion im berühmten Einleitungssatz seiner Antithesen: »O Wunder über Wunder, Verzückung, Macht und Staunen ist, daß man gar nichts über das Evangelium sagen, noch über dasselbe denken, noch es mit irgendetwas vergleichen kann.«[27] Mit »Selbstfindung« im modernen Sinn, mit Sich-frei-und-authentisch-Entwerfen hat das nichts zu tun. Gnosis ist an der Wurzel nicht der »Aufstand des Selbstbewußtseins gegen das kosmische Fatum« (Blumenberg).

b) Der Gnosisempfang muß dem Menschen durch Zusage, Offenbarung zuteil werden. Gnosis ist aus der Welt in keiner Weise ableitbar.

c) Diese Welt ist aufgrund der neuen Erkenntnis erst retrospektiv in ihrer Begrenztheit oder auch Schlechtigkeit zu erkennen. Nicht in allen gnostischen Texten wird die Welt als radikal schlecht verachtet, für alle gilt aber: Die Welt ist belanglos geworden, weil man die wahre Heimat gefunden hat und in ihr schon Bürger geworden ist. Die Welt ist bestenfalls ein Übungsfeld, in der sich die gewonnene Erkenntnis bewähren kann, in der man überdauern kann bis zum Tod. Daraus folgt, daß es ein gnostisches Interesse an der Welt im praktisch-politischen, sozialen oder ähnlichen Sinn nur sekundär, wenn überhaupt, geben kann. Das gilt im übrigen parallel für das

---

[25] ALAND, *Gnosis*, 54–65.

[26] Übersetzung Hans-Martin Schenke.

[27] Übersetzung Schäfers bei HARNACK, *Marcion*, 256*.

frühen Christentum, das auch kein Interesse an einer Gestaltung der Umwelt aufweist.

Und dennoch ergibt sich: Das gnostische Erwählungsbewußtsein birgt eine ganz bestimmte Gefahr: die der gnadenlosen Überhebung mit rechthaberischen Konsequenzen in dieser Welt, mit Konsequenzen, die, in der Moderne weitergedacht, möglicherweise Spuren bis in den Nationalsozialismus haben könnten.[28] Das geht über unser Gebiet hinaus, macht uns aber scharfsichtig für unsere Texte: Haben sie doch eine politische Tendenz in dieser Welt, höchst revolutionär und höchst gefährlich, insofern nämlich als gnostische Texte gerade mit dem beschriebenen Ausgangspunkt zwangsläufig eine verheerende politische Wirkung haben müssen. Gnosis ist von der Wurzel her nicht demokratisch. Das mag seine Wirkung in der Antike noch nicht so stark entfaltet haben. In gnostischen Gemeinden ist die Schwierigkeit des Umgangs von Geistbegabten mit minder Begabten aber schon bald deutlich geworden.

Gnosis und Christentum – die Geschichte einer Konkurrenz? Ich denke, es handelt sich bei beiden nicht um Konkurrenten von ihrer Wurzel her. Vielmehr hat die gnostische Bewegung in den frühen Debatten des 2./3. Jh., als eine christliche Theologie noch nicht in ihren Grundzügen ausgebildet war, Unverzichtbares zur Ausformung dieser Theologie beigetragen.[29] Offenbarung und Erlösung aus Sünde und Schuld, ungeahnte Freude, ja Jubel deswegen, waren die Elemente, die die frühen christlichen Gnostiker mitreißend verkündigen konnten. Allerdings: Man kann nicht ewig jubeln, wenn man in dieser Welt lebt. Der Jubel läuft sich tot, und er tut es vor allem deswegen, weil das, was die Welt mit Gott verbindet, die Person Christi und seine Inkarnation, in der Gnosis vollständig vergeistigt und dann auch verflüchtigt wurden. Irenäus hat recht, wenn er dagegen immer wieder die sog. regula fidei, eine Zusammenfassung der wichtigsten Heilstatsachen, wiederholt. Dabei geht einiges an früher Erkenntnis und frühem Enthusiasmus verloren, aber das Potential, das die Gnostiker einbrachten, war wesentlich für lange Zeit.

---

[28] Vgl. dazu EICHER, *Politik*, 199–218; BRUMLIK, *Gnostiker*.

[29] BLUMENBERG, *Säkularisierung*, 150: »Der Systemwille der Gnosis hat die sich konsolidierende Großkirche gezwungen, sich zu dogmatisieren.« Vgl. auch STRUTWOLF, *Gnosis*; STRUTWOLF, *Retractatio*, 41–64.

Bibliographie

ALAND, Barbara, *Was ist Gnosis? Wie wurde sie überwunden?* Versuch einer Kurzdefinition, in: Taubes, Jacob (Hrsg.), Gnosis und Politik (Religionstheorie und Politische Theologie 2), München: Fink 1984, 54–65.

BETHGE, Hans-Gebhard / KAISER, Ursula Ulrike / SCHENKE, Hans-Martin (Hrsg.), *Nag Hammadi Deutsch I.* NHC I,1 – V,1 (Koptisch-Gnostische Schriften II) (GCS NF 8), Berlin / New York: de Gruyter 2001.

BLUMENBERG, Hans, *Säkularisierung und Selbstbehauptung*, Frankfurt/M.: Suhrkamp 1974.

BRUMLIK, Micha, *Die Gnostiker*. Der Traum von der Selbsterlösung des Menschen, Berlin: Philo [3]2000.

EICHER, Peter, *Die Politik der absoluten Religion!* Fichtes Beitrag zur Gnosis der Deutschen, in: Taubes, Jacob (Hrsg.), Gnosis und Politik (Religionstheorie und Politische Theologie 2), München: Fink 1984, 199–218.

FUNK, Wolf-Peter, *»Die Lehren des Silvanus«*, in: ThLZ 100 (1975), 7–23.

HARNACK, Adolf von, *Marcion, das Evangelium vom fremden Gott.* Eine Monographie zur Geschichte der Grundlegung der Katholischen Kirche, Leipzig: Hinrichs [2]1924.

HIPPOLYTUS (ROMANUS): *Refutatio omnium haeresium*, hrsg. V. Miroslav Marcovich (PTS 25), Berlin u. a.: de Gruyter 1986.

IRENÄUS VON LYON, *Gegen die Häresien* [gr. / lat. / dt.], übersetzt und eingeleitet von Norbert Brox (Fontes Christiani 8,1 – 8,5), 5 Bde., Freiburg u. a.: Herder 1993 / 1993 /1995 / 1997 /2001.

IWERSEN, Julia: *Gnosis zur Einführung*, Hamburg: Junius 2001.

JONAS, Hans, *Gnosis, Existentialismus und Nihilismus*, in: Zwischen Nichts und Ewigkeit. Drei Aufsätze zur Lehre vom Menschen, Göttingen: Vandenhoeck & Ruprecht 1963, 5–25.

JONAS, Hans, *Die mythologische Gnosis*. Mit einer Einleitung zur Geschichte und Methodologie der Forschung (Gnosis und spätantiker Geist 1) (Forschungen zur Religion und Literatur des Alten und Neuen Testaments; 51), Göttingen: Vandenhoeck & Ruprecht [3]1964 (1934).

JONAS, Hans, *Von der Mythologie zur mystischen Philosophie* (Gnosis und spätantiker Geist 2,1) (Forschungen zur Religion und Literatur des Alten und Neuen Testaments; 63), Göttingen: Vandenhoeck & Ruprecht ²1966 (1954).

JONAS, Hans, *Von der Mythologie zur mystischen Philosophie*. Erste und zweite Hälfte (Gnosis und spätantiker Geist 2,1 & 2,2) (Forschungen zur Religion und Literatur des Alten und Neuen Testaments; 159), hg. Von Kurt Rudolph, Göttingen: Vandenhoeck & Ruprecht 1993.

JONAS, Hans, *Organismus und Freiheit*. Ansätze zu einer philosophischen Biologie, Göttingen: Vandenhoeck & Ruprecht 1973.

JONAS, Hans, *Wissenschaft als persönliches Erlebnis*, Göttingen: Vandenhoeck & Ruprecht 1987.

KOSCHORKE, Klaus, *Die Polemik der Gnostiker gegen das kirchliche Christentum*. Unter besonderer Berücksichtigung der Nag-Hammadi-Traktate ‚Apokalypse des Petrus' (NHC VII,3) und ‚Testimonium Veritatis' (NHC IX,3) (Nag-Hammadi studies 12), Leiden: Brill 1978.

LANGERBECK, Hermann, *Aufsätze zur Gnosis*, aus dem Nachlaß herausgegeben von H. Dörries, Göttingen: Vandenhoeck & Ruprecht 1967.

MARKSCHIES, Christoph, *Die Gnosis*, München: C. H. Beck 2001.

MARQUARD, Odo, *Das gnostische Rezidiv als Gegenneuzeit*. Ultrakurztheorem in lockerem Anschluß an Blumenberg, in: Taubes, Jacob (Hrsg.), Gnosis und Politik (Religionstheorie und Politische Theologie 2), München: Fink 1984, 31–36.

ROBINSON, James M. u. a., *The Coptic Gnostic Library*. A Complete Edition of the Nag Hammadi Codices, edited with english translation, introduction and notes, Leiden u. a.: Brill 1975–1995. 2. Druck Leiden 2000.

RUDOLPH, Kurt, *Die Gnosis*. Wesen und Geschichte einer spätantiken Religion, Leipzig: Köhler & Amelang 1977.

RUDOLPH, Kurt, *Gnosis – eine spätantike Weltanschauung*. Ihre Denkstrukturen und Wurzeln, in: BiKi 41 (1986), 2–7.

STRUTWOLF, Holger, *Gnosis als System*. Zur Rezeption der valentinianischen Gnosis bei Origenes, Göttingen: Vandenhoeck & Ruprecht 1993.

STRUTWOLF, Holger, *Retractatio gnostica*. Die Reinterpretation gnostischer Schultradition im Dialog mit der Großkirche, in: Franz, Albert / Rentsch, Thomas (Hrsg.), Gnosis oder die Frage nach Herkunft und Ziel des Menschen, Paderborn: Schöningh 2002, 41–64.

TRÖGER, Karl-Wolfgang: *Die Gnosis*. Heilslehre und Ketzerglaube, Freiburg u. a.: Herder 2001.

Stichwortverzeichnis

Der senkrechte Strich | in den Stichwortangaben trennt zwischen den einzelnen Aufsätzen des Sammelbandes.

Ugarit-Verlag Münster

Ricarda-Huch-Straße 6, D-48161 Münster (www.ugarit-verlag.de)

Lieferbare Bände der Serien AOAT, AVO, ALASP(M), FARG, Eikon und ELO:

Alter Orient und Altes Testament (AOAT)

Herausgeber: Manfried DIETRICH - Oswald LORETZ

43 Nils P. HEEßEL, *Babylonisch-assyrische Diagnostik*. 2000 (ISBN 3-927120-86-3), XII + 471 S. + 2 Abb., ∈ 98,17.

44 Rykle BORGER, *Zeichenlexikon*. 2002 (ISBN 3-927120-82-0) (i.V.)

245 Francesco POMPONIO - Paolo XELLA, *Les dieux d'Ebla. Étude analytique des divinités éblaïtes à l'époque des archives royales du IIIe millénaire*. 1997 (ISBN 3-927120-46-4), VII + 551 S., ∈ 59,31.

246 Annette ZGOLL, *Der Rechtsfall der En-ḫedu-Ana im Lied nin-me-šara*, 1997 (ISBN 3-927120-50-2), XII + 632 S., ∈ 68,51.

248 *Religion und Gesellschaft. Studien zu ihrer Wechselbeziehung in den Kulturen des Antiken Vorderen Orients. Veröffentlichungen des Arbeitskreises zur Erforschung der Religions- und Kulturgeschichte des Antiken Vorderen Orients (AZERKAVO), Band 1*. 1997 (ISBN 3-927120-54-5), VIII + 220 S., ∈ 43,97.

249 Karin REITER, *Die Metalle im Alten Orient unter besonderer Berücksichtigung altbabylonischer Quellen*. 1997 (ISBN 3-927120-49-9), XLVII + 471 + 160 S. + 1 Taf., ∈ 72,60.

250 Manfried DIETRICH - Ingo KOTTSIEPER, Hrsg., *"Und Mose schrieb dieses Lied auf". Studien zum Alten Testament und zum Alten Orient. Festschrift Oswald Loretz*. 1998 (ISBN 3-927120-60-X), xviii + 955 S., ∈ 112,48.

251 Thomas R. KÄMMERER, *Šimâ milka. Induktion und Reception der mittelbabylonischen Dichtung von Ugarit, Emār und Tell el-'Amārna*. 1998 (ISBN 3-927120-47-2), XXI + 360 S., ∈ 60,33.

252 Joachim MARZAHN - Hans NEUMANN, Hrsg., *Assyriologica et Semitica. Festschrift für Joachim OELSNER anläßlich seines 65. Geburtstages am 18. Februar 1997*. 2000 (ISBN 3-927120-62-6), xii + 635 S. + Abb., ∈ 107,88.

253 Manfried DIETRICH - Oswald LORETZ, Hrsg., *dubsar anta-men. Studien zur Altorientalistik. Festschrift für W.H.Ph. Römer*. 1998 (ISBN 3-927120-63-4), xviii + 512 S., ∈ 72,60.

254 Michael JURSA, *Der Tempelzehnt in Babylonien vom siebenten bis zum dritten Jahrhundert v.Chr.* 1998 (ISBN 3-927120-59-6), VIII + 146 S., ∈ 41,93.

255 Thomas R. KÄMMERER - Dirk SCHWIDERSKI, *Deutsch-Akkadisches Wörterbuch*. 1998 (ISBN 3-927120-66-9), XVIII + 589 S., ∈ 79,76.

256 Hanspeter SCHAUDIG, *Die Inschriften Nabonids von Babylon und Kyros' des Großen*. 2001 (ISBN 3-927120-75-8), XLII + 766 S.. ∈ 103,--.

257 Thomas RICHTER, *Untersuchungen zu den lokalen Panthea Süd- und Mittelbabyloniens in altbabylonischer Zeit*. 1999 (ISBN 3-927120-64-2), XXII + 518 S., ∈ 85,39.

258 Sally A.L. BUTLER, *Mesopotamian Conceptions of Dreams and Dream Rituals*. 1998 (ISBN 3-927120-65-0), XXXIX + 474 S. + 20 Pl., ∈ 75,67.

259 Ralf ROTHENBUSCH, *Die kasuistische Rechtssammlung im Bundesbuch und ihr literarischer Kontext im Licht altorientalischer Parallelen*. 2000 (ISBN 3-927120-67-7), IV + 681 S., ∈ 65,10.

260 Tamar ZEWI, *A Syntactical Study of Verbal Forms Affixed by -n(n) Endings in Classical Arabic, Biblical Hebrew, El-Amarna Akkadian and Ugaritic*. 1999 (ISBN 3-927120-71-5), VI + 211 S., ∈ 48,06.

261 Hans-Günter BUCHHOLZ, *Ugarit, Zypern und Ägäis - Kulturbeziehungen im zweiten Jahrtausend v.Chr.* 1999 (ISBN 3-927120-38-3), XIII + 812 S., 116 Tafeln, ∈ 109,42.

262 Willem H.Ph. RÖMER, *Die Sumerologie. Einführung in die Forschung und Bibliographie in Auswahl* (zweite, erweiterte Auflage). 1999 (ISBN 3-927120-72-3), XII + 250 S., ∈ 61,36.

263 Robert ROLLINGER, *Frühformen historischen Denkens. Geschichtsdenken, Ideologie und Propaganda im alten Mesopotamien am Übergang von der Ur-III zur Isin-Larsa Zeit* (ISBN 3-927120-76-6)(i.V.)

264 Michael P. STRECK, *Die Bildersprache der akkadischen Epik.* 1999 (ISBN 3-927120-77-4), 258 S., € 61,36.

265 Betina I. FAIST, *Der Fernhandel des assyrischen Reichs zwischen dem 14. und 11. Jahrhundert v. Chr.,* 2001 (ISBN 3-927120-79-0), XXII + 322 S. + 5 Tf., € 72,09.

266 Oskar KAELIN, *Ein assyrisches Bildexperiment nach ägyptischem Vorbild. Zu Planung und Ausführung der „Schlacht am Ulai".* 1999 (ISBN 3-927120-80-4), 150 S., Abb., 5 Beilagen, € 49,08.

267 Barbara BÖCK, Eva CANCIK-KIRSCHBAUM, Thomas RICHTER, Hrsg., *Munuscula Mesopotamica. Festschrift für Johannes RENGER.* 1999 (ISBN 3-927120-81-2), XXIX + 704 S., Abb., € 124,76.

268 Yushu GONG, *Die Namen der Keilschriftzeichen.* 2000 (ISBN 3-927120-83-9), VIII + 228 S., € 44,99.

269/1 Manfried DIETRICH - Oswald LORETZ, *Studien zu den ugaritischen Texten I: Mythos und Ritual in KTU 1.12, 1.24, 1.96, 1.100 und 1.114.* 2000 (ISBN 3-927120-84-7), XIV + 554 S., € 89,99.

270 Andreas SCHÜLE, *Die Syntax der althebräischen Inschriften. Ein Beitrag zur historischen Grammatik des Hebräischen.* 2000 (ISBN 3-927120-85-5), IV + 294 S., € 63,40.

271/1 Michael P. STRECK, *Das amurritische Onomastikon der altbabylonischen Zeit I: Die Amurriter, die onomastische Forschung, Orthographie und Phonologie, Nominalmorphologie.* 2000 (ISBN 3-927120-87-1), 414 S., € 75,67.

272 Reinhard DITTMANN - Barthel HROUDA - Ulrike LÖW - Paolo MATTHIAE - Ruth MAYER-OPIFICIUS - Sabine THÜRWÄCHTER, Hrsg., *Variatio Delectat - Iran und der Westen. Gedenkschrift für Peter CALMEYER.* 2001 (ISBN 3-927120-89-8), XVIII + 768 S. + 2 Faltb., € 114,53.

273 Josef TROPPER, *Ugaritische Grammatik.* 2000 (ISBN 3-927120-90-1), XXII + 1056 S., € 100,21.

274 *Festschrift für B. Kienast.* 2001 (ISBN 3-927120-91-X)(i.V.)

275 Petra GESCHE, *Schulunterricht in Babylonien im ersten Jahrtausend v.Chr.* 2001 (ISBN 3-927120-93-6), xxxiv + 820 S. + xiv Tf., € 112,48.

276 Willem H.Ph. RÖMER, *Hymnen und Klagelieder in sumerischer Sprache.* 2001 (ISBN 3-927120-94-4), xi + 275 S., € 66,47.

277 Corinna FRIEDL, *Polygynie in Mesopotamien und Israel. Sozialgeschichtliche Analyse polygamer Beziehungen anhand rechtlicher Texte aus dem 2. und 1. Jahrtausend v.Chr.* 2000 (ISBN 3-927120-95-2), 325 S., € 66,47.

278/1 Alexander MILITAREV - Leonid KOGAN, *Semitic Etymological Dictionary. Vol. I: Anatomy of Man and Animals.* 2000 (ISBN 3-927120-90-1), cliv + 425 S., € 84,87.

279 Kai A. METZLER, *Tempora in altbabylonischen literarischen Texten.* 2002 (ISBN 3-934628-03-6), xvii + 964 S., € 122,--.

280 Beat HUWYLER - Hans-Peter MATHYS - Beat WEBER, Hrsg., *Prophetie und Psalmen. Festschrift für Klaus SEYBOLD zum 65. Geburtstag.* 2001 (ISBN 3-934628-01-X), xi + 315 S., 10 Abb., € 70,56.

281 Oswald LORETZ - Kai METZLER - Hanspeter SCHAUDIG, Hrsg., *Ex Mesopotamia et Syria Lux. Festschrift für Manfried DIETRICH zu seinem 65. Geburtstag.* 2002 (ISBN 3-927120-99-5), XXXV + 950 S. + Abb., € 138,00.

282 Frank T. ZEEB, *Die Palastwirtschaft in Altsyrien nach den spätaltbabylonischen Getreidelieferlisten aus Alalaḫ (Schicht VII).* 2001 (ISBN 3-934628-05-2), XIII + 757 S., € 105,33.

283 Rüdiger SCHMITT, *Bildhafte Herrschaftsrepräsentation im eisenzeitlichen Israel.* 2001 (ISBN 3-934628-06-0), VIII + 231 S., € 63,40.

284/1 David M. CLEMENS, *Sources for Ugaritic Ritual and Sacrifice. Vol. I: Ugaritic and Ugarit Akkadian Texts.* 2001 (ISBN 3-934628-07-9), XXXIX + 1407 S., € 128,85.

285 Rainer ALBERTZ, Hrsg., *Kult, Konflikt und Versöhnung. Beiträge zur kultischen Sühne in religiösen, sozialen und politischen Auseinandersetzungen des antiken Mittelmeerraumes. Veröffentlichungen des AZERKAVO / SFB 493, Band 2.* 2001 (ISBN 3-934628-08-7), VIII + 332 S., € 70,56.

286 Johannes F. DIEHL, *Die Fortführung des Imperativs im Biblischen Hebräisch.* 2002 (ISBN 3-934628-19-2) (i.D.)

287 Otto RÖSSLER, *Gesammelte Schriften zur Semitohamitistik,* Hrsg. Th. Schneider. 2001 (ISBN 3-934628-13-3), 848 S., € 103,--.

288 A. KASSIAN, A. KOROLËV†, A. SIDEL'TSEV, *Hittite Funerary Ritual šalliš waštaiš.* 2002 (ISBN 3-934628-16-8), ix + 973 S., € 118,--.

289 Zipora COCHAVI-RAINEY, *The Alashia Texts from the 14ᵗʰ and 13ᵗʰ Centuries BCE. A Textual and Linguistic Study.* 2002 (ISBN 3-934628-17-6), xi + 132 S. (i.D.)

290 Oswald LORETZ, *Götter – Ahnen – Könige als gerechte Richter. Der "Rechtsfall" des Menschen vor Gott nach altorientalischen und biblischen Texten.* 2002 (ISBN 3-934628-18-4) (i.D.)

291 Rocío Da RIVA, *Der Ebabbar-Tempel von Sippar in frühneubabylonischer Zeit (640-580 v. Chr.),* 2002 (ISBN 3-934628-20-6), xxxi + 486 S. + xxv* Tf., € 86,--.

292 Achim BEHRENS, *Prophetische Visionsschilderungen im Alten Testament. Sprachliche Eigenarten, Funktion und Geschichte einer Gattung.* 2002 (ISBN 3-934628-21-4) (i.D.)

293 Arnulf HAUSLEITER - Susanne KERNER - Bernd MÜLLER-NEUHOF, Hrsg., *Material Culture and Mental Sphere. Rezeption archäologischer Denkrichtungen in der Vorderasiatischen Altertumskunde. Internationales Symposium für Hans J. Nissen, Berlin 23.-24. Juni 2000.* 2002 (ISBN 3-934628-22-2), xii + 391 S., € 88,--.

294 Klaus KIESOW - Thomas MEURER, Hrsg., *„Textarbeit". Studien zu Texten und ihrer Rezeption aus dem Alten Testament und der Umwelt Israels. Festschrift für Peter WEIMAR zur Vollendung seines 60. Lebensjahres.* 2002 (ISBN 3-934628-23-0) (i.D.)

295 Galo W. VERA CHAMAZA, *Die Omnipotenz Aššurs. Entwicklungen in der Aššur-Theologie unter den Sargoniden Sargon II., Sanherib und Asarhaddon.* 2002 (ISBN 3-934628-24-9), 586 S., € 97,--.

296 Michael P. STRECK - Stefan WENINGER, Hrsg., *Altorientalische und semitische Onomastik.* 2002 (ISBN 3-934628-25-7), vii + 241 S., € 68,--.

298 Manfred KREBERNIK - Jürgen VAN OORSCHOT, Hrsg., *Polytheismus und Monotheismus in den Religionen des Vorderen Orients.* 2002 (ISBN 3-934628-27-3), v + 258 S. (i.D.)

300 Karl LÖNING, Hrsg., *Rettendes Wissen. Studien zum Fortgang weisheitlichen Denkens im Frühjudentum und im frühen Christentum. Veröffentlichungen des AZERKAVO / SFB 493, Band 3.* 2002 (ISBN 3-934628-28-1), x + 370 S. (i.D.)

Elementa Linguarum Orientis (ELO)

Herausgeber: *Josef TROPPER - Reinhard G. LEHMANN*

1 Josef TROPPER, *Ugaritisch. Kurzgefasste Grammatik mit Übungstexten und Glossar.* 2002 (ISBN 3-934628-17-6), xii + 168 S., € 28,--.

2 Josef TROPPER, *Altäthiopisch. Grammatik des Ge'ez mit Übungstexten und Glossar.* 2002 (ISBN 3-934628-12-5), xii + 309 S. (i.D.)

Altertumskunde des Vorderen Orients (AVO)

Herausgeber: *Manfried DIETRICH - Reinhard DITTMANN - Oswald LORETZ*

1 Nadja CHOLIDIS, *Möbel in Ton.* 1992 (ISBN 3-927120-10-3), XII + 323 S. + 46 Taf., € 60,84.

2 Ellen REHM, *Der Schmuck der Achämeniden.* 1992 (ISBN 3-927120-11-1), X + 358 S. + 107 Taf., € 63,91.

3 Maria KRAFELD-DAUGHERTY, *Wohnen im Alten Orient.* 1994 (ISBN 3-927120-16-2), x + 404 S. + 41 Taf., € 74,65.

4 Manfried DIETRICH - Oswald LORETZ, Hrsg., *Festschrift für Ruth Mayer-Opificius.* 1994 (ISBN 3-927120-18-9), xviii + 356 S. + 256 Abb., € 59,31.

5 Gunnar LEHMANN, *Untersuchungen zur späten Eisenzeit in Syrien und Libanon. Stratigraphie und Keramikformen zwischen ca. 720 bis 300 v.Chr.* 1996 (ISBN 3-927120-33-2), x + 548 S. + 3 Karten + 113 Tf., € 108,39.

6 Ulrike LÖW, *Figürlich verzierte Metallgefäße aus Nord- und Nordwestiran - eine stilkritische Untersuchung.* 1998 (ISBN 3-927120-34-0), xxxvii + 663 S. + 107 Taf., € 130,89.

7 Ursula MAGEN - Mahmoud RASHAD, Hrsg., *Vom Halys zum Euphrat. Thomas Beran zu Ehren.* 1996 (ISBN 3-927120-41-3), XI + 311 S., 123 Abb., € 71,07.

8 Eşref ABAY, *Die Keramik der Frühbronzezeit in Anatolien mit »syrischen Affinitäten«.* 1997 (ISBN 3-927120-58-8), XIV + 461 S., 271 Abb.-Taf., ∈ 116,57.

9 Jürgen SCHREIBER, *Die Siedlungsarchitektur auf der Halbinsel Oman vom 3. bis zur Mitte des 1. Jahrtausends v.Chr.* 1998 (ISBN 3-927120-61-8), XII + 253 S., ∈ 53,17.

10 *Iron Age Pottery in Northern Mesopotamia, Northern Syria and South-Eastern Anatolia.* Ed. Arnulf HAUSLEITER and Andrzej REICHE. 1999 (ISBN 3-927120-78-2), XII + 491 S., ∈ 117,60.

11 Christian GREWE, *Die Entstehung regionaler staatlicher Siedlungsstrukturen im Bereich des prähistorischen Zagros-Gebirges. Eine Analyse von Siedlungsverteilungen in der Susiana und im Kur-Flußbecken.* 2002 (ISBN 3-934628-04-4), x + 580 S. + 1 Faltblatt, ∈ 142,--.

Abhandlungen zur Literatur Alt-Syrien-Palästinas und Mesopotamiens (ALASPM)
Herausgeber: Manfried DIETRICH - Oswald LORETZ

1 Manfried DIETRICH - Oswald LORETZ, *Die Keilalphabete.* 1988 (ISBN 3-927120-00-6), 376 S., ∈ 47,55.

2 Josef TROPPER, *Der ugaritische Kausativstamm und die Kausativbildungen des Semitischen.* 1990 (ISBN 3-927120-06-5), 252 S., ∈ 36,30.

3 Manfried DIETRICH - Oswald LORETZ, *Mantik in Ugarit.* Mit Beiträgen von Hilmar W. Duerbeck - Jan-Waalke Meyer - Waltraut C. Seitter. 1990 (ISBN 3-927120-05-7), 320 S., ∈ 50,11.

5 Fred RENFROE, *Arabic-Ugaritic Lexical Studies.* 1992 (ISBN 3-927120-09-X). 212 S., ∈ 39,37.

6 Josef TROPPER, *Die Inschriften von Zincirli.* 1993 (ISBN 3-927120-14-6). XII + 364 S., ∈ 55,22.

7 *UGARIT - ein ostmediterranes Kulturzentrum im Alten Orient. Ergebnisse und Perspektiven der Forschung.* Vorträge gehalten während des Europäischen Kolloquiums am 11.-12. Februar 1993, hrsg. von Manfried DIETRICH und Oswald LORETZ.
Bd. I: *Ugarit und seine altorientalische Umwelt.* 1995 (ISBN 3-927120-17-0). XII + 298 S., ∈ 61,36.
Bd. II: H.-G. BUCHHOLZ, *Ugarit und seine Beziehungen zur Ägäis.* 1999 (ISBN 3-927120-38-3): **AOAT 261.**

8 Manfried DIETRICH - Oswald LORETZ - Joaquín SANMARTÍN, *The Cuneiform Alphabetic Texts from Ugarit, Ras Ibn Hani and Other Places. (KTU: second, enlarged edition).* 1995 (ISBN 3-927120-24-3). XVI + 666 S., ∈ 61,36.

9 Walter MAYER, *Politik und Kriegskunst der Assyrer.* 1995 (ISBN 3-927120-26-X). XVI + 545 S. ∈ 86,92.

10 Giuseppe VISICATO, *The Bureaucracy of Šuruppak. Administrative Centres, Central Offices, Intermediate Structures and Hierarchies in the Economic Documentation of Fara.* 1995 (ISBN 3-927120-35-9). XX + 165 S. ∈ 40,90.

11 Doris PRECHEL, *Die Göttin Išḫara. Ein Beitrag zur altorientalischen Religionsgeschichte.* 1996 (ISBN 3-927120-36-7) — Neuauflage geplant in AOAT.

12 Manfried DIETRICH - Oswald LORETZ, *A Word-List of the Cuneiform Alphabetic Texts from Ugarit, Ras Ibn Hani and Other Places (KTU: second, enlarged edition).* 1996 (ISBN 3-927120-40-5), x + 250 S., ∈ 40,90.

Forschungen zur Anthropologie und Religionsgeschichte (FARG)
Herausgeber: Manfried DIETRICH - Oswald LORETZ

27 Jehad ABOUD, *Die Rolle des Königs und seiner Familie nach den Texten von Ugarit.* 1994 (ISBN 3-927120-20-0), XI + 217 S., ∈ 19,68.

28 Azad HAMOTO, *Der Affe in der altorientalischen Kunst.* 1995 (ISBN 3-927120-30-8), XII + 147 S. + 25 Tf. mit 155 Abb., ∈ 25,05.

29 *Engel und Dämonen. Theologische, anthropologische und religionsgeschichtliche Aspekte des Guten und Bösen.* Hrsg. von Gregor AHN - Manfried DIETRICH, 1996 (ISBN 3-927120-31-6), XV + 190 S., (vergr.)

30 Matthias B. LAUER, *"Nachhaltige Entwicklung" und Religion. Gesellschaftsvisionen unter Religionsverdacht und die Frage der religiösen Bedingungen ökologischen Handelns.* 1996 (ISBN 3-927120-48-0), VIII + 207 S., ∈ 18,41.

31 Stephan AHN, *Søren Kierkegaards Ontologie der Bewusstseinssphären. Versuch einer multidisziplinären Gegenstandsuntersuchung.* 1997 (ISBN 3-927120-51-0), XXI + 289 S., ∈ 23,52.

32 Mechtilde BOLAND, *Die Wind-Atem-Lehre in den älteren Upaniṣaden.* 1997 (ISBN 3-927120-52-9), XIX + 157 S., ∈ 18,41.

33 *Religionen in einer sich ändernden Welt. Akten des Dritten Gemeinsamen Symposiums der THEOLOGISCHEN FAKULTÄT DER UNIVERSITÄT TARTU und der DEUTSCHEN RELIGIONSGESCHICHTLICHEN STUDIENGESELLSCHAFT am 14. und 15. November 1997.* Hrsg. von Manfried DIETRICH, 1999 (ISBN 3-927120-69-3), X + 163 S., 12 Abb., ∈ 16,87.

34 *Endzeiterwartungen und Endzeitvorstellungen in den verschiedenen Religionen. Akten des Vierten Gemeinsamen Symposiums der THEOLOGISCHEN FAKULTÄT DER UNIVERSITÄT TARTU und der DEUTSCHEN RELIGIONSGESCHICHTLICHEN STUDIENGESELLSCHAFT am 5. und 6. November 1999.* Hrsg. von Manfried DIETRICH, 2001 (ISBN 3-927120-92-8), IX + 223 S., ∈ 16,87.

35 Maria Grazia LANCELLOTTI, *The Naassenes. A Gnostic Identity Among Judaism, Christianity, Classical and Ancient Near Eastern Traditions.* 2000 (ISBN 3-927120-97-9), XII + 416 S., ∈ 36,81.

36 *Die Bedeutung der Religion für Gesellschaften in Vergangenheit und Gegenwart. Akten des Fünften Gemeinsamen Symposiums der THEOLOGISCHEN FAKULTÄT DER UNIVERSITÄT TARTU und der DEUTSCHEN RELIGIONSGESCHICHTLICHEN STUDIENGESELLSCHAFT am 2. und 3. November 2001.* Hrsg. von Manfried DIETRICH, 2001 (ISBN 3-934628-15-X) (i.V.)

Eikon
Beiträge zur antiken Bildersprache
Herausgeber: *Klaus STÄHLER*

1 Klaus STÄHLER, *Griechische Geschichtsbilder klassischer Zeit.* 1992 (ISBN 3-927120-12-X), X + 120 S. + 8 Taf., ∈ 20,86.

2 Klaus STÄHLER, *Form und Funktion. Kunstwerke als politisches Ausdrucksmittel.* 1993 (ISBN 3-927120-13-8), VIII + 131 S. mit 54 Abb., ∈ 21,99.

3 Klaus STÄHLER, *Zur Bedeutung des Formats.* 1996 (ISBN 3-927120-25-1), ix + 118 S. mit 60 Abb., ∈ 24,54.

4 *Zur graeco-skythischen Kunst. Archäologisches Kolloquium Münster 24.-26. November 1995.* Hrsg.: Klaus STÄHLER, 1997 (ISBN 3-927120-57-X), IX + 216 S. mit Abb., ∈ 35,79.

5 Jochen FORNASIER, *Jagddarstellungen des 6.-4. Jhs. v. Chr. Eine ikonographische und ikonologische Analsyse.* 2001 (ISBN 3-934628-02-8), XI + 372 S. + 106 Abb., ∈ 54,19.

6 Klaus STÄHLER, *Der Herrscher als Pflüger und Säer: Herrschaftsbilder aus der Pflanzenwelt.* 2001 (ISBN 3-934628-09-5), xii + 332 S. mit 168 Abb., ∈ 54,19.

Auslieferung - Distribution:
BDK Bücherdienst GmbH
Kölner Straße 248
D-51149 Köln

Distributor to North America:
Eisenbrauns, Inc.
Publishers and Booksellers, POB 275
Winona Lake, Ind. 46590, U.S.A.